La lettre de Martine Cano

Présidente de la Fédération française de cyclotourisme

Partir à vélo en Normandie, c'est découvrir un relief souvent bienveillant et de nombreux itinéraires balisés qui permettent de passer d'agréables moments à vélo ! Ce Guide, réalisé par le Petit Futé et la Fédération française de cyclotourisme, vous donne tous les bons plans et les parcours pour profiter de vos balades en terres normandes.

Entre les légendes médiévales et les plages du débarquement qui vous ouvriront les routes et les chemins du littoral, vous découvrirez les multiples facettes de la Normandie : des paysages côtiers à sa campagne alternant plaines, bocages vallonnés en passant aussi par son patrimoine historique et culturel riche !

Seul, en couple, entre amis ou en famille, la randonnée à vélo est accessible au plus grand nombre car dépourvue de toute notion de performance. Cela tombe bien, la région offre des niveaux de difficulté variés entre mer et campagne. Et puis parcourir la Normandie à vélo, c'est aussi l'occasion de faire une pause gourmande pour découvrir les spécialités culinaires de la région en dégustant une part de camembert ou en goûtant à l'andouille de Vire et en vous désaltérant avec une bolée de cidre normand.

Et si vous souhaitez aller plus loin, la Fédération française de cyclotourisme anime un portail gratuit et accessible au grand public, **veloenfrance.fr** : une plateforme unique et interactive qui propose plus de 4 000 circuits route et VTT sur l'ensemble du territoire français. Il y en a plus de 260 en Normandie.

Bonnes découvertes à vélo !

Côte Normande © Christian Bacquet

W0290702

veloenfrance.fr

À vélo tout est plus beau !

Un site de la Fédération française de cyclotourisme

Vélo en Normandie

Amoureux de nature, gastronomes ou passionnés d'histoire, la Normandie n'en finit plus de séduire les épicuriens en petite reine. Débutants ou expérimentés, en solo, en duo ou en famille, les cyclonomades trouveront ici tout naturellement pédale à leur pied. Il faut dire qu'à travers ses 5 départements, cette terre contrastée montre une incroyable diversité de paysages : depuis la Seine-Maritime et ses spéculaires falaises de craie à l'Orne bucolique de la comtesse de Ségur en passant par l'Eure, médiévale et impressionniste, le Calvados balnéaire et historique ou encore la Manche, brute et majestueuse, ici, les ambiances se succèdent sans jamais se ressembler ! Découvrir la Normandie autrement ? Tel est l'objectif de ses 31 itinéraires qui invitent à explorer cette région – entre patrimoine et nature préservée –, à vous imprégner de sa culture et de son identité... en prenant le temps, tout simplement ! Des sites incontournables aux villages pittoresques, des gîtes d'étapes en petits producteurs locaux, par les chemins de halage, les voies vertes et les pistes cyclables, partez à la découverte de cette terre d'aventure qui offre, sur plus de 30 000 km² autant d'occasions de savourer les petits plaisirs de la vie. Et si c'était ça, le secret d'un voyage réussi ?

Retrouvez cette offre en page 34

SOMMAIRE

© EWEBPHOTO - ISTOCKPHOTO.COM

Maisons à colombages à Honfleur. © ARTEM EVDOKIMOV - SHUTTERSTOCK.COM

10 DÉCOUVRIR

35 LES BALADES NORMANDES

Les Falaises d'Étretat © ATERROM - STOCK.ADOBE.COM

© SATUR73 - STOCK.ADOBE.COM

Parasols sur la plage de Deauville. © PACKSHOT - FOTOLIA

Bocage normand. © MARC-CHAZELLE - STOCK.ADOBE.COM

Pointe du Hoc. © PHILIPPE MONTEMBAUT - STOCK.ADOBE.COM

1. *Les plages du Débarquement*

Route
Merville-Franceville-Plage
165 km
14 Calvados
12:45
Très difficile
504 m

Ce parcours vous plongera dans la grande Histoire, en juin 1944. Depuis la Batterie de Merville, vous pédalerez jusqu'à la maison Gondrée, devenue café-musée et qui fut la première maison libérée. À la sortie d'Ouistreham, vous vous lancerez sur les planches de la plage de Lion-sur-Mer puis passerez par le sable de Juno Beach et Gold Beach. Une fois gravie la côte courte mais sévère de Saint-Côme-de-Fresné, vous vous laisserez glisser vers Arromanches : la clé de la victoire, avec son improbable port artificiel qui permit le débarquement de matériel lourd. Le cimetière américain de Colleville-sur-Mer ne peut laisser indifférent avec ses neuf mille tombes, et la plage d'Omaha Beach juste en contrebas. Voici ensuite la pointe du Hoc. Les scènes les plus fortes du Jour le plus long défileront devant vous : l'assaut de la falaise, les grappins amarrés aux barbelés, le vacarme des mitrailleuses allemandes.
Enfin, ce sera une route étroite et confidentielle qui vous conduira au cœur du parc naturel régional du Bessin et du Cotentin. Après un dernier passage par la fameuse Utah Beach, où débarquèrent les chars de Patton, le retour se fera tranquillement vers Caen.

COMITÉ DÉPARTEMENTAL DE CYCLOTOURISME 14
53 Boulevard Winston Churchill, 14100 Lisieux
02 31 31 27 92
rolouvet2@orange.fr
basse-normandie.ffct.org/orne.htm

COMITÉ DÉPARTEMENTAL DU TOURISME DU CALVADOS
8 rue Renoir, 14054 Caen Cedex 04
02 31 27 90 30
cdt@cg14.fr
www.calvados-tourisme.com

Circuit VTT - Autour de la Ferrière

2. *Autour de la Ferrière*

VTT
La Ferrière-aux-Étangs
16 km
61 Orne
01:35
Facile
183 m

C'est sur un circuit VTT sans grandes difficultés que vous découvrez la Ferrière et son histoire de fer ! Entourée par des marécages et un étang, la commune de La Ferrière-aux-Etangs doit son nom à l'industrie du fer qui s'y développa très tôt. Au Moyen Âge, dans les nombreuses forges implantées, on faisait fondre le minerai dans des bas fourneaux pour en extraire le fer. Le minerai provenait de mines à ciel-ouvert comme celles toujours visibles dans le Bois de Minières. Votre balade vous emmènera aussi à la découverte du patrimoine religieux de la région avec l'église Notre-Dame de la Nativité. Vous trouverez à l'intérieur les ornements liturgiques réalisés dans un manteau de cour de la reine de France Marie-Antoinette qui furent classés « monuments historiques » dans le cadre du bicentenaire de la Révolution française. La fin de parcours vous fera passer par Pic Louvette où l'on dit qu'une fontaine miraculeuse guérissait de la lèpre !

COMMUNAUTÉ D'AGGLOMÉRATION DU PAYS DE FLERS
41 rue de la Boule - BP 149, 61103 Flers
02 33 98 44 40
s.legrosmarguerritte@agglo-paysflers.fr
www.flers-agglomeration.fr

COMITÉ DÉPARTEMENTAL DE CYCLOTOURISME 61
22 rue Michel Meillant, 61110 Conde-Sur-Huisne
02 33 25 35 61
francois.beaudouin@wanadoo.fr
basse-normandie.ffct.org/orne.htm

3. La Véloroute du Lin

Route	Hautot-sur-Mer	06:05	Facile
73 km	480 m	76	Seine-Maritime

Cette véloroute de 76 km combine plus de 50 km de voie verte, permettant de découvrir la richesse de l'arrière-pays de la Côte d'Albatre entre Pouville-sur-Mer et Fécamp. Partez à la découverte des Vallées de la Scie, de la Durdent ou encore de la Saâne qui rythment votre itinérance à vélo. Afin de comprendre l'origine de son nom, nous vous conseillons de l'emprunter au mois de juin, lorsque les champs de lin sont en fleurs. Un moment idéal pour faire des photos !

SEINE-MARITIME ATTRACTIVITÉ
28 rue Raymond Aron - BP 52,
76824 Mont-Saint-Aignan
02 35 12 10 10
www.seine-maritime-attractivite.com

4. Le Marais Vernier

Route	Quillebeuf-Sur-Seine	02:45	Facile
37 km	372 m	27	Eure

Un joli parcours dans le Parc Naturel Régional des Boucles de la Seine, vous emmène à la découverte de la flore et la faune locale (cigognes, vaches Highlands, etc.). Au départ de Quillebeuf-sur-Seine, vous emprunterez le chemin qui borde le fleuve avec un passage à proximité de marais et de cabions de chasse. Après être passé sous le pont de Tancarville, il faudra tourner les jambes pour grimper jusqu'au phare de la Roque et profiter de son point de vue unique sur la plaine de l'estuaire. Arrêtez-vous ensuite à la Grande Mare pour son observatoire des oiseaux et ses belles chaumières en toile de fond. N'hésitez pas à agrémenter votre randonnée en visitant la ferme fortifiée de Beaumont à Bourneville ou le centre historique de Quillebeuf avec son église romane présentant des ex-voto, des graffitis marins ou son local avec maquettes de bateaux.

COMITÉ DÉPARTEMENTAL DE CYCLOTOURISME 27
313 impasse du Petit Chesnay,
27470 Fontaine-l'Abbé
06 62 50 81 29
president.codep27@gmail.com
www.codep-eure.fr

VTT DECOUVERTE
16C Rue de Trianon,
76140 Le Petit-Quevilly
09 83 53 09 29
bermentl@gmail.com
www.vtt-decouverte76.fr

La Grande Mare et son observatoire des oiseaux

5. Les Rayons Normands d'Argent au départ de Caen à Alençon

Route	Caen	08:20	Difficile
124 km	1084 m	14	Calvados

Un joli parcours où il faudra être endurant pour découvrir et admirer toutes les richesses que renferment les territoires traversés. En quittant Caen, vous prendrez la route du sud afin de passer au plus haut point de la Normandie, la Croix-de-Médavy. Vous traverserez verticalement la Région afin de rejoindre Alençon où vous pourrez voir le château des Ducs mais aussi visiter le musée des Beaux-Arts et de la Dentelle.

COMITÉ REGIONAL DE CYCLOTOURISME NORMANDIE
21 Avenue François Mitterrand,
27400 Louviers
06 13 17 31 83
normandie-presidence@ffvelo.fr
www.normandie-cyclotourisme.com

6. *À la découverte de la baie du Mont-Saint-Michel*

VTT — **03:30**
Jullouville — **Difficile**
42 km — **434 m**
Manche

Ce long circuit traverse de multiples paysages : bocages, bois et landes pour découvrir au détour d'un chemin, le fameux Mont-Saint-Michel mais aussi Tombelaine et le spectacle de la baie. Le parcours comporte quelques passages techniques avec des côtes intenses mais relativement courtes. Prenez le temps de parcourir cette boucle, en quelques heures, une journée ou un week-end et profitez d'une vue à couper le souffle !

COMITÉ DÉPARTEMENTAL DE CYCLOTOURISME 50
Launay,
50140 Mortain-Bocage
02 33 69 45 41
luccodep50@gmail.com
basse-normandie.ffct.org/manche.htm

COMITÉ DÉPARTEMENTAL DU TOURISME DE LA MANCHE
Maison du Département - 98 route de Candol,
50008 Saint-Lô Cedex
02 33 05 98 70
manchetourisme@manche.fr
www.manchetourisme.com/fr

7. *Le circuit de la Brisette*

VTT — **02:15**
Saint-Germain-de-Tournebut — **Facile**
22 km — **228 m**
Manche

Vous partirez à VTT sur un parcours facile à la découverte d'un endroit autrefois riche de bois et forêts. Certains beaux spécimens subsistent d'ailleurs encore aujourd'hui à l'image du bois de la Brisette que vous traverserez en suivant ce circuit familial. Un bois dont le nom trouve son origine, dit-on, dans le terme de « brisiers », ces chasseurs qui brisaient des branches pour retrouver leur chemin en forêt.

COMITÉ DÉPARTEMENTAL DE CYCLOTOURISME 50
Launay,
50140 Mortain-Bocage
02 33 69 45 41
luccodep50@gmail.com
basse-normandie.ffct.org/manche.htm

COMITÉ DÉPARTEMENTAL DU TOURISME DE LA MANCHE
Maison du Département - 98 route de Candol,
50008 Saint-Lô Cedex
02 33 05 98 70
manchetourisme@manche.fr
www.manchetourisme.com/fr

8. *Entre dunes et havres*

VTT — **02:15**
Hauteville-sur-Mer — **Facile**
23 km — **164 m**
Manche

Partez pour une balade au fil de l'eau, toute proche des flots bleus et où le relief est doux jusqu'à Hauteville, avec son littoral d'exception et ses grandes plages. Goûtez à ce lieu rempli de quiétude, et prenez le temps d'apprécier cette douceur de vivre mêlant détente, sport et tranquillité. Ce parcours présente aussi l'occasion de s'arrêter dans des lieux reposants comme le havre de Regnéville, le village de Montmartin-Sur-

Mer, le Havre de la Vanlée, les dunes d'Annoville... De bout en bout, ce circuit sentira bon la mer !

COMITÉ DÉPARTEMENTAL DE CYCLOTOURISME 50
Launay,
50140 Mortain-Bocage
02 33 69 45 41
luccodep50@gmail.com
basse-normandie.ffct.org/manche.htm

COMITÉ DÉPARTEMENTAL DU TOURISME DE LA MANCHE
Maison du Département - 98 route de Candol,
50008 Saint-Lô Cedex
02 33 05 98 70
manchetourisme@manche.fr
www.manchetourisme.com/fr

Circuit VTT de la Brisette

9. *Entre Seine et terre*

VTT — 02:30
Saint-Aubin-lès-Elbeuf — Facile
32 km — 135 m
Seine-Maritime

Ce parcours démarrera à Saint-Aubin-lès-Elbeuf. Vous découvrirez un charmant port aménagé dans un bras de Seine. Sur la route des crêtes une statue de la Vierge et une table d'orientation vous attendront, d'où vous pourrez admirer un méandre du fleuve. Après un périple dans l'île de Freneuse, place à la découverte du patrimoine historique puisque vous rejoindrez Sotteville-sous-le-Val, son église Saint-Baudèle et ses colonnes de Bonport. Vous monterez vers les bois communaux de Tourville-la-Rivière pour atteindre la base de loisirs de Bédanne. Enfin, vous longerez les bords de Seine en passant par le bas Cléon, avec une superbe vue sur Elbeuf et les falaises d'Orival.

COMITÉ DÉPARTEMENTAL DE CYCLOTOURISME 76
12 rue de la Poste,
76110 Goderville
02 35 32 37 16
seine-maritime.ffct.org
seine-maritime-president@ffct.org

LES RANDONNEURS CYCLOTOURISTES DE CAUDEBEC LES ELBEUF (CLUB FFCT)
Mairie,
76320 Caudebec-lès-Elbeuf
02 35 78 04 39
dominique.dejongre@orange.fr
www.cyclo-rcc.com

10. *Promenade au Pays d'Emma Bovary*

Route — 04:40
Ry — Facile
58 km — 641 m
Seine-Maritime

Voilà une belle escapade pour les amoureux de littérature ! Au cours de ce long circuit à vélo, vous rencontrerez de nombreux panneaux d'information qui vous feront découvrir les petits secrets de la fameuse œuvre de Flaubert. Si vous avez envie d'une petite pause lors cette balade littéraire, passez par Buchy, pour venir à la rencontre des producteurs du marché fermier, installés sous les fameuses halles en bois. Vous verrez : les ressemblances entre le village de Ry et celui de Yonville-l'Abbaye où vivait l'héroïne Emma Bovary sont édifiantes !

SEINE-MARITIME ATTRACTIVITÉ
28 rue Raymond Aron,
BP 52,
76824 Mont-Saint-Aignan
02 35 12 10 10
www.seine-maritime-attractivite.com

LA BALADE À VÉLO

La balade à vélo poursuit son bel essor, dans un contexte propice. La Loi d'orientation des mobilités de 2019 et ses décrets d'application favorisent la mise en place d'un « système vélo », qui associe aménagements, services, accompagnement aux changements de pratique. Cette loi intègre également le schéma national des véloroutes, ce qui lui confère, outre une dimension juridique, une portée stratégique, imposant aux aménageurs la construction d'infrastructures cyclables en site propre. L'objectif est de disposer d'itinéraires de longues distances, continus et interconnectés. Au 1er janvier 2021, la France avait inscrit plus de 25 000 km au schéma national des véloroutes, soit 58 itinéraires, et en avait réalisés 74 %, dont 45 % en site propre. Le plan « Destination France » dévoilé en novembre 2021 affiche quant à lui l'objectif de faire de l'Hexagone la « première destination vélotouristique » au monde d'ici 2030 !

Des aménagements et dispositifs pour favoriser les pratiques

Pilier du système vélo, les aménagements cyclables contribuent à une pratique sécurisée et apaisée, si toutefois ils sont conçus comme des continuums, en évitant l'écueil des tronçons disjoints ou « confettis » qui peuvent constituer un frein pour les cyclistes non aguerris. Les pistes cyclables sont des aménagements dédiés uniquement aux vélos, et séparés physiquement des autres voies. Les bandes cyclables sont quant à elle également réservées aux deux-roues non motorisés mais séparées des autres voies uniquement par un marquage sur la chaussée. D'autres dispositifs favorisent la pratique cyclable. Les routes à faible trafic, ou les zones 30, limitées à 30 km/h, induisent des conditions agréables et sécurisantes pour pédaler. Les « tourne-à-droite » (ou « cédez le passage cycliste » au feu) parfois autorisés aux feux rouges (et matérialisés par des panneaux) sont des réglementations qui favorisent la sécurité des cyclistes. Limiter la place de la voiture, via par exemple le stationnement payant constitue également un moyen de rendre la pratique cycliste plus sûre. À cela s'ajoutent les autres piliers du système vélo : des dispositifs de stationnement en nombre suffisants et sécurisés, des services permettant l'accès au vélo (location, vente, réparation), et l'accompagnement à la pratique (cours d'apprentissage et de remise en selle). Ce sont ces éléments, ajoutés à d'autres, que l'on va retrouver dans les itinéraires dédiés à la pratique de loisirs.

Des itinéraires pour développer les mobilités liées notamment aux loisirs

Les itinéraires cyclables peuvent prendre la forme d'une piste cyclable, voie verte ou route à faible circulation, jalonnés et signalisés (panneaux et marquages au sol indiquant la direction et le kilométrage).

Une véloroute est un itinéraire cyclable touristique, fléché et sécurisé, qui relie des villes et régions entre elles de manière continue. Elle emprunte des routes en sites propres (dédiés aux vélos, comme des voies vertes) mais aussi des petites routes à faible circulation. Les véloroutes sont conçues selon un cahier des charges national. L'objectif est de constituer un réseau d'itinéraires cyclables continus et interconnectés.

Un itinéraire cyclable est plus qu'un tracé signalisé et balisé : il associe souvent tout un ensemble de services : services liés aux vélos (location, réparation), hébergements, mais aussi sites touristiques ou d'intérêt naturel et paysager.

Plusieurs véloroutes s'inscrivent dans des itinéraires grandes distances, à l'échelle du pays ou de l'Europe, comme les véloroutes européennes, appelées également EuroVelos.

Les EuroVelos constituent des itinéraires cyclables culturels européens. Dix EuroVelo traversent le territoire français :

- EuroVelo 1 - Véloroute de la côte Atlantique (suit le tracé de la vélodyssée sur la partie française)
- EuroVelo 3 - Véloroute des Pèlerins
- Eurovélo 4 - Véloroute d'Europe centrale (dont 1 500 km sur la Vélomaritime en France)
- EuroVelo 5 - La Via Romea Francigena
- EuroVelo 6 - Atlantique - Mer Noire (suit l'itinéraire de la Loire à vélo)
- EuroVelo 8 - Véloroute de la Méditerranée
- EuroVelo 12 - Véloroute de la mer du Nord
- EuroVelo 15 – Véloroute du Rhin
- EuroVelo 17 – Véloroute du Rhône
- EuroVelo 19 – La Meuse à Vélo

Une voie verte est un aménagement entièrement dédié aux véhicules non motorisés. Il s'agit souvent d'anciennes voies de halage ou lignes ferroviaires. La continuité du parcours est assurée, et la morphologie de la voie (plate ou avec faibles pentes) permet une large accessibilité. De plus ces voies peuvent constituer un itinéraire culturel et bénéficient d'un cadre paysager qui les rend agréables. Elles incluent également des services (logement, location de vélo, etc.).

© MBBIRDY

À QUI S'ADRESSE LA BALADE À VÉLO ?

Trop âgé pour la balade à vélo ? Trop jeune ? Pas assez entraîné ? En situation de handicap ? Avez-vous déjà entendu l'une de ces sentences ? Eh bien sachez que le vélo est adapté à toutes et tous. Tout est affaire de motivation, parfois d'émulation, éventuellement de formation et d'expérience, mais aussi d'ajustement du matériel, et de choix des itinéraires. Voici quelques éclairages, issus notamment des retours d'expérience de pays ayant une pratique cyclable plus développée qu'en France (Danemark et Pays-Bas où la part modale du vélo représente respectivement 18 % et 27 %). Il apparaît que c'est bien le déploiement d'un « système vélo » qui permet des conditions favorables à une large pratique de la bicyclette. Ce système se fonde sur trois piliers : l'aménagement de voies cyclables, le stationnement et les services (formation, réparation, etc.). Voici quelques conseils, afin que la balade soit avant tout un moment de plaisir.

À chacun son rythme et ses envies

Il convient au préalable d'identifier ses envies en matière de balade (découverte en famille, visite d'un site touristique, parcours en forêt, etc.) et de les ajuster à ses contraintes (temps, horaires de train, etc.) mais aussi à ses capacités (condition physique). Un itinéraire en site propre (voie verte) est idéal pour débuter en toute confiance la balade à vélo, seul ou avec des enfants. Ce type d'itinéraire est en général plat, balisé et jalonné de points d'intérêt touristique et de services (restaurants, café, etc.). Pour ce qui est des parcours qui présentent un peu de dénivelés, on choisira un parcours adapté à ses capacités, en veillant toujours à pédaler à son rythme. On n'oubliera pas que les montées font la beauté des paysages et sont associées aussi à des descentes. Pour celles et ceux qui souhaiteraient apprendre à pédaler ou tout simplement se remettre en selle avant de s'élancer en balade, des vélos-écoles présentes sur le territoire permettent un apprentissage à tous les âges. Le choix du vélo peut également orienter votre pratique et le choix de vos itinéraires.

© LIGHTPOET - SHUTTERSTOCK.COM

Un vélo réglé et un équipement adapté

Il s'agit d'avoir à la fois un vélo bien révisé, réglé à sa taille, et d'être soi-même bien équipé. En cas de pluie, le garde-boue est un élément important. Quant au cycliste, il adoptera une tenue de pluie qui garantisse son étanchéité : cape de pluie, pantalon imperméable, guêtres. Pour ce qui est de la conduite, il conviendra de redoubler de vigilance, de diminuer sa vitesse, d'anticiper en évitant les freinages brusques et les éléments glissants sur la chaussée (feuilles, etc.). Enfin, pour les adeptes de nouvelles technologies, des applications smartphone existent, pour mieux prévoir les précipitations comme Rain Today' ou Alerte Pluie. En hiver, on conseillera de lutter contre le froid par le port de différentes épaisseurs de vêtements, de bons gants, éventuellement des manchons de guidons, et de rester visible (comme par temps de pluie ou de nuit). En été, on veillera à se protéger de la chaleur et des UV (protection solaire et vestimentaire) et de privilégier des parcours ombragés.

Évaluer son temps de parcours

Sur une voie dédiée, on ne craint pas les embouteillages, ni les heurts liés aux voitures. Les temps de parcours sont donc fiables : vous seul êtes maître du temps. Plusieurs éléments rentrent en compte dans le temps de parcours d'une balade, qui doit rester, rappelons-le, une source de plaisir. Il faudra ainsi intégrer les temps de pause liés à vos envies : visites touristiques, pique-niques, baignades, photos, etc.

© JAYSI - SHUTTERSTOCK.COM

Autre point à intégrer, votre condition physique. Généralement, en matière de cyclotourisme, on conseille de parcourir 30 à 50 km par jour pour une personne peu sportive. Cette distance peut être portée à 80 km par jour pour une personne sportive et jusqu'à 180 km par jour pour des personnes entraînées. Pour information, les systèmes d'informations géographiques qui calculent des itinéraires vélos se fondent sur une vitesse moyenne de 15 km/h pour des itinéraires sur des voies cyclables, donc avec de faibles pentes.
Attention aussi à un ennemi bien connu des cyclistes : le vent de face, qui même sur du plat, peut contribuer à ralentir vos temps de parcours et à rendre la balade un peu moins aisée et agréable. Mais ce sont les aléas du vélo et ils peuvent être anticipés grâce à la météo... et l'expérience.
Dernier point : les distances doivent aussi tenir compte d'autres paramètres tels que la saison (journées plus longues en été), la chaleur et l'ensoleillement (rouler plutôt le matin, éviter les créneaux 12h-16h ou faites une pause à ce moment-là, à l'ombre ou sous abri).

Avec les enfants

Pour les enfants, on conseillera de s'adapter à leur rythme et de réaliser des distances n'excédant pas 40 km par jour. L'idée, pour toutes et tous, est de débuter par des itinéraires courts avant de se lancer dans de plus grandes escapades. Le maître-mot doit rester le plaisir ! Des vélos-cargos (avec remorques) permettent de transporter les enfants selon leur âge. Des systèmes d'attache (barre-tandem, follow-me) servent quant à eux à relier votre vélo à celui de votre enfant, lorsque celui-ci n'est pas encore pleinement autonome.

Le vélo, c'est bon pour la santé

« Le vélo ce n'est pas bon pour la santé, à cause de la pollution. » Cette affirmation n'est pas valable, au regard des avantages cumulés de la pratique du vélo. Une étude conduite par l'Observatoire régional Île-de-France, publiée en 2012, indique en effet que les bénéfices sanitaires liés au vélo sont vingt fois supérieurs aux risques (accidents, pollution de l'air). Il convient ici de rappeler, qu'en matière d'exposition à la pollution de l'air, il vaut mieux circuler à vélo qu'être confiné dans un bus, une voiture ou dans le métro. Sur le même parcours, un automobiliste sera exposé à un niveau de pollution 1,5 fois supérieur à celui du cycliste. Dès lors que celui-ci peut rouler sur une piste cyclable, il diminuera par deux son niveau d'exposition. Au Danemark, une étude a mis en avant que les personnes qui pratiquaient le vélo dans leurs déplacements domicile-travail avaient un taux de mortalité inférieur de 28 % par rapport aux autres. Résumons : se déplacer à vélo induit des processus mécaniques et chimiques qui sont bons pour le cœur, les poumons, le système musculaire et osseux. Pratiquer régulièrement le vélo contribue également à diminuer le risque de certains cancers et le diabète de type II, et favorise le développement neurosensoriel. L'OMS a également mis en exergue le lien entre activité physique et santé psychique : ainsi le vélo peut-il favoriser le sommeil, et baisser le niveau de stress. Une pratique en plein air et dans la nature réduit quant à elle le risque de dépression. Plus il y a de vélos, moins il y a d'accident... mais aussi moins de pollution. Car le vélo est aussi bon pour tout ce qui nous environne ! Sachez qu'aux Pays-Bas, les plus de 65 ans effectuent plus d'un quart de leurs déplacements à vélo. Le pays est traversé de voies cyclables et s'il est plutôt plat, le vent et la pluie n'arrêtent pas les cyclistes de tout âge.

L'ACCUEIL EN BALADE

La balade à vélo ne se résume bien souvent pas à de l'activité physique. Elle offre matière à découvrir tout un patrimoine et un terroir. Cela passe par l'observation des paysages depuis votre bicyclette, des visites culturelles, des baignades, des déjeuners sur l'herbe ou encore par l'accueil chez des hôtes, pour un repas, une nuitée ou tout un séjour. Le réseau des offices de tourisme pourra vous aider en amont et pendant la balade, pour vous indiquer de bonnes adresses. Il existe tout un réseau de prestataires dans l'accueil des cyclistes. Le label national Accueil Vélo référence un ensemble de services liés au vélo, sélectionnés selon des cahiers des charges précis, incluant les activités de restauration et d'hébergement. Sachez également que la balade à vélo est accessible à toutes les bourses et que vous trouverez différents types d'offres pour vos pauses repas, vos nuits, et des tarifs réduits pour des visites touristiques.

Des hébergements pour toutes les bourses

En balade, différentes possibilités s'offrent à vous en matière d'hébergements, selon vos envies et vos contraintes.

Sous la tente. Envie de profiter de la balade pour dormir sous la toile ? Vous pouvez opter pour le camping, qui offre, avec un emplacement pour votre tente, de l'électricité, un espace cuisine et un bloc sanitaire. Selon le standing, d'autres services pourront vous êtres proposés : restaurant, piscine, soirée à thème, etc. Les campings qui ont le label Accueil vélo offrent un espace couvert pour ranger les deux-roues, un coin blanchisserie et un atelier pour les petites réparations. Des aires de bivouac existent également sur certains parcours où vous pourrez passer la nuit souvent à la condition de planter la tente à la nuit tombée et de la replier au lever du jour. Vous trouverez sur le site suivant des conseils pour vous initier au camping : www.pc.gc.ca/fr/serapprocher-connect/ltc-dlc

© SHAUNL - ISTOCKPHOTO.COM

Une autre option qui peut séduire certains d'entre vous est le camping sauvage. L'idée est de trouver un spot à l'abri pour vous permettre de passer la nuit le plus confortablement possible. Cette pratique est autorisée et réglementée en France, à l'exception de certains endroits (dont villes et réserves naturelles). L'interdiction peut être signalisée par des panneaux et formalisée par des arrêtés municipaux. Renseignez-vous.

Vous pouvez également poser votre tente chez l'habitant, dans un jardin. Des plateformes existent, qui mettent en lien hôtes et voyageurs pour du gambing (contraction de garden + camping) : www.homecamper.fr

Chez l'habitant. Si vous souhaitez passer du temps avec des habitants, le réseau warmshowers ou couchsurfing pourra vous permettre de faire de belles rencontres. Attention, il ne s'agit pas d'un simple hébergement gratuit mais bien d'un partage entre un hôte et un voyageur, qui souhaitent s'enrichir de la rencontre. La communauté Warmshowers (« douches chaudes » en anglais) met en relation les cyclotouristes selon un principe simple : se faire héberger pendant un voyage à vélo, le temps d'une escale, tout en rendant la pareille à d'autres dès que vous en aurez l'occasion. Une carte interactive référence les personnes qui peuvent vous recevoir pour une nuit ou plus, avec les détails de leurs moyens d'accueil (une parcelle de camping dans leur jardin, une chambre, repas offert ou non, etc.), ainsi que leurs coordonnées. Couchsurfing fonctionne sur le même principe mais est non spécifique aux voyageurs à vélo : www.couchsurfing.com

© HALFPOINT - ISTOCKPHOTO.COM

Hôtels, chambre d'hôtes et gîtes. Principalement installés sur les zones traversées par des véloroutes et autres pistes cyclables, de nombreux hébergeurs proposent des équipements particuliers et des services spécifiques destinés aux cyclotouristes. On y retrouve entre autre les Logis Vélo avec plus de 450 hôteliers sur toute la France offrant un accueil de qualité. Plus d'infos sur www.logishotels.com/envie-de/les-themes/velo.html

Accueil vélo

Certaines régions de France ont développé leur propre réseau d'hébergements labellisés, et proposent le label Accueil Vélo. C'est une sélection d'hébergements qui bordent un itinéraire cyclable. Regroupés en réseau, ces campings, hôtels, gîtes et chambres d'hôtes vous réservent un accueil adapté : local à vélos fermé, petit matériel de réparation, possibilité de transport de bagages à l'hébergement suivant, etc. Les hôteliers en général vous proposent un petit déjeuner copieux, un panier pique-nique, un local sécurisé pour les vélos, un point d'eau pour laver les vélos, un lavage et séchage du linge, une mise en relation avec un loueur ou un transporteur du réseau, une mise à disposition d'une place de parking pour un véhicule pendant l'absence du client. Vous pourrez trouver un prestataire grâce à son moteur de recherche en ligne sur www.francevelotourisme.com.

Autres hébergements

En balade à vélo, vous pouvez aussi trouver à vous loger en gîte rural. Sur les chemins de Saint-Jacques-de-Compostelle, muni d'une credential, vous pourrez faire halte dans les auberges pour pèlerins. Pour ce qui est des hôtels, auberges de jeunesse ou chambres d'hôtes traditionnelles, n'hésitez pas à les appeler. Ils sont de plus en plus nombreux à s'équiper pour recevoir les cyclistes ou peuvent s'adapter pour accueillir votre vélo dans de bonnes conditions (mise à disposition d'un abri protégé pour le vélo par exemple).

Se restaurer sur la route

En balade, vous pourrez opter pour plusieurs formules, selon votre temps ou votre porte-monnaie. Le label Accueil Vélo identifie des restaurateurs bike-friendly (www.francevelotourisme.com/restaurants-bars). Dans certaines villes vous pourrez trouver des cafés-vélo qui combinent les services de réparateurs vélos, bar et restaurant. Encore une fois, les itinéraires cyclables tels que voies vertes comportent des services de restauration à proximité ou directement le long de l'itinéraire. Vous pourrez aussi bénéficier de formules panier-repas à emporter chez vos hôtes. N'hésitez pas à le demander. Pour un pique-nique de qualité, vous pouvez aussi vous arrêter chez les commerçants, producteurs locaux ou marchés situés le long de votre itinéraire. Renseignez-vous auprès de vos hôtes ou des offices de tourisme pour connaître les jours de marché.

Découvrir le terroir

Certains offices de tourisme sont labellisés Accueil Vélo et pourront vous prodiguer des conseils spécifiques. D'une manière générale, ces établissements constituent des mines d'informations qui vous seront utiles dans votre pérégrination tant sur l'aspect pratique que pour la découverte du patrimoine et des sites culturels. Le mieux est de les contacter en amont ou consulter leur site Internet, afin de préparer au mieux votre voyage. Pour les cyclotouristes qui n'aimeraient pas l'organisation et préfèrent le confort d'un voyage organisé, sachez que des voyagistes proposent des séjours à vélo, en groupe. Ils peuvent aussi vous confectionner un voyage sur mesure pour un groupe que vous aurez constitué.

SÉCURITÉ ET PROTECTION CONTRE LE VOL

La sécurité est un paramètre important en balade. Cela commence par un vélo correctement réglé et en bon état de fonctionnement. A cela s'ajoute la tenue du cycliste, qui devra associer confort, visibilité et résistance aux aléas climatiques. Une fois équipé, il s'agira, pour s'élancer avec confiance et fluidité, de respecter quelques règles de bonne conduite, ainsi que la réglementation en vigueur, tant dans le trafic que sur les aménagements cyclables. Pour celles et ceux qui auraient besoin de se remettre à pédaler, sachez que des vélos-écoles permettent un apprentissage ou une remise en selle à tout âge. Enfin, afin d'éviter de se faire voler son vélo, ce qui est un risque somme toute assez fréquent, on conseillera également quelques mesures de prévention. Outre la vigilance, des dispositifs tels que des antivols, ou des systèmes de marquage peuvent dissuader plus d'un voleur et vous éviter de voir disparaître votre monture.

La sécurité à vélo

Voir et être vu. La visibilité est le premier atout du cycliste. De jour comme de nuit, il est important d'être bien visible de tous : des automobilistes, bien sûr, mais aussi des piétons, des autres cyclistes. Le gilet de sécurité haute visibilité permet d'attirer l'attention de tous, et il est obligatoire la nuit, hors agglomération, de même que de jour par temps sombre ou de brouillard. Des dispositifs d'éclairages, eux aussi obligatoires, assureront votre visibilité (catadioptres, dynamo, lampes amovibles ou systèmes autonomes reelight). Il s'agit aussi d'être clair dans ses intentions : tendre le bras pour indiquer chaque changement de direction et s'assurer que notre intention ait été bien comprise par les autres usagers. Les cyclistes sont particulièrement vulnérables aux intersections. Observer le Code de la sécurité routière aide aussi les automobilistes à prévoir où se dirigent les cyclistes. En agglomération, soyez attentifs aux revêtements tels que ralentisseurs et grilles d'égout. Attention aux angles morts et aux mouvements latéraux des camions, bus, camionnettes : il est préférable de rester bien derrière.

Le gilet de sécurité haute sécurité permet de bien être vu des autres.

Code de la route. Toute une réglementation s'impose aux cyclistes et leur confèrent des droits mais aussi des devoirs en matière d'équipement, de circulation, ou d'aménagements. La réglementation est évolutive et varie d'un pays à l'autre. Aussi est-il nécessaire de se renseigner au préalable. Pour ce qui est de la circulation en France, des panneaux bleus indiquent les pistes cyclables : le rond à caractère d'obligation et les rectangulaires conseillent de les emprunter. Les voies expresses interdites sont matérialisées par des panneaux blancs cerclés de rouges. Pour plus d'informations, voir le site de la Fédération des Usagers de la bicyclette : www.fub.fr

Oser prendre sa place. Il s'agira de s'élancer avec confiance et de prendre sa place dans le trafic ou dans les aménagements dédiés. On tâchera de rester maître de son vélo et de sa vitesse en évitant de zigzaguer sur la route. Sous la pluie et sur chaussée détrempée, pensez à anticiper le freinage. Si vous roulez en groupe, assurez-vous de rouler dans une formation appropriée. Peu de choses sont aussi irritantes aux yeux des automobilistes qu'un groupe de cyclistes désorganisés qui pédale lentement et qui bloque la voie. Évitez de rouler à plus de deux de front. En cas de dépassement par un autre véhicule ou sur une route étroite, roulez en file simple. Aussi est-il important de communiquer entre vous afin de prévenir les obstacles placés sur la route (trous, gravillons, etc.), mais aussi d'informer les autres qu'une voiture va doubler ou vient en face.

Il est important d'avoir une tenue adaptée.

En cas d'incident mécanique, il vaut mieux ne pas s'arrêter sur la chaussée, mais sur le bas côté droit de l'accotement. Apprendre à pédaler ou se remettre en selle est toujours possible : renseignez-vous auprès du réseau des vélos-écoles ou de votre collectivité : www.fub.fr

Un vélo réglé et en état de fonctionnement

Pour rouler en sécurité, il s'agit d'abord d'avoir un vélo réglé et en bon état de fonctionnement. Récent ou vieux, le vélo doit être en parfait état de marche : les vitesses doivent changer sans problème (danger en cas de saut de chaîne dû à un mauvais entretien de la transmission). Les freins doivent fonctionner correctement et sans à coup (il faut de temps à autre surveiller l'usure des patins et câbles). Il est aussi important de vérifier le serrage des boulons et attaches rapides, notamment des roues, du guidon, de la selle et des freins. En ce qui concerne les pneus, ils doivent être regonflés régulièrement en respectant la pression donnée par le fabriquant, indiquée sur le pneu. Parmi les éléments importants à prendre en compte figure la selle, un composant essentiel en terme de confort, surtout pour les longues échappées. Sa hauteur ainsi que celle du guidon doivent favoriser l'ergonomie. Tout vélociste ou loueur saura vous prodiguer les bons conseils en matière de réglage et d'entretien.

Éléments de sécurité du vélo. Les éléments obligatoires sur un vélo sont deux dispositifs de freinage, un porte-bagage, un système d'éclairage, une sonnette. La sonnette sert notamment à prévenir les autres usagers, piétons, voitures ou cyclistes et à éviter ainsi d'éventuels accidents. Les garde-boues vous permettront de rester propre et de ne pas aveugler le cycliste qui vous suit avec des éclaboussures. Un rétroviseur, installé du côté gauche, permet de savoir à tout moment ce qui se passe derrière soi et peut se révéler bien utile dans le trafic. Il est important de vérifier au préalable si le champ de vision n'est pas trop réduit. Une béquille facilite les petits arrêts. Il s'avère également important de disposer d'une pompe (à main, car transportable) et d'une trousse à outils contenant : un démonte-pneus, chambres à air, colle et rustines ; chiffons, gants, pompe, dérive-chaîne, pince et outil multifonction (clé BTR, tournevis).

Un équipement vestimentaire adapté. D'une manière générale, pour pratiquer le vélo dans de bonnes conditions, il est important de s'équiper correctement et en fonction des aléas climatiques. On évitera les bas de pantalons larges, les lacets de chaussures non lacés, les écharpes tombantes et les longs manteaux s'accrochant facilement : risque de chute ! Préférez des vêtements de couleurs claires de préférence qui permettent d'augmenter votre visibilité en journée. Pour les randonnées longues, vous pouvez opter pour un cuissard court ou long en fonction de la saison. Il vous épargnera les désagréments de la selle bien connus des cyclistes professionnels, tels que les échauffements ou brûlures de la peau. Pour le choix du casque (obligatoire pour les moins de 12 ans), préférez ceux à coque rigide qui protège d'éventuels traumatismes crâniens en cas de chute. Des lunettes de soleil vous protègeront des UV mais aussi de la poussière.

Prévenir le vol

Quelle que soit leur qualité, les vélos sont très recherchés par les voleurs. Chaque année, ce sont environ 400 000 vols de vélos qui sont déclarés en France. Tout cycliste qui se respecte vous parlera de son premier vol de vélo (en ville, un cycliste sur deux s'est déjà fait voler son vélo). Comme il vaut mieux prévenir que guérir, voici quelques conseils de première ligne. À l'extérieur, veillez à ne pas laisser trop longtemps votre vélo et dans la mesure du possible gardez-le dans votre champ de vision.

SÉCURITÉ ET PROTECTION CONTRE LE VOL

Préférez les endroits fréquentés ou les parkings sécurisés et/ou surveillés. Certaines collectivités, dans le cadre de leur système vélo ont mis en place des parkings de stationnement sécurisés et des locations de box.

Comment attacher son vélo pour pouvoir le sécuriser au mieux ? Attachez à la fois le cadre et la roue avant. En effet, il est très important d'attacher la roue avant au cadre, car celle-ci est plus vulnérable au vol que la roue arrière puisqu'elle se démonte plus facilement. Évitez les attaches rapides de selle et de roues de vélo surtout pour une utilisation en agglomération. Ils peuvent sembler pratique au premier abord, mais sachez qu'ils facilitent le vol de votre vélo. Il faut savoir que les accessoires sont également une proie très facile des voleurs, même les moins expérimentés. N'hésitez pas à garder avec vous vos sacoches, pompe, ou compteur, lorsque vous laissez le vélo.

Marquage. A partir de 2021, le marquage des vélos est obligatoire pour les vélos vendus neufs (depuis le 1er janvier 2021) et d'occasion par les professionnels (dès l'été 2021). Des opérateurs agréés par l'État sont en charge de ce marquage. Sachez que vous pouvez aussi faire marquer un vélo déjà en votre possession. Le marquage est associé à l'enregistrement du vélo sur un registre national unique. Le marquage du vélo permet de dissuader les voleurs (difficulté à revendre votre vélo par la suite) et facilite les recherches en cas de vol. Nombre de deux-roues volés et retrouvés ne peuvent en effet être rendus à leurs propriétaires faute d'identification. Si vous souhaitez plus d'informations, consultez www.bicyoce.org et la Loi d'orientation des mobilités 2019 et les décrets d'application.

Antivols. Un ou plusieurs antivols sont aujourd'hui souvent indispensables pour empêcher le vol si vous êtes obligé de vous séparer de votre vélo un certain temps. Pour un court arrêt, le cadenas en étrier permet de bloquer rapidement la roue arrière. Alors que pour un arrêt plus long, il vaut mieux utiliser de gros cadenas en forme de U, étudiés pour résister à de multiples agressions. Ils sont lourds, mais leur prix est nettement inférieur à celui d'un nouveau vélo. Les antivols en spirale cèdent en revanche à la première pince coupante venue, et les cadenas à chiffres ne résistent pas non plus longtemps au voleur. Un U plutôt court, associé à un antivol bloquant la roue arrière est en général recommandé. Sachez que peu de choses arrêtent un voleur bien équipé et organisé. C'est pourquoi l'ensemble des conseils précédemment évoqués s'applique pour diminuer les risques de vol. La FUB propose également un comparateur d'antivol (www.bicyoce.org).

Assurance. Le vol de vélo à votre domicile est en général compris dans votre assurance habitation. Des assurances spécifiques existent pour le vol de vélo. Le site www.bicycode.fr en répertorie quelques-unes.

Un système de parking vélo entre particuliers : https://www.velhome.co/

En cas de vol

Zut, on vous a dérobé votre vélo : échappé, volatilisé ! La première chose à faire est d'aller porter plainte au commissariat ou à la gendarmerie. Il s'agit ensuite de le renseigner, via la base de données de votre opérateur, si votre vélo est marqué. Vous pouvez également consulter les sites suivants : www.bicycode.org et http://veloperdu.fr. Consultez également votre assurance et demandez à vos amis d'ouvrir l'œil, regardez les petites annonces. A froid, essayez de comprendre les facteurs qui ont permis le vol afin de mieux anticiper la prochaine fois. Et relativisez : ce n'est que du matériel. Par sécurité, prenez toujours une photo de votre vélo attaché dans votre abri.

Le casque est obligatoire pour les enfants de moins de 12 ans.

LES SERVICES EN BALADE

En balade, vous n'êtes pas tout seul ! Un circuit vélo ne se résume pas à un simple tracé et vous pourrez trouver un ensemble de services sur la route ou à proximité. Sachez d'abord qu'il existe des possibilités pour transporter votre vélo non démonté dans les trains, bus, mais aussi métros et bateaux (bacs, ferries, etc.). Des services de location (intégrant, outre le vélo, les sacoches, le kit de réparation, parfois aussi le casque ou d'autres équipements) existent et peuvent être réservés. D'autres services pourront égrener votre parcours et vous faciliter la vie : réparations, stations de gonflage, stations de recharge de batterie de VAE, transport des bagages ou taxis. Les véloroutes et voies vertes intègrent cette notion de service dans leur cahier des charges, ainsi que le label Accueil Vélo. Dans tous les cas, pas de panique. Les circuits sont fréquentés par d'autres cyclistes, souvent prompts à l'entraide.

Intermodalité : vélo et train

Les politiques évoluent en matière d'intermodalité et nous vous conseillons de consulter les sites Internet des transporteurs pour vérifier les conditions de transport des vélos.

- **Vélos démontés.** Les vélos démontés et placés dans une housse (de format 120 x 90 cm max. pour la SNCF), ainsi que les vélos pliables sont acceptés gratuitement dans tous les trains. Toutefois, dans les trains OUIGO, il vous en coûtera 5 € lors de votre réservation pour transporter votre vélo pliable ou démonté.
- **Vélos non démontés.** Les trains TER (Trains Express Régionaux) acceptent en général (mais pas toujours !) les vélos non démontés gratuitement et sans réservation, dans la limite des places disponibles. Consultez au préalable le site Internet TER de votre région. Pour ce qui est du réseau Intercités, il vous en coûtera 10 € lors de la réservation pour transporter votre biclou. Dans certains TGV INOUI, il est possible de transporter votre vélo pour 10 € et avec réservation, dans la limite des places disponibles. Sachez que vous pouvez également réserver un emplacement vélo payant dans l'Eurostar et dans les TGV Lyria.
- **Pour plus d'informations**, rendez-vous sur www.sncf.com/fr/offres-voyageurs/voyager-en-toute-situation/velo-a-bord

Réseau transilien et RATP

Pour ce qui est du réseau transilien les modalités sont les suivantes : du lundi au vendredi, avant 6h30, entre 9h30 et 16h30 et après 19h30. Le samedi, dimanche et les jours fériés sans restriction d'horaires. Attention, en cas de forte affluence, l'accès au train avec votre vélo pourra vous être refusé. Le vélo est accepté dans les bus Transilien (dont Noctilien) dotés d'une soute à bagages. Dans les RER, les vélos sont acceptés les samedis, dimanches et jours fériés toute la journée, et les autres jours avant 6h30, entre 9h et 16h30, puis après 19h.

Vélo et bus interurbains

Nous vous conseillons de consulter les sites ou de contacter directement les transporteurs. Les vélos démontés dans des housses sont considérés comme des bagages, mais les conditions varient selon les lignes pour les vélos non démontés (et la période). À noter que la Loi d'orientation des mobilités prévoit que les autocars assurant des lignes régulières de transport public, en circulation après le 1er juillet 2021, doivent pouvoir transporter un minimum de 5 vélos non démontés.

Vélo et bateau (bac, ferry)

Les itinéraires vélos nécessitent parfois le passage de rivières, mers ou estuaires et empruntent des bacs ou ferry, qui acceptent généralement les vélos. Renseignez-vous auprès des opérateurs de transport. À Paris, le service Navibus (navette sur la Seine) a la capacité d'accueil d'un vélo non démonté par bateau.

Vélo et voiture

Un dispositif de porte-vélo vous permettra de transporter votre vélo en voiture. Parmi les différentes possibilités on citera le porte-vélo hayon. Il se fixe rapidement sans aucune restriction de hauteur, pouvant transporter jusqu'à quatre vélos, s'il est doté d'un bras articulant.

Location de vélos

Il existe des systèmes de location de courte ou moyenne durée, à utiliser selon vos besoins. Les locations courte durée se révèlent très pratiques pour la balade et permettent de découvrir différents types de vélos et de louer directement sur le lieu de votre balade.

© VM - ISTOCKPHOTO.COM

Certains loueurs peuvent également récupérer votre vélo en fin de séjour si vous n'effectuez pas une boucle. Les locations longue durée vous permettent, quant à elles, de bénéficier d'un vélo pour les déplacements du quotidien. Les collectivités qui proposent ce service, ont souvent des tarifs intéressants (dont des tarifs solidaires) et incluent d'autres services : consignes, maintenance du vélo, etc.

Voici quelques ressources utiles :

- www.francevelotourisme.com (label Accueil Vélo) ;
- offices de tourisme : ils vous informent sur les loueurs et proposent parfois des vélos en location ;
- collectivités territoriales ;
- vélocistes, loueurs privés ;
- associations ;
- l'application en ligne Ouibike (www.ouibike.net) qui propose un service de réservation en ligne 7j/7 et toute l'année. Ouibike propose aussi la location et livraison de vélos au sein d'un réseau de plus de 300 points de location ;
- l'application de location entre particuliers Bebike (www.sobebike.com). C'est la première application de location de vélo entre particuliers. Il vous suffit de télécharger l'application et vous pourrez ensuite trouver un vélo partout dans votre région.

Réparation du vélo

Avant de partir, assurez-vous que votre vélo est en bon état de fonctionnement et bien réglé. En cas de souci sur la route, pas de panique, voyez déjà si vous êtes en mesure de diagnostiquer et traiter le problème. Les itinéraires étant généralement fréquentés par d'autres cyclistes, il est fort probable qu'on vienne spontanément vous aider. Sachez que des réparateurs de cycles sont souvent présents à proximité des itinéraires, en tout cas dans les villes. Le label Accueil vélo recense un certain nombre de prestataires qui peuvent assurer les réparations ou vous aider. Vous pouvez également contacter le loueur de vélo qui pourra vous prodiguer des conseils ou dans certains cas venir vous récupérer.

Services de bagagerie et taxis

Si vous partez plusieurs jours en itinérance et que vous ne souhaitez pas porter vos bagages sur votre vélo, sachez que sur certains itinéraires, des prestataires assurent un service de portage. Vous retrouverez ainsi chaque soir vos effets personnels dans votre hébergement. Des services de taxi existent également afin de vous transporter avec votre vélo d'un point A à un point B si vous ne souhaitez pas pédaler toute la journée. Ayez aussi un œil sur les horaires de bus ou train qui acceptent les vélos sous certaines conditions.

Label Accueil vélo

Cette marque nationale réunit plus de 600 prestataires de différents secteurs : hébergeurs/restaurateurs, loueurs de vélos, réparateurs de vélos, offices de tourisme et sites touristiques qui assurent un certain nombre de services dédiés au vélo selon des critères précis, notamment une localisation à moins de 5 km d'un itinéraire cyclable, des conseils et équipements spécifiques (stationnement vélo sécurisé), etc.

Pour plus d'informations :

- www.francevelotourisme.com
- consulter les offices de tourisme
- contacter votre loueur de vélo et votre hébergeur.

CHOISIR SON VÉLO

Si choisir son vélo peut être source de bonheur pour les passionnés, les cyclistes débutants ou occasionnels peuvent facilement se perdre devant la multitude d'offres. Le choix d'un vélo passe avant tout par la pratique que vous allez en faire. Pour de petites randonnées ou des trajets plutôt plats, de nombreux modèles feront l'affaire. Suivant votre pratique, vous pourrez par exemple opter pour un vélo de ville, un vélo tout chemin (VTC), un vélo tout terrain (VTT) ou un vélo de course. Les professionnels, comme les vélocistes, sauront vous guider dans votre choix. Gardez en tête que l'essentiel est le confort. Un vélo trop grand ou une selle mal réglée provoqueront immanquablement des douleurs qui vous décourageront. Il convient aussi d'être attentif à la qualité des éléments du vélo. Sachez qu'il n'est pas besoin d'investir dans un vélo haut de gamme pour rouler dans de bonnes conditions et se faire plaisir.

Identifier votre besoin

Le choix du vélo dépend de l'usage que vous souhaitez faire : balades occasionnelles sur voies vertes, randonnées sportives sur terrains accidentés, etc. Pour des balades en France sur des véloroutes, un VTC conviendra parfaitement. N'hésitez pas à prendre conseil auprès de professionnels avant de vous lancer dans un achat ou une location : vélocistes, loueurs, réseaux cyclos, vélo-écoles, ateliers d'autoréparation, ou associations. Il s'agit aussi de toujours essayer le vélo en condition réelle au préalable !

Éléments à vérifier

Un vélo doit être adapté à votre morphologie et à votre pratique. On veillera à régler la selle et le guidon à sa taille et à gonfler les pneus suffisamment et en fonction du temps et du revêtement. Pour cela, les professionnels sauront aussi vous aider. Un vélo, c'est bien, un vélo bien équipé, c'est mieux. Voici quelques points à examiner qui vous aideront à choisir une monture adaptée à vos besoins :

La selle. La selle est l'un des éléments fondamentaux du vélo. Pour tout cycliste recherchant le confort, le bon compromis est peut-être de choisir une selle un peu moins légère mais plus confortable : bien rembourrée et souple pour une pratique de loisir ou plus ferme et légère pour une pratique sportive.

Les roues. Elles ont un rôle important dans le rendement de votre machine, un impact sur l'aérodynamisme et ont une grande influence sur le confort d'une sortie. Il existe plusieurs types de roues sur le marché suivant différents critères comme le profil de la jante, la matière (aluminium ou carbone), le freinage (à patins ou à disque), leur poids, le type de roulements, etc.). Sans rentrer dans les détails, les roues sont considérées comme un investissement mais aussi peuvent améliorer notablement les qualités d'un vélo.

Les pneus. Les pneus sont des éléments déterminants en termes de confort, rendements et fiabilité. Il existe de nombreux pneus différents qui correspondent à chaque fois à un type de vélo, pour des personnes, conditions et terrains spécifiques. Plus le pneu est large et plus la surface de contact au sol est grande, meilleur sera le confort de conduite.

Le guidon. Le guidon ou cintre a une influence réelle sur le confort, l'endurance et les performances. Lorsqu'on a mal aux fesses, on pense tout de suite à la selle, mais on ne sait pas toujours que le guidon peut être responsable de certaines douleurs ressenties. En effet, une mauvaise posture de conduite peut être liée à la forme du guidon, sa largeur ou sa hauteur provoquant des douleurs plus ou moins pénibles.

Les vitesses. Les vitesses ou le développement correspondent à la distance parcourue par un vélo à chaque tour de pédale. La majorité des vélos possèdent entre 21 et 24 vitesses, en général 3 à 5 vitesses suffisent en ville pour passer les petites côtes et faux plats. Par contre, si votre conduite est plus sportive, 21 vitesses sont préférables, ce qui vous permettra de réaliser des randonnées d'une certaine distance et d'adapter votre pédalage au gré des changements du relief. C'est aussi en pratiquant quotidiennement que vous vous rendrez compte si les développements sont appropriés à votre propre utilisation.

Le système de freinage. L'un des organes les plus importants d'un vélo est le système de freinage. La plupart des vélos possèdent deux poignées de frein indépendants, commandant chacune une mâchoire équipée de patins en caoutchouc venant exercer une force sur la jante par l'intermédiaire de câbles de frein. Certains systèmes de freinage sont basés sur le principe du frein à disque ou du frein tambour, mais plus coûteux et demandent plus d'entretien que leurs homologues de type V-brakes.

© RYANJLANE - ISTOCKPHOTO.COM

Le cadre. Le cadre représente moins de 1/3 du poids du vélo et pour la pratique sportive, mieux vaut un vélo confortable, solide et bien équipé, que léger. Sur le marché, on retrouve plusieurs types de matériaux : carbone, acier ou aluminium. Le carbone est plutôt réservé aux pratiquants qui recherchent le rendement et la performance. L'acier amortit mieux les petits chocs et vibrations et vieillit bien. Un bon cadre en acier peut être confortable et est très apprécié par les randonneurs et les voyageurs sur longue distance. Tandis que le cadre en aluminium est en général plus léger, mais plus raide. Un cadre alu endommagé est plus difficile à réparer. Il résiste moins bien aux chocs et vibrations, mais mieux à la corrosion par l'eau salée. Pour ce qui est du choix de la géométrie du cadre, essayez plusieurs vélos, au besoin plusieurs marques. Il est important de se faire conseiller par un détaillant spécialisé qui vous aidera à adapter le vélo à votre morphologie et à votre pratique.

Équipements

Les autres accessoires importants sont un gilet haute visibilité (obligatoire par temps pluvieux, sombre et hors agglomération), des sacoches latérales, ou un sac à dos que vous accrocherez sur votre porte-bagages à l'aide d'un tendeur, éventuellement une sacoche avant ou un panier, un casque (obligatoire pour les enfants de moins de 12 ans). Une béquille et un carter (pour ne pas abîmer ses bas de pantalons) pourront se révéler intéressants. Pour rappel, les éléments obligatoires sur un vélo sont deux dispositifs de freinage, un système d'éclairage et une sonnette.

Différents types de vélo

Vélo de ville. Il existe différents types de vélo de ville. Ce sont des cycles adaptés aux déplacements urbains et confortables pour de courtes distances. On trouve dans cette catégorie le fameux vélo hollandais.

Vélo de route. Les vélos de route ou vélos de course sont adaptés à la conduite sur route (pneus fins), dans le cadre d'une pratique sportive.

Vélo tout chemin (VTC). Il s'agit d'un vélo polyvalent, qui convient à la fois à la pratique en ville et en randonnée sur des chemins peu accidentés. C'est le vélo idéal pour la balade. Il est adapté au port de charge (porte-bagages) et existe avec assistance électrique.

Vélo tout terrain (VTT). Le VTT, appelé aussi mountain bike, est un vélo robuste, équipé de pneus larges, et dédié aux pratiques en sentiers accidentés. Il constitue également un vélo de voyage intéressant, équipé de porte-bagages et d'une fourche suspendue. Il existe également en version à assistance électrique.

Gravel. Issu d'un mot anglais signifiant « gravier », il s'agit d'un vélo hybride, entre VTT et vélo de route, adapté aux sentiers accidentés et à la route.

Autres vélos. Le **vélo pliant**, s'il s'avère pratique dans les transports, est de manière générale moins confortable pour les balades à vélo. À partir de 20 km, le **vélo couché** peut être très agréable, même si moins manœuvrable en ville avec de la circulation. Quant au **tandem** c'est là une question très personnelle, à tester pour voir si cela convient !

Avec les enfants, différentes modalités sont envisageables. Les enfants peuvent avoir leur propre vélo ou des systèmes qui relient le vélo de l'adulte à l'enfant (tandem d'attelage, barque de remorquage ou follow-me). Enfin, selon l'âge et le niveau de pratique des enfants, il existe des sièges bébé, remorques ou vélos-cargos.

Vélos à assistance électrique (VAE)

Un vélo à assistance électrique est avant tout un vélo sur lequel on pédale. L'assistance électrique vient accompagner le pédalage, afin de donner plus de puissance à l'effort déjà fourni par le cycliste et s'arrête à partir de 25 km/h et en l'absence de pédalage. Les « speed-bikes » qui permettent de rouler au-delà de 25 km/h avec l'assistance électrique ne sont plus considérés comme des vélos et relèvent de la réglementation afférente aux véhicules motorisés : obligation d'assurance, d'immatriculation et port du casque.

Le choix du vélo à assistance électrique est en premier lieu défini par l'usage auquel on le destine. Pour des balades loisirs ou randonnées, il faudra s'orienter vers des vélos type VTC. Le VTT électrique est une solution possible pour des sentiers plus accidentés. On conseillera le vélo à assistance électrique à celles et ceux qui, pour des raisons de santé, ne peuvent pédaler sur de longues distances, ou qui se remettent à l'activité physique.

- Les modes d'assistance : l'assistance « tout ou rien », elle, est liée à un capteur de pédalier et couplé à un moteur dans la roue. Elle se déclenche dès qu'il y a pédalage et peut donner des sensations d'à-coup. L'assistance progressive, elle, est liée à une motorisation pédalier et un capteur d'effort. Elle est délivrée selon l'effort du cycliste, de manière plus progressive, et donne un plus grand confort de pédalage.

- L'autonomie des batteries. Pour assurer une bonne autonomie, une batterie d'un minimum de 400 Wh est vivement recommandée. Côté budget, il existe des vélos électriques en dessous de 1 000 € mais ils ne seront pas adaptés pour un usage type balade. Mieux vaut investir un minimum de 1 500 € pour un vélo qui sera un investissement dans la durée. Attention, une fois la batterie déchargée, le pilotage du vélo est nettement moins confortable. Il s'agit aussi d'un vélo souvent lourd, ce qui peut poser des contraintes lorsqu'il faut porter le vélo (dans les transports ou dans des escaliers). Dans tous les cas il est conseillé de s'adresser à un vélociste spécialisé dans les VAE, avant tout achat. Demander à essayer le vélo au préalable et à faire la manipulation pour enlever et remettre la batterie, pour vous assurer de sa praticité. Le professionnel, outre vous conseiller, pourra effectuer la réparation et la révision de votre vélo. Enfin sachez qu'il existe des aides financières régionales pour l'achat d'un VAE.

- Quelques marques proposant différentes gammes de VAE : Lapierre®, Gitane®, Orbea®, Scott®, Trek®, Moustache®, Cannondale®, Eveo®, O2Feel®, Giant®, Peugeot®, Winora®, Kalkhoff®, Gazelle®, Matra®, B'Twin (Décathlon®), Nakamura (Intersport®), Scrapper (Go Sport®), etc.

Achat de vélos

Dans tous les cas, toujours essayer le vélo. Moult canaux existent pour se procurer un vélo. Nous conseillons les achats chez les vélocistes, qui vendent du neuf mais aussi de l'occasion, en général des VTC en très bon état, qui ont servi une saison chez des loueurs. Vous pouvez aussi contacter directement les loueurs. Pour ce qui est des petites annonces, nous conseillons les forums ou sites spécialisés de vélos (ex : CCI). Quant aux sites comme le Bon Coin, un peu de prudence s'impose, pour éviter de vous retrouver en possession d'un vélo volé. Il est cependant possible de faire de bonnes affaires (prenez le temps de bien discuter avec le vendeur).

© IZABELA HABUR - ISTOCKPHOTO.COM

© SERGEY RYZHOV - SHUTTERSTOCK.COM

Des associations (MDB), bourses aux vélos organisées par des tiers lieux ou des municipalités proposent des vélos d'occasion. Les vélos peuvent s'acheter pour une vingtaine d'euros et il vous faudra souvent être bricoleur ou bricoleuse. N'hésitez pas à chiner, vous trouverez peut-être chaussure à votre pied, enfin vélo à votre besoin. Pour le marché du neuf, nous conseillerons plutôt les magasins spécialisés, où il sera plus facile de trouver des vélos de qualité, avec des vendeurs compétents et un service après-vente.

Vélocistes et budgets

Face aux nombreuses évolutions technologiques et à la segmentation du marché, il n'est pas toujours facile de faire son choix. Rien ne vaut un vélo de marque acheté auprès d'un vendeur spécialisé. Évitez la super promo proposée par les supermarchés : la qualité est médiocre, comme le service après-vente, et certains équipements essentiels peuvent poser des problèmes. Il sera alors compliqué par la suite de trouver une personne compétente pour les régler, car un grand magasin, en général n'a pas de service pour cela. Un vélociste, au contraire, c'est un entretien gratuit après le premier mois, une taille ajustée, un bon conseil et du suivi si vous le souhaitez. Au bout du compte, les quelques euros que vous pensiez économiser sur l'achat en grande surface seront bientôt engloutis dans des frais de réparation ou de remplacement. Un vélo neuf peut coûter entre 180 € et 5 000 €. À moins de 200 €, vous aurez du matériel bas de gamme et pas très confortable. Si vous décidez de faire des balades d'une certaine distance, il risque de ne pas tenir la route, voire de se détériorer rapidement. Si nécessaire, investissez un peu plus afin d'avoir un meilleur équipement. Sachez qu'il existe aussi des vélocistes qui peuvent vous monter un vélo sur mesure à partir d'un cadre et de composants, et des artisans qui fabriquent eux-mêmes les cadres de vélos. Les prix pour un vélo artisanal sur mesure s'échelonnent entre 3 000 € et 8 000 €, ce qui est le fruit d'une grande qualité et d'un confort optimal.

Quelques marques et fabricants

- **Fabricants de vélos de cyclotourisme sur mesure** en France : rendez-vous sur le site www.francevelotourisme.com, dans la rubrique « conseils », onglet « vélo et matériel de cyclotourisme » et « fabricant de vélo sur mesure ».
- **Marques de vélos de cyclotourisme** : Lapierre® (www.cycles-lapierre.fr), Gitane® (www.cycles-gitane.fr/), Cannondale® (www.cannondale.com), Giant Bicycles® (www.giant-bicycles.com), et Cyclable® (www.cyclable.com) qui sélectionne des vélos et des accessoires de haute qualité, qui ne nécessitent qu'un minimum d'entretien ou de réparation en s'appuyant sur des marques françaises ou européennes de renom : Peugeot®, Gitane®, Gazelle®, VSF Fahrradmanufaktur®, Genesis®, Surly®, Kalkhoff®, Brompton®, Electra®. Côté accessoires: Abus®, Thule®, Vaude®, Ortlieb®, Brooks®, etc.

MÉCANIQUE ET ENTRETIEN

Entretenir et réparer son vélo sont la base d'une pratique agréable et sans stress. Les rudiments en matière d'entretien et de mécanique s'apprennent rapidement. Connaître les principaux éléments qui composent le vélo et effectuer leur entretien est une première étape. Savoir identifier l'état général du vélo s'acquiert avec l'expérience. Pouvoir réparer une crevaison est un point important mais n'ayez crainte, en cas de difficulté, vous pourrez demander de l'aide autour de vous. Nous vous donnons ici quelques conseils de base mais il existe aussi des livres et tutoriels en lignes. Vous pouvez aussi apprendre la mécanique [ateliers d'auto-réparation, cours ou stages]. Sur votre route, vous trouverez des professionnels [vélocistes] qui pourront procéder tant à l'entretien qu'à la réparation de votre vélo. Et puis, en balade, l'entraide fonctionne en général très bien et vous trouverez sûrement quelqu'un pour vous épauler.

Entretien du vélo

La longévité du vélo, sa sûreté et sa fiabilité tiennent en partie à un entretien régulier. Entretenir son vélo ne demande pas beaucoup de temps. A partir du moment où l'état général du vélo semble correct, une simple vérification de routine est suffisante.

▶ Nettoyage, graissage et vigilance. Nettoyez votre vélo régulièrement, notamment après vos balades. Pour cela, vous pouvez vous munir de chiffons, éponges, brosses et d'huile de coude. A l'aide d'un chiffon sec ou de brosses, vous pouvez frotter les éléments à nettoyer. Le nettoyage du cadre, des roues et de la chaîne peut aussi se faire à l'aide d'eau et de savon, en pensant à bien rincer et sécher les parties humides, ce qui évitera à votre vélo de s'abîmer prématurément. Une fois propre, il s'agit de graisser la chaîne, afin qu'elle puisse coulisser et changer de vitesse sans aucun problème. Une chaîne bien entretenue dure cinq fois plus longtemps. Pour nettoyer votre chaîne de manière écologique – et économique –, rien de mieux qu'une brosse ou brosse à dent sur laquelle vous pouvez ajouter du vinaigre blanc. On pourra aussi utiliser une brosse à dents pour graisser la chaîne ou déposer une goutte sur chaque maillon, pour éviter les surplus d'huile. Une chaîne qui « chante » ou reste sèche doit vous alerter. Les éléments de câble [freins et dérailleurs] pourront, quant à eux, être régulièrement lubrifiés. D'une manière générale, soyez attentifs aux sensations de gênes, aux bruits qui peuvent signaler un dysfonctionnement et n'hésitez pas à contacter un spécialiste [atelier de réparation] pour avoir des conseils.

▶ Gonflage des pneus. L'entretien passe aussi par la vérification et le gonflage des pneumatiques. En règle générale, l'usure des pneus est globalement assez facile à déterminer puisque les caractéristiques de détérioration sont généralement visibles. Si votre pneu est déchiré ou fendu et que vous pouvez voir la chambre à air n'attendez pas avant de le changer car le risque de crevaison est maximal. Pour vérifier l'usure normale d'un pneu, il s'agit de regarder son état global comme les flancs du pneu. En passant votre doigt sur la partie inférieure du pneu et si celle-ci s'effrite, c'est qu'il est usé. N'hésitez pas également à le soulever pour examiner l'état du pneu sous la roue. Il est possible dans certains cas d'être confronté à de mauvaises surprises. Pour obtenir une pression correcte dans les pneus, celle-ci est indiquée sur le côté du pneu défini par une mesure appelé PSI ou Bars.

Il est important de bien entretenir son vélo.

Pour les vélos de route et de ville, on recommande de gonfler entre 7 et 8 kg [bars] max. Il vous suffit de vous munir d'une pompe adaptée avec le compteur intégré afin d'administrer la bonne pression. Si vous n'en disposez pas, vous pouvez gonfler vos pneus dans les stations de gonflage vélo qui sont présentes sur le long de certaines voies cyclables.

▶ Stockage du vélo. Quelques autres astuces pour profiter de votre vélo le plus longtemps possible : il est fondamental de mettre son vélo à l'abri de l'eau et du soleil. En effet, l'eau est le pire ennemi du vélo. Elle s'infiltre partout et détruit tout sur son passage. L'idéal est de l'essuyer rapidement avec un vieux chiffon après être revenu si vous avez pris une averse. Quant au soleil, il détériore prématurément les pneus. Mieux vaut donc protéger votre vélo du soleil, si vous ne voulez pas vous retrouver avec une crevaison.

▶ Précaution sécurité et environnement. La sécurité commence par vous. On vous conseillera une tenue qui ne craint pas les salissures et vous protégera : gants, blouse, avec un point d'eau, du savon [et éventuellement du marc de café] à proximité pour vous nettoyer les mains. Le mieux est d'effectuer l'entretien dans un lieu ventilé et de veiller à la propreté de l'atelier et au rangement des produits et des outils. Et n'oubliez pas, lorsque vous entretenez votre vélo, de protéger le sol des égouttures. Un litre d'huile pollue un km² d'eau. L'huile usagée et certains produits [vérifier les étiquettes] sont des déchets spéciaux : contacter la déchetterie ou le service en charge de la collecte des déchets de votre collectivité afin de connaître les modalités d'enlèvement. Pensez également à stocker vos produits et déchets à l'abri des pluies, sur un support étanche et étiquetez-les.

Mécanique : quelques éléments de réparation

Réparer son vélo n'est pas toujours chose facile, mais il est toujours préférable de connaître quelques notions de base. Cela vous fera économiser de l'argent, et vous rendra totalement en confiance et autonome envers ce moyen de transport qu'est le vélo.

Réparer une crevaison

La crevaison est l'incident le plus banal qui puisse arriver à un vélo, et sans doute le plus énervant. L'opération de réparation d'une crevaison peut durer entre 15 minutes à plusieurs heures selon votre expérience en mécanique. Avant tout, il s'agit de trouver la crevaison, donc il faut au préalable démonter le pneu et la chambre de la jante. Voici en trois étapes comment démonter un pneu :

▶ Étape 1 : retirer la roue du vélo et dégonfler le pneu en appuyant sur le petit picot situé au milieu de la valve, pas besoin d'attendre que le pneu soit entièrement dégonflé ; s'il est mou, cela suffit.

▶ Étape 2 : enlever le pneu de la roue, pour cela vous devez tout d'abord appuyer sur les flancs du pneu, vers l'intérieur. Le pneu se détache simplement des parois où l'on va pouvoir insérer les démonte-pneus entre le pneu et la jante à des endroits différents. Vous les utilisez comme leviers afin que le pneu sorte des rails de la jante. Attention à ne pas pincer la chambre à air !

© ARTISTGNDPHOTOGRAPHY - ISTOCKPHOTO.COM

La crevaison est l'incident le plus fréquent.

▶ Étape 3 : une fois le pneu hors de la jante, il suffit de retirer la chambre à air du pneu.

Une fois que c'est fait, gonfler légèrement la chambre, celle-ci laisse entrer un sifflement d'air et permet de trouver le trou. Si la crevaison est très légère et ne siffle pas, il suffit de tremper la chambre à air légèrement gonflée dans l'eau (ou utilisez la salive avec son doigt, à défaut d'eau) : des bulles d'air sortent du trou. L'objectif est de préparer la pose de la rustine. C'est l'opération la plus délicate, il faut bien noter que toute la qualité de votre réparation dépendra de ce passage difficile ! Dans un premier temps, avec l'aide d'un papier de verre, poncez délicatement la chambre à air à l'endroit du trou. Il est conseillé aussi de poncer l'intérieur du pneu qui se situe au niveau de la crevaison, car il se peut qu'une épine ou un morceau d'épine soit toujours logé dans le pneu et puisse re-crever instantanément le pneu. Et puis, appliquez la colle sur toute la surface que vous avez poncée pour ensuite poser la rustine sur le trou en la pressant fortement quelques minutes, sans la faire glisser. Une fois la rustine en place, regonflez très légèrement la chambre afin qu'elle ait une relative rigidité permettant de la glisser plus facilement dans le pneu. Pour finir, faites levier avec les démonte-pneus comme vous l'avez fait précédemment pour replacer le pneu dans la roue, en faisant très attention de ne pas pincer la chambre à air. Une fois la chambre à air ou le pneu changé, gonflez la chambre à air à la pression requise (cf. § entretien) puis resserrez fermement la roue en vous aidant des attaches rapides ou écrous. Dernière opération avant de remettre le pneu et la roue de vélo en place : vous devez vérifier le sens du pneu. Bien sûr, la plupart des pneus ont un sens. Il est indiqué sur le pneu par une petite flèche avec la mention front/rear soit avant/arrière.

▶ Pour mener à bien l'opération, pensez à vous munir d'une trousse à outils comprenant un kit anti-crevaison (mis à disposition par le loueur de vélo) : pompe à main, démonte-pneus, rustines, colles, grattoir, clés, pince, outil multiple et chiffon.

Avarie de chaîne

Lors des sorties, on prévoit souvent le kit de réparation pour crevaison, plus rarement de quoi réparer la chaîne. C'est vrai, l'incident est plus rare, mais tout aussi pénalisant. D'autant que l'outillage est simple et léger : un dérive-chaîne suffit. Le changement de chaîne, dans le cas de bris, n'est pas obligatoire. La chaîne peut être réparée, en supprimant le couple du maillon brisé. La chaîne sera plus courte, mais, à moins que la chaîne ait été précédemment raccourcie, cela n'aura pas d'incidence. Il n'est pas possible d'installer ou de retirer une chaîne d'un vélo sans l'ouvrir. En effet, la chaîne passe autour de la base arrière droite. Pour déterminer la longueur d'une chaîne, copier sur l'ancienne chaîne, en comptant le nombre de maillons, la longueur pouvant différer si l'ancienne chaîne est usée (allongée avec le temps). Ensuite, installer provisoirement la chaîne sur le vélo en la faisant passer sur le grand pignon et le grand plateau. La chape du dérailleur ne doit pas alors être trop ni trop peu tendue. Retirer l'excédant de maillons.

© PETAR CHERNAEV - ISTOCKPHOTO.COM

Ateliers de réparation et réseaux d'entraide

Nous vous conseillons les ateliers de réparations associatifs et solidaires, où pour une cotisation annuelle (de 5 à 20 €) vous pourrez gagner en « vélonomie », en apprenant à entretenir et réparer votre vélo. Vous pouvez également apprendre seul, à l'aide d'ouvrage ou tutoriels. N'oubliez pas non plus les gens autour de vous : famille, amis, collègues. Ponctuellement des ateliers de réparation, des cours d'entretien ou stages de mécanique peuvent être organisés (par des associations, collectivités territoriales, vélocistes) ou lors d'événements ou manifestations vélo. Si vous êtes hermétique à la mécanique et que vous n'aimez pas mettre les mains dans le cambouis, vous pouvez tout à faire sous-traiter cette prestation. Les vélocistes sont des professionnels qui assurent la réparation des vélos. N'hésitez-pas à leur confier votre bécane. Des collectivités, dans le cadre de leur système vélo, ont également mis en place des ateliers de réparations, souvent situés dans des endroits stratégiques (gares).

AVANT LE DÉPART

Afin de profiter pleinement de votre balade, quelques précautions peuvent s'avérer utiles. Le choix de l'itinéraire doit tout d'abord répondre à vos envies mais aussi être adapté à votre condition physique. Il s'agira d'établir votre parcours en fonction de vos capacités, sans souci de performance. Vous veillerez également à accorder votre itinéraire à vos contraintes personnelles (temps disponible, etc.), aux éventuels horaires de train pour vous rendre sur le parcours et repartir, mais aussi à vérifier certains paramètres comme la durée d'ensoleillement du jour et la météo (inutile de vous imposer une escapade en plein soleil ou sous l'orage !). Tout cela peut s'anticiper, en écoutant vos envies et en étudiant le profil du parcours, en consultant les prévisions météorologiques et en prévoyant un équipement adapté, pour vous et le vélo. On conseillera également de voyager léger, pour plus de confort, en laissant le superflu à la maison.

Envie et condition physique

Le choix du parcours constitue la première étape de votre balade ! Il s'agit en effet de vous accorder, avec celles et ceux qui seront du voyage, à un itinéraire qui répondent à vos goûts (visite culturelle, balade le long d'une rivière avec possibilité de baignade, etc.) mais aussi à vos capacités. Une balade à vélo n'est pas une compétition et ne requiert pas d'entraînement spécifique. Il s'agit plutôt de veiller à avoir une bonne hygiène de vie (activité physique, alimentation, sommeil), de pédaler à votre rythme et d'adapter le parcours (longueur, dénivelé) à vos capacités et sans souci de performance. N'hésitez pas à demander l'avis de votre médecin en cas de doute.

Étudier le parcours et consulter la météo

Avant de partir, pensez ainsi à examiner les principales difficultés du parcours tels que le dénivelé, le profil de l'itinéraire, la distance totale en utilisant le roadbook et la carte. Définir des options afin de raccourcir l'itinéraire si besoin peut s'avérer judicieux (par exemple, gare SNCF ou arrêt de bus). Le parcours est aussi fait de tout un ensemble de caractéristiques géographiques et historiques. Les sites d'intérêt naturels, culturels ou paysagers pourront faire l'objet d'une halte touristique et il conviendra au préalable de vérifier les horaires de visites et d'en tenir compte dans le calcul de votre temps de parcours. Ces points d'intérêt touristiques pourront également vous donner quelques indications et constituer des repères en cas de doute sur la direction. La saisonnalité (durée du jour, chaleur, etc.) et la météo sont aussi des paramètres importants qui vous permettront d'affiner votre parcours (en évitant par exemple de pédaler aux heures les plus chaudes en été).

Voyager léger : l'essentiel, pas le superflu

Voyager léger contribue à limiter les efforts et à garder une sensation de fluidité sur le vélo. On veillera donc à ne pas surcharger le vélo et à n'emporter que l'essentiel. On préférera l'utilisation de porte-bagages sur lesquels on pourra installer un sac à dos et/ou des sacoches. Le port de sac sur soi est en effet déconseillé pour des raisons de confort (il peut être une source de mal au dos et contribue à faire transpirer). Dans les sacoches, ou emportera de quoi se sustenter (pique-nique ou en-cas selon la durée de la balade).

On n'oubliera pas non plus d'emporter une ou plusieurs gourdes d'eau selon le parcours et la saison, et selon la possibilité de trouver des points d'eau potable sur le chemin. Les sacoches contiendront les autres éléments nécessaires au bon déroulement de votre balade, parmi lesquels, une carte ou un guide, un téléphone portable, une pharmacie de premiers secours et une trousse à outils pour les réparations (kit anti-crevaison : en général fourni par le loueur de vélo). On veillera également à emporter des équipements adaptés au temps et à la saison et à préparer et régler le vélo en conséquence.

Les équipements obligatoires à vélo en France

- Pour le vélo : deux freins en état de fonctionnement et un avertisseur sonore. Pour les éclairages, de nuit (ou de jour en cas de visibilité insuffisante) : un phare avant (blanc ou jaune), un phare arrière (rouge), un catadioptre avant (blanc ou jaune), un catadioptre arrière (rouge), des réflecteurs visibles latéralement (par exemple, entre les rayons) et des réflecteurs de pédales.
- Pour la tenue du cycliste : un gilet haute visibilité est obligatoire hors agglomération la nuit ou en agglomération lorsque la visibilité est insuffisante et un casque (obligatoire pour les enfants de moins de 12 ans).

© CLICK_AND_PHOTO - ISTOCKPHOTO.COM

La check-list avant de partir

Ça y est, vous avez décidé de vous lancer. Vous avez fixé le jour, l'itinéraire, et vous êtes en forme. Comme dans toute chose, un peu d'imprévu fait partie intégrante du voyage. Voici cependant une petite check-list qui vous permettra de partir en toute sérénité :

- Météo. Consultation des prévisions météorologiques (sur la route vous pouvez aussi utiliser des applications, par exemple, Rain today).
- État des routes. Vérification de l'itinéraire et de son état : travaux, boue, périodes de chasse (contactez les offices de tourisme, les services de la préfecture ou les collectivités locales si besoin).
- Intermodalité. Vérification de l'intermodalité au cas où vous prenez le bus ou le train : perturbations, travaux sur les lignes, horaires, éventuellement réservation des places avec les vélos et vérification des modalités d'acceptation des vélos (démontés ou non démontés). Si les vélos doivent être démontés, prévoir une housse de transport ou une bâche et des outils pour démonter roues et pédalier).
- Prévenir. Tenir informé quelqu'un de votre itinéraire (surtout si vous partez seul).
- Cartes. Vérifier que vous avez une carte de l'itinéraire, guide papier ou numérique, et penser à bien télécharger le fonds de carte sur votre GPS.
- Batteries chargées. Téléphone, appareil photo, VAE, vous pouvez prévoir un chargeur solaire pour votre téléphone ou des batteries de rechange.
- Vérification du vélo. Une bicyclette révisée et réglée à votre taille ; et vérifier notamment le gonflage des pneus, l'éclairage, les freins, la transmission et l'antivol.
- Vérification du matériel. Sacoches, pompe, kit de réparation et outils, téléphone (avec applications) ou GPS, boussoles, trousse de pharmacie (premiers secours) et couverture de survie.
- Équipement personnel. Gilet haute visibilité, casque, mitaines, pinces à pantalon, et équipement en fonction de la météo : en cas de pluie, cape de pluie, pantalon imperméable, guêtres ; contre le vent et/ou le froid, veste coupe-vent, polaire, gants, manchons ; et enfin pour se protéger du soleil et des UV, crème solaire, t-shirt ou vêtement long, lunettes de soleil, mitaines, chapeau. Autre équipement selon vos besoins et la balade : serviette et maillot de bain, couverture ou plaid pour s'étendre, carnet de croquis, etc.
- Horaires et réservations. Vérifier les horaires des sites touristiques que vous souhaitez visiter, les créneaux d'arrivée pour hébergements ; pensez à vous munir des justificatifs de réservation (billets papiers ou électroniques).
- À boire (gourde) et à manger (en-cas ou pique-nique).
- Documents et argent. Carte d'identité, carte Vitale et mutuelle, carte d'assurance, carte bancaire, espèces.

S'INFORMER

Voici quelques adresses pour vous aider à chaque étape de votre parcours, de sa préparation jusqu'à la fin de la balade. Vous trouverez des structures qui proposent des ateliers de remise en selle afin de vous permettre de reprendre ou apprendre le vélo en toute confiance. Nous vous présentons également différentes organisations qui pourront vous apporter des conseils en matière de vélo (achat, entretien, conseils pour rouler). Nous vous indiquerons aussi quelques pistes pour préparer vos itinéraires avec des informations et des outils pratiques. Vous trouverez le nom de structures associées au cyclotourisme via lesquelles vous pourrez trouver des compagnons de route et des idées de parcours. Enfin, quelques éléments de littérature, revues et sites liés à l'univers du vélo vous seront présentés, car ils peuvent constituer des sources d'inspiration et contiennent des informations récentes.

Se (re)mettre en selle, trouver un vélo et circuler en toute sécurité

FUB

Fédération des Usagers de la Bicyclette
12, rue des Bouchers
67000 Strasbourg
✆ 03 88 75 71 90
contact@fub.fr
www.fub.fr

Créée en 1980, la FUB, Fédération française des usagers de la bicyclette, agit pour apporter des réponses concrètes aux préoccupations quotidiennes des cyclistes et promouvoir l'usage du vélo comme mode de déplacement quotidien, par la mise en réseau des associations locales. Les principaux champs d'action sont concertation entre usagers et collectivités, le conseil et l'information, les bourses aux vélos, le marquage BICYCODE®, les ateliers d'autoréparation et la vélo-école pour adultes et enfants.

FNAUT

Fédération nationale des Associations d'Usagers des Transports
32, rue Raymond Losserand
75014 Paris
✆ 01 43 35 02 83
www.fnaut.fr

La Fédération nationale des Associations d'Usagers des Transports rassemble aujourd'hui 150 associations implantées dans toutes les régions françaises. Association de consommateurs agréée, la FNAUT conseille et défend les usagers de tous les modes de transport et les représente auprès des pouvoirs publics et des entreprises de transport. Groupe de pression d'intérêt général, la FNAUT s'efforce d'infléchir la politique des transports et de l'aménagement du territoire.

Mieux se Déplacer à Bicyclette (MDB)

Maison du Vélo
37, boulevard Bourdon
75004 Paris
✆ 01 43 20 26 02
https://mdb-idf.org

Il s'agit d'une association pionnière en matière de promotion du vélo qui propose des accompagnements (vélos-écoles, ateliers de réparation, marquage, etc.), des projections, des bourses aux vélos, des balades et manifestations cyclofestives, ainsi que des actions militantes (convergence francilienne).

UPWAY

https://upway.shop
info@upway.shop

Cette plateforme en ligne est dédiée au rachat, au reconditionnement et à la revente de vélos électriques, sous garantie d'un an. Leur credo ? Rendre le vélo électrique accessible au grand public avec des offres pour tous les budgets et une livraison assurée à domicile ! Vous retrouverez des marques incontournables, telles que Cowboy, VanMoof ou encore Giant. En plus d'un aspect économique attrayant, la démarche d'Upway s'inscrit dans un cycle vertueux en prolongeant la durée de vie des vélos électriques plutôt que de créer du jetable.

S'informer sur les itinéraires, trouver des compagnons de route

ASSOCIATION FRANÇAISE DES VÉLOROUTES ET VOIES VERTES (AF3V)

www.af3v.org

Cette association d'usagers, qui fonctionne avec des délégations départementales, propose notamment des randos vélos de plusieurs types : randonnées militantes (pour faire avancer les voies vertes), randonnées grands itinéraires, randos-découvertes, autres randonnées ; on trouve sur le site une carte interactive et un moteur de recherche qui permet de trouver une véloroute ou une voie verte en fonction de la région, du type de revêtement de la voie et le type d'activité.

© ESTUDI M6 - SHUTTERSTOCK.COM

CYCLO-CAMPING INTERNATIONAL (CCI)
www.cyclo-camping.international/fr
Cyclo-Camping International est une association sans but lucratif qui regroupe et informe ceux qui voyagent à vélo sans aide motorisée. Elle est animée par des bénévoles et réunit tous les passionnés du voyage à vélo, ceux qui partent demain, et ceux qui sont revenus hier... Elle leur permet de s'informer, de se rencontrer, et de communiquer entre eux à partir de leurs expériences.

CYCLOTRANSEUROPE
www.eurovelo3.fr
CyclotransEurope, fondée en 1996, a pour objectif la réalisation en France d'une véloroute reliant à la fois Paris à Moscou et Saint-Jacques-de-Compostelle à Trondheim (la Scandibérique), autant que possible en site propre. Depuis 2001, CyclotransEurope propose de découvrir une partie de l'itinéraire de la TransEuropéenne, entre amis ou en famille, grâce aux randonnées organisées tous les étés.

FÉDÉRATION FRANÇAISE DE CYCLOTOURISME (FFCT)
www.ffvelo.fr
Les Comités régionaux et départementaux permettent une présence active et soutenue auprès des licenciés, mais également des institutions sportives, touristiques et des administrations régionales et départementales. Les clubs sont les acteurs principaux de la FFCT. À ce titre, ils gèrent et assurent l'activité du cyclotourisme sur le territoire français incluant les départements d'Outre-mer. Ils en assurent la promotion, l'animation auprès de leurs adhérents, l'organisation de manifestations et de randonnées, la création de structures d'accueil et la mise en place d'écoles de cyclotourisme.

FRANCE VÉLO TOURISME
www.francevelotourisme.com
Vous retrouvez sur ce site des idées d'itinéraires pour vos balades à vélo de 2h ou de plusieurs jours. Grâce à un moteur de recherche et une carte interactive, vous pouvez confectionner un itinéraire sur mesure, selon vos envies et vos capacités (difficulté, durée, thématique et destination), en préconisant des itinéraires cyclables aménagés. Vous retrouvez aussi, sur France vélo tourisme, tous les établissements labellisés Accueil Vélo sur votre itinéraire : hébergements, restaurants, lieux de visite, offices de tourisme, loueurs et réparateurs.

Livres

Littérature :

- *Petit Traité de Vélosophie* de Didier Tronchet, Éditions Plon.
- *Besoin de Vélo* de Paul Fournel, Éditions Points Seuil.
- *Voici des Ailes* de Maurice Leblanc, Éditions Phébus.

Ouvrages spécialisés (réparation, droit) :

- *Comment entretenir et réparer son vélo. Le manuel de survie pour les nu(lc)s en mécanique* de Romain Puissieux, Éditions Mango, 2018.
- *Le Code du Cycliste* de Ludovic Duprey, Éditions Dalloz, 2021.

Livres sur la pratique du vélo :

- *Le Retour de la bicyclette,* de Frédéric Heran, Éditions La Découverte, 2015.
- *En roue libre,* de David Le Breton, Éditions Terre Urbaine, 2020.
- *Réenchantons le vélo,* de Priscilla Parard, Éditions Terre Vivante, 2021.

Magazines et presse spécialisée

- ***Cyclo-camping international***, la revue trimestrielle de l'association CCI (www.cyclo-camping.international/fr/revue/non-categorise/revue) : des récits de voyageurs, des infos et des annonces.
- ***200 le vélo de route autrement***, magazine trimestriel (www.200-lemagazine.com) : des articles en lien avec le monde du vélo, des récits de voyages, pour tout public du néophyte au compétiteur.
- ***Chasse-goupille***, fanzine bordelais (https://wiklou.org/wiki/Chasse-Goupille_(fanzine)) réalisé par des autrices de la France entière dans l'esprit *do it yourself* et dont le thème est « l'émancipation avec et par la bicyclette ».
- ***Cyclotourisme Mag*** (www.cyclotourisme-mag.com), mensuel édité par la Fédération française de cyclotourisme, consacré à l'ensemble de l'actualité de la discipline avec de nombreux conseils pratiques et techniques.

LE CYCLE

✆ 01 41 40 32 32 - www.lecycle.fr

Le Cycle est le magazine n° 1 des pratiquants, sa mission est de vous faire rêver et vous faire vivre votre passion avec les meilleurs conseils et guides d'achat. Dans chaque numéro, retrouvez les essais des vélos et des produits avec une analyse en laboratoire et des tests sur le terrain. Découvrez des comparatifs de matériels ainsi que des dossiers techniques. Les reportages Parcours et Col dur mettent à l'honneur une région, son patrimoine, en parcourant trois circuits adaptés. Avec les rubriques Atelier, Diététique, Entraînement, les actus régionales, les suppléments du Guide du Tour, des vélos et des équipes pros sans oublier le carnet Entraînement, vivez votre passion du cyclisme dans toutes les pratiques, du cyclosport à la compétition, de la route au gravel.

CYCLIST

✆ 04 73 14 03 00 - www.turbulencespresse.fr

7,50 € le numéro. 39 € l'abonnement d'un an (19,50 € l'abonnement numérique).

Bimestriel dédié au cyclisme sur route à destination des passionnés avec des reportages sur des escapades à vélo en France, des news et tests de matériels, l'actualité des clubs et également des astuces pour bricoler son vélo. Des portraits des grandes légendes du cyclisme, des dossiers thématiques, du coaching, du choix d'un vélo, des interviews de personnalités et des reportages présentant de belles balades sur les plus belles routes de l'Hexagone ; le tout avec des photographies qui font rêver et donnent envie d'enfourcher sans plus attendre son vélo !

E-BIKE MAGAZINE

✆ 03 44 62 43 79

6,50 € l'unité, abonnement 1 an : 36 €.

E-bike Magazine, c'est une revue bimestrielle qui est intégralement consacrée au vélo à assistance électrique (VAE). Tous les deux mois, vous retrouvez toutes les actualités liées au VAE et aux derniers modèles. Dans chaque numéro, un chapitre « essais » vous livre les résultats de plusieurs tests et essais techniques. Retrouvez également des portraits de coureurs pro, une rubrique « courrier des lecteurs », des conseils pratiques et des dossiers et des inspirations pour vos randonnées. Un magazine spécialisé au contenu dense et pratique.

E-BIKE LIFE MAGAZINE

✆ 03 44 62 43 79

6,90 €/l'unité.

À la suite du succès de *E-Bike Magazine*, les éditions Larivière ont décidé de prolonger le plaisir des « cyclolecteurs » en lançant *E-Bike Life Magazine*. Ce nouveau magazine trimestriel est dédié aux vélos à assistance électrique (VAE) et plutôt spécialisé pour les usagers de VAE en milieu urbain. Partant d'une tendance générale : dans les grandes villes, de plus en plus de personnes cherchent des solutions de déplacement plus écologiques. On retrouvera donc des conseils pour accompagner cette mobilité électrique, des tests techniques et recommandations.

VTT MAGAZINE

✆ 03 44 62 43 79

5,80 € à l'unité, abonnement 1 an en numérique : 39 €, abonnement 1 an papier : 56 €.

Mensuel emblématique consacré à l'ensemble de l'actualité du vélo tout-terrain avec des essais matériel et expertises techniques, des focus sur les pilotes les plus charismatiques, mais aussi des sauts impressionnants, entre autres thématiques. Bien sûr, vous trouvez également dans le *VTT magazine*, disponible à l'unité ou en abonnement (papier et/ou numérique), une sélection de randonnées sur les plus beaux sentiers de France et des idées de voyages à faire à VTT partout dans le monde, pour vous inspirer et vous donner envie.

VÉLO VERT MAGAZINE

✆ 01 39 13 33 22 - www.velovert.com

À l'unité : 6,95 €, abonnement 1 an : 49 € et abonnement 2 ans : 85 €. Offres avec produits offerts disponibles.

Vélo Vert Magazine, c'est un mensuel consacré à l'actualité du vélo tout-terrain et vélo tout-terrain à assistance électrique, et des numéros hors-série de référence. On y trouve des interviews de coureurs, des conseils pour l'entretien de son VTT, l'agenda des randonnées et courses en France et de nombreuses autres rubriques telles que, par exemple, toute l'actualité des coureurs emblématiques de VTT, des tests techniques des vélos dernier cri, en plus de conseils pratiques. Et chaque année, le magazine fait une sélection et élit « le VTT de l'année ».

Sites et applications

Sites et blogs :

- www.isabelleetlevelo.fr/ : un site incontournable avec toute l'actualité vélo (« mais pas que... »).
- www.weelz.fr : le mag « leader de pignon ». Ce site encourage la pratique du vélo comme mode de déplacement à part entière.
- www.citycle.com : un blog d'actualité et d'information autour du monde du vélo, cyclisme urbain, cyclotourisme, tous les conseils y sont apportés.
- www.cyclos-cyclotes.org : un forum consacré au cyclotourisme.
- www.cartovelo.fr : une librairie en ligne des guides et cartes.
- umap.openstreetmap.fr : pour créer vos propres cartes personnalisées.

Applications pour tracer son itinéraire :

- komoot
- IGNrando'

ETRETAT ★★★

Autrefois un modeste village de pêcheurs, Etretat est aujourd'hui une station balnéaire incontournable de la côte d'albâtre. Qui ne connaît pas, ou n'a jamais entendu parler, de ses falaises de craie blanche et de ses arches de calcaire ? Elles séduisent toujours autant les locaux et les touristes, comme les artistes d'antan dont Claude Monet, Gustave Flaubert, Guy de Maupassant ou encore Maurice Leblanc... Le sentier piéton qui longe les falaises permet de profiter de l'air iodé et de s'imprégner des paysages de ce site qui contribue au rayonnement de la Normandie, au même titre que le Mont-Saint-Michel ou les planches de Deauville.

LE CLOS LUPIN - MAISON MAURICE LEBLANC ★

15, rue Guy-de-Maupassant ✆ 02 35 10 59 53
www.etretat.net

Ouvert du mardi au dimanche en haute saison. Le week-end en basse saison. Adulte : 8,50 €. Boutique.

Le gentleman-cambrioleur le plus célèbre de la littérature vous ouvre ses portes ! Maurice Leblanc, le père du célèbre Arsène Lupin, s'est toujours plaint que son héros était plus connu que lui auprès d'un public qui ne cessait de lui réclamer la suite ! Ici, Lupin lui vole encore la vedette puisque dans cette demeure au style balnéaire, la voix de Georges Descrières, l'acteur qui incarna le personnage au petit écran vous guide dans une ambiance mystérieuse qui ravira petits et grands.

LA GUILLETTE - MAISON DE MAUPASSANT

57, rue Guy-de-Maupassant
www.laguillette.com

Sur RDV via le site Internet. Visite de 45 min environ. Adulte : 3,50 €. Enfant (jusqu'à 18 ans) : 3 €. Visite guidée.

C'est Laure, la mère de Guy de Maupassant, d'abord installée dans la villa Les Verguies, qui acquit le terrain dans le Grand Val en 1872, pour y aménager un potager avec une cabane. Quelques années plus tard, le jeune Guy donne des fêtes dans cette cabane où se pressent ses amis. En 1882, il en devient propriétaire, et fait construire ce qui deviendra La Guillette. C'est ici qu'il écrit son premier roman, *Une vie*. La visite vous plonge dans sa vie, au milieu de ce jardin préservé.

FALAISES D'ÉTRETAT ★★★★

Rue du Docteur-de-Miramont

La côte d'Albâtre, du Cap de La Hève à Dieppe, forme une muraille unique en son genre de ce côté de La Manche. Les ouvertures qui les sillonnent à partir de la mer s'appellent ici des valleuses, et la plus célèbre d'entre elles est ici, à Etretat. En montant sur la **falaise d'Aval**, à partir du front de mer puis en longeant le golf, on dépasse un premier escarpement, pour parvenir à la **Porte d'Aval**, fragile pont au-dessus de la mer, qui discute avec **l'Aiguille** et ses 51 mètres, bien moindres que les 130 m du Cap d'Antifer... Mais la poésie emplit l'espace, le ciel et le creux de l'Aiguille si l'on écoute Maurice Leblanc. En contrebas, on peut passer d'un côté à l'autre en empruntant le **Trou à l'homme**, tunnel creusé pour aller plus vite qu'en faisant le tour à marée basse. Cela n'empêche pas les touristes étourdis de s'y faire piéger, alors méfiance ! Le chemin des Douaniers, lui, mène à la **Manne Porte**, la grande arche, majestueuse et imposante, et plus loin, la **Pointe de la Courtine**, derrière laquelle se niche la plage d'Antifer, à laquelle on accède du Tilleul. De l'autre côté, sur la **falaise d'Amont**, les pêcheurs ont érigé une chapelle, afin que la Vierge les protège. Cela n'empêche pas la mer de se déchaîner sur Étretat lors de grandes tempêtes. Elle aussi a sa **Porte d'Amont**, d'où l'on pouvait autrefois descendre sur l'estran, c'est désormais déconseillé. Au loin, on distingue encore deux merveilles, le **Roc Vaudieu** et l'**Aiguille de Belval**, à Bénouville. De quoi regarder l'horizon durant des heures...

© RAPHAEL RIVEST - SHUTTERSTOCK.COM

AUTOUR DES FALAISES D'ÉTRETAT

LIEUX	Km total	Km à faire	Routes
ÉTRETAT (CASINO)	0	52	D11, D211
YPORT	14	38	D211
FÉCAMP (CHÂTEAU)	22	30	D910, D940, D79
FROBERVILLE	31	21	D79
GERVILLE	34	18	D79
FONGUEUSEMARE	37	15	D79
CRIQUETÔT-L'ESNEVAL	42	10	D39
ÉTRETAT (CASINO)	52	0	

LES JARDINS D'ÉTRETAT

Avenue Damilaville
✆ 02 35 27 05 76
https://etretatgarden.fr
Mercredi au dimanche : 10h-17h. Adulte : 12 €. Enfant : 7,50 €. Pas de chiens. Non accessible aux poussettes.

Créés par le paysagiste Alexander Grivko, les Jardins d'Étretat auraient été inspirés par Claude Monet. Au cours de votre visite, vous allez découvrir un incroyable site segmenté en sept parties sur plus de 7 000 m², mêlant architecture paysagère et sculptures. Une composition qui en fait le « premier jardin du courant de l'architecture bionique ». Jardin Émotions, jardin d'Amont, jardin Impressions, jardin d'Aval, jardin Avatar, jardin Zen et jardin de la Manche : le chemin serpente d'un univers à l'autre, alternant les influences maritime et futuriste.

VELORAIL D'ÉTRETAT

56, rue de la Gare - **LES LOGES**
✆ 02 35 29 49 61
http://velo-rails-etretat.fr/
Ouvert d'avril à octobre le lundi. Vélo-Rails à partir de 30 € (aller en vélo-rails, retour depuis Etretat en train).

Ce petit train touristique prend ses passagers en gare d'Étretat ou des Loges puis les emmène d'une ville à l'autre en faisant cinq allers-retours dans la journée sur l'ancienne ligne de chemin de fer reliant Les Ifs et Étretat. Il est également possible de louer un vélo-rail et d'admirer les paysages sur cet étrange moyen de transport. Le parcours de 5 kilomètres se fait en descente et dure environ une demi-heure. Il est donc accessible à tous. Il existe également un forfait pour faire l'aller en vélo-rail et le retour en train, histoire de varier les plaisirs.

LA MAISON DE LA ROSE €€

9, chemin Saint-Clair
✆ 06 22 51 09 10
www.location-gite-etretat.com
Selon le gîte et la saison : de 90 € à 145 € la nuit (2 nuits min) et de 490 € à 805 € la semaine. Promotion sur site.

Sur les hauteurs de la ville, la villa du XIXe siècle Les Genêts et son terrain de 3 500 m² vous accueillent pour un séjour, où vous pourrez savourer le calme à l'écart du front de mer. Quatre logements, tous aussi charmants les uns que les autres, avec vue dégagée sur les falaises, une décoration de charme, soignée et délicate avec de beaux meubles en bois, où l'on peut venir en famille. Terrasse, jardin, cuisine équipée... Tout est fait pour une belle parenthèse normande. On aime particulièrement le Gueuloir, ancien petit théâtre, qui a obtenu ses 3 étoiles.

LES TILLEULS €€€

45, rue Isabey
✆ 02 35 27 76 76
www.lestilleulsetretat.com
Chambre double à partir de 280 € ; suite à partir de 320 €. Petit déjeuner inclus.

Amoureux du vintage ou du romantisme, voici la demeure de vos rêves. Le charme désuet du mobilier et des textiles de cette maison de famille normande du XVIIIe siècle, très bien entretenue, transporte les hôtes à une autre époque. Accueillantes et lumineuses, les cinq chambres aux tons « vieux vert » et « vieux rose » sont meublées et décorées avec raffinement, sobriété, goût. Yoga, bien-être et cuisine sont au cœur des prestations complémentaires proposées, avec une attention toute particulière apportée aux besoins de chacun.

LE BISTRETATAIS €€

17, rue Adolphe-Boissaye
✆ 02 35 28 89 43
www.etretat-le-bistretatais.fr
Tous les j. midi et soir. Réservation recommandée. Menu : 29,90 €. Carte : 30 € environ. Menu enfant : 11 €. Terrasse.

Au Bistretatais, vous serez toujours accueilli avec le sourire. Le lieu est petit, mais c'est l'un des meilleurs d'Etretat. Si les grands amateurs de moules-frites y trouvent leur bonheur, ceux qui préfèrent le poisson frais et les fruits de mer tout juste pêchés seront aussi comblés ! Et pour ceux qui préfèrent la viande, le Bistretatais sert les grands classiques : andouillette de Vire, magret de canard, souris d'agneau, bavette... Le tout préparé avec maîtrise et à déguster dans une ambiance sympathique et conviviale. Une valeur sûre.

LA SALAMANDRE €€€

4, boulevard du Président-René-Coty
✆ 02 35 27 17 07
www.hotel-salamandre-etretat.com
Ouvert midi et soir. Service continu week-ends et vacances scolaires. Terrasse. Plateaux de fruits de mer à emporter.

S'arrêter dans cet établissement est une bonne occasion de profiter du cadre unique du manoir de la Salamandre, avec ses grandes tables en chêne et sa superbe cheminée. Côté cuisine, on travaille ici le poisson sauvage et les produits bio des petits producteurs locaux. Les plats sont savoureux et sains. Parmi les spécialités de la maison : plateaux de fruits de mer, foie gras maison, bar et saumon sauvage, morue à la cauchoise, trio de poissons grillés à l'huile d'olive. Pour végans et végétariens : curry de tofu à la crème végétale, bolognaise de soja...

YPORT

Entre Étretat et Fécamp, au creux d'une valleuse descendant vers la mer, Yport est une escale de charme. À l'origine village de pêcheurs, dont vous vous étonnerez encore des bateaux de bois posés sur leurs flancs sur les galets, la cité a suivi le grand mouvement pour offrir ses falaises et ses paysages au tourisme balnéaire. Côté patrimoine, Yport brille par son église construite par les habitants eux-mêmes et qui abrite de nombreux ex-voto de marins pour beaucoup sous forme de maquettes de bateaux, mais aussi pour ses belles villas et ses modestes maisons de pêcheurs. Site classé, le village propose de nombreuses balades, notamment sur le GR21.

LA FALAISE €€

32, rue Emmanuel-Foy
✆ 09 54 62 55 72
www.fecampclick.fr

Ouvert tous les jours midi et soir. Terrasse.

Cette adresse a beau être sans prétention, c'est l'une des meilleures tables de la ville pour s'offrir un déjeuner rapide et gourmand. Installez-vous sur l'agréable terrasse dès que le soleil pointe son nez, ou bien à l'intérieur en hiver, dans une charmante petite salle à la décoration soignée. Si La Falaise affiche souvent complet, c'est que l'établissement propose exclusivement des petits plats faits maison ! A chaque période de l'année ses spécialités puisque, évidemment, les produits de saison sont à l'honneur... Un classique néanmoins : l'assiette d'huîtres.

CASINO TRANCHANT D'YPORT

Promenade Roger-Denouette
✆ 02 35 28 77 36
www.yport.groupetranchant.com

Du dimanche au jeudi : 10h-2h ; vendredi, samedi, veille de jour férié : 10h-4h. Tenue correcte exigée. Restauration.

Entre la plage et la falaise, ce casino vous offrira un moment de détente et d'amusement ! Si les machines à sous remportent toujours un franc succès, les tables de Black Jack et de Hold'em Poker affichent elles aussi complet le week-end. Il faut dire que l'établissement a su créer une ambiance chaleureuse et conviviale, et les heures défilent sans que l'on s'en aperçoive. Pour satisfaire un petit creux, le restaurant du casino propose un grand choix de plats et organise des dîners concerts certains soirs. Sa vue panoramique sur la mer est à couper le souffle.

FÉCAMP ★★★

Les Fécampois ont toujours sillonné les mers lointaines à la recherche d'épices ou de nouvelles matières. Mais c'est surtout au XVIe siècle, lorsque les pêcheurs dénichèrent le filon de la morue au large de Terre-Neuve, dans les eaux canadiennes de l'Atlantique nord, que la ville prit réellement son essor. Ce qu'on appelle « l'or blanc » fera pour trois siècles sa fortune : en 1872, Fécamp est ainsi devenu le premier port de pêche hauturière avec une flotte de plus d'une centaine de bateaux. Une flotte qui compte surtout des terre-neuvas mais aussi des « dundees » utilisés pour la pêche aux harengs et aux maquereaux dans les eaux de la Manche.

ABBATIALE DE LA SAINTE-TRINITÉ ★

Place des Ducs-Richard ✆ 02 35 28 51 01
www.fecamptourisme.com

Du 01/01 au 31/03 et du 01/10 au 31/12 : 9h-12h/14h-17h. Du 01/04 au 30/09 : 9h-19h. Visites guidées à partir de 5 €.

Voilà plus de mille ans que Fécampois et visiteurs admirent cette abbaye chargée d'histoire. L'abbaye fait l'objet d'un classement au titre des Monuments historiques en 1840. Remontez la nef de 127 m de long (autant que celle de Notre-Dame de Paris) pour découvrir les trésors accumulés ici : chapelles romanes, tour-lanterne du gothique normand, sépultures de Richard Ier et Richard II... Sans oublier l'horloge astronomique de 1667, qui indique aussi bien les heures que les marées.

A LA MAISON BLANCHE €€

24, Rue de la Plage
✆ 02 35 27 16 76
https://www.alamaisonblanche.fr/fr/

Maison d'hôtes de 4 chambres pour 12 personnes max : 98 à 210 € la nuit. PDJ copieux inclus. Table d'hôtes : 28 €.

Située au calme et à 100 mètres du port, la maison d'hôtes À la Maison Blanche vous accueille dans une atmosphère éclectique et chaleureuse. Les quatre chambres de cette ancienne maison d'armateur peuvent être privatisées pour des groupes allant jusqu'à 12 personnes. Depuis votre chambre vous voyagerez du Japon à l'Afrique en passant par la Chine. Un petit-déjeuner copieux et savoureux vous attend chaque matin à la table d'hôtes ou sur la terrasse. Une ardoise gourmande vous est également proposée en soirée par vos charmants hôtes.

PALAIS BÉNÉDICTINE ★★★

110, rue Alexandre-Le-Grand
✆ 02 35 10 26 10
www.benedictinedom.com
Basse saison le WE : 10h30-11h30/14h-16h. Adulte : 14 €. Boutique et bar à cocktail : lun-ven, 12h-17h, WE 10h30-18h30.

A deux pas de la plage, laissez-vous entraîner dans les dédales de ce fabuleux bâtiment en briques rouges, né de la passion d'un négociant pour une liqueur, la célèbre Bénédictine. L'histoire commence à l'abbaye de Fécamp où des moines vivaient selon la règle de saint Benoît, basée sur la prière, le travail manuel et l'étude. Philosophes et herboristes s'y côtoyaient dans une atmosphère d'alchimie stimulée par la proximité des falaises où poussaient l'angélique, l'hysope ou encore la mélisse, ingrédients d'élixirs de toutes sortes. Une recette, élaborée par le moine Dom Bernardo Vincelli, venu d'Italie avec dans sa besace des épices d'Orient, et censée prolonger la vie, devient au fil du temps célèbre dans toute la région. Elle sera utilisée pendant trois siècles, puis disparaîtra à la Révolution française. Mais un homme va la retrouver en triant sa bibliothèque ! C'est Alexandre Le Grand, un négociant en vin fécampois, passionné d'art et d'histoire, qui s'était constitué une collection de livres et d'objets liturgiques à partir de ceux légués par son grand-père et provenant de l'abbaye. Le texte qui fera sa renommée et sa fortune apparaît dans l'un des grimoires rédigés par Dom Bernardo Vincelli en 1510, dévoilant les vingt-sept plantes qui la composent. Il en percera le secret en 1863 et la baptisera la Bénédictine. Pour la produire, il créera une distillerie, et la remettra au goût du jour. En 1872, il décide d'ouvrir ses trésors au public et, lorsque l'usine devient trop petite, il entreprend la construction d'un palais, inauguré en 1888. Parmi les « caprices » du négociant, l'oratoire, réalisé dans le style gothique flamboyant, reproduit l'univers des moines de l'abbaye de Fécamp. La salle dite gothique, elle, présente une charpente en bois sculptée en coque de bateau inversée réalisée par les charpentiers du port. La salle Alexandre-Le-Grand, destinée à la mise en bouteilles et à l'étiquetage jusqu'en 1972, retrace l'histoire de la liqueur. Suivent la distillerie et les caves : alambiques et foudres de chêne sont le cœur du lieu. Une dégustation clôt la visite. Et si vous souhaitez prolonger le plaisir, « La Verrière », bar et salon de thé créé en 2021 par Pierre-Cyrille Acquier, invite à une expérience gustative unique de cocktails, thés et chocolats à base de Bénédictine, à accompagner de gourmandises ou d'une planche apéritive. On aime beaucoup le Bénédictine Café, recouvert de chantilly, un peu costaud en terme d'alcool mais délicieux ! La boutique vend la Bénédictine sous toutes ses formes.

LES PÊCHERIES - MUSÉE DE FÉCAMP ★

3, quai Capitaine-Jean-Recher
✆ 02 35 28 31 99
10h-18h. Fermé de mi-septembre à mai. Gratuit jusqu'à 18 ans. Adulte : 7 €. Tarif réduit : 4 €. Audioguide : 2 €.

Ce musée exceptionnel installé dans l'ancienne sécherie de morues de Fécamp abrite des collections municipales mettant en lumière la vie d'autrefois des pêcheurs fécampois, les terre-neuvas. Un travail pénible qui les envoyaient chaque année pêcher la morue au large du Canada, aujourd'hui expliqué et documenté pour le grand public. On y découvre aussi des collections de costumes et de mobilier normands, ainsi qu'un cabinet de curiosités. Des expositions temporaires rythment l'année. En 2022, l'exposition « Sculpture(s) », résultat d'un patient travail de récolement et de restauration, révèle nombre de chefs-d'œuvre ou pièces plus confidentielles habituellement cantonnés au silence des réserves. A sa suite, une seconde exposition évoque les multiples activités liées à la pêche, à la vie quotidienne ou aux loisirs qui se sont développées sur les plages de galets depuis le XIXe siècle. Comme à l'accoutumée, une série d'ateliers, de conférences, de lectures, de rencontres ainsi qu'un catalogue seront proposés pour accompagner et prolonger la visite. En 2023, de nouvelles acquisitions sont aussi à découvrir, des toiles, des dessins, mais aussi des maquettes, celle d'un chalutier de 1929 ou celle d'un caïque de 1975. Un livret-jeux et un Memory pour les enfants les guideront dans les méandres des collections et les adultes suivront Guy de Maupassant pour leur visite… Montez sur le belvédère, vous y aurez une vue imprenable sur la ville et le port !

LE BARBICAN €

97, quai Bérigny
✆ 02 27 30 59 95
www.lebarbican.fr
Lun/jeu midi ; mar, ven, sam midi/soir. Résa rec. Formule 13,50 € (fish & chips). Vente à emporter jeudi soir.

Le Barbican tire son nom d'un des quartiers emblématiques de Plymouth, en Angleterre. C'est ici que se sont rencontrés l'Anglais Tony et la Française Sarah. Après avoir travaillé de l'autre côté de la Manche, ce couple est venu s'installer ici avec, dans ses marmites, le célèbre *fish and chips*. Le restaurant vous propose plusieurs formules, à commander, à emporter dans la Chef box, avec un dessert du jour et toutes les indications pour réchauffer votre plat à la maison. Une belle adresse à adopter pour voyager de l'autre côté de la Manche.

© JONATHAN - FOTOLIA

Le palais Bénédictine.

FONGUEUSEMARE

On aurait pu y tourner *Sleepy Hollow*, tant le petit village de Fongueusemare, nom norrois signifiant « eau stagnante fangeuse », est fascinant. Imaginez-vous : au sortir d'une valleuse, vous atteignez un plateau sans horizon. C'est la campagne, arrive un tournant, et tout à coup, dans un mouchoir de poche, une chapelle en brique rouge foncé, une allée de tilleuls sombre, une maison de poupée qui abrite la mairie et l'école, deux trois maisons encore, et puis la campagne, à nouveau. Pourtant, votre esprit s'y est arrêté tant l'atmosphère y est spéciale, de l'ordre du sensoriel...

CRIQUETOT-L'ESNEVAL

Entre Le Havre et Fécamp, à 9 km de la mer, Criquetot-l'Esneval fut un bourg à croisée de routes anciennes, telle la voie la romaine reliant Harfleur à Fécamp. Des fouilles ont permis de déterminer que le site fut habité dès la Préhistoire. C'est ici que le passage se faisait de la Gaule à l'actuelle Angleterre. Et son nom viendrait de *kerch*, le mot celte pour désigner la hauteur, ou de *kirkja*, signifiant église. L'Esneval vient quant à lui du nom d'une lignée de barons. Le village fut en effet une baronnie jusqu'au XVIe siècle et abrita une importante communauté protestante. Aujourd'hui demeure un beau patrimoine méritant une halte.

CIDRE EMMANUEL PASQUIER

144, allée des Tilleuls
✆ 02 35 29 30 84
www.cidrepasquier.fr
Ouvert du lundi au samedi de 9h à 19h. Jeudi matin sur le marché d'Etretat.

A Fongueusemare, dans cette ferme en clos masure, typique du Pays de Caux, la Maison Pasquier vous ouvre son cellier pour vous proposer les produits de la pomme à cidre et de la poire, élaborés en fûts de chêne selon les méthodes traditionnelles. Ainsi, cidre, poiré, jus de pommes, apéritif normand et autres productions labellisées Agriculture Biologique se dégustent directement à la ferme ou sur les marchés d'Etretat locaux. Faites une halte pendant votre balade à vélo dans cette cidrerie réputée : vous ne le regretterez pas !

PARCOURS TOURISTIQUE

2, Impasse du Stade
✆ 02 35 10 20 40
Accès libre. Gratuit.

Partez de l'Hôtel de Ville pour vous diriger vers la motte féodale du XIIe siècle et le vivier. Suivez les balises totems jusqu'au presbytère et rejoignez la gare et l'école Guillard et son passage couvert. Après la Pommeraie, le sentier fait une halte par l'Aquabowling. Reliez l'ancienne mairie, puis le château du XVIIe siècle autrefois résidence des seigneurs de Criquetot. La 10e étape vous fait découvrir la tour du clocher du XIe siècle. Après la gendarmerie, finissez le parcours avec le Mont à Finances, passage pittoresque menant au marché.

LA ROUTE DU LIN

LIEUX	Km total	Km à faire	Routes
FÉCAMP	0	79,8	D150
COLLEVILLE	6	73,8	D68
VALMONT	11	68,8	D150
OURVILLE-EN-CAUX	18	61,8	D50/D131
CANY-BARVILLE	27	52,8	Route de Calvaille
SAINT-VAAST-DIEPPEDALLE	35,7	44,1	D53/D75/D108
ERMENOUVILLE	44,2	35,6	Via Route d'Houdetot
FONTAINE-LE-DUN	49,9	29,9	Véloroute
OUVILLE-LA-RIVIÈRE	61,8	18	Véloroute
SAINT-AUBIN-SUR-SCIE	70	9,8	Rue de la Mer/ D153
VARENGEVILLE-SUR-MER	79,8	0	

FÉCAMP ★★★

Les Fécampois ont toujours sillonné les mers lointaines à la recherche d'épices ou de nouvelles matières. Mais c'est surtout au XVIe siècle, lorsque les pêcheurs dénichèrent le filon de la morue au large de Terre-Neuve, dans les eaux canadiennes de l'Atlantique nord, que la ville prit réellement son essor. Ce qu'on appelle « l'or blanc » fera pour trois siècles sa fortune : en 1872, Fécamp est ainsi devenu le premier port de pêche hauturière avec une flotte de plus d'une centaine de bateaux. Une flotte qui compte surtout des terre-neuvas mais aussi des « dundees » utilisés pour la pêche aux harengs et aux maquereaux dans les eaux de la Manche.

VALMONT

Jolie bourgade de 852 habitants, située à 11 kilomètres de Fécamp. La cité cauchoise est surplombée par un impressionnant château, érigé au Xe siècle. Elle est un lieu de villégiature prisé par les amateurs de calme et de sérénité. Elle a également inspiré le peintre Eugène Delacroix qui y séjourna à plusieurs reprises. Son tableau *Ruines de l'Abbaye de Valmont* a trouvé sa place au musée du Louvre. Outre le château qui ne se visite plus, on pourra visiter l'abbaye Notre-Dame-du-Pré, fondée par Nicolas d'Estouteville en 1169. Mais aussi effectuer une jolie balade sur le lieu de promenade du Vivier, le long du petit fleuve côtier de la Valmont.

COLLEVILLE

Petite commune du bord de mer, Colleville est connue pour être située à proximité de la plage d'Omaha Beach et pour avoir accueilli le tout premier cimetière militaire américain de la Seconde Guerre mondiale. Parmi les personnalités reposant dans ce cimetière, on compte notamment le fils du Président Roosevelt, Théodore Roosevelt Jr ainsi que le Sergent Frederick Niland, qui a inspiré le personnage du Soldat Ryan à Steven Spielberg (la famille du soldat ayant refusé l'utilisation de son vrai nom). Pour les amateurs de vélo, vous avez une voie verte à partir de l'ancienne gare : la véloroute du lin. De quoi faire une promenade en toute tranquillité.

ABBAYE NOTRE-DAME DU PRÉ ✝ ★

12, rue Raoul-Auvray
✆ 02 35 27 34 92
www.abbayes-normandie.com

Visites libres : 11h-12h et 14h30-17h. Chapelle de la Vierge : juil, août, sept de 15h à 17h). Visite guidée. Boutique.

Fondée au XIIe siècle par Nicolas d'Estouteville, seigneur de Valmont, elle voit, au XVe siècle, son église romane détruite par un incendie. Une église gothique la remplacera. Après 1515, de nouveaux bâtiments sont construits, ainsi qu'une sacristie, et l'église est restaurée dans le style Renaissance. Puis l'abbaye est vendue à la famille Delacroix. Le peintre, conquis par ces ruines romantiques, se fit une joie de l'immortaliser. En 1994, les bénédictines de Lisieux lui rendent sa vocation monastique. L'abbaye se visite librement ou avec un guide.

AU FIL DE L'EAU 🛏 €€

691, rue de Cauchoise
✆ 06 07 96 59 95
www.giteaufildeleau.fr

A partir de 190 € la nuit, 1 250 € la semaine. Jacuzzi 180 €. Chien accepté : 55 €. Ménage 90 €. Petit déjeuner 8 €.

Mariage réussi entre le chalet suisse et la cabane au Canada, ce site les pieds dans l'eau se compose de 2 gîtes (12 à 14 personnes et 2 à 4 personnes) et 4 cabanes flottantes situées sur un étang de 2,5 ha. Equipées de flotteurs, ces luxueuses cabanes en bois totalement équipées et accessibles en barque semblent être l'endroit idéal pour déconnecter et profiter pleinement de la nature environnante. Sur demande, vous profiterez du jacuzzi et les amoureux de pêche à la truite trouveront ici un paradis, à condition d'avoir une carte.

LE CLOS DU VIVIER 🛏 €€€

4, chemin du Vivier
✆ 02 35 29 90 95
www.le-clos-du-vivier.com

Chambre double à partir de 150 €. Petit déjeuner inclus. Lit supplémentaire : 20 €. Parking (privé). Animaux acceptés.

Tout ici est authentique : la chaumière des XVIIe et XVIIIe siècles respire la Normandie et se situe à l'orée d'un bois. Le jardin est charmant, la vue magnifique, et les meubles anciens donnent un cachet fou aux chambres. Le sens de l'accueil est le maître mot de Dominique et François Cachera-Gréverie. Au petit-déjeuner, vous dégusterez des croissants frais, du beurre de la ferme, des œufs des poules du jardin, des confitures maison et des fruits du jardin, frais, en compote ou en tisane. Le miel aussi vient des ruches du jardin.

CANY-BARVILLE ★

Au cœur de la vallée de la Durdent, sur la route de la côte, Cany-Barville eut à la fois à pâtir et à se réjouir de sa situation géographique. Peuplée depuis la haute Antiquité, comme le prouvent les vestiges trouvés lors des fouilles archéologiques, la ville subit de plein fouet les guerres qui ensanglantèrent le pays de Caux. Néanmoins, un commerce varié (encre, huile...) y a toujours été florissant. La ville bénéficia aussi d'une importante activité textile grâce aux nombreux moulins bordant la rivière. De nos jours, la visite de son château et de son bourg permet une halte de charme, que complète une belle base de loisirs sur le lac de Caniel.

ÉGLISE SAINT-MARTIN ★

Rue du Cimetière
✆ 02 35 57 17 70
www.plateaudecauxmaritime.com

Par trois fois détruite, d'abord par les Anglais en 1415, puis par les protestants dieppois en 1562 et 1589, cette église fut rebâtie à la fin du XVIe siècle et souvent restaurée depuis. Malgré son appellation, ce n'est pas saint Martin mais saint Adrien qui veille sur les habitants. Selon la légende, sa statue en bois polychrome aurait sauvé le village de la peste et du choléra. L'extérieur de l'édifice en grès très sobre ne permet pas de deviner que son intérieur présente une grande variété de couleurs, donnant une belle gaieté à cette église. A visiter !

CAMPING MAUPASSANT**** €€

12, rue de la Folie
VITTEFLEUR
✆ 02 35 97 97 14
www.camping-maupassant.com

Emplacement + 2 pers + véhicule à partir de 14 €. Jeux. Wifi. Animations. Piscine. Bar.

Le camping Maupassant séduit par son calme et sa situation. Très fleuri et accueillant, il est situé dans une ancienne ferme composée de beaux bâtiments, un clos masure propice à des vacances reposantes. Les enfants profiteront des aires de jeux, de la piscine, du château gonflable ou encore des salles de jeux couvertes. A proximité, il y a la base de loisirs du lac de Caniel et la Plage de Veulettes-sur-Mer. Le camping est un point de départ idéal pour la visite en voiture de lieux réputés comme Veules-les-Roses ou Etretat. Idéal pour un séjour avec enfants !

GÎTE RURAL LE PRÉ AUX ÂNES €€

121, rue du Parc
SAINTE-MARGUERITE-SUR-FAUVILLE
✆ 02 35 56 73 84 - www.preauxanes.com

Gîte 4 étoiles ouvert toute l'année. Pour 15 personnes (6 chambres). Semaine dès 820 €. Label Tourisme & Handicap.

Le Pré aux Ânes propose 15 couchages, répartis dans des chambres doubles ou triples, et est très bien équipé pour être parfaitement autonome. Implanté dans un herbage boisé de trois hectares, il offre une parenthèse de nature. Son jardin clos et paysagé est aussi des plus attrayants pour se reposer. Ce gîte rural est conçu dans l'esprit du développement durable : structure en bois, chauffage par géothermie et éco-citoyenneté dans la récupération des eaux de pluie.

LA TABLE D'AGNÈS €€

73, rue du Général-de-Gaulle
✆ 02 35 97 96 88

Du mercredi au dimanche : 12h-14h et 19h-21h. Carte : 40 € environ. Chèque Vacances, Chèque Restaurant. Groupes.

Tous les sens sont à la fête dans cette belle auberge située au bord de la Durdent. Les assiettes font la part belle aux produits de la ferme et aux maraîchers locaux. Les plats sont savoureux et généreux : terrine de foie gras mi-cuit, ris de veau flambée au cognac, sole meunière... Le cadre, typiquement normand, est très agréable avec sa grande cheminée et son ambiance authentique. L'accueil mérite aussi une mention spéciale aux propriétaires des lieux. Leur longue expérience mêlée à l'amour du métier leur permet d'afficher une franche réussite.

LES ROCHES BLANCHES

1, avenue Maximiliansau
✆ 02 35 97 78 11
www.roches-blanches.fr

Ouvert du lundi au vendredi de 10h à 12h et de 14h à 17h. E-boutique.

Depuis trois générations, les équipes des Roches Blanches travaillent un seul et unique produit : le saucisson sec, à partir de porc fermier normand élevé en plein air et nourri aux céréales et graines de lin, et avec un affinage en hâloir traditionnel. Aujourd'hui forte de son Label Rouge et de sa certification bio, la boutique de Cany-Barville, adossée aux ateliers, vous propose plusieurs gammes de saucissons, dont celui du marin, la spécialité des Roches Blanches, fabriqué avec du porc français, du gros sel de mer et des épices, et séché pendant six mois.

ERMENOUVILLE

Petite commune peuplée de 137 âmes, située à quelques encablures de Saint-Vaast-Dieppedalle en direction de Saint-Valery-en-Caux, Ermenouville est connue pour la beauté de son château, édifié au XVIIe siècle, et encore habité par une famille princière. Les jardins du château valent également le détour avec la roseraie et le potager. A Ermenouville, on pourra aussi visiter l'église Notre-Dame, de style néogothique. Construite en 1881, elle contient les fonts baptismaux datant du XVIe siècle, provenant d'une ancienne église. A proximité de la ville se trouve le parc naturel des Boucles de la Seine normande.

CHÂTEAU ET JARDIN DE MESNIL-GEOFFROY ★

2, chemin de la Dame-Blanche
✆ 06 71 07 22 50
www.chateau-mesnil-geoffroy.com
Ouvert de mai à septembre. Mercredi à dimanche : 14h-18h. Gratuit jusqu'à 7 ans. Adulte : 8 €. Enfant : 5 €.

Ce château du XVIIe siècle de style Louis XIII est un élégant bâtiment en briques et ardoises. Ses espaces intérieurs sont richement décorés dans un style rocaille du XVIIIe siècle. Il appartient aujourd'hui au prince et à la princesse Kayali qui y résident et se font un plaisir de vous dévoiler toutes les beautés de leur propriété. Le domaine est connu pour ses jardins à la française ainsi que pour les 2 900 rosiers qui constituent la plus grande collection privée de Normandie. Au mois de mai, les iris s'épanouissent, puis viennent les roses, les hortensias et les rhododendrons, dans une explosion de couleurs et de parfums. En 2023, ce lieu d'exception accueille le « Jardin des Murmures » : un espace au calme, dans le jardin, dans lequel le visiteur est invité à se poser et à profiter du spectacle de la nature fleurie. Un moment de détente absolu et de contemplation pour les yeux, mais également pour les oreilles qui profitent de la douce mélodie du hautbois, de la flûte et du violon. Mozart, Vivaldi, Massenet sont parmi nous ! Si vous venez en famille, vous serez également séduit par le jeu de piste gratuit imaginé pour les enfants pour qu'ils explorent en toute liberté les jardins et le labyrinthe grâce à différentes énigmes. Du côté de la visite du château, vous découvrirez l'historique des parfums du XVIIIe siècle à travers les fragrances préférées de Sissi, de Louis XV ou encore de Madame de Pompadour, que vous pourrez ensuite vous procurer à la boutique.

FONTAINE-LE-DUN

Située à 25 kilomètres de Dieppe. Fontaine-le-Dun compte 900 habitants. Si le Dun n'arrose aujourd'hui presque plus la commune, cela n'a pas toujours été le cas. La ville de Fontaine accueillait en effet un nombre important de moulins à eau. L'église, datant des XIe et XIIe siècles, a été construite sur un promontoire qui domine le village. C'est à Fontaine-le-Dun qu'est né Pierre Giffard, homme à la multiple carrière, mais notamment instigateur (entre autres événements sportifs) du marathon de Paris. Un marché se tient sur la place Eugène Delapierre tous les jeudis matin.

VARENGEVILLE-SUR-MER ★

Tous les peintres et écrivains qui se sont aventurés sur la Côte d'Albâtre y ont un jour posé leur chevalet ou leur cahier d'écriture pour s'imprégner de l'atmosphère et des couleurs de Varengeville. Claude Monet, Georges Braque, Guy de Maupassant et bien d'autres visiteurs prestigieux ont marqué de leur empreinte ce village côtier. Ce n'est pas un hasard si, depuis quelques années, les résidences secondaires s'y multiplient. Les nombreux Parisiens et Nordistes de passage témoignent de l'engouement que suscite le lieu : le calme et la quiétude invitent aux balades à cheval ou à vélo. Varengeville compte aujourd'hui un peu plus d'un millier d'habitants.

ÉGLISE ET CIMETIÈRE MARIN ★

Route de l'Église
✆ 02 35 85 12 46
www.varengeville-sur-mer.fr
Accès libre. Accès à l'église le week-end de 10h à 17h.

Cette petite église du XIIe siècle et son cimetière marin sont de véritables havres de paix pour le repos des âmes. Pour les vivants, c'est l'un des plus beaux cimetières de France, puisqu'il surplombe la mer et ses sublimes nuances de bleu. Dorment ici quelques hommes célèbres : le compositeur Albert Roussel ou l'architecte Paul Nelson reposant au côté de son ami Georges Braque. Dans l'église, vous pourrez voir le tout dernier vitrail de Braque, un arbre de Jessé aux bleus éclatants.

MANOIR D'ANGO ★

Route de la Cayenne
✆ 02 35 83 61 56
www.manoirdango.fr
Ouvert de Pâques à octobre. Adulte : 5,50 €. Visite guidée.

Ce manoir de la Renaissance a été construit entre 1530 et 1542 par le célèbre armateur dieppois Jehan Ango. Ce petit bijou de briques et de silex repose dans un écrin de verdure de 28 hectares. Fermé pendant plusieurs années pour d'importants travaux, il s'impose depuis sa réouverture comme l'un des monuments incontournables de la région dieppoise. Il a d'ailleurs été l'un des premiers à être classé monument historique en 1862. Ne ratez pas non plus le colombier, sa toiture d'influence byzantine et ses décors géométriques polychromes.

© MALOFF - SHUTTERSTOCK.COM

© PACK-SHOT - SHUTTERSTOCK.COM

SHAMROCK

Route du Manoir-d'Ango ✆ 02 35 85 14 64
www.hortensias-hydrangea.com
Ouvert tous les jours (sauf mardi) de mi-juin à mi-septembre de 10h à 12h et de 14h30 à 18h. Entrée 9 €.

Ce jardin de deux hectares comporte la plus grande collection d'hortensias Shamrock (hydrangeas) du monde ! Composée de 1 200 variétés différentes réunies depuis 1984 par Corinne Mallet, elle est donc reconnue dans le monde entier. Certaines plantes sont uniques en Occident, plus habituées au pays du Soleil levant dont elles sont originaires qu'aux pluies normandes. Et pourtant, avec de l'amour et de la patience, Corinne a fait de ce jardin un paradis. Deux zones se dessinent : la première, labyrinthique, la seconde, boisée. Chacune est un enchantement !

CARRÉ QUARTZ*** €€

195, Chemin d'Albion
HAUTOT-SUR-MER
✆ 06 77 30 87 54
www.pourville-sur-mer.com
Chambre double à partir de 109 €. Villa louée dans son intégralité avec 3 chambres, en formule gîte.

Le Carré Quartz, c'est une maison d'hôtes surplombant la Manche, à l'architecture contemporaine étonnante, faite de verre et d'acier, et trois chambres au design moderne, ayant toutes vue sur la mer, la plage et les falaises. Le cadre calme et intimiste promet un séjour zen. 5 magnifiques gîtes lodges aménagés dans un esprit design et contemporain, qui bénéficient tous d'une vue panoramique extraordinaire sur la mer et les falaises à travers de larges baies vitrées. La grande terrasse avec vue sur la mer et la piscine vous combleront.

LES RÉGATES €€

30, rue du Casino
HAUTOT-SUR-MER
✆ 02 35 84 11 33
Avril-oct : 7j/7 midi et soir. Nov-mars : fermé lun, mar, mer soir, jeu soir et dim soir.

C'est un restaurant de front de mer loin des grandes stations balnéaires. En été sur la terrasse ou en hiver à l'intérieur, vous vous régalerez des arrivages du jour : plateaux de fruits de mer en haute saison (la spécialité de l'établissement), viandes, poissons, moules-frites, salades. Quant aux desserts, ils sont aussi copieux et savoureux que le reste, et l'on vous conseille tout particulièrement le café gourmand ! Une excellente adresse, d'autant que la salle, avec ses fenêtres tournées vers le large, est joliment décorée, et que le service est impeccable !

LA CÔTE D'ALBÂTRE DE SAINT-VALÉRY À DIEPPE

PARCOURS GPX

LIEUX	Km total	Km à faire	Routes
SAINT-VALÉRY-EN-CAUX (PLAGE)	0	94	D925, D68
VEULES-LES-ROSES	6	88	D68, D75 (véloroute)
VARENGEVILLE-SUR-MER	28	66	D75 (véloroute)
DIEPPE (CHÂTEAU)	36	58	D925
OUVILLE-LA-RIVIÈRE	52	42	D152, D2
SAANE-SAINT-JUST	68	26	D149
SAINT-LAURENT-EN-CAUX	71	23	D142
FONTAINE-LE-DUN	78	16	D142, D4
SAINT-VALÉRY-EN-CAUX (PLAGE)	94	0	

© FRANCK GODARD

Sortie du port de Saint-Valery-en-Caux.

SAINT-VALERY-EN-CAUX ★

Nichée au creux de falaises monumentales, la ville de Saint-Valery-en-Caux vaut le coup d'œil ne serait-ce que pour son aspect un peu vieillot et sans prétention. Si aujourd'hui elle semble s'être arrêtée dans le temps, beaucoup de peintres et d'écrivains y sont autrefois passés : Victor Hugo, Gustave Flaubert, Sacha Guitry... Aujourd'hui, c'est une station balnéaire familiale avec un front de mer agréable. Côté campagne, elle sert de point de départ à de nombreux circuits touristiques. Côté gastronomique, elle possède de discrets et excellents restaurants de fruits de mer où huîtres et fish and chips rivalisent avec ceux des grands chefs.

PANORAMA

Au pied du casino, un escalier monte jusqu'aux falaises. Les marches semblent raides vues d'en bas, mais la petite grimpette sportive vaut le coup pour terminer la visite de Saint-Valery en beauté. Là-haut, on admire les prairies, les chemins et la mer qui reflète magnifiquement les lumières du ciel. Si l'ascension n'a pas été trop éprouvante, on peut continuer la balade en surplomb des falaises par le GR21. Sinon, contentez-vous d'aller voir le monument de Costes et Bellonte commémorant le passage au-dessus de Saint-Valery du premier vol Paris/New-York, en 1930 !

MAISON HENRI-IV ★

3 bis, quai de la Batellerie

✆ 02 35 57 14 13

saintvaleryencaux.fr/maison-henri-iv

Juillet-août : mer à dim 10h30-12h30 et 14h-18h. Juin/sept : mer à dim 14h-18h. Basse saison : ven, WE 14h-18h.

Érigée en 1540 par Guillaume Ladiré, un armateur de Saint-Valery-en-Caux, cette imposante bâtisse abrite un musée. Sa belle façade de bois sculpté figure des scènes de voyage. L'histoire dit que le roi Henri II y fut reçu par les notables locaux en 1550. À l'étage, découvrez l'histoire maritime de la ville. En bas, on parle de la Seconde Guerre mondiale, qui marqua la station balnéaire. La cour intérieure, avec sa tour octogonale, son escalier et sa galerie du XVIe siècle est une merveille. Le lieu accueille des expositions temporaires d'artistes normands.

AU GOÛT NORMAND

5, place du Marché

✆ 02 35 97 05 31

Ouvert du mardi au samedi de 9h à 13h et de 15h à 19h30 ; le dimanche de 9h à 12h30.

Un achalandage sans faille, une véritable passion pour les produits régionaux et fermiers, et un accueil souriant, tels sont les atouts de cette petite boutique gourmande qui saura vous combler en plein centre-ville. On y trouve un grand choix de cidre, bière normande, fromages, fruits et légumes, biscuits, confitures, vins et charcuterie. Sans oublier les Calvados, dont 2 ont été élus meilleurs Calvados du monde ! C'est toute la Normandie qui se déguste ici, sans craindre des petites excursions gustatives dans d'autres régions tout aussi riches en saveurs.

VEULES-LES-ROSES ★

Veules-en-Caux honora tellement les roses qu'elle changea de nom en 1897 pour prendre celui qu'on lui connaît aujourd'hui. À l'époque romantique, ce lieu pittoresque, avec ses moulins, son église du XVe siècle, ses fameuses cressonnières et son minuscule fleuve, fait accourir les estivants en quête de calme et de beauté. Parmi eux, Victor Hugo est l'un des plus prestigieux. Les années ont passé, mais le charme demeure : la découverte de Veules, de ses ruelles et de ses jardins qui embaument à la belle saison reste un délicieux moment qu'il faut prendre le temps de savourer. La ville est aussi renommée pour ses huîtres uniques remises au goût du jour.

LA VEULES, LE PLUS PETIT FLEUVE DE FRANCE

Chemin des Cressonnières ✆ 02 35 97 63 05
https://cote-albatre-tourisme.fr/
En accès libre. Visite guidée : juillet-août pour les individuels. Toute l'année sur réservation pour les groupes.

Ce fleuve est long de 1 149 mètres, ce qui en fait le plus court de France. Le circuit part du front de mer et vous emmène aux sources de la Veules pour longer le cours d'eau jusqu'à son embouchure dans la mer. C'est une promenade charmante et tranquille pour découvrir le patrimoine de la commune : moulins, chaumières et villas, dont celle de Paul Meurice, ami de Victor Hugo. Ne ratez pas les fameuses cressonnières, d'où vous pouvez aussi partir pour rejoindre la mer. Incontournable !

COMME À LA MAISON €

26, rue Victor-Hugo
✆ 06 64 96 16 12
marine-binard.wixsite.com/calm
Ouvert du vendredi au mardi de 9h30 à 18h30. Terrasse.

Envie de vous régaler en vous sentant comme à la maison ? Ce petit restaurant vous propose tout un choix de tartes salées, poulet à la créole, fish and chips merveilleux, filet de porc au paprika, boudin blanc ou burger de Martin, et bien d'autres ! Tout est fait maison et avec passion ! Quant aux desserts, c'est une farandole de saveurs garanties : île flottante, crumble et autre gâteau de grand-mère vous réjouiront. La terrasse, prise d'assaut dès les premiers rayons de soleil, est très agréable. Une belle adresse après la promenade dans les ruelles de Veules.

VARENGEVILLE-SUR-MER ★

Tous les peintres et écrivains qui se sont aventurés sur la Côte d'Albâtre y ont un jour posé leur chevalet ou leur cahier d'écriture pour s'imprégner de l'atmosphère et des couleurs de Varengeville. Claude Monet, Georges Braque, Guy de Maupassant et bien d'autres visiteurs prestigieux ont marqué de leur empreinte ce village côtier. Ce n'est pas un hasard si, depuis quelques années, les résidences secondaires s'y multiplient. Les nombreux Parisiens et Nordistes de passage témoignent de l'engouement que suscite le lieu : le calme et la quiétude invitent aux balades à cheval ou à vélo. Varengeville compte aujourd'hui un peu plus d'un millier d'habitants.

ÉGLISE ET CIMETIÈRE MARIN ★

Route de l'Église
✆ 02 35 85 12 46
www.varengeville-sur-mer.fr
Accès libre. Accès à l'église le week-end de 10h à 17h.

Cette petite église du XIIe siècle et son cimetière marin sont de véritables havres de paix pour le repos des âmes. Pour les vivants, c'est l'un des plus beaux cimetières de France, puisqu'il surplombe la mer et ses sublimes nuances de bleu. Dorment ici quelques hommes célèbres : le compositeur Albert Roussel ou l'architecte Paul Nelson reposant au côté de son ami Georges Braque. Dans l'église, vous pourrez voir le tout dernier vitrail de Braque, un arbre de Jessé aux bleus éclatants.

DIEPPE ★★

Doyenne des stations balnéaires françaises et premier port de pêche pour la coquille Saint-Jacques, Dieppe cultive le charme et la douceur de vivre. Depuis mille ans, elle a épousé la mer et l'accueille dans son port historique. En plus de sa culture maritime ancienne marquée par l'importation d'ivoire, et culinaire, avec ses recettes typiquement dieppoises, l'une des richesses de la ville réside dans son front de mer de 2 km de long : pelouses, jardins d'enfants, restaurants, mais aussi un centre aquatique doté d'une piscine olympique extérieure chauffée toute l'année... Tout a été conçu pour que le séjour soit à la fois simple et dépaysant.

MUSÉE DE DIEPPE ★

Rue de Chastes
✆ 02 35 06 61 99
www.dieppe.fr
Mer au dim. Juin-sept : 10h-18h. Oct-mai : 10h-12h/14h-17h (18h dim. et fériés). Adulte 5,10 €. Gratuit jusqu'à 25 ans.

Le lieu fut édifié par le capitaine Desmarets après 1435 pour défendre la ville contre les Anglais lors de la guerre de Cent Ans. Siège du gouverneur, garnison, le château devient le musée de Dieppe en 1923. Y est conservée une exceptionnelle collection d'ivoires sculptés. Mais aussi les très belles cartes de la célèbre école de cartographie de Dieppe, des maquettes de bateaux, des peintures relatant l'aventure maritime de la ville, des grandes expéditions du XVIe siècle aux paquebots du XXe siècle. En haut, profitez de la vue sur la cité et les falaises.

PORT À SEC

24, quai du Carénage
✆ 02 35 40 19 79
Gratuit.

Au cœur du port de Dieppe, l'ancienne cale sèche (dite radoub) construite de 1892 à 1895 occupe une partie du canal de l'avant-port. Inutilisée depuis la fin du XXe siècle, elle revit aujourd'hui grâce à un projet unique de préservation du patrimoine maritime, mêlant innovation technologique en milieu marin et développement de la filière nautique. Transformé en port à sec depuis 2015, le lieu accueille 292 bateaux, rangés sur des racks. Le pont Ango et le pont Colbert, construits en 1889 d'après un projet de Gustave Eiffel, permettent l'accès au quai du Carénage.

HÔTEL AGUADO*** €€

30, boulevard de Verdun
✆ 02 35 84 27 00
www.hoteldieppe.com
52 chambres : 99 € à 199 €. Petit déjeuner : 13,50 €. Parking. Wifi. Tv satellite. Jeux enfants. Vue sur mer.

L'hôtel Aguado, avec sa façade un peu rétro, bénéficie d'un emplacement exceptionnel en bord de mer. Cet établissement qui surplombe la plage et vous offre une très belle vue panoramique mérite bien ses trois étoiles. L'accueil est chaleureux et souriant, et le personnel se met en quatre pour vous apporter satisfaction. Les chambres, qui donnent sur la ville ou sur la mer, sont raffinées et spacieuses, équipées d'une salle de bains, d'un téléviseur et du wifi. Une salle de petit déjeuner ainsi qu'un bar au style anglais sont également à votre disposition.

CRÊPERIE LA VOÛTE €

27, rue des Cordiers
✆ 02 35 40 13 44
creperie-la-voute.business.site
Ouvert du jeudi au mardi midi : 11h30-14h et 18h30-21h. Jusqu'à 21h30 vendredi et samedi. Terrasse.

A deux pas de la plage et du musée de l'Estran, cette crêperie, très discrète de l'extérieur, vous accueille au bout de sa grande terrasse toute en herbe. Et vous y serez très au calme, loin de l'agitation des quais du port. Vous pourrez y déguster un déjeuner copieux et avec des prix très avantageux. La carte propose des galettes de sarrasin artisanales pour les recettes salées (on vous recommande la Coquille Saint-Jacques qui mérite le détour) que vous pourrez accompagner du cidre réglementaire, des crêpes sucrées et des glaces très gourmandes.

LES BALADES NORMANDES

La pêche est une activité très importante à Dieppe.

ESTRAN CITÉ DE LA MER

37, rue de l'Asile-Thomas
✆ 02 35 06 93 20
www.estrancitedelamer.fr
Ouvert tous les jours de 9h30 à 18h. Adulte : 7,50 €.

L'E.S.T.R.A.N. est une association ayant créé un Centre de Culture Scientifique, Technique et Industrielle dédié au littoral normand. L'E.S.T.R.A.N. Cité de la Mer voit le jour en juin 1993. Cet acronyme signifie Espace Scientifique et Technique des Ressources Aquatiques et de la Navigation. Le mot estran désigne aussi la partie du littoral alternativement couverte à marée haute, et découverte à marée basse. C'est à la fois un musée-aquarium de plus de 1 600 m², mais aussi un Pôle environnement spécialisé dans la gestion de l'espace côtier, et un Pôle social avec la mise en œuvre de chantiers d'insertion. Partez à la découverte du monde littoral depuis la vie d'Anita Conti, première femme océanographe, à la faune marine de la Manche présentée dans les aquariums du rez-de-chaussée où les animaux évoluant dans les bassins sont souvent méconnus, seiches, syngnathes, vives, blennies et différentes anémones de mer. Les grands aquariums sont peuplés d'espèces bien connues, mais rarement observées vivantes, turbots, lieux jaunes, bars, morues, entre autres. Les aquariums reconstituent au plus près les conditions de vie du milieu naturel, température de l'eau, salinité, éclairage, nourriture. Venez découvrir l'envers du décor, assister ou aider au nourrissage. Devenez soigneur d'un jour avec l'équipe d'aquariologistes. Poursuivez la visite par le premier étage dédié à l'évolution de la construction navale à travers les techniques de construction, les matériaux utilisés et la technologie embarquée. Voyagez dans le temps, à travers de nombreuses maquettes et moteurs, depuis la fabrication d'un drakkar jusqu'à la genèse d'un chalutier. La passerelle permet de découvrir les nombreux instruments de bord, des sextants et octants anciens, aux ordinateurs de bord actuels. Approchez du monde scientifique marin, grâce à la borne interactive. Le dernier étage est consacré à la filière pêche haute normande, à travers son histoire, et le hottage du hareng. Découvrez les évolutions récentes avec les différentes techniques de pêche, l'évaluation de la ressource, la transformation et la valorisation des produits de la mer. La Cité de la Mer accueille aussi le Jardin des Mers de la Station Nautique Dieppe Pays Normand. Les enfants profiteront de nombreuses activités le temps d'une demi-journée. Découverte du littoral à marée basse. Découverte du port de Dieppe. Réalisation d'un carnet de nœuds marins. Fabrication de cerfs-volants et même construction d'un petit bateau. Prévoir des bottes pour les sorties à la plage et un ciré en fonction de la météo.

AUBERGE DE LA FORÊT €€

15, route de la Forêt - **ARQUES-LA-BATAILLE**
✆ 02 35 85 53 06
auberge.arques.free.fr
Ouvert du jeudi au mardi le midi ; du jeudi au samedi le soir. Menus de 27,90 € à 38,90 €. Menu enfant : 13,50 €.

Faites une halte à l'Auberge de la Forêt, idéalement située non loin de Dieppe et du château de Miromesnil. A la carte, la Normandie est à l'honneur avec des plats faits maison fournis par les meilleurs producteurs locaux : le jus de pomme de chez Duclis, le beurre de chez Dujardin... Dans l'assiette, c'est aussi beau que bon : cassolette à la dieppoise, cocotte du pêcheur, feuilleté de Saint-Jacques, fromages normands, soufflé au calvados... Une belle adresse pour découvrir la cuisine du terroir le temps d'une pause bien méritée !

AUX PAINS POPULAIRES

21, Pl. Louis Vitet
✆ 02 32 06 32 84
http://auxpainspopulaires.com/
Ouvert du mercredi au vendredi de 10h à 18h30 ; le samedi de 8h30 à 13h.

C'est au cœur de Dieppe que vous trouverez cette boulangerie pas comme les autres. Ici, on prend le temps de créer un pain délicieux et gourmand grâce à un levain 100 % biologique. Les ingrédients sont sélectionnés avec soin chez les producteurs locaux. Baguettes croustillantes, brioches appétissantes, biscuits originaux... : chaque article mis en vente vous mettra l'eau à la bouche. Passez un moment convivial sans obligation d'achat au sein de l'espace partagé où livres et instruments de musique n'attendent que vous. Ici, le partage et la solidarité sont rois !

FONTAINE-LE-DUN

Située à 25 kilomètres de Dieppe. Fontaine-le-Dun compte 900 habitants. Si le Dun n'arrose aujourd'hui presque plus la commune, cela n'a pas toujours été le cas. La ville de Fontaine accueillait en effet un nombre important de moulins à eau. L'église, datant des XIe et XIIe siècles, a été construite sur un promontoire qui domine le village. C'est à Fontaine-le-Dun qu'est né Pierre Giffard, homme à la multiple carrière, mais notamment instigateur (entre autres événements sportifs) du marathon de Paris. Un marché se tient sur la place Eugène Delapierre tous les jeudis matin.

L'AVENUE VERTE EN PAYS DE BRAY

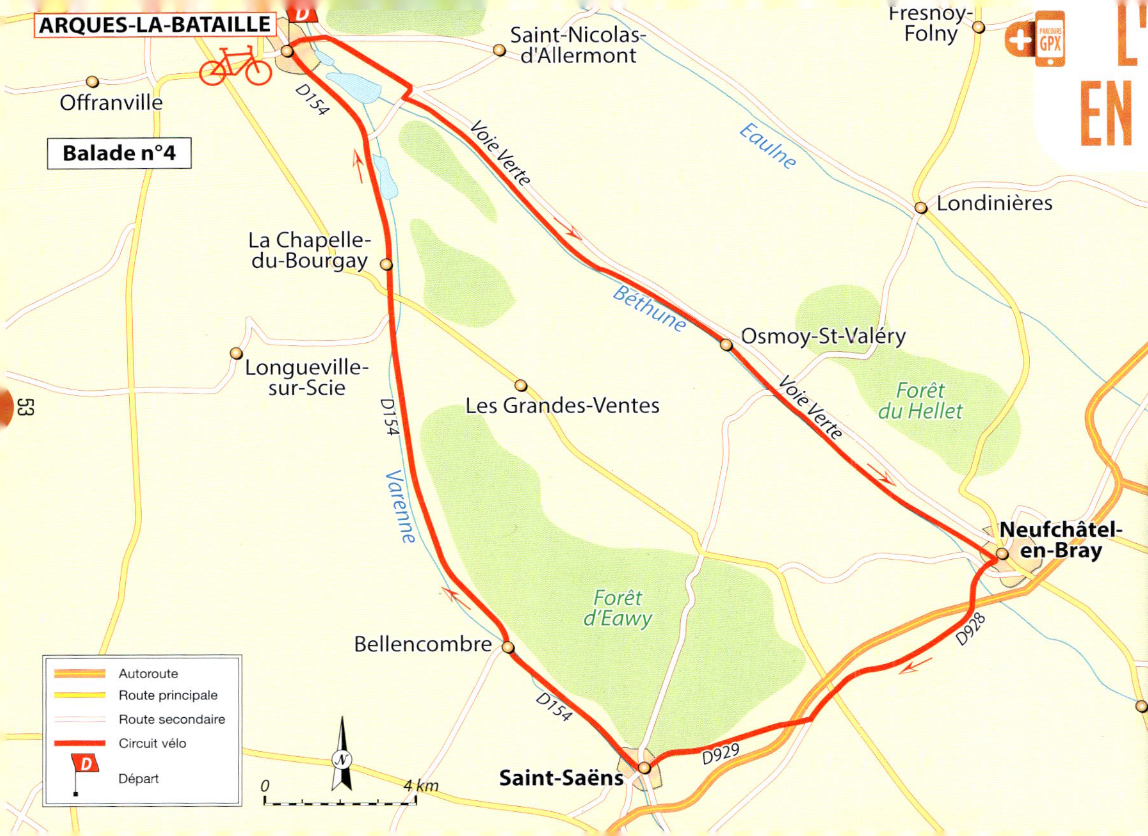

LIEUX	Km total	Km à faire	Routes
ARQUES-LA-BATAILLE (CHÂTEAU)	0	79	Avenue Verte
OSMOY-SAINT-VALÉRY	19	60	Avenue Verte
NEUFCHÂTEL-EN-BRAY	31	48	D928, D929
SAINT-SAËNS	47	32	D154
BELLENCOMBRE	53	26	D154
LA CHAPELLE-DU-BOURGAY	71	8	D154
ARQUES-LA-BATAILLE (CHÂTEAU)	79	0	

ARQUES-LA-BATAILLE ★

À 6 km de Dieppe, en lisière du Pays de Bray, Arques-la-Bataille voit sa première mention en 750 sous la forme *Arcas*, la dénomination Arques faisant référence au fleuve. La ville se niche sur un plateau crayeux dominant trois rivières, chacune formant une vallée pour se rejoindre dans l'Arques : la vallée de l'Eaulne, celle de la Béthune et celle de la Varenne. Le site est riche d'un patrimoine intéressant et d'une vie culturelle dynamique, notamment grâce à l'Académie Bach dont les concerts en l'église Notre-Dame-de-l'Assomption attirent du monde. La commune est aussi une étape de l'Avenue Verte, cet l'itinéraire cyclable reliant Paris à Londres.

CIMETIÈRE MILITAIRE DU COMMONWEALTH

Chemin communal
www.ville-arques-la-bataille.fr
Accès libre.

Dans ce cimetière, créé par la mairie d'Arques-la-Bataille dès l'année 1916 et placé sous la responsabilité du gouvernement britannique, se trouvent 311 sépultures. Parmi celles-ci, 264 sont celles de Zoulous et de Bantous originaires d'Afrique du Sud, ayant combattu dans l'armée de Sa Majesté. Les autres sont celles de Chinois, Hindous ou Anglais ayant appartenu au corps médical. La plupart sont venus en 1917 pour exécuter des travaux routiers et forestiers, ou servir l'intendance.

RUINES DU CHÂTEAU D'ARQUES-LA-BATAILLE ★

Rue du Bel
Accès libre. Gratuit. Point de vue.

© TRAVELLER70 - SHUTTERSTOCK.COM

Édifié de 1038 à 1043, ce château installé sur un promontoire rocheux est une référence exemplaire de l'architecture militaire du Moyen Âge. Il subit en 1053 l'assaut de Guillaume-le-Bâtard. Henri Ier Beauclerc, son descendant, le reconstruit en 1123, remplaçant les défenses de bois par un solide donjon de pierre carré, haut d'une vingtaine de mètres. Ces ruines, classées Monument historique, offrent aujourd'hui une vue panoramique lors du fameux feu d'artifice du 14 juillet !

ÉGLISE NOTRE-DAME DE L'ASSOMPTION ✝

Rue des Bourguignons
Ouvert tous les jours. Pas de visites pendant les offices.

Bel exemple de l'architecture du gothique flamboyant des XVIe et XVIIe siècles. On peut admirer à l'extérieur un arc-boutant ajouré caractéristique, des gargouilles et d'immenses vitraux. Le riche mobilier comporte des lambris sculptés, une pierre tombale du XVIIe siècle et un buste d'Henri IV. L'orgue de jubé de style Renaissance, œuvre, dit-on, de Philibert de l'Orme, permet à la commune d'organiser chaque année des concerts de musique classique dans l'église !

AUBERGE DE LA FORÊT €€

15, route de la Forêt
✆ 02 35 85 53 06
auberge.arques.free.fr
Ouvert du jeudi au mardi le midi ; du jeudi au samedi le soir. Menus de 27,90 € à 38,90 €. Menu enfant : 13,50 €.

Faites une halte à l'Auberge de la Forêt, idéalement située non loin de Dieppe et du château de Miromesnil. A la carte, la Normandie est à l'honneur avec des plats faits maison fournis par les meilleurs producteurs locaux : le jus de pomme de chez Duclis, le beurre de chez Dujardin... Dans l'assiette, c'est aussi beau que bon : cassolette à la dieppoise, cocotte du pêcheur, feuilleté de Saint-Jacques, fromages normands, soufflé au calvados... Une belle adresse pour découvrir la cuisine du terroir le temps d'une pause bien méritée !

NEUFCHÂTEL-EN-BRAY ★

Détruite dans sa quasi-totalité par les bombardements de la Seconde Guerre mondiale, la bourgade de Neufchâtel-en-Bray a conservé néanmoins quelques belles maisons à pans de bois, gardant leur place au milieu des immeubles de l'après-guerre. Ce n'est pas pour son architecture qu'on vient la découvrir, mais plutôt pour son petit musée, son environnement naturel et, surtout, pour son fameux « cœur de Neufchâtel ». Ce célèbre fromage qui naquit ici, au cœur du Pays de Bray, est sans conteste la plus grande fierté de la ville. Aujourd'hui labellisé, il demeure un puissant symbole du patrimoine culturel et historique de Neufchâtel-en-Bray.

AVENUE VERTE

www.avenuevertelondonparis.com

Accès libre.

C'est en 2012 que fut inaugurée l'incontournable voie verte permettant de relier Londres à Paris. Cette piste cyclable traverse le nord de la France pour rejoindre l'Angleterre via des paysages naturels et urbains très variés. En France, la voie verte s'enfonce au cœur du Pays de Bray et longe la superbe vallée de la Seine, jusqu'au parc naturel régional du Vexin, avant de passer au beau milieu des monuments historiques de l'Epte et de l'Oise. Du côté britannique, on traverse la campagne du Sud jusqu'à arriver à Londres, au pied du célèbre Big Ben.

ÉGLISE NOTRE-DAME ✝

24, place Notre-Dame

✆ 02 35 93 06 55

Visite libre. Visite guidée (accessible aux personnes à mobilité réduite) toute l'année avec le musée Mathon-Durand.

Classée Monument historique, cette église dévoile un chœur gothique orné d'éléments caractéristiques de l'école normande. En plus des vitraux du XIXe siècle d'Edouard Didron, grand maître verrier parisien, vous découvrirez un portail surmonté d'une rose de style flamboyant, ainsi qu'un sépulcre datant du XVe siècle représentant le Christ sur un linceul, aux côtés de Nicodème, Joseph d'Arimathie, Saint-Jean l'Evangéliste, la Vierge Marie et Marie-Madeleine. Si vous le souhaitez, offrez-vous une visite guidée avec un guide du musée Mathon-Durand.

MUSÉE MATHON-DURAND ★

53, Grande-Rue-Saint-Pierre

✆ 02 35 93 06 55

Mi-juin-30 sept : tlj (sf lundi) 14h-18h. Avril-oct : WE 14h-18h. Fermé 1/1, 1/11, 11/11 et 25/12. Adulte : 4 €.

Dans le centre-ville, à deux pas de l'Avenue Verte, la plus ancienne maison bourgeoise de la ville a été transformée en musée des Arts et Traditions Populaires. Labellisé Musée de France, l'établissement vous propose de parcourir plusieurs siècles de l'histoire du Pays de Bray, de la préhistoire au XXe siècle. Le rez-de-chaussée et le 1er étage sont dédiés aux arts décoratifs, sacrés et militaires. Le 2e propose une expérience plus interactive avec des maquettes, robots et jeux de lumière. La cave, elle, raconte l'histoire du fameux fromage Neufchâtel !

Musée des arts et traditions populaires Mathon-Durand.

SITE HISTORIQUE SAINTE-RADEGONDE

Zone d'Activités Sainte-Radegonde
✆ 02 35 93 22 96
Accès libre. Gratuit.

Ce n'est qu'en 2004 que des fouilles archéologiques ont permis de découvrir un site historique important à Neufchâtel-en-Bray : Sainte-Radegonde. Furent découverts : 19 sépultures, une source à l'eau thérapeutique et une vingtaine de fondations de bâtiments qui permirent de localiser ainsi l'ancien prieuré de Sainte-Radegonde, utilisé entre 1100 et 1135. La petite chapelle attenante fut aussi restaurée. Depuis 2015, elle accueille des expositions et des manifestations patrimoniales.

SAINT-SAËNS

Saint-Saëns est le genre d'endroit où il fait bon flâner au fil des rues et sur les bords de la Varenne. La commune tiendrait son nom d'un moine irlandais, Saen, que l'on peut traduire par « Jean ». C'est lui qui, en l'an 675, fonda un monastère sur les rives de la Varenne, en lisière de la forêt d'Eawy. Peu à peu, ce dernier attira la population qui finit par constituer le bourg. Aujourd'hui, c'est un village coquet avec ses maisons en briques et sa place centrale, et dont la spécialité est le « chou de Saint-Saëns », une variété ancienne qui peut peser jusqu'à 20 kg. La commune dispose d'un golf réputé, créé autour du château du Vaudichon.

CÔME INN** €€

9, grande Rue-Fausse-Porte ✆ 02 35 93 00 02
www.comeinn.fr
Ch. simple à partir de 65 €, double à partir de 68 €, triple à partir de 82 €. Petit déjeuner : 9,50 €. Restaurant.

Le Côme Inn porte à merveille son nom accueillant et pourrait bien devenir une véritable institution à Neufchâtel-en-Bray ! Depuis ses importants travaux de rénovation, l'hôtel-restaurant attire aussi bien les gens de passage que les habitants qui viennent y déguster une cuisine de qualité, réalisée à partir de produits frais et locaux et faits maison. Les chambres sont spacieuses et lumineuses, toutes équipées d'une salle d'eau privative, d'un bureau et d'une télévision à écran plat. Un bar lounge chaleureux aux influences british vous accueillera pour un verre.

ÉGLISE DE SAINT-SAËNS

Place Maintenon
Ouvert toute l'année. Accès libre. Gratuit.

Cette église, située en plein cœur de Saint-Saëns, ressemble à s'y méprendre à l'abbatiale Saint-Georges-de-Boscherville… Cela n'est d'ailleurs pas dû au hasard, puisque le monument a en effet été copié sur cette dernière. Bâtie à l'origine au XIe siècle, l'église a ensuite été entièrement reconstruite à la toute fin du XIXe siècle à la suite d'un violent orage. Elle mélange les styles néo-gothique et néo-roman et arbore de magnifiques vitraux des XIVe et XVIe siècles, récupérés de l'église d'origine. Des concerts sont organisés à l'église.

LES AIRELLES €€

2, passage Michu ✆ 02 35 93 14 60
www.les-airelles-neufchatel.com
Mardi soir au dimanche midi. Déjeuner 12h-14h. Diner 19h-20h30. Menus de 19 € à 38 €. Produits frais et de saison.

Si vous cherchez un restaurant où déguster un repas typiquement normand concocté à base de produits frais et de saison, vous êtes au bon endroit ! Confortablement installé dans l'une des deux salles à la décoration feutrée, vous vous régalerez d'un plat de viande ou de poisson frais. Les amateurs de crème fraiche et de cuisine au beurre se délecteront de filets de poisson façon meunière ou de ris de veau. Pour profiter du soleil, la terrasse vous ouvre ses portes dans un calme tranquille et verdoyant. Enfin, ne manquez pas le plateau de fromages normands !

RÊVE DE BISONS

24, route de Dieppe - **MUCHEDENT**
✆ 02 35 04 15 04
www.revedebisons.com
Haute saison tous les jours, jours fériés à 10h30, 14h15, à 15h45 et à 17h15. Adulte : 13 €. Enfant de 3 à 10 ans : 9 €

Au cœur d'un grand domaine de 120 hectares, plus de 200 bisons canadiens et une trentaine de loups vivent tranquillement en semi-liberté dans un environnement exceptionnel, qui font de ce parc animalier le plus grand élevage d'Europe. Tout aussi charmants, des biches, cerfs et daims coulent aussi des jours heureux dans le parc. Les visites vous permettront de vous retrouver en immersion au milieu des troupeaux. Des tipis peuvent également être loués pour passer une nuit dans un décor insolite. Des soirées country sont organisées régulièrement.

FORÊT D'EAWY ★★

D12
✆ 02 32 14 40 20
Circuits et plans à se procurer à OT de Neufchâtel ou à la Mairie de Mesnières-en-Bray.

© ARTHUR LEROY - ICONOTEC

La forêt d'Eawy (prononcez E-a-vi) a un nom d'origine germanique qui signifie « prairie humide ». Elle a l'une des plus belles hêtraies de France qui s'étale sur 7 200 m². On y découvre aussi 34 espèces d'arbres classés, et des espèces végétales rares comme les orchidées sauvages. Côté faune, de nombreux oiseaux, sangliers et cervidés y vivent. De Saint-Saëns, on y accède en empruntant la D12 en direction des Ventes-Saint-Rémy, puis de Maucomble jusqu'au parking situé à l'entrée du chemin de Carcahoux. Bon à savoir, l'ONF y organise des visites groupées.

LE DOMAINE DE L'ABBAYE €€

70, L'Abbaye ✆ 06 27 64 03 70
abbaye-saint-saens.fr
5 chambres. Chambre simple : à partir de 65 € ; chambre triple : à partir de 95 €. Lit bébé gratuit. Spa. Piscine.

Situé tout près de la grande forêt d'Eawy, le Domaine de l'Abbaye est une option intéressante pour s'offrir un séjour en toute tranquillité et en pleine nature. Ses cinq chambres sont accueillantes, spacieuses et confortables. La décoration est traditionnelle, avec de hautes fenêtres, des cheminées et de beaux parquets cirés. Certaines sont plus actuelles, avec du mobilier contemporain. Il y en a donc pour tous les goûts ! Profitez du salon bibliothèque, de la piscine couverte, du spa avec sauna et bain à remous, du billard ou du baby-foot, et surtout du parc.

LES TIPIS DE RÊVE DE BISONS €€

24, route de Dieppe
MUCHEDENT
✆ 02 35 04 15 04
www.revedebisons.com
Fermé de décembre à mars. Tipi pour 6 personnes minimum : 180 € la nuit.

Prêt pour l'aventure ? Venez passer une nuit insolite dans un tipi avec couvertures, sac de couchage, matelas pneumatique et lampe de poche. Ici, vous êtes dans un parc canadien où vivent des bisons ! Un bloc sanitaire avec douches, toilettes et lavabos est à votre disposition, ainsi qu'un large chapiteau commun à tous avec tables et bancs. Possibilité de soirée country possible et de découverte de viande de bison, avec feu de camp. Ambiance assurée !

L'ENTRE POTES €€

Golf Hôtel de Saint-Saens
✆ 02 35 34 27 35
www.golfdesaintsaens.com
Ouvert tous les jours.

Ce restaurant dans le manoir du Vaudichon n'est pas réservé qu'aux golfeurs ! Situé face à la magnifique forêt d'Eawy, en plein cœur du domaine du golf de Saint-Saëns, il dispose d'un coin bar où l'on viendra justement se retrouver entre potes, et prendre l'apéritif dans une ambiance familiale. Vous y savourerez ensuite une très bonne cuisine traditionnelle : rillettes de raie aux herbes fraîches, rumsteak et sa sauce aux girolles, cabillaud sauce beurre blanc ou encore flammekueche... Sans oublier le service des plus efficace et le cadre des plus élégant !

LE RELAIS NORMAND €€

21, place Maintenon
✆ 02 35 34 38 93
Ouvert le lundi, le mardi et du jeudi au samedi midi et soir ; le dimanche midi. Réservation recommandée. Terrasse.

Le Relais Normand, installé dans un ancien relais de poste donc, est une véritable institution à Saint-Saëns. En été, on y profite d'une jolie terrasse tandis qu'en hiver, c'est dans une salle plutôt rustique que vous serez accueilli autour du feu de cheminée, pour y déguster une gastronomie typiquement normande, réalisée à base de produits frais et de saison. Les quantités sont généreuses, les plats innovants et les cuissons parfaitement maîtrisées. Mention spéciale à la soupe de fraises au vin rouge, un vrai délice plein d'originalité !

LES HAUTS DU HAVRE

PARCOURS GPX

LIEUX	Km total	Km à faire	Routes
LE HAVRE (GARE)	0	26	Cours de la République, rue A.-Briand, rue de Verdun, D982
HARFLEUR	6	20	Voie Verte
FONTAINE-LA-MALLET	11	15	Voie Verte
AÉROPORT OCTEVILLE	17	9	D940
SAINTE-ADRESSE	21	5	D232 (bd Albert-1er, bd François-Ier), quais (D6015), cours de la République
LE HAVRE (GARE)	26	0	

LE HAVRE ★★

Le Havre doit presque tout à deux hommes. L'un en a fait un port royal (François Ier), l'autre a redessiné ses axes et ses bâtiments (Auguste Perret). Entre les deux, cinq siècles d'histoire se sont écoulés, qui ont façonné cette ville aux mille visages, berceau de l'impressionnisme au XIXe siècle et véritable musée à ciel ouvert de nos jours, notamment grâce aux œuvres pérennes créées à l'occasion de la grande manifestation désormais culte : « Un Été au Havre ». Le Havre, ce n'est pas que du béton, c'est aussi la mer, son port gigantesque, sa plage hyper animée en plein cœur de la ville, de belles avenues et des kilomètres carrés de verdure.

APPARTEMENT TÉMOIN AUGUSTE PERRET ★

181, rue de Paris
✆ 02 32 22 31 22
www.lehavreseine-patrimoine.fr
Adulte : 5 €. Tarif réduit : 3 €.

Cet appartement témoin, aujourd'hui labellisé Patrimoine mondial de l'UNESCO, est un résumé de l'urbanisme moderne et plein d'ambition du XXe siècle, imaginé et conçu à la Reconstruction par l'architecte Auguste Perret. Fonctionnalité, ensoleillement optimal, cuisine et salle de bain intégrées, cloisons amovibles... Le lieu est une immersion pleine de charme grâce aux objets du quotidien des Trente Glorieuses : auto-cuiseur, aspirateur, tourne-disque, machine à écrire.

ABBAYE DE GRAVILLE ✝ ★

53, rue de l'Abbaye
✆ 02 35 24 51 00
Avril à oct : 10h-12h30 et 13h45-18h. Nov à mars : groupes uniquement. Sauf mar et fériés. Adulte 5 €. Gratuit -26 ans.

Commune indépendante, Graville n'intègrera Le Havre qu'en 1919. Le fief appartenait à un compagnon de Guillaume le Conquérant. Récompensé par le nouveau roi d'Angleterre, Guillaume Malet fait construire une abbaye romane au XIIe siècle, sur le site d'un ancien ermitage. De style roman (la nef) et gothique (le chœur), l'église, nichée dans un coin de verdure, donne sur le cloître de l'abbaye, entourée de l'ancienne salle capitulaire et de quelques vestiges des bâtiments conventuels. Près du petit cimetière, la Vierge noire domine l'entrée de la ville.

CATHÉDRALE NOTRE-DAME ✝ ★

Rue de Paris
✆ 02 35 42 27 66
Ouvert toute l'année. Fermé pendant les offices. Tous les jours de 10h à 18h. Gratuit.

Notre-Dame du Havre fut consacrée cathédrale en 1974, après la création du diocèse par le pape Paul VI. Aujourd'hui restaurée, elle fut une rescapée des bombardements de 1944, comme le Muséum. Elle y a perdu notamment les grandes orgues offertes par Richelieu. La première chapelle en bois de 1520 fut balayée par la marée. L'église qui lui succède fut détruite par les Anglais en 1563 : en subsiste la tour construite en 1539, en pierre blanche de Vernon. La nouvelle église, en pierre de Caen, date de 1610. Sa dernière restauration fut terminée en 2020.

© FRANCK GODARD

Vue aérienne du centre reconstruit par Auguste Perret.

ÉGLISE SAINT-JOSEPH

130, boulevard François-Ier ✆ 02 32 74 51 71
www.lehavreseine-patrimoine.fr
Toute l'année. Tous les jours de 10h à 18h. Sauf lors des cérémonies. Gratuit. Visite guidée circuit du patrimoine.

L'un des chefs-d'œuvre de la Reconstruction d'Auguste Perret. Moderne et majestueuse, avec une base carrée, elle possède un clocher monumental de 107 m de hauteur, visible à 60 km au large. Ses travaux débutent en 1951 sur d'anciens plans d'une basilique que l'architecte avait imaginée : en ressort la première église de France avec un autel placé au centre d'un puits de lumière, où le soleil joue avec les vitraux de Marguerite Huré incrustés dans la matrice de béton. La forme de son clocher aurait été inspirée par la Maison de l'Armateur. Un incontournable.

MAISON DU PATRIMOINE ET DES CITÉS PROVISOIRES

2, rue du 8-Mai-1945 - **GONFREVILLE-L'ORCHER**
✆ 02 35 13 16 53
www.musees-normandie.fr
Ouvert du mardi au samedi de 9h à 17h sur RDV. Visite sur réservation et lors des Journées du Patrimoine. Gratuit.

La Maison du Patrimoine et des Cités provisoires, inaugurée le 8 mai 2019, a pour but la préservation et la mise en valeur de deux baraquements du camp de transit « Philipp Morris » construit par l'armée américaine sur le plateau de Gonfreville en 1945. 35 000 militaires y furent stationnés. Après leur départ en 1947, les habitants les remplacèrent dans ces habitations. Aujourd'hui, l'un est dédié à l'histoire du camp et des cités provisoires, l'autre à la vie dans les années 1960.

LES JARDINS SUSPENDUS

84, rue du Fort
Basse saison : de 10h30 à 17h. Avril à sept : de 10h30 à 20h. Visite des serres 2 €.

Ouvert en 2008, ce superbe jardin botanique situé sur les hauteurs du Havre prend naissance dans l'enceinte du fort de Sainte-Adresse, ancien bâtiment militaire érigé au XIXe siècle qui domine encore aujourd'hui la cité océane. Odes à la végétation, ces 17 hectares d'espace vert récréatifs et scientifiques invitent à une longue balade parmi les serres, la roseraie ou les jardins thématiques rendant hommage à la flore des quatre coins du monde. Le promeneur voyagera aussi bien au Japon, dans le jardin d'Asie orientale qu'en Nouvelle-Zélande, dans le jardin austral.

CRÊPERIE LES KORRIGANS €

54, quai Michel-Féré
✆ 02 35 42 70 59
Tous les jours midi et soir. Menu enfant : 8,70 €. Formule midi : 12,10 € (galette salée, crêpe sucée, café). Terrasse.

Ce sont les Korrigans, ces créatures légendaires originaires de Bretagne, qui ont inspiré le décor de cette charmante crêperie nichée dans le quartier Saint-François. Ce petit établissement familial, installé au bord du bassin du Roy, propose des galettes et des crêpes qui feront voyager vos papilles : l'Espagnole et ses poivrons, la Mexicaine et son chorizo ou l'Indienne au curry... Mais Isabelle et son équipe n'ont pas oublié d'inviter la Bretagne : vous vous régalerez de la crêpe au caramel beurre salé accompagnée de sa bolée de cidre.

MAISON DE L'ESTUAIRE

20, rue Jean-Caurret
✆ 02 35 24 80 00
www.maisondelestuaire.org
Ouvert du lundi au vendredi de 9h à 12h et de 14h à 17h. Rendez-vous nature : 5 € par adulte, 3 € par enfant.

La Maison de l'Estuaire est le siège de l'association gérant la réserve naturelle de l'Estuaire de La Seine. On y trouve des informations sur la réserve, les sentiers de découverte répartis entre la rive droite et la rive gauche du fleuve, ainsi que des fiches pédagogiques. Vous y seront proposées des visites guidées, thématiques ou des expositions. Les visites guidées ne partent pas du Havre, mais de la Maison de la Réserve, basée près du péage du pont de Normandie. Prévoyez les bottes et les jumelles pour profiter au mieux !

THE ARCHITECT €€

55, quai de Southampton
✆ 02 32 73 68 03
www.thearchitectrestaurant.com
Tlj 8h à 2h. Vente à emporter 7j/7 : 12h-15h et 18h-21h. Burgers à partir de 13 €.

C'est sans doute ici que vous pourrez déguster parmi les meilleurs burgers de la ville. Ce café australien, situé face aux paquebots en repos dans le bassin de la Manche, propose des plats typiquement anglo-saxons : vous y dégusterez fish & chips, salade Caesar, *pulled pork toasties,* les burgers avec leur lot de goûts et d'inventivité, mais aussi des plats traditionnels tel que le tartare. Pas de panique, il y en a quand même de quoi satisfaire les végans. Et à l'étage, le très cosy Attic vous attend pour un bon whisky. Un lieu dépaysant à découvrir !

MUMA - MUSÉE D'ART MODERNE ANDRÉ-MALRAUX ★★★

2, boulevard Clemenceau
✆ 02 35 19 62 62
www.muma-lehavre.fr
Ouvert du mardi au dimanche. Fermé le 1/1, lundi de Pâques, 1/5, lundi de Pentecôte, 11/11, 25/12. Adulte : 7 €-10 €.

« Il n'y a pas une maison comme celle-ci au monde, ni même au Brésil, ni en Russie, ni aux États-Unis. Souvenez-vous, Havrais, que l'on dira que c'est ici que tout a commencé. » Voici ce que déclarait dans son discours d'inauguration André Malraux, alors ministre d'État chargé des Affaires culturelles, le 24 juin 1961. Car lorsque ce musée ouvre ses portes, face à la mer et à proximité du port, il est le symbole d'un tournant dans la conception de l'accès à la culture en France.

Après la Seconde Guerre mondiale, en pleine période de la reconstruction, le projet débute en 1952, à l'initiative de Georges Salles, alors directeur des Musées de France, et de Reynold Arnould, peintre havrais devenu conservateur des musées de la ville. L'idée était, outre de rendre un cadre aux collections après la destruction en 1944 du musée des Beaux-Arts, de mener une réflexion fondamentale sur la fonction du musée. Rompant avec son modèle traditionnel, ils s'attellent à sa modernisation en y introduisant conférences, projections cinématographiques et concerts, et inventent un nouvel espace muséal multiple : lieux d'exposition, ateliers, réserves, cafétéria, bibliothèque... pour attirer tous les publics et contribuer à l'éducation artistique. Ce projet, le plus moderne d'Europe, est confié à un architecte dissident de l'atelier d'Auguste Perret, Guy Lagneau. Ses goûts vont vers des constructions plus légères, plus aériennes que celles du chantre de la Reconstruction. Le bâtiment qu'il a imaginé ici en est l'expression évidente. Ses baies ouvrant sur l'horizon paraissent audacieuses pour un lieu contenant des toiles à protéger de la lumière mais, a contrario, l'ensemble est vivifié par la lumière du jour, sans nuire aux œuvres. Le MuMa est aujourd'hui la deuxième plus grande collection d'œuvres impressionnistes en France après le musée d'Orsay à Paris. C'est le résultat de dons d'artistes comme ceux de Claude Monet ou de legs comme celui du frère d'Eugène Boudin, très attaché au Havre, ainsi que de collections particulières qui enrichirent son fonds au fil du temps. Les grands peintres havrais y ont leur place, tels Raoul Dufy ou Émile Othon-Friesz. À l'extérieur, *Le Signal*, œuvre monumentale d'Henri-Georges Adam, fait partie des collections. Avec ses 22 mètres d'envergure et un poids de 220 tonnes, elle est faite de béton et d'aluminium. Elle a été conçue pour « *pour lier l'architecture du musée aux éléments maritimes du lieu* ».

MAZZONI

10, rue Frédéric Bellanger
✆ 02 35 48 82 63
Ouvert du mardi au vendredi de 10h à 13h et de 14h à 19h ; le samedi de 10h à 19h ; le dimanche de 9h à 13h.

Mazzoni, c'est le savoir-faire maîtrisé de deux jeunes passionnés de pâtisserie. La création qui fait fureur, c'est le galet, un splendide galet gris comme ceux sur la plage, située à deux pas mais tellement savoureux : croustillant noix de pécan, pain de Gênes café, mousse chocolat ivoire, praliné noix de pécan brute. Que celui qui n'a jamais commis le pêché de gourmandise se jette ce merveilleux galet ! De nombreuses autres douceurs sont à déguster sur place, dans un cadre délicieusement suranné, où l'on peut tout emporter.

MARCHÉS

place des Halles-Centrales
Ouvert le dimanche de 9h à 13h. Toute l'année.

Le Havre est une ville où il fait bon vivre et les marchés y participent. Pas moins de 18 marchés répartis sur différents jours de la semaine vous proposent leurs étals de produits frais. De Sanvic à Aplemont, du port à Montgeon, vous y trouverez forcément votre bonheur ! A noter néanmoins l'abondance de celui de la place des Halles, en plein centre-ville, qui a l'avantage d'être secondé par les nombreux stands et boutiques des Halles et surtout d'être entouré de terrasses où, le dimanche matin, on sirote son café avec son journal.

BIBLIOTHÈQUE OSCAR NIEMEYER

2, place Niemeyer
✆ 02 35 19 70 00
http://lireauhavre.fr/
Ouvert du mardi au samedi de 10h à 18h.

Dans le petit Volcan, au cœur de l'Espace Oscar Niemeyer, cette bibliothèque ultra-moderne a largement développé son offre, avec toute une collection de livres, de DVD et de CD, ainsi qu'une zone consacrée à la presse et aux autres documents. Sur plus de 5 000 m², les Havrais se retrouvent ici pour lire, débattre, discuter ou découvrir de nouvelles activités culturelles. C'est un lieu incontournable de sociabilisation donc, mais aussi d'échange, de partage et de convivialité !

FONTAINE-LA-MALLET

Fontaine-la-Mallet existe depuis le XIe siècle. Son nom se réfère à la fois à des sources se trouvant sur son territoire et au fait que, durant un temps, les Mallet de Graville, famille seigneuriale locale, en étaient les suzerains. L'église et son presbytère ont été édifiés en 1954, selon les plans de l'architecte Serge Zoppi. Située en contre-haut de la route principale, on en voit d'abord le chevet et le clocher attenant vers lequel monte une volée de marches, le tout réalisé en briques rouges et en silex blanc du pays. Le circuit de randonnée le Bassin des vallées (12 km, 3 h) part de la ville et mène notamment au mémorial de la bataille du Havre.

CHÂTEAU DE FILIÈRES

471, rue du château de Filières
GOMMERVILLE
✆ 02 35 20 53 30

Week-ends et fériés de mai à septembre et tous les après-midi en juil/août : 14h-18h. Adulte : 7,50 € ; -10 ans : 3 €.

Le château d'origine fut bâti au XVe siècle par le marquis de Filières, sur les ruines d'un ancien fort médiéval détruit pendant la guerre de Cent Ans. Reconstruit après cet épisode, l'édifice actuel allie deux styles d'époques différentes, Henri IV et Louis XVI. Son salon chinois est particulièrement raffiné. Toute l'année, une exposition présente des modèles de mode des années 1950 et 1960 réalisés par la marquise Marie-Louise de Persan. Des jardins de Le Nôtre, il ne reste rien, mais de belles essences d'arbres constituent le parc... A découvrir !

MÉMORIAL DE LA BATAILLE DU HAVRE

Route de Fréville CD 52

Mémorial en plein air d'accès libre.

Opération « Astonia » : c'est le nom de code donné à la bataille du Havre prévue par l'état-major des Alliés, faisant suite à l'opération « Overlord », le débarquement en Normandie. Le Havre est l'un des ports majeurs à reprendre aux Allemands. Le 10 septembre, à 17h45, l'assaut final débute. Fontaine-la-Mallet étant proche du Havre, elle ne sera pas épargnée. Table rase en sera faite. Le 10 septembre 2000, un mémorial a été inauguré autour d'un char Churchill MK VII.

ÉGLISE SAINT-MARTIN ★

20, rue des 104

Ouvert tous les jours de 9h à 19h. Gratuit.

Le premier édifice date du XIe siècle, détruit par la guerre de Cent Ans. Le roi Charles VII, alors qu'il reconstruit la ville, dote l'église d'un clocher, d'un chœur, de chapelles, et de portails, au nord et à l'ouest. L'abbesse de Montivilliers le transformera en 1630 au goût néo-classique avec des colonnes baguées et cannelées. Les 5 nefs sont transformées avec des voûtes en pierre. Deux seront démolies à la Révolution française. Les vitraux, détruits au fil du temps, furent remplacés en 2011 par 14 baies créées par l'artiste Bernard Piffaretti.

HARFLEUR ★

Harfleur, Honfleur... La ressemblance des noms n'est pas le fruit du hasard, et rappelle le riche passé maritime des deux villes : ceux-ci désignent le « port du haut », pour la première, le « port du bas » pour la seconde. Alors qu'elle contrôlait la Seine et qu'elle concurrençait Rouen, Harfleur s'est ensablée à partir du XIIIe siècle, cédant ainsi la place au Havre. Aujourd'hui, avec ses rues piétonnes, ses maisons traditionnelles et son grand parc, Harfleur offre un cadre de vie de qualité et un patrimoine bâti intéressant. Les sinuosités de la Lézarde, la rivière qui coule en son cœur, donnent à la ville une touche très pittoresque.

MUSÉE DU PRIEURÉ

50, rue de la République
✆ 02 35 13 30 58

Ouvert de septembre à juin les mercredis, samedis et dimanches de 15h à 18h. Gratuit.

Le musée du Prieuré est installé dans l'Hôtel des Portugais, une ancienne auberge construite au XVe siècle. Les collections proviennent essentiellement des fouilles archéologiques réalisées sur les sites gallo-romains et comprennent des verreries datant du Ier au IVe siècle. Les collections du haut Moyen Âge comprennent quant à elles des armes issues d'une sépulture de notable du VIe siècle. Pour faire connaissance avec le passé de Harfleur, le lieu est idéal ! Aussi, l'escalier à vis et l'étage en pans de bois sont tout simplement somptueux.

SAINTE-ADRESSE ★★

La ville de Sainte-Adresse, située à l'extrémité nord-est du Havre, doit son nom à l'adresse dont faisaient preuve les marins pour franchir le cap de la Hève et rejoindre ainsi l'estuaire de la Seine. Au milieu du XIXe siècle, le site, réputé pour sa vue et sa tranquillité, devint peu à peu un lieu de villégiature privilégié qui attire également les peintres. Un rôle qui perdure aujourd'hui comme en témoignent sa plage et ses terrasses, la ville est même surnommée « le rocher de Monaco normand » par les locaux. Avec son spot de funboard, ses villas Art déco et le Nice havrais, monument classé, Sainte-Adresse mérite vraiment le détour !

LA PETITE RADE €

3 bis, chemin de la Mer

www.lapetiterade.com

Bar mardi-dimanche : 10h-0h. Lundi 15h-0h. Restauration : 12h-15h et 18h-22h30. Terrasse. Burgers : de 9 € à 14 €.

Quelle vue ! Sans aucun doute, la Petite Rade est le spot préféré des amoureux de couchers de soleil. Sur la belle terrasse en bois, on s'attable face à l'horizon pour admirer les couleurs du ciel et de la mer, le long de la plage de Sainte-Adresse, lieu mythique s'il en est. On y vient pour prendre un verre le week-end ou en fin de journée, picorer un plateau apéritif entre amis ou dévorer un délicieux hamburger maison, des tapas, des wraps ou un classique tartare de bœuf. Un endroit magique et dépaysant dont vous ne pourrez plus vous passer.

LE GRAND LARGE €€

11, place Clemenceau

✆ 02 35 46 16 25

www.legrandlarge76.fr

Ouvert tous les jours le midi ; du lundi au samedi le soir. Menus de 42 € à 52 €. Formule du midi : 24 €.

Le Grand Large porte bien son nom ! D'abord parce que la vue sur la mer est époustouflante. Ensuite, parce que les produits de la mer y sont à l'honneur : plateaux avec crevettes roses et grises, huîtres, bulots, langoustines, tourteau... On apprécie également la soupe de poissons, le filet de bar à la plancha, la poêlée de Saint-Jacques et la sole meunière. Et si vous préférez la terre, vous pourrez choisir le filet de bœuf grillé sauce bordelaise ou le suprême de volaille au miel. La décoration comme les desserts sont raffinés, c'est une très belle adresse.

CHAPELLE NOTRE-DAME-DES-FLOTS ★

Rue Charles-Alexandre-Lesueur

Ouvert tous les jours et les jours fériés de 9h à 18h. Messe le jeudi à 9h. Gratuit.

La Chapelle Notre-Dame des Flots date de 1859 et s'inscrit dans une tradition ancienne et vivante : les marins placent leur sort sous le regard bienveillant de la Vierge Marie. On ne peut qu'être sensible à cette dévotion, attestée depuis le XIVe siècle. Mais l'édification de la chapelle revient à l'abbé Duval-Pirou qui lance une souscription. La réalisation finale date de 1861. La chapelle est formée d'une nef et de deux transepts, de style néo-gothique coloré.

LA ROUTE DES FRUITS EN VALLÉE DE SEINE

LIEUX	Km total	Km à faire	Routes
NOTRE-DAME-DE-BLIQUETUIT	0	35,9	D65
LA MAILLERAYE-SUR-SEINE	2,5	33,4	D65
HEURTEAUVILLE	8,8	27,1	D65
JUMIÈGES	14,4	21,5	D65
LE MESNIL-SOUS-JUMIÈGES	18,9	17	D65
YVILLE-SUR-SEINE	21,8	14,1	D265
BARDOUVILLE	27,4	8,5	D64
BERVILLE-SUR-SEINE	33,6	2,3	D64
DUCLAIR	35,9	0	

NOTRE-DAME-DE-BLIQUETUIT

A la limite du pays cauchois, Notre-Dame-de-Bliquetuit fait partie du Parc naturel régional des Boucles de la Seine Normande. C'est dire si son cadre est propice aux balades et aux belles découvertes, naturelles pour la plupart, notamment dans la forêt de Brotonne. La commune verdoyante est également le point de départ de la route des Chaumières, parcours qui porte bien son nom, puisqu'il permet de découvrir de nombreuses chaumières traditionnelles. L'église de Notre-Dame-de-Bliquetuit, classée Monument historique, vaut aussi le détour avec son architecture romane extérieure. A l'intérieur, art roman et art gothique se mêlent harmonieusement.

MAISON DU PARC NATUREL DES BOUCLES DE LA SEINE

692, rue du Petit-Pont

✆ 02 35 37 23 16

www.pnr-seine-normande.com

Ouvert en avril. Horaires selon saison. Location de vélos.

Créé en 1974, ce poumon vert entre Rouen et Le Havre englobe aujourd'hui 82 communes de la Seine-Maritime et de l'Eure et 3 villes « portes » : Canteleu, Yvetot et Pont-Audemer. Depuis les forêts de Roumare, Brotonne, Maulévrier jusqu'au marais Vernier, c'est un patrimoine naturel et culturel d'une grande richesse : 3 abbayes (Jumièges, Saint-Wandrille, Saint-Georges de Boscherville), 18 musées dont MuséoSeine à Caudebec-en-Caux et des routes touristiques (Chaumières, et Fruits).

PARC NATUREL DES BOUCLES DE LA SEINE NORMANDE

La Maison du Parc

✆ 02 35 37 23 16

www.pnr-seine-normande.com

Ouvert du lundi au vendredi de 9h à 18h.

Le Parc naturel régional des Boucles de la Seine normande a été créé en 1974 autour de la forêt de Brotonne. Composé de 77 communes, ce territoire comprend quatre routes touristiques : celle des chaumières, des fruits, du blé au pain et des abbayes. Sur 1 200 km de sentiers balisés, vous trouverez des circuits vélo, des musées, des activités culturelles et touristiques. L'occasion de découvrir de charmants villages entre la Seine-Maritime et l'Eure, sur les deux rives de la Seine.

JUMIÈGES ★★★

Cette commune et sa forêt sont situées à 20 km de Rouen dans la vallée de la Seine, à deux pas de la falaise blanche, au creux d'une boucle du fleuve. Ensemble, elles forment la presqu'île de Jumièges. Placée sur la route des abbayes, Jumièges conserve des ruines impressionnantes de son monumental édifice, la plus haute église de son temps en Normandie au XIe siècle. La cité doit sa renommée aux nombreux vergers qui longent la Seine et aux fruits savoureux qu'ils produisent. Son patrimoine se découvre au fil de balades, notamment avec un circuit libre en suivant la brochure *Duclair et ses alentours* (disponible gratuitement à l'office de tourisme).

ÉGLISE SAINT-VALENTIN ✝ ★

1306-1412, rue du Quesney

Ouvert de 14h30 à 18h30 du mercredi au lundi.

C'est à deux pas de la fameuse abbaye que se trouve cette somptueuse église du XIIe siècle qui dévoile à tous sa magnifique façade en pierre. Elle fut largement remaniée au XVIe siècle. Son nom, elle le tire de Valentin, qui chassa les rats de la ville, dont les habitants étaient menacés de famine. A l'intérieur, on découvre un chœur Renaissance et une nef romane, curieux mélange de styles qui confère à l'église Saint-Valentin tout son charme. Une cloche d'une tonne, installée à la toute fin du XVIIe siècle, est encore présente.

CAMPING DE LA FORÊT****

582, rue Mainberte

✆ 02 35 37 93 43

www.campinglaforet.com

Fermé de novembre à mars. Emplacement pour deux à partir de 25 €. Tente Canada Treck 43 €.

Installé dans un environnement 100% nature à deux pas de la forêt de Jumièges, ce camping dispose d'une localisation parfaite pour découvrir le parc régional des Boucles de la Seine. C'est tout près de la route des Abbayes et à une petite trentaine de kilomètres de Rouen que ce site accueille les visiteurs en quête de calme et de confort. Classé Camping Qualité, il propose de beaux emplacements pour tentes ou caravanes ainsi qu'un grand choix de mobile-homes et même une tente Canada. La base de loisirs de Jumièges est située à seulement quelques minutes !

ABBAYE DE JUMIÈGES ✞ ★★★

24, rue Guillaume-le-Conquérant
✆ 02 35 37 24 02
www.abbayedejumieges.fr
Fermée 1/01, 1/05, 1-11, 25/12. Mi-avril à mi-sept : 9h30-18h30. Mi-sept à mi-avr : 9h30-13h/14h30-17h30. Visite guidée.

Sur les coteaux en pente de la rive droite du fleuve, en plein cœur du parc naturel des Boucles de la Seine, l'abbaye de Jumièges est l'un des plus beaux joyaux de la région. D'abord, vous apercevrez ses tours blanches, qui se détachent sur le ciel à près de 50 mètres de hauteur, puis entrerez dans le parc, pour plonger dans son histoire, intimement liée à celle du fleuve et de l'Europe du Nord. La création de l'abbaye remonte à 654 et coïncide avec l'évangélisation du territoire. L'abbaye est en effet fondée par saint Philibert, fils d'un comte franc de Vasconie, et sous l'impulsion de saint Ouen, évêque de Rouen. Avec pour base les règles strictes de saint Colomban puis de saint Benoît, son édification marque l'apogée du monachisme dans la vallée de la Seine. Sa taille et le nombre impressionnant de moines – plus de 1 000 – en font la plus vaste et la plus précoce des abbatiales normandes. Devenue rapidement un important centre intellectuel, son essor économique profite du fleuve pour commercer jusqu'en Angleterre. Son rayonnement s'exerce sur toute la contrée, jusqu'à sa destruction par les Vikings en 841. Le 28 mai, ils incendient le monastère, et le pillent. Les moines quittent les lieux durant presque une décennie, en emportant toutefois reliques et manuscrits précieux.

Après la signature du traité de Saint-Clair-sur-Epte en 911 qui acte la création du duché de Normandie, Guillaume Ier, dit Longue Epée, second duc, initiera sa renaissance avec une nouvelle communauté constituée de moines bénédictins issus de l'abbaye Saint-Cyprien de Poitiers. Mais c'est après l'an 1000 que l'abbaye prend véritablement une nouvelle ampleur. Autour de 1040, l'abbé Robert de Jumièges, dit Champart, lance la reconstruction du monastère puis l'édification de l'abbatiale Notre-Dame. Construite dans le style roman, elle est consacrée en 1067, en présence de Guillaume, duc de Normandie, roi d'Angleterre depuis 1066.

En 1204, la Normandie revient à la France après la victoire de Philippe-Auguste à Château-Gaillard et, alors que les moines ne sont qu'une cinquantaine, la construction du chœur est entreprise et fait entrer le style gothique dans l'ensemble, apportant de la lumière via des chapelles rayonnantes. Ce XIIIe siècle voit également l'activité intellectuelle des moines reprendre, comme en témoignent les nombreux manuscrits réalisés à cette époque.

Vers la fin de la guerre de Cent Ans (1337-1453), le roi de France Charles VII, ayant récupéré la Normandie, vient s'installer à Jumièges où sa maîtresse, Agnès Sorel, le rejoint début 1450. Elle est enceinte, et s'installe au Manoir de la Vigne. Elle met au monde une fille et meurt aussitôt, le 9 février, à l'âge de 28 ans. Sa fille la suivra dans la tombe peu de temps après. Sa mort fera longtemps l'objet de suspicions et de théories diverses, jusqu'à la découverte, lors d'une ultime analyse en 2004, de la présence de mercure dans son corps. Inconsolable, le roi fait réaliser deux tombeaux de marbre, l'un pour la collégiale Notre-Dame de Loches, destiné à son corps, l'autre pour l'abbaye de Jumièges, qui renferme son cœur.

La fin du XVe siècle voit les moines de l'abbaye se relâcher et profiter d'une certaine opulence. En 1515, l'abbé Philippe de Luxembourg tente de la réformer sur les bases de la doctrine de Chézal-Benoit, et fait bâtir un nouveau dortoir. Mais tous ces efforts sont mis à mal par les guerres de religion entre catholiques et protestants. En mai 1552, ces derniers pillent le monastère : autels, saintes reliques, argenterie, meubles, vin, provisions, bêtes, tout est détruit ou volé.

Un siècle plus tard, en 1663, la bibliothèque est reconstruite, le nouveau logis abbatial est terminé en 1671, puis le grand dortoir en 1732. Mais la grandeur de l'abbaye est un lointain souvenir.

Finalement la Révolution de 1789 réduit l'ensemble à l'état de ruines : vendu au titre des biens nationaux, son premier acquéreur, Pierre Lescuyer, fait démolir le cloître et le dortoir ; les 18 religieux restants sont dispersés. En 1802, le nouveau propriétaire, Jean-Baptiste Lefort, fait exploser le chœur. Le site sert dès lors de carrière de pierres jusqu'en 1824. Ce n'est qu'en 1852 que l'intérêt pour ces ruines, témoins d'une architecture normande flamboyante, se concrétise, grâce à la famille Lepel-Coitet qui rachète l'abbaye et en entreprend la sauvegarde. À la faveur de l'engouement romantique pour les vestiges, alimenté par Victor Hugo qui qualifie l'abbaye de l' « une des plus admirables ruines qui soient en France », le lieu devient objet de pèlerinage.

L'abbaye de Jumièges redevient propriété de l'État en 1947, puis du département de Seine-Maritime en 2007. Pour lui conserver son authenticité, la reconstruction du monument n'est pas envisagée, mais des travaux de consolidation et de protection y sont régulièrement programmés pour le préserver. Parmi les pierres sculptées et œuvres lapidaires sauvées exposées au logis abbatial, on peut voir le tombeau des Enervés de Jumièges, la tête de Guillaume le Conquérant ou encore la dalle funéraire d'Agnès Sorel. Le site est une véritable plongée dans le temps et l'espace, entre histoire européenne et art contemporain international avec une large place donnée à la photographie lors d'expositions temporaires. Pour les fans de technologie ou les réticents aux chronologies, l'appli « Jumièges 3D » permet de se promener virtuellement aux XVIe et au XVIIIe siècles, via une tablette, un smartphone ou un casque de réalité virtuelle.

LE MESNIL-SOUS-JUMIÈGES

Située à 4 kilomètres de Jumièges et de sa fameuse abbaye, la commune du Mesnil-sous-Jumièges fait partie du Parc naturel régional des Boucles de la Seine Normande. La commune abrite notamment le manoir d'Agnès Sorel, célèbre favorite du roi Charles VII, qui termina ses jours au Mesnil. Classé Monument historique, il fut édifié au XIIIe siècle. Au Mesnil-sous-Jumièges, on pourra aussi admirer l'église Saint-Philibert, édifiée en 1147 et reconstruite au fil du temps. Constituée de calcaire et de pierre de taille, elle dispose d'un toit en ardoise. Voir également le manoir Marescot et la grotte du Funiculaire, constituée de craie.

AU TEMPS DES CERISES €€

924, route du Mesnil
✆ 02 35 37 38 67
www.autempsdescerises76.fr

Chambre simple 61 € ; chambre double 70 €. Petit déjeuner inclus. Lit supplémentaire : 23 €.

Françoise et Joseph sont aux petits soins pour que l'on se sente ici comme chez soi. Les quatre chambres, dont l'une est accessible aux personnes à mobilité réduite, sont charmantes, avec une décoration à la fois sobre et élégante. Chacune possède sa salle de bains ou une salle de douche, un téléviseur et une connexion Internet. La table d'hôtes propose un menu avec apéritif, entrée, plat, fromage et dessert boissons comprises. L'assiette gourmande, accompagnée d'un fromage et d'un dessert avec vins ou cidre, est aussi sympathique.

LE CLOS DES FONTAINES*** €€€

191, rue Fontaines
✆ 02 35 33 96 96
www.leclosdesfontaines.com

Chambre double à partir de 89 €. Lit bébé gratuit. Parking. Wifi. Hammam, jacuzzi, sauna, piscine chauffée (en saison).

Idéalement situé près de l'abbaye de Jumièges, cet hôtel propose des prestations de luxe avec ses bâtisses en briques, colombages et pierre de taille. Meublées avec goût, les chambres offrent une très belle vue sur l'abbaye et les boucles de la Seine. Les suites ont un coin salon et une baignoire à balnéothérapie. L'espace spa de 100 m² comprend hammam, bain bouillonnant extérieur et sauna. Vous pourrez y faire toutes sortes de soins (visage, corps, massages). L'été, prenez l'apéritif sur la grande terrasse de la piscine face au soleil couchant...

AUBERGE DES RUINES €€

17, place de la Mairie
✆ 02 35 37 24 05

Midi et soir. Fermé mercredi et dimanche soir. Réservation recommandée. Menus : 45 à 77 €. Groupes. Terrasse.

Ici, la Normandie est à l'honneur : dans un décor de colombages, vous dégusterez des plats cuisinés dans le respect du terroir, à partir de produits des environs. Ouvrez les yeux, les ruines de l'abbaye sont juste en face ! Entre tradition et modernité, Christophe Mauduit concocte des plats savoureux et raffinés ? tels le homard bleu à la pistache et au fenouil ou la darne de truite de Saint-Wandrille aux jeunes légumes et aux herbes du jardin. Pour finir, choisissez la savoureuse crème brûlée au caramel et à la glace au sirop d'érable ou le pudding au cassis.

BASE DE LOISIRS DE JUMIÈGES-LE MESNIL

4, route du Manoir
✆ 02 32 13 30 00
www.basedejumieges.com

Ouvert toute l'année. Activités de mai à octobre. Tous les jours de 7h à 21h30. Gratuit.

Au cœur du Parc régional des Boucles de la Seine normande, la base de loisirs est un vaste espace de verdure aménagé offrant de nombreuses activités : escalade, tir à l'arc, beach-volley, tennis, accrobranche, mini-golf, mais aussi des randonnées, et d'autres divertissements. Son plan d'eau de 45 ha se prête aux activités nautiques : planche à voile, dériveur, canoë, et farniente bien sûr ! Idéal pour les enfants et les parents. Attention, le site est très prisé aux beaux jours.

LA GRANGE FRUITIÈRE

1525, route du Manoir
✆ 02 35 37 42 94

De novembre à mars jeudi, vendredi, samedi, dimanche de 14h30 à 17h30. Le reste de l'année le dimanche de 14h30 à 17h30.

Monsieur et Madame Bachelet vous ouvrent les portes de leur ferme pour déguster et acheter en direct le fruit de leur récolte : pommes, poires, cerises, prunes, fraises, framboises, groseilles, cassis... selon la saison ! Il y en a pour tous les goûts ! Les produits sont de qualité et à prix très compétitifs. Qui plus est, l'accueil est particulièrement chaleureux. On les trouvera aussi sur les marchés de Bihorel, de Bois-Guillaume et de Dieppe. Une halte aussi ludique que gourmande en totale adéquation avec la thématique du parcours !

DUCLAIR ★

Ce chef-lieu de canton à 20 minutes de Rouen est réputé pour son canard « au sang ». Forte de plusieurs bons restaurants, la cité gastronomique possède une rivière, l'Austreberthe, que l'on peut découvrir lors de la balade de la Source. Elle doit son développement à son emplacement et au passage du fleuve, assuré aujourd'hui par un bac qui fait la navette entre les deux rives. En 1991, la fermeture de son usine de clous, de visserie et de fers à cheval (usine Mustad) a signé son déclin industriel mais, au carrefour des trois grandes abbayes normandes de Saint-Wandrille, Saint-Martin-de-Boscherville et Jumièges, elle bénéficie d'un riche patrimoine.

CHÂTEAU DU TAILLIS

Hameau de Saint-Paul
✆ 06 83 82 22 89
www.chateaudutaillis.com

Parc et musée ouverts du mercredi au dimanche de 14h à 18h. Escape game sur réservation du mercredi au samedi.

Le château du Taillis, classé Monument historique, fut bâti du XVIe au XVIIe siècle dans le style de la seconde Renaissance italienne, dans un grand parc. Ses écuries abritent le Musée Août 1944, « L'Enfer sur la Seine », inauguré le 6 juin 2004, lors du 60e anniversaire du Débarquement. Au travers d'armes, d'uniformes, d'objets et de photographies patiemment collectés, vivez les dernières journées de la bataille de Normandie, ainsi que la Libération de la vallée de la Seine. Un *escape game* vous plongera dans cette histoire trop méconnue.

ARCHIPEL DES EAUX MÊLÉES

Ouvert toute l'année. Accès libre.

Ce jardin paysager au nom poétique est situé près de la Maison du Tourisme et procurera une grande satisfaction aux curieux. Il se compose d'un jardin aquatique fait de petits sentiers de promenade et de bassins aquatiques. Installé sur une ancienne friche industrielle, la friche Mustad, c'est un jardin où se mêlent les eaux de pluie et celles de l'Austreberthe. Sa vocation est de servir de réceptacle aux crues de la vallée de l'Austreberthe, et éventuellement aux inondations. C'est un lieu idéal pour prendre un grand bol d'oxygène…

QUAI 246 €€

246, quai de la Libération
✆ 02 32 13 59 51

Du mardi au dimanche de 12h à 14h ; le mardi, mercredi, vendredi et samedi de 19h à 21h. Galettes de 7,5 à 13,5 €.

Le succès de cette crêperie ne doit rien au hasard. Dans la salle moderne et épurée ou sur la terrasse donnant immédiatement sur la Seine, laissez-vous tenter par un menu pour le moins alléchant : galette au saumon, crème ciboulette, tombée de poireaux au cidre et combawa ou galette normande au poulet, à l'emmental, à la crème de camembert et aux pommes... Le choix est aussi vaste que varié. La crêperie propose aussi des plats de viande, des burgers et des salades afin de satisfaire toutes les envies. En bref, un restaurant convivial, où tout est fait maison !

CENTRE D'ART CONTEMPORAIN MATMUT - DANIEL HAVIS ★

425, rue du Château
SAINT-PIERRE-DE-VARENGEVILLE
✆ 02 35 05 61 73 - www.matmutpourlesarts.fr

Entrée libre du mercredi au vendredi : 13h-19h. WE : 10h-19h. Sauf jours fériés. Parc en accès libre 7j/7 de 8h à 19h.

Abrité dans un bel édifice néo-Louis XIII du XIXe siècle, ce centre d'art propose 4 expositions contemporaines par an. La galerie de 400 m² accueille des artistes émergents ou confirmés et expose la création d'aujourd'hui : photo, sculpture ou peinture. L'accès est libre et ouvert à tous, petits et grands, amateurs ou connaisseurs. Dans le parc de 6 hectares, 17 sculptures monumentales côtoient un riche arboretum. Profitez des animations, visites commentées et ateliers pour enfants.

LE REFECTOIRE €€

227, avenue du Président-Coty
✆ 02 32 93 51 19

Mar-jeu : 10h à 15h et de 18h à 23h30 ; ven : 10h à 15h30 et de 18h à 23h30 ; sam : 10h30 à 15h30 et de 18h à 23h30.

On aime le Réfectoire non seulement pour son cadre agréable, en bord de Seine, mais aussi et surtout pour ses plats raffinés et pleins de goût. Déjeuner ou dîner ici, sous la véranda ou dans la salle, c'est un peu s'offrir une escapade en bord de mer. Entre les poissons affichés au menu et la vue sur le fleuve, on s'y croirait ! La carte change tous les jours, histoire de permettre aux nombreux habitués de varier les plaisirs. Croustade de la mer, carpaccio de saumon, carbonara de cabillaud, fricassée de volaille au cidre... À chaque nouveau repas sa surprise !

MANOIRS DES BORDS DE SEINE

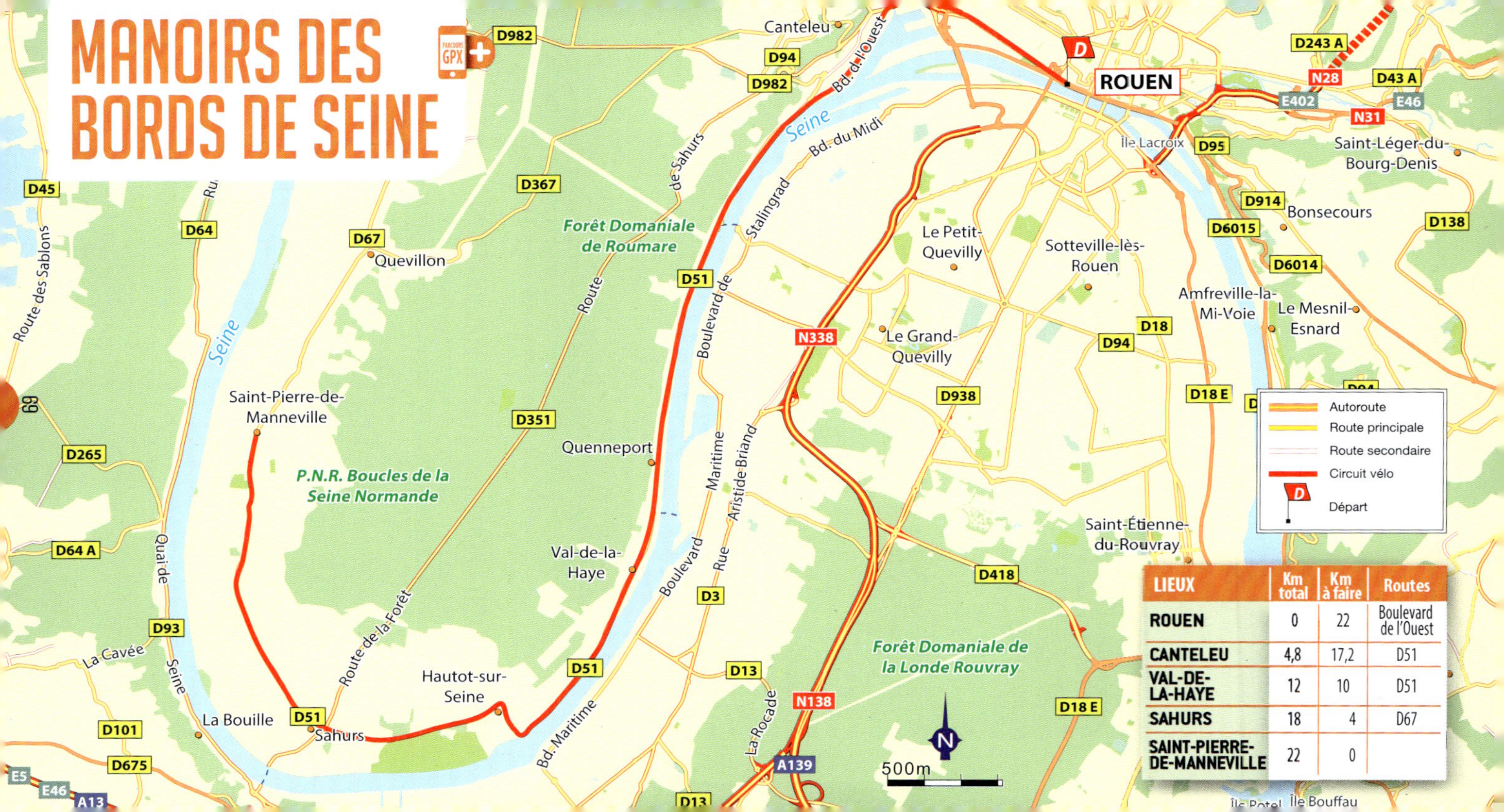

LIEUX	Km total	Km à faire	Routes
ROUEN	0	22	Boulevard de l'Ouest
CANTELEU	4,8	17,2	D51
VAL-DE-LA-HAYE	12	10	D51
SAHURS	18	4	D67
SAINT-PIERRE-DE-MANNEVILLE	22	0	

ROUEN ★★★★

Rouen, capitale de la Normandie et du département de Seine-Maritime, vous ouvre ses portes et son cœur. « La ville aux cent clochers », chère à Victor Hugo, a gardé un patrimoine exceptionnel, véritable invitation à la promenade dans son centre historique entièrement dédié aux piétons. En flânant dans les rues animées, vous découvrirez ses maisons à colombages et ses trésors d'architecture qui défient les siècles : des merveilles du gothique comme la cathédrale Notre-Dame, l'abbatiale Saint-Ouen, l'église Saint-Maclou et le palais de justice, de purs joyaux de la Renaissance comme le Gros-Horloge, l'aître Saint-Maclou et l'hôtel de Bourgtheroulde ou encore la majestueuse sobriété des hôtels particuliers classiques. Au détour des rues, des musées et des monuments, ses personnages célèbres viendront à votre rencontre : Richard Cœur de Lion, Jeanne d'Arc, Pierre Corneille ou Gustave Flaubert. Si vous montez jusqu'au panorama de la côte Sainte-Catherine, admirez la ville blottie autour de son fleuve, enserrée dans un écrin de collines verdoyantes. En marchant le long du Robec, les moulins et le patrimoine industriel vous raconteront le long passé textile de cette cité drapière dont le mouton est resté le symbole. Autre particularité de Rouen, son grand port maritime, qui est l'un des plus actifs d'Europe et qui relie Le Havre à Paris en suivant les méandres de la Seine. Événements festifs, festivals de cinéma et grandes manifestations sportives (hockey, basket, ou encore rugby en sont quelques-unes de ses vitrines) rythment la vie d'une cité où l'art de vivre n'est pas un vain mot.

ABBATIALE SAINT-OUEN ✞

3, place du Général-de-Gaulle

Mardi à jeudi, WE : 10h-12h et 14h-17h, jusqu'à 18h en haute saison. Fermée 25/12 et 01/01. Expositions, concerts.

L'abbatiale fut construite entre le XIVe et le XVIe siècle. Ses proportions sont imposantes : 137 m de longueur pour 26 m de large. Cinquième église édifiée au même emplacement, elle est l'œuvre de l'abbé Jean Roussel qui débute son édification en 1318, qui durera trois siècles ! C'est un magnifique exemple d'architecture gothique, mais son chef-d'œuvre est à l'intérieur : l'orgue réalisé par le grand Cavaillé-Coll en 1890 est encore utilisé de nos jours notamment lors de concerts. Des travaux de restauration se tiendront jusqu'en 2024.

AÎTRE SAINT-MACLOU ★★

186, rue Martainville

✆ 02 35 52 48 21

www.aitresaintmaclou.fr

Ouvert tous les jours de 9h à 19h sauf 1er janvier, 1er mai et 25 décembre. Gratuit. Audioguide à partir de juin 2023.

Le site, serein et ombragé, mérite le détour. Cet ancien cimetière fut construit en 1526 pour enterrer les victimes de la peste. Les ossements désormais déplacés ont laissé place à un très bel espace où l'on peut venir s'asseoir, se promener, et admirer l'architecture des galeries de cette cour carrée. Observez les colombages agrémentés de reliefs de crânes, tibias entrecroisés et autres pelles de fossoyeurs. Le clou ? Le chat momifié ! Aujourd'hui le lieu accueille des galeries d'art et un restaurant réputé qui rendent plaisant ce monument historique.

JARDIN DES PLANTES

114 B, avenue des Martyrs-de-la-Résistance

✆ 02 35 08 87 45

https://rouen.fr/jardindesplantes

Nov.-fév : 8h-17h30 (18h45 mar.-avr. et sep.-oct., 20h15 mai-août). Gratuit. Visite guidée 1er mer. du mois : 14h-16h.

Au cœur de la rive gauche de Rouen, le Jardin des Plantes accueille sur 85 000 m² les visiteurs le temps d'un pur moment de détente et de dépaysement. C'est l'un des meilleurs endroits pour se ressourcer sans quitter la ville. Baladez-vous au milieu des parterres de fleurs et observez les curiosités botaniques du parc. Entre les roses et les iris, se cachent plusieurs centaines de plantes médicinales et des arbres venus des quatre coins du monde. Une grande serre restaurée vous propose une immersion sous les tropiques. Idéal pour une promenade en famille.

LA MAISON PENCHÉE

4, place Barthélémy

Extérieur uniquement. Gratuit.

C'est l'une des curiosités architecturales les plus célèbres du centre-ville de Rouen. Celle que l'on surnomme « la maison qui penche » se trouve au 4, place Barthélémy. Cette belle maison à colombages, typique de l'architecture normande, est penchée depuis le XIXe siècle mais reste toujours aussi stable. Durant cette période, elle fut débarrassée des maisons attenantes pour des questions de réaménagement. La maison a abrité une chambre d'hôtes pendant une dizaine d'années, avec un intérieur, lui, absolument pas penché ! Visite extérieure uniquement.

CATHÉDRALE NOTRE-DAME ★★★★

Place de la Cathédrale
✆ 02 35 71 85 65
www.cathedrale-rouen.net
Visite des cryptes sur réservation (OT de Rouen : 02 32 08 32 40). Accès libre.

La cathédrale primatiale Notre-Dame-de-l'Assomption est un magnifique exemple d'architecture gothique, du primitif au flamboyant, reconnaissable à sa façade sculptée comme une dentelle de pierre. Siège de l'archidiocèse de Rouen, chef-lieu de la province ecclésiastique de Normandie, elle conserve son palais archiépiscopal et les constructions annexes de la même époque. Considérée comme la plus haute de France, son histoire remonte au IVe siècle avec un groupe cathédral construit au centre de la cité, comme affirmation de la nouvelle religion. Lui succède une cathédrale romane commencée vers 1020, après l'incendie provoqué par les Viking en 841 et le baptême de leur chef, Rollon, en 912. Elle est consacrée en 1063, en présence du duc Guillaume, futur Conquérant. Le gothique arrive en 1145 avec la tour Saint-Romain, et s'affirme dans la décennie 1240 avec le chœur, la nef, les chapelles latérales, la chapelle d'axe, la façade occidentale, le cloître des chanoines, les portails des Libraires et de la Calende. En 1462, la tour Saint-Romain est achevée et se voit affublée, en plus de ses neuf cloches, de la *Marie d'Estouteville* et de la *Guillaume*. En 1479 est construit l'escalier des Libraires menant du transept à la bibliothèque du chapitre et, fin 1485, la tour de Beurre, côté sud. Sur la croisée du transept, la tour-lanterne, édifiée après l'incendie de Pâques 1200, subit encore l'incendie de sa flèche en 1514, puis celui de 1822, déclenché par la foudre. Sa flèche en fonte actuelle, datant de 1876, haute de 151 m, fait l'objet d'une ultime restauration devant se terminer en 2022. À l'intérieur, le déambulatoire abrite les sépultures des ducs de Normandie. Parmi eux, Richard Cœur de Lion, qui exigea que son cœur fût conservé dans la crypte, et Mathilde l'Emperesse, la fameuse « Dame blanche » de Mortemer, morte en 1167. La crypte, qui abritait dit-on les reliques de la Vierge, se visite. Déposés après les bombardements de 1944, neuf des tableaux restaurés y ont retrouvé leur place, tels le *Saint Jean-Baptiste au désert* et la *Mort de saint Joseph*. Les vitraux, issus du célèbre atelier de verriers Barbe, représentent un bel ensemble de l'histoire du vitrail, du XIIe siècle à nos jours. Le grand orgue a subi une grande restauration en 2019. Immortalisé par Claude Monet dans une série de 30 tableaux, l'édifice fut peint par le père de l'impressionnisme depuis le premier étage du Bureau des Finances (l'OT) situé juste en face. Toute l'année, visites guidées, visites nocturnes à la bougie, sons et lumières, concerts y sont organisés.

MUSÉE NATIONAL DE L'ÉDUCATION ★

185, rue Eau-de-Robec
✆ 02 35 07 66 61
www.reseau-canope.fr/musee/fr
Lun, mer au ven : 13h30-18h15. WE et jf : 10h-12h30 et 13h30-18h15. Fermé 1/1, 1/5, 15/8, 1/11, 24-25 et 31/12. Gratuit.

Installé dans la Maison des Quatre Fils Aymon, le lieu fait découvrir l'histoire et l'évolution de l'école du XVIe au XXe siècle à travers, entre autres, la salle de classe reconstituée de l'école de Jules Ferry, gratuite, obligatoire et laïque. Des expos temporaires sont aussi programmées avec par exemple « Eh bien, chantez maintenant ! Chansons d'enfance, deux siècles d'un patrimoine vivant » jusqu'au 5 mars 2023. Le musée propose également des visites guidées.

PONT GUSTAVE-FLAUBERT

N 1338
Accès libre. Gratuit.

Inauguré en 2008, ce pont est le dernier et 6e pont construit sur la Seine et permettant de relier une rive de Rouen à l'autre. Ses 670 m de longueur en font le plus long du monde de ce genre, et ses 86 m de hauteur le placent parmi les plus élevés du Vieux Continent. Vous êtes ici face à l'œuvre architecturale et urbaine de Aymeric Zublena, architecte du Stade de France, et de Michel Virlogeux, concepteur du pont de Normandie et du viaduc de Millau. Il est possible de le voir se lever de temps en temps, notamment au cours de l'Armada.

QUARTIER DES ANTIQUAIRES ★★

Rue Damiette
Accès libre.

Les rues Damiette et Martainville sont au cœur du quartier Saint-Maclou, toutes deux représentatives de l'architecture à pans de bois utilisée du Moyen Âge au XIXe siècle. Vous y rencontrerez ainsi de très belles maisons à encorbellement, pour certaines classées. Aujourd'hui, ce quartier abrite de nombreuses enseignes d'antiquaires, mais aussi des petites boutiques originales de décoration, de design, des orfèvres, sans oublier des bars, cafés et restaurants très sympathiques qui en font l'un des meilleurs endroits pour flâner et chiner. Incontournable !

AUBERGE DE JEUNESSE HI ROUEN €

3, rue du Tour
✆ 02 35 08 18 50
www.hifrance.org
25 chambres. Dortoir de 21 € à 23 €. Petit-déjeuner inclus. Salle de bains et sanitaires partagés.

Cette auberge de jeunesse est installée dans l'ancienne teinturerie Auvray, en bordure du Robec. Le site se partage ainsi entre les ateliers de la teinturerie datant du XVIIIe siècle et une maison de maître datant du XIXe siècle, tous deux classés monuments historiques. C'est un grand bâtiment tout confort, qui comprend des dortoirs de 4 à 6 lits mais aussi des chambres doubles et individuelles avec salle de bain privée. Le site est relié au centre-ville par le réseau TEOR.

LA BOULANGERIE €€

59, rue Saint-Nicaise ✆ 06 12 94 53 15
www.laboulangerie.fr
3 chambres. Chambre double de 82 € à 97 €. Petit déjeuner inclus. CB non acceptée. Wifi gratuit. Terrasse extérieure.

Dans le quartier Saint-Nicaise, La Boulangerie propose des chambres d'hôtes installées dans une ancienne... boulangerie. Dans les trois chambres, la décoration est originale et soignée et le confort parfait ! La « Patte d'ours » est mansardée pour 2 personnes, la « Levain », pour 2 personnes est très lumineuse, et la « Croissant », suite pour 4, a une belle terrasse. Un jardin d'hiver permet de profiter de l'extérieur où les petits déjeuners peuvent être servis. Une adresse pleine de charme au cœur d'un vieux quartier de Rouen, au calme, proche du centre-ville.

LES GÎTES DU BEFFROY*** €€

26, rue du Beffroy
✆ 06 67 64 27 51
www.gites-beffroy.fr
De 400 à 500 € la semaine selon la saison. 4 gîtes pour 1 à 4 personnes. Wifi gratuit.

Les Gîtes du Beffroy vous transporteront dans le Rouen d'autrefois, à la fois pittoresque et authentique, puisque cette maison se trouve à l'intérieur des anciennes murailles du château de Philippe Auguste. Nichée au cœur d'un jardin paisible et luxuriant, elle dispose de quatre gîtes qui peuvent accueillir chacun de 1 à 4 personnes et sont donc le parfait pied-à-terre pour une visite de Rouen seul, en couple ou en famille. D'une superficie de 28 à 35 m², les gîtes sont parfaitement organisés, lumineux, confortables et entièrement équipés.

DO'WICH €

31, rue de l'Hôpital
✆ 02 32 12 26 71
Lundi-samedi 10h30-18h30. Menus 9,90 €-10,90 €. 8,50 € le sandwich. Terrasse. Vente à emporter. Boutique.

Do'Wich, plus qu'une simple sandwicherie, propose de véritables créations culinaires à base de produits souvent bio et locaux. Tout comme dans une célèbre chaîne de sandwichs (mais en beaucoup plus goûtu !), c'est à vous de choisir votre type de pain, votre viande, votre fromage, vos crudités et votre sauce. En accompagnement, vous aurez le choix entre un cornet de saucissons, de chips locales ou de pommes de terre à l'ail. Et si vous tombez sous le charme d'une charcuterie ou d'un fromage en particulier, vous pouvez l'acheter en complément !

Les rues rouennaises évoquent encore par endroits les siècles passés.

LES GENS HEUREUX €

196, rue Eau-de-Robec

✆ 02 77 07 70 72

Le lundi et du jeudi au samedi de 12h à 21h ; le mardi de 12h à 19h ; le mercredi de 14h à 19h. Carte : 20 € environ.

Ce restaurant a récemment changé de propriétaire mais propose toujours une cuisine faite de produits frais et maison, avec une petite touche d'originalité en prime. Le menu change régulièrement et s'inspire de la cuisine française, souvent revisitée avec exotisme. Les plats sont parfumés, copieux et savoureux comme les rillettes de cabillaud à l'aneth ou la soupe froide petits pois-burrata… Le décor vintage avec ses éléments dépareillés est très agréable, et la grande bibliothèque donne au lieu une ambiance tout à fait chaleureuse.

AUBERGE SAINT-MACLOU €€

222, rue Martainville

✆ 02 35 71 06 67

www.aubergesaintmaclou.fr

Du mardi au jeudi de 12h à 14h et de 19h à 22h ; vendredi et samedi de 12h à 14h et de 19h à 22h30. Carte : 35 € env.

Découvrez ce restaurant typique et traditionnel, reconnaissable à sa façade à colombages ! À l'intérieur, le décor s'avère tout aussi pittoresque, largement rehaussé par le sourire chaleureux du personnel. Aux beaux jours, on profite de sa grande terrasse ombragée par l'église Saint-Maclou. Quant à la cuisine, car c'est avant tout pour elle qu'on vient ici, elle s'avère subtile et équilibrée grâce à l'utilisation de fruits et légumes de saison, concoctés selon les recettes du terroir dont les propriétaires raffolent... et accompagnée d'une belle sélection de vins.

VERTICABANA

Route de Duclair - **MAROMME**

✆ 02 52 56 20 61

www.verticabana-maromme.fr

Pâques à Toussaint, mercredi, week-end, jours fériés et vacances scolaires : 13h-18h. Parcours : de 7 € à 13,50 €.

Junior a toujours voulu ressembler à Tarzan ? Et vous de voir la forêt depuis la cime des arbres ? C'est ce que vous propose Verticabana avec son parc d'accrobranche. Petits et grands sont ici invités à partir à la conquête des tyroliennes, ponts suspendus et autres cabanes perchées à plusieurs mètres au-dessus du sol. Le parc est accessible dès 3 ans et tenu par une équipe très sympa dirigée par Jonathan, créateur de parcours. Une façon amusante de faire apprécier la nature aux plus jeunes, à seulement 5 minutes de route du centre-ville de Rouen !

CANTELEU ★

A proximité de Rouen, la ville de Canteleu s'est développée sur les rives de la Seine et celles du Cailly. Pendant votre parcours à vélo, vous serez saisi par l'omniprésence de la nature ! Ce qui frappe à Canteleu, c'est l'importance de sa forêt. Elle entoure littéralement la ville et ce jusqu'aux falaises qui dominent la Seine. Autrefois ville de pêcheurs, de bûcherons et de fermiers, Canteleu compte pas moins de 70 % d'espaces naturels et boisés. Porte d'entrée du pays de Caux, elle est une étape idéale pour tous les amoureux de nature, piétons ou cyclistes. Le Pavillon Flaubert et l'église Saint-Marin font partie des incontournables à visiter.

PAVILLON FLAUBERT ★

18, quai Gustave-Flaubert

✆ 02 35 36 43 91

Entrée libre. Horaires selon la saison.

© ACB GALLERY AND THE ARTIST / TIBOR VARGAS-SOMOGYI

En 1822, la famille Flaubert achète une maison de campagne à Croisset, au bord de la Seine. Ce n'est qu'en 1846 que Gustave Flaubert s'y installe à l'année, entre deux séjours à Paris, avec sa mère et sa nièce. Il y écrira ses principaux romans, *Madame Bovary*, *L'Éducation sentimentale*, *Trois Contes* et *Bouvard et Pécuchet*. À sa mort, la demeure fut vendue, détruite, puis remplacée par une usine à pétrole, une distillerie et une fabrique de papier, désormais fermée. Seul le pavillon dans lequel aimait travailler Flaubert est resté intact.

LES BALADES NORMANDES

VAL-DE-LA-HAYE

La forêt de Roumare et la Seine façonnent tôt l'identité du village. Accueillant bûcherons, marins et pêcheurs, Val-de-la-Haye s'est à une époque distingué dans l'activité de constructions navales. De nos jours, les aménagements portuaires de Rouen et la proximité industrielle de Grand-Couronne modifient le paysage mais Val-de-la-Haye reste un village fleuri, qui à une époque a inspiré le poète Eustache Bérat. A voir : la colonne Napoléon, l'ancienne commanderie de Sainte-Vaubourg, l'église Saint-Jean-Baptiste. Et ne manquez pas le parc animalier de Roumare, où chaque année 400 000 visiteurs viennent voir la faune forestière présente.

PARC ANIMALIER DE ROUMARE

222, route forestière de la Réunion
✆ 02 35 52 68 10
Ouvert toute l'année. Tous les jours. Gratuit.

Sur 26 hectares vivent daims, chevreuils, cerfs, biches et sangliers. 400 000 visiteurs viennent chaque année profiter de cet espace naturel et participer à ce tourisme vert. Au cœur d'une vaste zone aménagée, chemins de randonnées, points d'observation et panneaux pédagogiques permettent de découvrir les animaux dans leur milieu naturel. On peut y venir avec son vélo et son pique-nique pour déjeuner sur des tables aménagées sur la grande pelouse à proximité de la mare d'Epinay.

SAINT-PIERRE-DE-MANNEVILLE

La commune se trouve sur la rive droite de la Seine, en bordure de la forêt de Roumare. Le passé du village remonte à l'ère gallo-romaine puisque la culture de la vigne y a été introduite par les Romains. On peut y admirer le paysage magnifique qu'offrent la Seine et ses méandres sur les quais, et la commune compte également le Manoir de Villers, une splendide demeure du XVIe siècle, joyau du patrimoine normand inscrit aux Monuments historiques. Pendant votre visite de la commune, ne manquez pas les jardins du Manoir de Villers, qui invitent à la détente. Jouxtant la bâtisse, une ravissante chapelle datant du XVIe siècle mérite une visite.

ÉGLISE SAINT-PIERRE

1-3, place de l'Église
Ouvert toute l'année.

Au cœur du Parc naturel régional des Boucles de la Seine normande, Saint-Pierre-de-Manneville est une étape des Chemins du Mont-Saint-Michel. Sur la Route des Manoirs des Bords de Seine, vous pouvez y arriver en empruntant la piste agglo vélo au départ de Rouen. Son église a été totalement reconstruite au début du XVIe siècle, et son principal intérêt réside dans sa façade occidentale, dotée de deux portails géminés en style gothique flamboyant. Sa nef se distingue par une belle architecture gothique tardive. L'édifice est classé Monument historique depuis 1914 !

MANOIR DE VILLERS

30, route de Sahurs
✆ 02 35 32 07 02
www.manoirdevillers.com
Visite du manoir 1/05-31/10, samedi 14h30-17h30, dim. et fériés 15h-18h30. Parc du 1/05 au 30/09. Chambres d'hôtes.

Le manoir de Villers fait face à la Seine depuis le XVIe siècle. Comme nombre de monuments de la région, il a été construit en pierre de Caumont. Doté d'un étage à pans de bois et recouvert de petites tuiles, il est peu à peu devenu un manoir néo-normand au fil des agrandissements, avec une façade en trompe-l'œil et des colombages. Classé monument historique et possédant un magnifique parc labellisé Jardin remarquable, le lieu est habité depuis 1764 par la même famille. Ouvert au public en saison, il dispose de deux chambres d'hôtes de charme.

FERME DE JEAN ET EVELYNE BERNARD

78, rue de bas
✆ 02 35 32 07 13
En semaine sur rendez-vous.

La Ferme de Jean et Evelyne Bernard, c'est avant tout un endroit familial à découvrir le temps d'une séance de courses dans la boutique ou à travers une visite guidée. Les propriétaires, aussi sympathiques que passionnés, s'occupent de transformer le lait en crème, en yaourt, en beurre, en glace, en fromage blanc... La ferme, installée au cœur d'une boucle de la Seine, allie les techniques traditionnelles aux technologies d'aujourd'hui. Une belle découverte pour les locavores.

LES CHAUMIÈRES DU MARAIS VERNIER

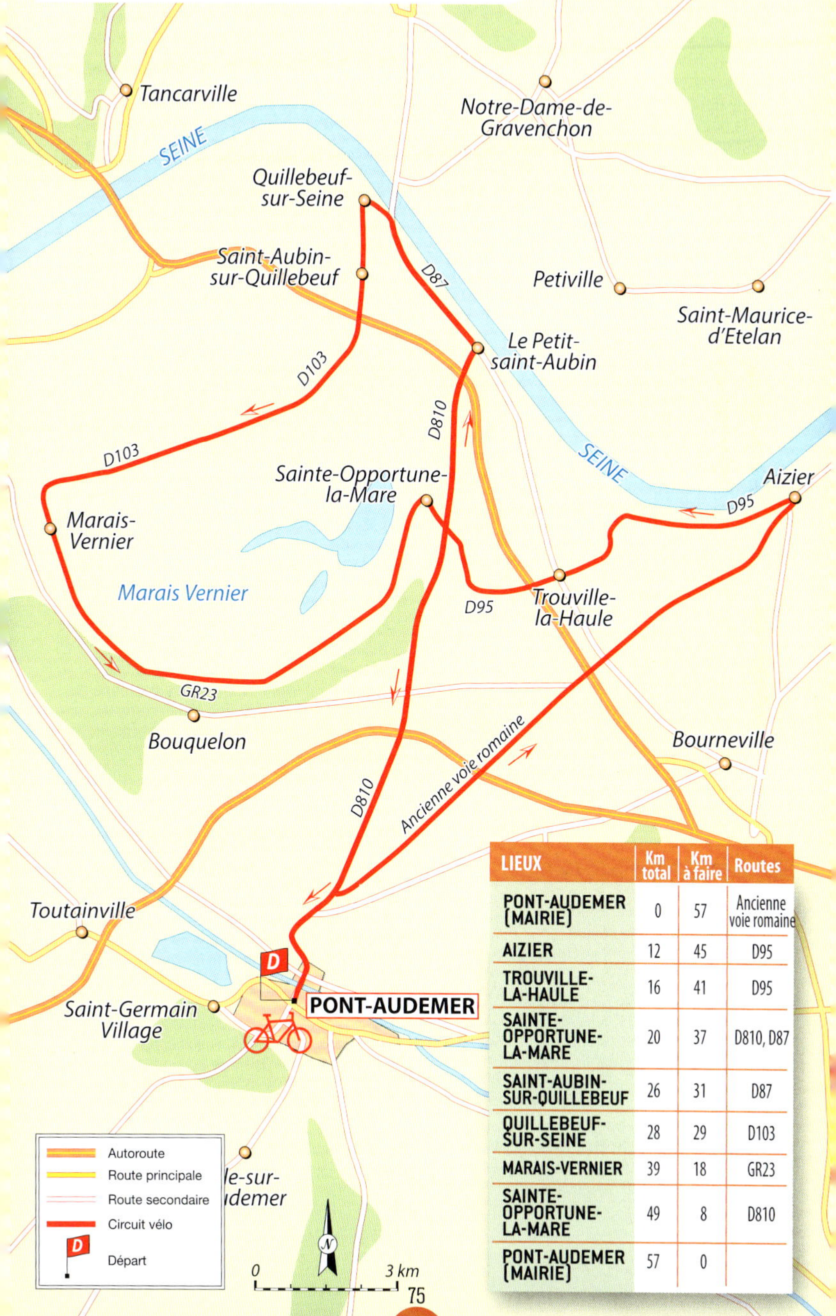

LIEUX	Km total	Km à faire	Routes
PONT-AUDEMER (MAIRIE)	0	57	Ancienne voie romaine
AIZIER	12	45	D95
TROUVILLE-LA-HAULE	16	41	D95
SAINTE-OPPORTUNE-LA-MARE	20	37	D810, D87
SAINT-AUBIN-SUR-QUILLEBEUF	26	31	D87
QUILLEBEUF-SUR-SEINE	28	29	D103
MARAIS-VERNIER	39	18	GR23
SAINTE-OPPORTUNE-LA-MARE	49	8	D810
PONT-AUDEMER (MAIRIE)	57	0	

PONT-AUDEMER ★★

Historiquement un poste militaire gallo-romain déjà convoité pour sa situation stratégique sur la Risle et au croisement de la voie romaine reliant Lisieux à Lillebonne, puis disputée au Moyen Âge par les seigneurs et les rois, la ville de Pont-Audemer affirma son importance tout au long de l'histoire. Dénommée Duos Pontes puis Pons Audomaris, la ville devient rapidement un important carrefour pour le commerce de la région. Ce passé riche en événements a notamment été marqué par l'essor de ses manufactures, en particulier celles du papier et du cuir. L'activité de tannerie, la plus grande d'Europe, est à l'origine du réseau de canaux sillonnant la cité, où étaient lavées les peaux. La qualité des cuirs était telle que Guillaume le Conquérant en équipa son armée et, plus récemment, dans les années 1830, Thierry Hermès s'installa à Pont-Audemer pour approvisionner sa nouvelle manufacture de sellerie et harnachement de chevaux - qui deviendra une grande maison et un symbole du luxe français ! Aujourd'hui, elle est indéniablement l'une des plus jolies villes de la région et une étape à ne pas manquer. Bercée par la Risle, toute proche d'Honfleur, Pont-Audemer est une ancienne cité de tanneurs autrefois réputée : une promenade dans la vieille ville médiévale permet d'identifier les anciens séchoirs à peaux avec clins de bois. Il faut s'attarder pour apprécier le charme de la place du Pot-d'Etain et sa dentelle pavée, les fontaines de la place Victor-Hugo, les hôtels particuliers, les ponts de pierre au-dessus des canaux qui lui valent son surnom de « petite Venise normande »...

ÉGLISE SAINT-OUEN ✞ ★

Rue de la République
✆ 02 32 41 12 88

Ouvert toute l'année. Accès libre. Tous les jours de 8h à 18h. Gratuit. Visite guidée.

Imposante même si toujours inachevée, l'église Saint-Ouen trône au cœur de la cité pont-audemérienne dans toute sa splendeur retrouvée après 4 années de restauration. Aujourd'hui inscrite aux Monuments historiques, elle fait partie des édifices représentant l'architecture flamboyante normande. De l'église romane originelle du XIe siècle, il subsiste encore la tour lanterne carrée et le chœur. On peut admirer, près de l'autel du Grand-sacrement, deux chapiteaux romans. Elle conserve une splendide collection de vitraux que l'on découvre avec émerveillement.

MUSÉE ALFRED-CANEL ★

64, rue de la République
✆ 02 32 56 84 81

HS : lun, mer-ven : 14h-18h. BS : mer et ven : 14h-18h, WE : 10h-12h30 et 14h à 18h. Gratuit.

Implantée au cœur de Pont-Audemer, la bâtisse familiale d'Alfred Canel (1803-1879), écrivain, érudit local et homme politique, mais également archéologue et avocat à ses débuts, abrite le musée cantonal depuis 1884. Manuscrits, incunables, livres emblématiques... La grande bibliothèque du XIXe siècle regorge de joyaux historiques. Elle est constituée d'environ 15 000 ouvrages couvrant une période allant du XVe au XIXe siècle. Viennent s'ajouter 6 000 volumes de la bibliothèque normande, legs d'Alfred Canel. Une belle escale dans cette ville de charme !

CAMPING RISLE-SEINE*** €€

19, route des Étangs - **TOUTAINVILLE**
✆ 02 32 42 46 65
www.camping-risle-seine.com

Arrivée de 16h à 20h. Emplacement 2 personnes + voiture de 15,50 € à 26,50 €. Cottages : 235 € à 637 € / semaine.

Risle-Seine fait sans conteste partie des plus beaux campings du coin avec ses hébergements en bois pleins de charme et ses emplacements agréables. À quelques minutes du centre de Pont-Audemer et à 20 minutes d'Honfleur, ce camping 3 étoiles tenu par les sympathiques Karine et Patrice est installé sur plus de 3,5 hectares, au cœur d'un bel espace naturel et à proximité d'un plan d'eau. En dehors des emplacements, des cottages et autres hébergements écologiques, le camping dispose d'une piscine couverte et chauffée et d'une aire de jeux pour enfants.

PRIEURÉ DES FONTAINES €€

140, côte du Mont-Morel - **LES PRÉAUX**
✆ 02 77 01 98 21
www.leprieuredesfontaines.fr

Chambre double à partir de 90 €. Petit déjeuner inclus. Lit supplémentaire : 25 €. Table d'hôtes : à partir de 30 €.

Cette ancienne dépendance de l'abbaye du village des Préaux promet un séjour synonyme de détente et de confort. Dans son écrin de verdure, à l'orée des bois, le domaine est un véritable havre de paix, idéal pour se retrouver en famille ou entre amis. Les amoureux de vieilles pierres seront comblés à la découverte de cette superbe propriété, magnifiquement entretenue par Sandrine et François. Les 5 chambres entièrement rénovées sont confortables et agréablement décorées, dont 2 suites. Chacune dispose de la télévision, d'une salle de bain et de w.c. indépendants.

BELLE-ISLE SUR RISLE**** €€€

112, route de Rouen
✆ 02 32 56 96 22
www.bellile.com

Fermeture annuelle de fin novembre à mi-mars. 28 chambres de 135 € à 464 €. Hammam, bain bouillonnant, sauna. Massages.

Une adresse de charme, dans un ancien manoir normand du XIXe siècle construite sur une île de la Risle. Ici, votre séjour sera sous le signe de la détente avec deux piscines, un spa, une salle de fitness et un service de massages. Côté restaurant, le chef Armand Malandain vous propose autant de produits de la terre que de la mer, accompagnés de vins soigneusement choisis. Notons que les végétariens et les enfants ne sont pas oubliés avec des menus spécifiques. Un hôtel à taille humaine pour les amateurs de raffinement à l'ancienne !

LA GARGOUILLE €

8, rue de la République
✆ 02 32 42 52 85

Ouvert tous les jours de 12h à 14h ; du lundi au samedi de 19h à 21h. Carte : 15 € environ.

Installée dans une authentique demeure adossée à l'église Saint-Ouen, cette charmante crêperie vous propose un vaste choix de plats, de la galette à la pizza, en passant par les feuilletés (la spécialité de la maison). Entre la galette normande et le feuilleté à l'andouille, avec sa pâte maison légère et croustillante, vous pourrez également goûter à la salade au chèvre chaud. Le restaurant utilise une majorité de produits locaux et les galettes sont sans gluten. Futé : la terrasse chauffée s'avère particulièrement agréable à la mi-saison !

PÂTISSERIE-CHOCOLATERIE OLIVIER DESCHAMPS

80, rue de la République ✆ 02 32 41 09 81
www.chocolatier-deschamps.fr

Ouvert le lundi et du jeudi au samedi de 8h30 à 13h et de 14h30 à 19h, mercredi de 8h30 à 19h, dimanche de 8h30 à 13h.

L'adresse déplace les gourmands ! Le pâtissier-chocolatier-macaronier Olivier Deschamps propose de délicieuses douceurs à l'image du fameux mirliton, spécialité locale créée par Guillaume Tirel, dit Taillevent, cuisinier des rois de France Charles V et Charles VI, et auteur du premier livre de cuisine en français, en 1340, *Le Viandier*. Le mirliton se présente sous forme d'une pâte à cigarette garnie de mousse pralinée et close par du chocolat noir aux deux extrémités. Délicieux !

MARCHÉ

Rue de la République

Le lundi (diversifié) et le vendredi (alimentaire) matin jusqu'à 13h.

Toutes les semaines, deux marchés viennent s'installer en plein centre-ville de Pont-Audemer. Le marché qui se tient le lundi matin est le plus complet puisque l'on y trouve non seulement des produits alimentaires, mais aussi des vêtements, des produits de beauté et des jouets. Quant à celui du vendredi matin, il se consacre entièrement à l'alimentaire ! Peu importe le jour choisi, vous pourrez y acheter tout ce qui fait la richesse du patrimoine culinaire normand : du fromage, bien sûr, mais aussi du beurre et le fameux Pommeau de Normandie, né ici.

La Risle traverse la ville de Pont-Audemer.

AIZIER

Petit village charmant en bord de Seine d'à peine 150 âmes pour une escale tout à fait paisible. Situé sur la route des Chaumières, il possède des monuments et vestiges qui confirment la présence d'un riche passé historique. Voir notamment l'église Saint-Pierre, édifiée au XIIe siècle et bâtie en pierre de Caen. Mais aussi la maladrerie Saint-Thomas-Becket, récemment restaurée, et perchée sur une colline boisée. Le sentier de Grande Randonnée 23 allant de La Bouille à Tancarville traverse le village. On pourra aussi arpenter le chemin de randonnée des sources bleues, d'une longueur de 7,2 kilomètres.

CHAPELLE SAINT-THOMAS ★

Chemin de Saint-Thomas
✆ 02 32 13 53 69
Ouvert toute l'année. Accès et visite libres. Visite guidée pour les groupes sur réservation. Parking gratuit.

© VINCENT GUERRIER

Dans les bois surplombant la Seine, sur les hauteurs du village, vous pourrez découvrir les ruines de la chapelle Saint-Thomas, édifiée en 1180. Sorti de l'oubli en 1960 et fouillé de 1998 à 2010 par des archéologues et des bénévoles, ce lieu de culte roman a été bâti par les moines de l'abbaye de Fécamp. Particulièrement bien fait et entretenu, un sentier d'interprétation ludique permet de découvrir l'histoire de la léproserie médiévale d'Aizier. Entre 1180 et 1530, ce site a en effet accueilli de nombreux lépreux. La chapelle est dédiée à saint Thomas Becket.

SAINTE-OPPORTUNE-LA-MARE

Le village fut édifié au IXe siècle, autour de l'église Sainte-Opportune. La Grande Mare, avec ses 50 hectares d'étangs, constitue aujourd'hui la partie la plus marécageuse du Marais Vernier. Sainte-Opportune-la-Mare compte quelque 500 habitants et se revendique capitale de la pomme, ce fruit miraculeux dont on cultive 250 variétés différentes en Normandie. Tous les premiers dimanches d'octobre, la Fête de la Pomme donne le coup d'envoi des marchés aux pommes qui rythment la vie du bourg. Rendez-vous tous les premiers dimanches des mois d'octobre à avril. Au programme, des dégustations et une large diversité de fruits à acheter. A découvrir !

MUSÉE DE LA POMME

Place de l'Eglise
✆ 02 32 20 27 11
Horaires selon la saison.

Pour tout savoir sur ce fruit rond et charnu, l'un des emblèmes de la Normandie, le musée de la pomme est un incontournable de la région. Au sein d'un ancien presbytère au toit de chaume daté de 1710, l'exposition aborde plusieurs thèmes comme la patrimoine génétique du fruit, le greffage du pommier, l'importance des abeilles pour la fertilisation de l'arbre, et bien sûr le pressage, la distillation et la fabrication du cidre. On y apprend par exemple que les Normands consommaient à la fin du XIXe siècle plus de 3 litres de calvados par personne, et par an !

OBSERVATOIRE DE LA GRAND'MARE

Route de la Grand'Mare
Accès libre. Zone de pique-nique.

Vaste réserve de chasse et de faune sauvage de 147 ha, dont 40 ha d'eau, la Grand'Mare accueille de nombreux oiseaux que la tour-observatoire permet d'admirer. Sarcelles d'hiver, canards souchets, foulques, oies sauvages, busards des roseaux, grèbes huppés, grands cormorans, hérons cendrés... L'entrée est gratuite et des tables de pique-nique sont disposées au pied de l'observatoire. Pour une halte contemplative au Marais Vernier, sur la Route des Chaumières !

QUILLEBEUF-SUR-SEINE

Situé sur la dernière boucle de la Seine, le village de Quillebeuf-sur-Seine dévoile un riche patrimoine historique et culturel. Ancien fief des pilotes de Seine, il abrite une multitude de sites d'intérêt. Perdez-vous dans ses ruelles pleines de charme et découvrez, au hasard de vos pérégrinations, la maison Henri IV, le phare du XIXe siècle ou encore l'église Notre-Dame-de-Bon-Port, superbe exemple d'architecture romane normande. Vous y découvrirez toute une collection de maquettes de bateaux et de graffitis marins. Un village résolument tourné vers la Seine et encore très attaché à son histoire, parfait pour une pause culture et détente !

MARAIS-VERNIER

Le Marais Vernier est une plaine marécageuse semi-circulaire de 45 km², dont un édit royal d'Henri IV ordonna l'assèchement en 1599. Jusqu'en 1850, le marais occupait 2 500 hectares lorsque la Seine couvrait encore la moitié du territoire. Aujourd'hui, ce vaste amphithéâtre naturel est bordé au nord par la Seine et au sud par les pentes boisées qui terminent le plateau du Roumois, et s'affirme comme une microrégion exceptionnelle au patrimoine unique. Classé d'intérêt écologique international, le Marais Vernier intègre une réserve de faune sauvage avec de nombreux oiseaux sédentaires et migrateurs, mais également une flore hors norme.

© VINCENT GUERRIER

Quillebeuf-sur Seine.

ÉGLISE NOTRE-DAME DE BONPORT ✝ ★

1, rue de l'Eglise

✆ 02 32 41 08 21

Accès libre de 9h à 17h. Pour visiter, demander la clé à la mairie en semaine ou à l'épicerie le week-end. Gratuit.

La belle église de Quillebeuf mérite impérativement le détour ! D'abord parce qu'elle arbore une intéressante architecture du XIIe siècle avec sa façade à décor géométrique, et ensuite parce qu'elle abrite l'une des plus belles tours lanternes de Normandie. Vous y découvrirez aussi une superbe nef percée de meurtrières et de multiples maquettes de bateaux et graffitis de marins, le site étant dédié aux mariniers de la Seine... Une visite incontournable !

LES CIGOGNES €€

211 bis, chemin du Roy

✆ 02 32 42 88 92

www.211bis.fr

Chambre double à partir de 75 €. Pod, logement insolite avec bain bouillonnant privatif, à partir de 99 €.

Isabelle et Christian vous proposent 4 chambres d'hôtes dans des chaumières, dont un logement insolite, le POD avec bain bouillonnant privatif, une cabane lovée au cœur du verger. Sur place, profitez de la location de vélos et VAE pour vos excursions avec les enfants, d'un spa, de randonnées, de plateaux du terroir, mais aussi de l'observation de la riche faune et flore de ce site préservé sans oublier le *farniente* (modelage, massage). Le jardin est doté d'un espace bien-être avec sauna et bain bouillonnant extérieur chauffé, été comme hiver, en forme de tonneau.

AU FIL DU MANOIR €€

154, La Cour

✆ 06 46 84 28 20

www.aufildumanoir.fr/

3 chambres de 65 € à 90 €. Petit déjeuner inclus. Emplacement camping-car : 5 € / nuit.

Cette maison d'hôtes vous accueillera dans une très belle bâtisse ancienne toute en colombages également connue au Marais Vernier sous le nom du « vieux Château de la cour », cité en 1541 comme ayant été uni à la famille Longchamp faisant partie de la couronne d'Angleterre. Avec sa superbe cheminée et ses trois jolies chambres, vous passerez là un week-end très reposant et bucolique. Le petit déjeuner est servi dans une pièce lumineuse éclairée par de grandes fenêtres donnant sur le jardin classé au patrimoine naturel et culturel sur la route des chaumières.

MARAIS VERNIER ★★

Entre Quillebeuf et la pointe de la Roque.
✆ 02 35 37 23 16
www.pnr-seine-normande.com/
Accès libre et gratuit. Visite guidée (avec la maison du Parc naturel régional des Boucles de la Seine Normande).

Le Marais-Vernier est le nom d'un village, mais aussi celui d'une zone naturelle protégée de 4 500 hectares située au cœur du marais Vernier-Risle maritime (9 500 hectares), elle-même située au sein du Parc naturel régional des Boucles de la Seine normande. Ce vaste espace situé entre la Seine et les versants boisés, reconnu zone humide d'importance internationale depuis le 18 décembre 2015 par la convention Ramsar, accueille le plus important gisement de tourbe de toute la France et constitue l'une des plus grandes zones humides de la vallée de Seine.

Une unité paysagère spécifique. Pour situer l'importance d'un tel site, il faut savoir que même si les tourbières ne couvrent que 3 % de la surface terrestre, elles stockent deux fois plus de carbone que les forêts, pourtant présentes sur 30 % du globe. L'organisation parcellaire du marais Vernier est unique et contribue directement à la réduction des effets du réchauffement climatique. Les coteaux pentus et largement boisés isolent physiquement le site du plateau du Roumois. Ce véritable amphithéâtre naturel au paysage très typé fait de marais, roselières, prairies humides, mares, innombrables canaux, étangs et bocages, accueille une incroyable biodiversité. Il s'agit d'un couloir de migration pour de nombreux oiseaux, où l'on peut voir passer des cigognes, des balbuzards, des faucons ou encore des hérons cendrés. En empruntant à pied le chemin de découverte du marais, vous pourrez faire une halte à la Grand'Mare pour les observer. Vous verrez aussi de majestueux chevaux camarguais et des vaches écossaises aux poils longs lors de vos pérégrinations. A certains endroits, vos bottes peuvent s'enfoncer dans la tourbe noire mais qu'importe, la découverte vaut bien quelques efforts.

La plus grande tourbière de France forme un milieu naturel exceptionnel. Pour le découvrir, un circuit pédestre de 5,4 kilomètres, ouvert d'avril à septembre, vous emmène à la découverte de la flore et de la faune, mais aussi de la digue des Hollandais, des chaumières dont les toits se couvrent d'iris, des « courtils » (bandes de terres agricoles longues de plusieurs kilomètres pour seulement quelques dizaines de mètres de large)... Riche d'un patrimoine naturel remarquable avec ses arbres têtards, ses haies de houx, ses roseaux, ses plantes carnivores et ses espèces protégées, le paysage contraste fortement avec le contexte industriel de la rive droite de la Seine.

Conseils à suivre ! N'oubliez pas vos bottes et vos jumelles pour profiter pleinement de ce site naturel unique en Normandie.

GÎTE DE L'ÂNERIE €€

54, Le Clairval ✆ 06 73 30 50 39
gitedelanerie.fr
Pour 7 personnes (90 m², 3 chambres). Week-end (2 nuits) : à partir de 300 €.

Véritable havre de paix conçu pour se déconnecter et passer un moment zen, à découvrir en famille ou entre amis. Au cœur du Marais Vernier, L'Anerie accueille ses hôtes dans un décor lumineux et épuré avec la nature à perte de vue. Cette belle maison du XVIIIe siècle, confortable et traditionnelle, a été restaurée avec des matériaux locaux et écologiques en accord avec son environnement, alliant esprit contemporain et objets anciens.

Découvrir le Marais Vernier autrement : les 3 ânes du gîte se prêtent bien volontiers à des balades (et aux câlins sans modération).

AUX RIVES DE HONFLEUR €€€

5 bis, rue du Port - **BERVILLE-SUR-MER**
✆ 06 63 56 97 81 - www.auxrivesdehonfleur.com
4 chambres. Chambre double à partir de 130 € ; chambre triple à partir de 150 €. Petit déjeuner inclus.

Très belles prestations pour ces quatre chambres d'hôtes où le choix se fera entre la chambre Figuier et ses teintes épurées, en rez-de-jardin, la chambre Prunier avec sa belle terrasse privative, la chambre Cerisier avec sa vue sur le jardin et sa salle de bains pourvue d'une baignoire, et enfin la chambre Pavillon, exposée plein sud et située au fond du jardin, garant de votre bien-être et offrant une sérénité optimale. Le petit déjeuner est servi tous les matins dans la salle à manger, dans le confort de votre chambre ou dans le jardin, par beau temps.

AUBERGE DE L'ÉTAMPAGE €€

82, quartier de l'Eglise
✆ 02 32 57 61 51
Du mardi au samedi de 12h à 13h30 et de 19h15 à 21h ; le dimanche de 12h à 14h. Ouvert tlj de juin à août. Carte : 35 €.

En plein cœur du Marais Vernier, en face de l'église, l'Auberge de l'Etampage offre un cadre bucolique magnifique et une cuisine maison qui fleure bon les déjeuners du dimanche chez grand-mère. La carte met à l'honneur les traditions normandes avec, en bonus, les saveurs typiques du Sud. Elle évolue au fil de l'année afin de proposer des produits de saison. De la cuisson minute aux petits plats mijotés, tout est fait maison avec des produits frais. En cas d'affluence, le service pourra être un peu long. Ce sera l'occasion de prendre le temps de vous détendre !

VALLÉE DE LA RISLE

PARCOURS GPX

LIEUX	Km total	Km à faire	Routes
BEC-HELLOUIN (ABBAYE)	0	26,3	voie verte
BOSROBERT	5,2	21,1	voie verte
CALLEVILLE	11,4	14,9	voie verte
SAINT-OPPORTUNE-DU-BOSC	20,2	6,1	voie verte
LE NEUBOURG	26,3	0	voie verte

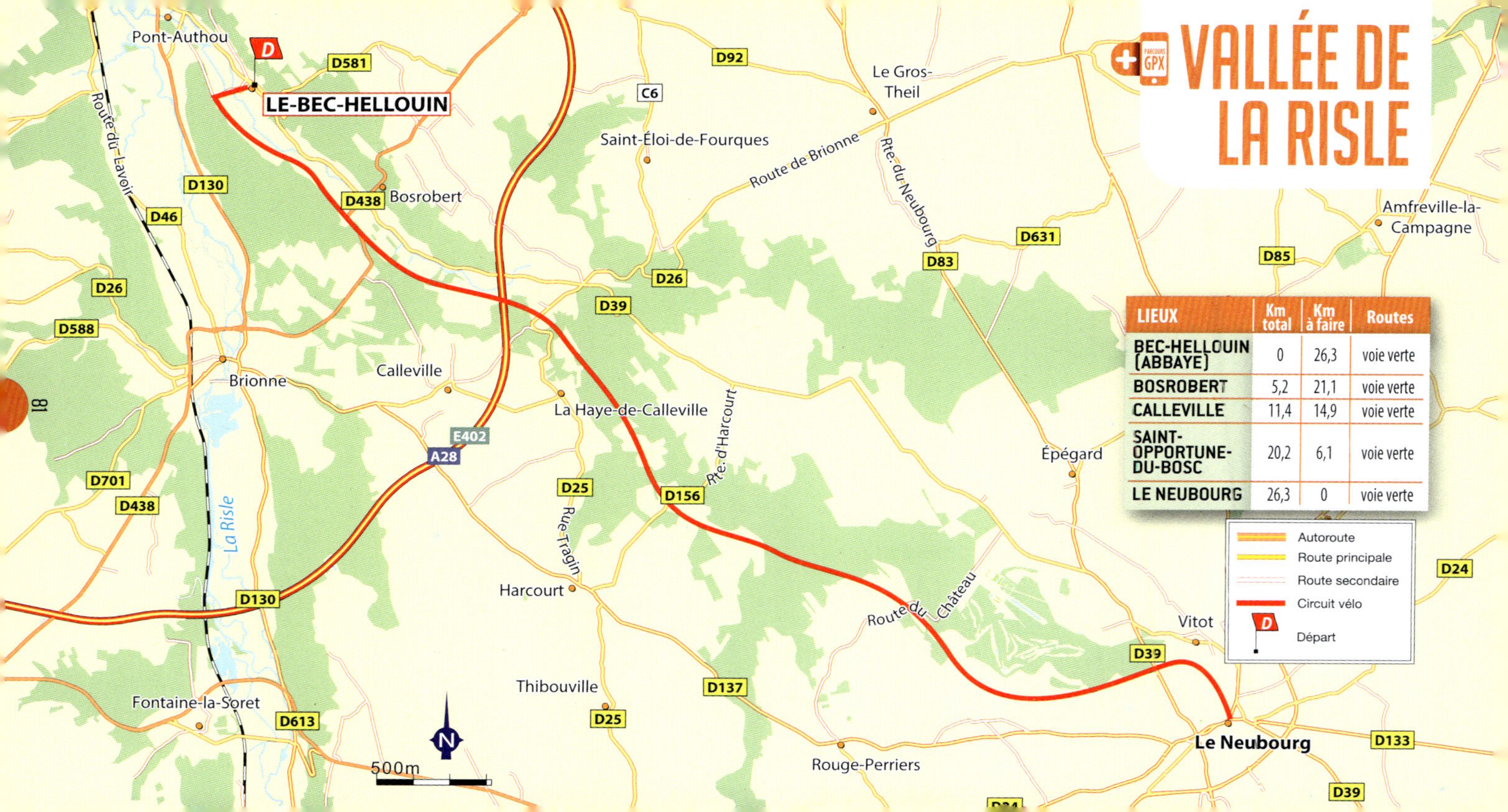

LE BEC-HELLOUIN ★★★

Écrin de verdure déposé entre deux longues phalanges forestières, le petit bourg du Bec-Hellouin a été classé en 2006 parmi les plus beaux villages de France, et il le mérite largement ! Bien entendu, la présence de l'abbaye Notre-Dame-du-Bec, haut lieu de spiritualité, dont la haute tour carrée à l'architecture unique qui domine la vallée du Bec, ajoute à ses attraits. Sa situation privilégiée au cœur du bocage normand et ses vieilles maisons à colombages en font une destination touristique prisée, d'autant que le village abrite quelques boutiques indépendantes. À admirer également, la prouesse technique du viaduc de l'A28 qui enjambe la vallée !

FERME DU BEC-HELLOUIN ★

1, sente du Moulin-au-Cat
✆ 02 32 44 50 57
www.fermedubec.com
Boutique fermée. Visite lors des journées de formation.

La ferme biologique du Bec-Hellouin est sans conteste une ferme modèle, où s'invente l'agriculture de demain, et un choix de vie cohérent. Charles, après 22 ans d'expéditions autour de la planète, a posé ses valises en 2004, acheté cette ferme du Bec et créé avec sa femme Perrine, juriste internationale de formation, une exploitation agricole biologique, où croissent et fructifient près de 800 espèces. Depuis 2021, la ferme ne propose plus de visites en dehors de ses journées portes ouvertes, cela afin de se concentrer sur ses travaux de recherches.

MONASTÈRE SAINTE-FRANÇOISE ROMAINE ✝

9, route de Rouen
✆ 02 32 44 81 18
www.monasteresaintefrancoise.com
Les visites du monastère sont possibles, ainsi que la participation aux offices.

Le monastère Sainte-Françoise Romaine se tient en pleine campagne, à 2 kilomètres de la majestueuse abbaye du Bec-Hellouin. Vingt-cinq sœurs bénédictines olivétaines de tous âges, dont la vie est partagée entre des temps de prière et de travail (principalement de fabrication artisanale de bougies), vivent aujourd'hui dans ce monastère. Cette communauté moniale-oblate partage la même louange avec les moines de l'abbaye Notre-Dame du Bec les dimanches et jours de fête.

LA CRÊPE DANS LE BEC €€

2, place de l'Abbé-Herluin
✆ 02 32 47 24 46
http://lacrepedanslebec.fr/
Ouvert du jeudi au mardi de 12h à 13h30 et de 19h à 20h30. Galettes de 7,50 € à 15,90 €. Crêpes de 6,90 € à 7,40 €

Située au pied de l'abbaye, La Crêpe dans le Bec propose à sa clientèle des produits frais et bien travaillés, qui ravissent à la fois nos papilles et notre porte-monnaie. L'hiver, venez déguster une crêpe au coin du feu tout en admirant l'abbaye sous un jour rendu différent par les couleurs de la nuit. Toutes les conditions sont réunies pour passer un moment agréable dans un endroit à l'image des propriétaires : convivial et chaleureux ! Conseil futé : pendant l'été, n'oubliez pas de réserver à l'avance. Victime de son succès, le restaurant est souvent plein.

L'ANTRE DE CLOCHES

1, rue Lanfranc
✆ 06 16 51 63 07
Ouvert du mercredi au dimanche de 9h à 12h30 et de 14h à 18h. Carte : 20 € env. Terrasse. Boutique.

À deux pas de l'abbaye du Bec-Hellouin, ce charmant salon de thé et sa boutique proposent à leurs visiteurs un large choix de produits artisanaux, comme les chocolats Patrice Chapon, des tisanes bio, des sucreries locales, des bouillottes fabriquées à la main et des biscuits d'antan. La boutique est aussi spécialisée en cafés du monde et en chocolats chauds maison, à déguster soit sur place après la visite de l'abbaye par exemple, soit à emporter pour ramener un souvenir du Bec-Hellouin. Une boutique indépendante parfaite pour (se) faire plaisir !

LA MAISON D'HELLOUIN

2, rue du quartier burcy
✆ 09 66 88 13 49
www.lamaisondhellouin.com
Ouvert le lundi et le mardi de 14h à 18h ; du mercredi au dimanche de 14h à 19h.

Plus qu'une simple épicerie du terroir, plus qu'une simple galerie et bien plus encore qu'un magasin de décoration, la Maison d'Hellouin est un lieu de vie à part entière, où l'on se plaît à flâner entre tableaux impressionnistes, savons artisanaux, cidres fermiers et meubles de caractère. Installée à deux pas de la célèbre abbaye, la boutique ne ressemble à aucune autre. Vous y trouverez différentes sortes de miels et de cidres de Normandie, des objets décoratifs en céramique, des œuvres d'artistes locaux ou encore des parfums d'ambiance pour la maison.

ABBAYE DU BEC-HELLOUIN ✝ ★★★

3, place de l'Abbé-Herluin ✆ 02 32 43 72 60
www.bec-hellouin.fr

Participation aux frais d'hébergement à convenir lors de votre réservation selon vos possibilités.

Installée dans un paysage bucolique, Notre-Dame-du-Bec est résolument l'une des plus belles abbayes de Normandie. L'arrivée sur le site, avec la haute tour-clocher Saint-Nicolas du XVe siècle dominant la vallée du Bec, est magnifique.

C'est en 1034 que l'abbaye fut fondée, selon la règle de saint Benoît, par le bienheureux Herluin, chevalier du comte de Brionne. En 1045, le monastère connut son apogée avec Lanfranc de Pavie qui créa l'école du Bec, et Anselme, jeune étudiant d'Aoste, penseur religieux le plus influent de son siècle et conseiller de Guillaume le Conquérant. La croissance de l'abbaye fut telle qu'on envisagea, vers 1060, son déplacement au lieu qu'elle occupe aujourd'hui ainsi que la construction d'un nouveau monastère. En 1077, une nouvelle église fut également consacrée par Lanfranc qui, sept ans auparavant, devint archevêque de Cantorbéry et entreprit la réforme de l'église anglo-saxonne. Le travail du cuir et des étoffes est attesté dès cette époque, quand Roger de Beaumont accorda la franchise de tout ce qui était nécessaire aux religieux de l'abbaye du Bec pour leurs chaussures et leurs vêtements, fabriqués à Pont-Audemer. Au XIIe siècle, l'école du Bec ne cesse de grandir. Robert de Thorigny, futur abbé du Mont-Saint-Michel, en est le prieur. L'abbaye fut ruinée à la Révolution, mais renaît de ses cendres, en 1948, avec l'arrivée des moines de Mont-Olivet, venus des communautés de Mesnil-Saint-Loup et de Cormeilles-en-Parisis. La même année, l'association des amis de Belloc se crée pour contribuer à la restauration de l'abbaye qui a retrouvé ainsi une belle part de son rayonnement international.

L'abbaye est ouverte au public tous les jours sauf le mardi, à l'exception du parc et de l'église abbatiale qui sont ouverts quotidiennement. Parce qu'elle est encore en activité, elle se découvre uniquement à heure fixe dans le cadre d'une visite guidée, afin de ne pas perturber le recueillement des moines. La visite, qui dure entre 45 et 60 minutes, permet de découvrir les bâtiments conventuels, le logis de l'abbé, le cloître qui date du XVIIe siècle, tout comme la salle capitulaire… La bibliothèque des moines, dont les bâtiments d'origine et une grande partie des manuscrits d'époque ont disparu pendant la Révolution, est elle aussi ouverte au public. La salle de lecture est propice à la découverte des volumes (près de 100 000 ouvrages !) qu'elle renferme.

Si l'idée de faire une retraite à Notre-Dame-du-Bec vous tente, sachez que l'hôtellerie des frères est ouverte à tous ceux qui désirent prier, réfléchir, reprendre souffle, trouver écoute et dialogue, faire une pause en paix. C'est la tradition dans tous les monastères bénédictins, où la règle est d'accueillir chacun comme on accueillerait le Christ. Pour les intéressés, l'abbaye comprend une maison d'hôte, ouverte toute l'année sauf en janvier. Elle reçoit aussi bien des personnes seules que des groupes, familles, amis, jeunes, couples, etc. Elle comprend deux étages avec salle à manger, bibliothèque, oratoire, deux salles d'eau non mixtes et des chambres individuelles ou doubles. Les hôtes peuvent partager la prière communautaire et demander un accompagnement spirituel auprès d'un frère s'ils le souhaitent. Le travail manuel est pratiqué en silence afin de mieux parvenir à une prière continuelle. Les retraitants peuvent opter pour ses séjours plus ou moins longs ; contactez maisondeshotes@abbayedubec.org pour en savoir plus.

Aujourd'hui, les moines consacrent l'essentiel de leur temps à la prière et au travail. Le labeur manuel, pratiqué dans un silence religieux, est l'une des valeurs fondamentales de la vie bénédictine. Parmi les activités manuelles pratiquées par les moines, la production de faïences artisanales, mise en place depuis le retour de la communauté en 1946, est sans aucun doute la plus importante. Dans leurs ateliers créés en 1957, les moines se chargent de toutes les étapes du processus de fabrication, de la création des moules au coulage des pièces en passant par les différentes cuissons, l'émaillage et le décor des faïences. Ensuite, les pièces produites sont vendues dans le magasin aux côtés de produits artisanaux confectionnés par d'autres communautés monastiques de la région (bougies, conserves, vin, huiles essentielles, etc.). Le reste de la journée au monastère est rythmé par la vie en communauté et les tâches liées à l'entretien et au bon fonctionnement du monastère : cuisine, ménage, raccommodage, jardinage, repassage, bricolage… La lecture, également, est une activité courante au sein du monastère.

Sur le plan spirituel, les frères de l'abbaye sont également très engagés dans le dialogue œcuménique et interreligieux. Des relations soutenues avec des chrétiens orthodoxes ont été développées dans un partage spirituel. Des démarches ont été entreprises avec l'Eglise anglicane par des rencontres pour approfondir les connaissances mutuelles et les traditions spirituelles. Les quatre derniers archevêques sont ainsi venus séjourner à l'abbaye du Bec. Avec des réformés de la région normande, un travail commun d'études bibliques et de réflexion sur des problèmes pastoraux, comme celui des foyers mixtes, ainsi que les rencontres dans le cadre du renouveau charismatique ont permis un approfondissement de relations fraternelles. Plus récemment, l'abbaye du Bec a décidé de s'ouvrir au dialogue interreligieux monastique en invitant des moines et des moniales bouddhistes pour des temps d'échange et de rencontre.

CALLEVILLE

Située à l'ouest de la campagne du Neubourg, la commune, très ancienne (on retrouve des traces de son existence dès 1216), se caractérise par de grandes étendues cultivées. Quelques éléments notables lors de votre visite : l'église Sainte-Clothilde, fondée par les seigneurs d'Harcourt au XIe siècle, l'ancienne gare de la ligne reliant Evreux à Honfleur (les lignes de chemin de fer ont été transformées en voie verte) ainsi qu'un joli lavoir. Aux alentours du village, on pourra se rendre dans les bois de la côte du Buhot, constituée d'une pinède, d'une hêtraie et d'une clairière.

LE NEUBOURG

Neubourg était une place forte du duché normand au Moyen Âge. La forteresse, autrefois château fort, vit de nombreux ducs et rois y séjourner et subit les conséquences de la guerre de Cent Ans. Aujourd'hui nommé vieux château, l'édifice compte peu de vestiges de sa construction au XIIe siècle par Roger de Beaumont. La commune est aujourd'hui le centre d'un riche plateau agricole, ce dont témoigne bien l'activité de son marché hebdomadaire. À découvrir aux alentours : le château du Champ de Bataille, la voie verte reliant Évreux au Bec-Hellouin, et la floraison des champs de lin, dont la culture a été relancée avec succès ces dernières années.

LE CLOS DE LA RISLE €€

2, chemin du Clos-Philippot
✆ 02 32 45 91 90
https://insolite-normandie.com
Gîte et roulotte : à partir de 200 € le WE et 600 € la semaine. Jacuzzi. Piscine couverte et chauffée.

Si vous rêvez de vacances atypiques, n'hésitez plus et optez pour cet hébergement insolite pour vivre la vie de bohème ! À l'ombre des pommiers, au cœur de la forêt, vous découvrirez deux roulottes pouvant accueillir jusqu'à 5 personnes. Elles disposent de tout le confort nécessaire. Les propriétaires proposent également un gîte dans une longère du XVIIIe siècle. Le site dispose par ailleurs d'une piscine couverte, d'un spa, d'une épicerie fine avec des produits du terroir (miel, cidre, pommeau...). Bref, tout pour passer un bon séjour !

GÎTE DU GOUBELIN €€

2, chemin du Clos-Philippot
✆ 02 32 45 91 90
gite-goubelin.com
Ouvert toute l'année. A partir de 200 €/nuit.

Envie d'évasion ? Parmi les nombreux hébergements insolites en Normandie, la maison troglodyte du Goubelin fait bonne figure ! Au sein d'un cadre champêtre, cette demeure atypique et spacieuse, à la décoration authentique, peut accueillir jusqu'à 8 personnes. Dès l'entrée, elle détonne avec sa porte ronde en bois qui s'ouvre à l'aide d'une grande clé. La table de ferme, le pommier central qui soutient la charpente, ou encore la superbe douche directement taillée dans la roche lui confèrent une atmosphère inimitable. Charmant !

JARDINS DU CHÂTEAU DU CHAMP DE BATAILLE

8, route du Château ✆ 02 32 34 84 34
www.chateauduchampdebataille.com
Jardins ouverts d'avril à octobre tlj 14h-18h ; Château : 14h-18h : samedi, dimanche et jours fériés. Tlj juillet & août.

Tirant son nom d'un affrontement qui eut lieu en 935 entre les armées du comte de Cotentin et celles de Guillaume Longue-Épée, le site vit la construction en 1651 de la résidence du comte de Créqui. Ce palais a été racheté et rénové dans les années 1990. Un chantier titanesque et un résultat versaillais ! En quelques années, il ressuscite Champ de Bataille et ses splendeurs princières, livrant un enchaînement de salons, de galeries, de bibliothèques et de salles richement décorés.

LE MOULIN AMOUR

Route du Moulin - **SAINT-OUEN-DE-PONTCHEUIL**
✆ 02 35 77 54 44
www.moulinamour.com
Dimanche et jours fériés de 14h30 à 18h30. En semaine sur réservation. Gratuit jusqu'à 16 ans. Adulte : 4 €. TR : 2 €.

Situé entre Le Neubourg et Elbeuf, le Moulin Amour est l'un des monuments historiques les plus importants et les plus anciens de la région puisqu'il était déjà mentionné au XVe siècle. En fonction jusqu'au début de la Première Guerre mondiale, il fut ensuite réhabilité et fonctionne à nouveau depuis 1993. Il est d'ailleurs aujourd'hui l'unique moulin à eau du genre encore en usage dans tout le département. Si vous avez envie de goûter à une farine traditionnelle et authentique et que vous passez dans le coin, arrêtez-vous ici pour en acheter un ou deux kilos !

Château du Champ de Bataille - Le Neubourg.

OFFICE DE TOURISME DU PAYS DU NEUBOURG

Place du Maréchal-Leclerc
✆ 02 32 35 40 57
www.tourisme.paysduneubourg.fr/
Horaires selon la saison.

Vous trouverez dans cet office de tourisme tout ce que vous devez savoir sur les 41 communes de la région, y compris les visites incontournables et les événements programmés, les hôtels et les restaurants. Le site internet récent est particulièrement bien fait. Il vous apportera en effet de nombreuses informations supplémentaires sur les communes environnantes, les manifestations, les expositions et les randonnées de la région. Un accès WiFi 24h/24 gratuit est disponible sur place.

GÎT'ÂNE ÉVASION €€

16, rue Valcrocq - **LE BEC-THOMAS**
✆ 02 32 35 25 53
www.git-ane-evasion.com
2 chambres (et 1 gîte). Chambre double de 65 € à 70 €. Petit-déjeuner inclus. Gîte (5 pers) : 295 € à 395 € la semaine.

Bienvenue dans la vallée de l'Oison ! Gît'Âne Evasion est l'endroit rêvé pour se détendre en famille en pleine nature. Vous pourrez profiter du jardin, découvrir la mini-ferme et faire une promenade en attelage ou une balade avec les ânes bâtés... Plus futé : vos hôtes mettent à disposition une cuisine équipée. Le petit-déjeuner servi dans la salle à manger de la famille est très copieux. N'hésitez pas à goûter aux excellentes confitures maison ! Git'âne Évasion dispose également d'un gîte pouvant accueillir jusqu'à 5 personnes. Idéal pour un week-end familial.

LE MANOIR DES CHEVAUX DORÉS €€

35, avenue de la Libération
✆ 07 57 43 51 13
www.lemanoirdeschevauxdores.fr
9 chambres. Chambre double de 95 € à 145 €. Petit déjeuner : 12 €. Parking inclus. Wifi gratuit.

Offrez-vous un véritable voyage des sens en séjournant au Manoir des Chevaux Dorés. Chacune des neuf chambres de l'établissement possède sa propre identité. Mais que choisirez-vous parmi l'atmosphère country-rock de la chambre June, l'ambiance royale de la chambre Antoinette ou encore les couleurs chaudes et ensoleillées de la chambre Frida ? Installée dans un ancien manoir datant du XVIIe siècle, cette maison d'hôtes récemment rénovée allie calme, tradition, confort et authenticité !

LES OLIVIERS €€

6, rue Henri Dunant
✆ 02 32 33 77 01
http://pizzerialesoliviers.fr
Du lundi au vendredi 12h à 13h30 ; du dimanche au mardi, le jeudi et le vendredi 19h à 20h30. Pizzas à partir de 7,90 €.

Pour goûter à des pizzas généreuses en goût et en garniture, direction Les Oliviers, un restaurant-pizzeria installé dans le centre du Neubourg. Dans un cadre des plus charmants, goûtez aux pizzas entièrement faites maison, de la plus classique à la plus insolite, telle que la Del Mare, à base de fruits de mer, de noix de Saint-Jacques et de gambas. L'établissement propose également un bon choix de salades et, plus original, des pizzas desserts spécialement imaginées pour les gourmands. Avec un tel rapport qualité-prix, on ne peut que valider !

LE PAYS DE LYONS

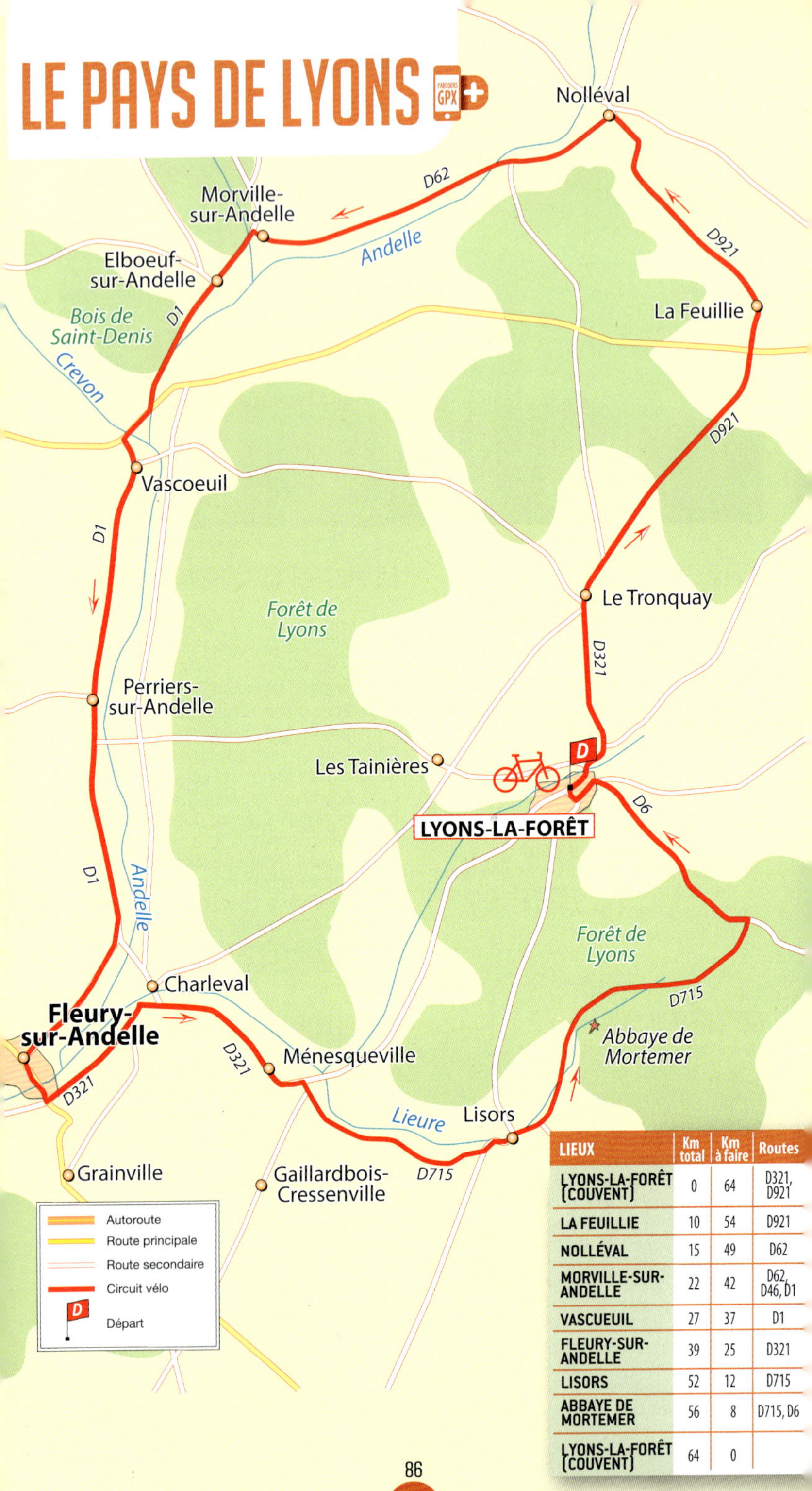

LIEUX	Km total	Km à faire	Routes
LYONS-LA-FORÊT (COUVENT)	0	64	D321, D921
LA FEUILLIE	10	54	D921
NOLLÉVAL	15	49	D62
MORVILLE-SUR-ANDELLE	22	42	D62, D46, D1
VASCUEUIL	27	37	D1
FLEURY-SUR-ANDELLE	39	25	D321
LISORS	52	12	D715
ABBAYE DE MORTEMER	56	8	D715, D6
LYONS-LA-FORÊT (COUVENT)	64	0	

LYONS-LA-FORÊT ★★

Petit bourg de 800 habitants, niché au cœur d'une des plus belles hêtraies d'Europe (10 000 hectares), Lyons est l'une des plus séduisantes destinations du département : la place principale et ses spectaculaires halles du XVIIIe siècle, ses maisons à colombages de la fin du XVIe siècle, celles en brique des XVIIe et XVIIIe siècles, ses petites rues tranquilles et fleuries justifient amplement son classement parmi les plus beaux villages de France. Particularité : sa forme circulaire reste l'un des derniers vestiges de l'enceinte du château d'Henri Ier Beauclerc, duc de Normandie et roi d'Angleterre, à qui l'on doit le développement du village. Centre administratif jusqu'au XVIIIe siècle, Lyons vit aujourd'hui essentiellement du tourisme. Illustration de l'architecture traditionnelle normande et médiévale, ses rues ont servi de décor de cinéma à plusieurs reprises, pour des adaptations du roman de Flaubert, *Madame Bovary* : en 1933 (Jean Renoir), en 1977 pour un téléfilm italien et en 1991 (Claude Chabrol). N'hésitez pas à visiter les cachots et la salle du tribunal dans l'hôtel de ville. Aux alentours, de nombreux sites exceptionnels sont à découvrir comme les abbayes de Mortemer et Notre-Dame de Fontaine-Guérard ou encore le château de Vascoeuil. C'est une escale typiquement normande qui vous attend ici, entre nature et culture. Les amateurs de randonnée pédestre et équestre y trouveront une multitude de sentiers, traversant de vastes clairières, une forêt sans fin, mais aussi des petits villages isolés et des plaines cultivées ponctuées de fermes.

Les Trois Moulins.

ABBAYE DE MORTEMER

Mortemer
LISORS
✆ 02 32 49 54 34
www.abbaye-de-mortemer.fr
Horaires selon saison. Gratuit : - de 6 ans. Adulte : 5 €. Visite guidée (+ 4 €).

Un air de mystère plane sur l'abbaye de Mortemer ! Niché au cœur de la forêt de Lyons, ce lieu hors du temps ne laisse personne indifférent. Au fil de votre balade, vous pourrez admirer les ruines de l'abbaye cistercienne du XIIe siècle, la plus grande en son temps, au sein d'un parc où se mêlent étangs et colombiers. Au sous-sol de l'édifice, le musée vous permet de découvrir les récits historiques et légendes de la Dame Blanche et de la fontaine des Célibataires. Poursuivez votre périple à pied le long des étangs et arrêtez-vous pêcher à la mouche !

ARBORETUM DE LYONS - JARDIN FORESTIER DES BORDINS

Route de Belle Face
✆ 02 32 49 31 65
www.paysdelyons.com
Ouvert toute l'année. Tous les jours et les jours fériés. Gratuit.

C'est au beau milieu de la hêtraie, à 5 km de Lyons-la-Forêt, que l'Arboretum a été aménagé sur près de 8 hectares, depuis plus de vingt ans maintenant. Visitez-le et offrez-vous un véritable tour du monde des arbres et des plantes ! Cette ancienne pépinière forestière reconvertie est constituée d'une centaine d'essences, classées en fonction des continents et des régions du monde : Amérique, Asie... Depuis peu, le site peut être découvert à travers différents parcours d'orientation.

CHÂTEAU DE FLEURY-LA-FORÊT ★

4, route de Lyons - **FLEURY-LA-FORÊT**
✆ 02 32 49 63 91
www.chateau-fleury-la-foret.com
Fermé du 1er octobre au 31 mars. Visites sur réservation. Visite privée : 24 €/pers ; 11 €/pers. pour les groupes.

Ce château en briques rouges, dont l'origine remonte au XVIe siècle, est classé Monument historique. Il existe différentes façons de le découvrir : soit en visite privée, soit en visite groupée, soit en séjournant dans l'une de ses chambres d'hôtes. Ce sera l'occasion de découvrir un salon grandiose, mais aussi une cuisine monumentale et le fameux musée de poupées anciennes entourées de leur mobilier. L'établissement accueille de nombreuses manifestations tout au long de l'année !

ABBAYE NOTRE-DAME DE FONTAINE-GUÉRARD ★★

CD 714
RADEPONT
✆ 06 86 08 04 67
www.abbayefontaineguerard.fr
Ouvert d'avril à septembre. Tarif plein : 6 €, tarif réduit : 4,50 €, tarif enfant : 3,50 €, gratuit : moins de 7 ans.

Au pied d'une source aux vertus guérisseuses, cette abbaye de femmes semble avoir été oubliée au fil du temps. Chef-d'œuvre du style gothique anglo-normand du XIIIe siècle où la rigueur cistercienne prend toute sa pureté, fondée en 1190, elle offre au visiteur un cellier troglodytique, les ruines de l'abbatiale, une salle capitulaire à trois nefs, une salle de travail, le dortoir des moniales et les jardins monastiques ponctués de sculptures évoquant les femmes qui y vécurent.

© JEAN-MICHEL PEERS

© OLIVIER MONPOINT

LA FORÊT DE LYONS ★★

✆ 02 32 49 31 65
www.lyons-andelle-tourisme.com
Ouvert toute l'année.

© PACK-SHOT - SHUTTERSTOCK.COM

On dit de la Forêt de Lyons que c'est un véritable chef-d'œuvre de la nature, l'une des plus vastes et des plus belles hêtraies de toute la région. Levez la tête et observez ces géants émerger de terre à souvent plus de 30 m de hauteur. Autour des frondaisons, plusieurs vestiges historiques viennent agrémenter la promenade, notamment les châteaux de Vascoeuil et de Fleury-la-Forêt, et l'incontournable abbaye de Mortemer. Le site internet de l'OT permet de télécharger des circuits, longs de 3 à 20 km, tels que le sentier du Four-à-Chaux ou la boucle du Gros Chêne.

LES HALLES ★

rue de l'Hôtel-de-Ville
✆ 02 32 49 31 65
www.lyons-andelle-tourisme.com/
Accès libre toute l'année. Gratuit. Restauration. Animations.

Véritable emblème de Lyons, on ne peut pas manquer les Halles, avec leurs piliers et leur charpente en bois, d'autant qu'elles trônent au milieu de la place, bordées de maisons anciennes en briques roses et à colombages. Construites au XVIIIe siècle, elles présentent un remarquable travail de charpente. Et si le lieu vous semble familier, c'est peut-être un souvenir de cinéma qui vous revient : Jean Renoir, en 1932, et Claude Chabrol, en 1990, y ont tous deux tourné des scènes de leurs adaptations de *Madame Bovary,* tant cette place a conservé son cachet ancien.

CHÂTEAU DE BONNEMARE €€

990, chemin de Bacqueville - **RADEPONT**
✆ 02 32 49 03 73
www.bonnemare.com

Gîtes de France (4 épis). 5 chambres. Chambre double de 130 € à 230 € ; suite à partir de 230 €. Petit déjeuner inclus.

Bienvenue au château ! Vous rêvez de devenir châtelain le temps d'un séjour ? Alors arrêtez-vous au château de Bonnemare, superbe monument du XVIe siècle, à la très belle architecture Renaissance, idéalement situé dans le triangle Vexin normand, vallée de l'Andelle et vallée de l'Eure. Le petit déjeuner est servi dans la cuisine du château au coin de sa cheminée monumentale. Quant aux 3 gîtes, l'un est l'ancienne boulangerie du château, le second, la maison de la ferme, et le 3e, le gîte de la tuilerie, est situé dans le village à 5 minutes à pieds du château.

FERME DE LA CACHETERIE €€

2, chemin Pâtures - **FLEURY-LA-FORÊT**
✆ 02 32 48 01 26 - ferme-cacheterie.com

Bienvenue à la Ferme. Chambre simple à partir de 53 € ; double à partir de 64 € ; triple à partir de 75 €.

5 chambres d'hôtes sont proposées dans cette ferme en activité, en plein cœur de la forêt de Lyons. Les chambres sont toutes indépendantes et décorées dans une ambiance campagne chic, avec des meubles anciens, des teintes reposantes et des matériaux nobles comme le lin pour les tissus et le linge de lit, ou la laine qui isole la maison et garnit la literie. Une bibliothèque et un billard permettent de se détendre. Le matin, rendez-vous dans le salon pour un petit déjeuner gourmand et fait maison. Ne repartez pas sans quelques produits de la ferme !

GITE BLACK HORSE HOUSE €€

1, route de Lorleau
BEAUFICEL-EN-LYONS
✆ 02 32 39 53 38

Gîtes de France. Pour 6 personnes (3 chambres). Semaine à partir de 570 € en basse saison et 910 € en haute saison.

Le Black Horse House est une vaste demeure pouvant accueillir jusqu'à 6 personnes réparties dans 3 chambres. Ce lieu unique, conçu dans un astucieux mélange de styles, propose de surcroît une décoration pleine de goût. Le bois et la pierre se combinent parfaitement dans les espaces communs comme dans le vaste salon ou la superbe salle à manger. Les chambres, à la literie irréprochable, sont propices à la détente. Rapport qualité-prix hors pair pour ce lieu proche du magnifique village de Lyons-la-Forêt, et qui, cerise sur le gâteau, dispose même d'un sauna !

AUBERGE DE LA FORÊT €€

55, rue Saint-Adrien - **MORGNY**
✆ 02 32 27 27 37
www.aubergedelaforet-morgny.fr

Toute l'année, du mercredi au dimanche, midi et soir. Maître Restaurateur. Qualité Tourisme. Label Tourisme & Handicap.

C'est tout près de Lyons que, nichée en pleine forêt, cette auberge accueille les visiteurs dans une atmosphère résolument champêtre. Bruno His y concocte une délicieuse cuisine du terroir, avec des produits extra frais, un vrai talent et une belle gentillesse, n'hésitant pas à venir en salle discuter avec ses clients. Son foie gras maison est réputé dans toute la région, ses viandes sont impeccablement choisies et préparées, et on trouve parmi ses spécialités un savoureux feuilleté à la fraise. La maison propose un gîte à la nuitée ou à la semaine.

VASCOEUIL

D'une superficie de moins de 8 km², Vascoeuil n'en est pas moins traversée par deux cours d'eau : l'Andelle et le Crevon. Mais c'est surtout son château qui a fait a renommée de la commune. Ce Centre d'Art et d'Histoire accueille des expositions dans un cadre unique et prestigieux. Ses jardins font également le bonheur des quelque 25 000 à 30 000 curieux qui franchissent ses grilles chaque année, et des amateurs de jardins à l'anglaise et à la française. Pour plonger dans l'histoire de Vascoeuil, il ne faut pas hésiter à franchir les portes de son église paroissiale où de véritables chefs-d'œuvre d'art religieux attendent les visiteurs.

CHÂTEAU DE VASCŒUIL ★★

8, rue Jules-Michelet
✆ 02 35 23 62 35
www.chateauvascoeuil.com

Mi-avril à mi-novembre. Mercredi au dimanche de 14h30 à 18h. Tlj en été de 11h à 18h30. Adulte : 12 €. 7-16 ans : 7,50 €

Mêlant patrimoine architectural et art contemporain, le château de Vascœuil est une demeure dont l'origine remonte au XIIe siècle (il en subsiste une superbe tour octogonale), remaniée au XVe siècle. Le beau colombier date, lui, du XVIIe siècle. Le parc à la française abrite plus de 60 sculptures des plus grands artistes (Braque, Dali, Volti, Vasarely...) rassemblées et exposées dans un parc de près de 8 hectares. Aujourd'hui Centre d'art et d'histoire, le site accueille l'unique musée Jules Michelet de France et une grande exposition d'art moderne chaque année.

GRAINE DES CHAMPS

20, rue de la Gare
✆ 02 32 91 19 72
www.grainedeschamps.com
Ouvert du mardi au samedi de 9h30 à 13h et de 15h30 à 19h ; le dimanche de 9h30 à 12h30.

Graine des Champs est une épicerie et un collectif de plus de 50 producteurs et artisans normands. Cédric Devienne, à l'initiative du projet, propose à la vente les produits bio de ses partenaires à la traçabilité exemplaire, issus de productions respectueuses de l'environnement, et dans un rayon de 50 km. Vous trouverez ici fruits et légumes bien sûr, viandes et fromages, mais aussi des thés et cafés fournis par des torréfacteurs de la région. Un rayon bien-être et maison offre une gamme complète pour l'hygiène et l'entretien. Possibilité de manger sur place.

LA POTINIÈRE €€

4, place de l'Hôtel-de-Ville
✆ 02 32 49 00 55
Ouvert le lundi, le mardi et du jeudi au samedi de 12h à 14h et de 19h à 21h ; le dimanche de 12h à 14h. Menu à 29 €.

À La Potinière, le fait maison est à l'honneur. Franck, le chef, sait jouer brillamment des produits de saison, des épices et des parfums pour décliner une cuisine du terroir inventive pour vous proposer une cuisine goûteuse et sympathique. Toast à la pomme et à l'andouille accompagnés d'une sauce camembert, saint-jacques poêlées au beurre vanillé et fondue de poireaux aux girolles, filet mignon de porc et crème de la vallée d'Auge, ou encore crème brûlée à la fève de tonka... Autant de plats qui raviront vos papilles pour une pause bien méritée !

FLEURY-SUR-ANDELLE

A ne pas confondre avec Fleury-la-Forêt ! Fleury-sur-Andelle n'était jusqu'au XIXe siècle qu'un petit village sur la route de Paris à Rouen. Mais le bourg est devenu le cœur de l'activité textile de la vallée de l'Andelle à cette époque, abritant une intense activité industrielle, aujourd'hui en déclin. En témoignent les nombreux bâtiments en briques, dont son église monumentale et des moulins à eau que vous découvrirez au fil de votre promenade. Ne ratez pas, à quelques kilomètres, l'abbaye de Fontaine-Guérard, et les spectaculaires vestiges de la filature cathédrale de Radepont, unique en son genre (ne se visite pas).

LISORS

Lisors est une bourgade tranquille, peuplée de 340 habitants, au cœur du pays de Lyons. Proche de Lyons-la-Forêt et du Vexin normand, cette petite commune rurale pleine de charme, logée à la lisière de la plus grande hêtraie d'Europe, est surtout connue pour abriter l'abbaye de Mortemer, célèbre abbaye cistercienne fondée vers 1135. Planifiez la visite pendant votre circuit : cela vaut le coup d'œil ! Vous pourrez également admirer d'autres édifices intéressants, comme l'église Saint-Martin, ainsi qu'une jolie fontaine dédiée à sainte Catherine et lieu de pèlerinage des filles à marier. De nombreuses balades à pied ou à vélo peuvent se faire.

FERME DU CARDONNET €€

✆ 02 35 79 88 91
www.ticketvert.com
Chambre double à partir de 50 €.

Bienvenue à la ferme du Cardonnet ! Situées au calme, en pleine campagne, à proximité de Lyons-la-Forêt, ces 4 chambres d'hôtes, installées dans une maison annexe (qui peut être louée entièrement pour 11 personnes), vous séduiront par leur authenticité. Emmanuel, le propriétaire des lieux, est un amoureux de sa région et de l'agriculture. Il ne manquera pas de vous faire découvrir des produits locaux lors du petit-déjeuner. Petit plus très rustique : les chambres d'hôtes sont chauffées au feu de bois ! La ferme du Cardonnet est labellisée Bienvenue à la ferme.

ABBAYE DE MORTEMER

Mortemer
✆ 02 32 49 54 34
www.abbaye-de-mortemer.fr
Horaires selon saison. Gratuit : - de 6 ans. Adulte : 5 €. Visite guidée (+ 4 €).

Un air de mystère plane sur l'abbaye de Mortemer ! Niché au cœur de la forêt de Lyons, ce lieu hors du temps ne laisse personne indifférent. Au fil de votre balade, vous pourrez admirer les ruines de l'abbaye cistercienne du XIIe siècle, la plus grande en son temps, au sein d'un parc où se mêlent étangs et colombiers. Au sous-sol de l'édifice, le musée vous permet de découvrir les récits historiques et légendes de la Dame Blanche et de la fontaine des Célibataires. Poursuivez votre périple à pied le long des étangs et arrêtez-vous pêcher à la mouche !

EVREUX ET LE PAYS D'OUCHE

PARCOURS GPX

LIEUX	Km total	Km à faire	Routes
ÉVREUX (PARKING PISCINE JEAN BOUIN)	0	84	(rejoindre la ligne verte par les escaliers) «Voie Verte»
LE NEUBOURG	24	60	D133
BEAUMONT-LE-ROGER	37	47	D23
LA FERRIÈRE-SUR-RISLE	49	35	D140
CONCHES-EN-OUCHE	63	21	D830
GLISOLLES	69	15	D129
LA BONNEVILLE-SUR-ITON	71	13	D74
LES BAUX-SAINTE-CROIX	76	8	D55
ARNIÈRES-SUR-ITON	79	5	D55
ÉVREUX (PARKING PISCINE JEAN BOUIN)	84	0	

EVREUX ★★

La capitale de l'Eure possède un riche passé : ancienne cité romaine, dont les vestiges restent encore visibles le long des berges de l'Iton et ne cessent d'être retrouvés par les archéologues, ville médiévale importante, qualifiée au XVIIIe siècle par Madame de Sévigné de « plus jolie ville de Normandie », Evreux offre aujourd'hui un visage particulièrement contrasté. Si de beaux bâtiments anciens subsistent, le cœur du centre-ville, détruit à plus de 80 % pendant la Seconde Guerre mondiale, a été reconstruit dans les années 1950 et 1960. Les récents aménagements de son centre-ville en révèlent encore davantage la beauté, à l'exemple de la place Sepmanville, mise en valeur et inaugurée fin 2020. Découvrez ainsi cette commune en vous promenant le long de l'Iton ou échappez-vous dans les forêts alentour pour vous ressourcer en pleine nature. Arrêtez-vous pour découvrir la cathédrale et ses remarquables vitraux provenant de dons royaux et connus par leur teinte singulière, ainsi que le musée attenant, où vous aurez l'occasion de plonger dans l'histoire de la ville et de sa région. À quelques kilomètres de là, au Vieil-Evreux, vous aurez l'occasion d'admirer les vestiges de l'époque gallo-romaine sur le site de Gisacum et les trésors cachés dans les villages du canton. Evreux, cinquième ville par importance de la Normandie, ne se situe qu'à une grosse cinquantaine de minutes de Paris par le train. Nombreux sont d'ailleurs ceux qui préfèrent profiter de la douceur de cette ville à taille humaine et travailler dans la capitale.

LE BEFFROI OU TOUR DE L'HORLOGE

Rue de l'Horloge

Intérieur inaccessible. Illumination à la tombée de la nuit.

À deux pas de l'hôtel de ville, de la Maison des arts et du théâtre, découvrez un bout de l'histoire de la ville et écoutez sonner la Louyse. Trônant fièrement au bord de la promenade de l'Iton, le beffroi d'Évreux, également appelé tour de l'Horloge, est l'un des deux derniers beffrois normands, et l'un des plus méridionaux de France, tant ces constructions sont peu fréquentes en dehors des Flandres, du Nord de la France et de la Belgique. L'horloge date de 1813.

CATHÉDRALE NOTRE-DAME D'ÉVREUX

19, Rue Charles-Corbeau
✆ 02 32 24 04 43
www.eure-tourisme.fr

Accès libre. Ouvert tous les jours de 8h30 à 19h. Gratuit. Audioguide : 3 € en location à l'office de tourisme.

Consacrée à la Vierge depuis 1076 et plus vaste église du département, la cathédrale d'Évreux offre un véritable catalogue des styles architecturaux présents entre l'époque romane et la Renaissance. Cette cathédrale abrite parmi les plus beaux vitraux de France, connus pour leur « jaune d'Évreux » et réalisés entre les XIIIe et XVIe siècles. Accolés à l'édifice, vous pourrez visiter le Musée d'Art d'Histoire et d'Archéologie d'Evreux qui permet de plonger dans l'histoire de la ville.

© FRANCK GODARD

© TOM PEPEIRA - ICONOTEC

© TOM PEPEIRA - ICONOTEC

Hôtel de ville d'Évreux.

JARDIN BOTANIQUE ET SERRE D'EVREUX

Rue de Pannette

✆ 02 32 31 52 52

Du lundi au vendredi de 13h30 à 17h ; le week-end de 13h à 17h30. Jardin ouvert toute la journée. Visite guidée.

Véritable poumon vert de la ville, le jardin botanique d'Évreux dévoile un vaste espace arboré, agrémenté de bassins, de promenades et de sculptures. le clou de la visite, c'est sans conteste la serre tropicale en verre et métal, qui conserve dans un microclimat chaud et humide des échantillons de 400 spécimens issus des cinq continents et présentés par thèmes. Visitez cette serre tout au long de l'année et découvrez des cacaotiers, bananiers et autres végétaux venus d'ailleurs.

PARC DE TRANGIS

Rue du Plus-Que-Tout

✆ 02 32 33 97 40

Ouvert toute l'année.

À 5 minutes du centre-ville, entre la forêt et le quartier de la Madeleine, le domaine de Trangis propose 18 hectares de verdure. Cet espace végétal écologique possède un parcours sportif, des sentiers pour vos promenades, des aires de jeux pour les enfants, une piste de bicross, un mini-golf ouvert en été et des tables de pique-nique. Un site idéal pour se détendre après avoir visité Évreux ! Au centre du domaine, vous pourrez admirer une grande bâtisse de 1750 appelée « le château ». Cet espace est ouvert à la location pour organiser tout type d'événements.

MUSÉE D'ART, HISTOIRE ET ARCHÉOLOGIE ★★

6, rue Charles-Corbeau

✆ 02 32 31 81 90

Mardi au vendredi 9h30-12h et 14h-18h ; le week-end 10h-12h30 et 14h-18h. Gratuit.

Accolé à la cathédrale Notre-Dame, le musée fut inauguré en 1873, aux lendemains de fouilles réalisées dans le village du Vieil-Évreux. L'établissement ainsi créé devient précurseur dans la recherche archéologique comme discipline scientifique et dans la protection du patrimoine. Ce sont les pièces trouvées lors des campagnes de fouilles entreprises tout au long du XIXe siècle qui constituent aujourd'hui la superbe collection archéologique du musée !

PROMENADE DE L'ITON ★

Accessible à pied depuis le beffroi.

Ouvert toute l'année. Gratuit.

De la cathédrale au beffroi, la Promenade sur les berges de l'Iton offrent un autre regard sur la ville, notamment sur le centre historique : le long des canaux, on découvre l'enceinte gallo-romaine, un lavoir restauré, mais également au coin d'une muraille, un soldat anglais emmuré, rappel de l'histoire chaotique de la ville pendant la guerre de Cent Ans. Ne manquez pas le miroir d'eau, créé à la reconstruction : le rempart gallo-romain se reflète dans les eaux avec, en arrière-plan, l'ancien évêché, aujourd'hui Musée municipal et la cathédrale.

LE COMPTOIR DES LOISIRS

11, rue de la Harpe ✆ 02 32 24 04 43
www.lecomptoirdesloisirs-evreux.fr
Ouvert du mardi au samedi de 10h à 18h.
« Concept store » et boutique éphémère dans l'office de tourisme.

Vous trouverez ici, dans cet espace d'accueil touristique récemment créé, une équipe de passionnés qui vous proposera tout ce dont vous pourriez avoir besoin pour découvrir et profiter de la ville et de ses environs : des expositions temporaires ou permanentes, de nouveaux lieux, des randonnées pour tous les goûts, des visites théâtralisées, des enquêtes policières, des chasses aux trésors, des audioguides, des idées d'après-midi sportives, et même de bons conseils pour vous détendre, vous loger et manger dans certains des meilleurs restaurants d'Evreux !

LE VERT GALANT €€€

118, route de la Vallée - **NORMANVILLE**
✆ 02 32 34 18 84
www.levertgalant.com
5 chambres. Chambre double de 100 € à 380 €. Petit-déjeuner inclus. Gîte 3 chambres : 600 € la semaine, 490 € le WE.

Situé à 8 km d'Evreux et à 1 heure de Paris, Le Vert Galant est une vaste demeure contemporaine, à l'orée d'un bois, qui surplombe la vallée de l'Iton au-dessus du village de Normanville. On y retrouve trois chambres joliment décorées ainsi que deux suites au comble du luxe. Ajoutons à cela le gîte de La Bergerie et nous obtenons l'endroit idéal pour organiser une réception privée ou pour s'offrir des vacances au vert en famille. Confort luxueux avec notamment un bain à remous privé, décoration haut de gamme et accueil aux petits soins.

CUEILLETTE ET MARCHÉ DE PITHIENVILLE

Route de Neuville ✆ 02 32 34 37 59
www.cueillettedepithienville.fr
Haute saison tous les jours 9h-12h et 14h-19h, non-stop le week-end. Basse saison du mardi au samedi 9h-12h et 13h-17h.

Près d'Évreux, cette exploitation agricole, membre du réseau Chapeau de paille, vous invite à venir cueillir vous-même vos fruits, légumes et fleurs ! Voilà une activité qui a tout pour plaire, autant aux parents qu'aux enfants ! Vous trouverez le calendrier des récoltes sur le site Internet : légumes et fruits en toute saison, fleurs à couper... Avec la cinquantaine de variétés différentes produites sur ces 20 hectares, vous trouverez forcément de quoi remplir votre panier.

LE NEUBOURG

Neubourg était une place forte du duché normand au Moyen Âge. La forteresse, autrefois château fort, vit de nombreux ducs et rois y séjourner et subit les conséquences de la guerre de Cent Ans. Aujourd'hui nommé vieux château, l'édifice compte peu de vestiges de sa construction au XIIe siècle par Roger de Beaumont. La commune est aujourd'hui le centre d'un riche plateau agricole, ce dont témoigne bien l'activité de son marché hebdomadaire. À découvrir aux alentours : le château du Champ de Bataille, la voie verte reliant Évreux au Bec-Hellouin, et la floraison des champs de lin, dont la culture a été relancée avec succès ces dernières années.

JARDINS DU CHÂTEAU DU CHAMP DE BATAILLE

8, route du Château ✆ 02 32 34 84 34
www.chateauduchampdebataille.com
Jardins ouverts d'avril à octobre tlj 14h-18h ; Château : 14h-18h : samedi, dimanche et jours fériés. Tlj juillet & août.

Tirant son nom d'un affrontement qui eut lieu en 935 entre les armées du comte de Cotentin et celles de Guillaume Longue-Épée, le site vit la construction en 1651 de la résidence du comte de Créqui. Ce palais a été racheté et rénové dans les années 1990. Un chantier titanesque et un résultat versaillais ! En quelques années, il ressuscite Champ de Bataille et ses splendeurs princières, livrant un enchaînement de salons, de galeries, de bibliothèques et de salles richement décorés.

LE MOULIN AMOUR

Route du Moulin - **SAINT-OUEN-DE-PONTCHEUIL**
✆ 02 35 77 54 44
www.moulinamour.com
Dimanche et jours fériés de 14h30 à 18h30. En semaine sur réservation. Gratuit jusqu'à 16 ans. Adulte : 4 €. TR : 2 €.

Situé entre Le Neubourg et Elbeuf, le Moulin Amour est l'un des monuments historiques les plus importants et les plus anciens de la région puisqu'il était déjà mentionné au XVe siècle. En fonction jusqu'au début de la Première Guerre mondiale, il fut ensuite réhabilité et fonctionne à nouveau depuis 1993. Il est d'ailleurs aujourd'hui l'unique moulin à eau du genre encore en usage dans tout le département. Si vous avez envie de goûter à une farine traditionnelle et authentique et que vous passez dans le coin, arrêtez-vous ici pour en acheter un ou deux kilos !

BEAUMONT-LE-ROGER ★

Ville fleurie au bord de la Risle, Beaumont-le-Roger offre un cadre de vie exceptionnel tant par les traces de son passé que par son tissu économique. Découvrez, au gré des rues, l'église Saint-Nicolas, le prieuré de la Sainte-Trinité et les demeures anciennes bâties en pierres, en briques ou appareillées de silex, ainsi que des curiosités comme le personnage de Régulus qui, depuis 1826, sonne les heures au clocher de l'église. Notez également la présence du manoir du Hom, inscrit aux Monuments historiques. La ville est riche de son histoire et propose de nombreux circuits de randonnée. L'environnement boisé s'y prête particulièrement bien !

CIDRERIE DE LA FERME DU MANOIR DU VAL

960, route du Val - **MESNIL-EN-OUCHE**
✆ 02 32 43 45 19
www.manoirduval.fr/
Septembre à juin : le samedi de 15h à 18h30. Juillet et août : tous les jours de 15h à 18h30.

Au cœur du pays de la Risle, à 5 minutes de Beaumesnil, l'exploitation du Manoir du Val a vécu autrefois de l'élevage et de la culture de la pomme. Le cidre, aussi, y a toujours tenu une place de choix. Vous pourrez y acheter cidres doux, bruts, demi-sec, du cidre de glace, du poiré, du vinaigre, du pommeau ou du calvados. Pédagogique, le domaine abrite également un musée exposant les outils retrouvés sur la ferme, témoins des techniques employées autrefois.

LA FABRIQUE DE LA RISLE

2 bis, Boulevard Albert-Parissot ✆ 06 60 29 44 5
www.fabriquedelarisle.com
Ouvert toute l'année. Le week-end et les jours fériés de 14h à 18h30. Gratuit. Stages payants. Animations.

La Fabrique de la Risle est un lieu atypique à découvrir absolument ! Ce regroupement d'artistes et d'artisans locaux permet aux visiteurs d'apprécier le travail de chacun. Photographies, mosaïque, céramiques, peintures, dentelles, tapisseries, coutelleries, tournage sur bois, sculptures, détournement d'objets… autant d'œuvres exposées et vendues dans la Fabrique. Des initiations aux différentes techniques sont également proposées sous forme de cours ou de stages. De nombreuses animations telles que des expositions sont organisées tout au long de l'année.

LA FERRIÈRE-SUR-RISLE

C'est la plus petite commune de l'Eure (17,3 hectares). Vous ne regretterez pas un détour par ce village tranquille mais vivant qui abrite de splendides halles médiévales (XIVe siècle). Longues de 55 mètres à l'origine, elles furent tronquées d'une vingtaine de mètres par décision municipale en 1863 ! Il s'agissait d'agrandir la place... Sous l'édifice se tient une brocante chaque troisième dimanche. A voir aussi l'église du XIIIe siècle et son magnifique retable. Au sein de la verdure, les anciennes tanneries viennent d'être réhabilitées en espace culturel, avec point accueil tourisme, expositions temporaires et mise en valeur du patrimoine industriel local (forges, tanneries).

CONCHES-EN-OUCHE ★

Même si la ville compte encore des traces de l'occupation gallo-romaine, l'histoire de Conches commence vers 1034, lorsque les seigneurs de Tosny, descendants de Rollon, duc de Normandie, héritent de ce fief alors appelé Castellio, qui deviendra plus tard Châtillon. Au retour de leur pèlerinage à Saint-Jacques-de-Compostelle, ils s'arrêtent à Conques-en-Rouergue, où l'on célébrait le culte de sainte Foy, et ramènent des reliques de la sainte. Châtillon devient alors Conches. Les seigneurs édifient une forteresse de défense et un donjon et entourent la ville de murailles. Aux alentours, la forêt de Conches offre de superbes itinéraires de randonnées.

LE JARDIN DÉCOUVERTE €€€

6, rue François-Mitterrand ✆ 02 32 38 42 79
www.lejardindecouverte.com
10 chambres, suites et maisons. Chambre double : 140 € ; suite : 190 €. Petit déjeuner : 12 €. Maisons : de 200 à 240 €

Un beau jardin, un domaine agréable et un concept original ! Le Jardin découverte, idéalement situé au cœur de la Normandie, vous propose des chambres indépendantes mais également des maisons individuelles avec à disposition des services hôteliers. De la chambre pour 2 à la maison pour 3-4 personnes, toutes les combinaisons sont possibles, avec un beau niveau de prestation : jardin privatif pour certains hébergements, produits frais maison pour le petit déjeuner, accueil irréprochable et décoration contemporaine. Le centre équestre a une grande réputation.

L'EURE MÉDIÉVALE ET IMPRESSIONNISTE

LIEUX	Km total	Km à faire	Routes
GIVERNY (MAIRIE)	0	59	D5
VERNON	6	53	D181
TILLY	14	45	D1
CHÂTEAU-GAILLARD ; LES ANDELYS	32	27	D313
BOUAFLES	37	22	D313
PORT-MORT	42	17	D313
VERNON	53	6	D5
GIVERNY (MAIRIE)	59	0	

GIVERNY ★★

Giverny est un petit village connu et reconnu grâce au peintre Claude Monet, qui y vécut de 1883 jusqu'à sa mort en 1926, et s'inspira de son environnement à couper le souffle pour peindre ses plus belles toiles. Situé à flanc de coteau et à deux pas de la Seine, le village offre de belles promenades dans les collines mais également dans la rue principale où se mêlent hôtels, restaurants, belles demeures, magasins, ateliers d'artistes, Musée des Impressionnismes et Fondation Claude Monet. Le village, qui accueille de nombreux touristes étrangers, est le deuxième site touristique le plus visité de Normandie après l'abbaye du Mont-Saint-Michel.

AU BON MARECHAL €€

1, rue du Colombier
✆ 02 32 51 39 70
www.aubonmarechal.fr
Chambre double à partir de 95 €, petit déjeuner compris.

Cet ancien café-pension de famille a la particularité d'avoir accueilli le peintre Claude Monet ! Aujourd'hui, les amateurs d'impressionnisme pourront profiter de cet établissement de charme. Au bon Maréchal, les chambres d'hôtes sont spacieuses et aménagées à l'étage. On apprécie la suite composée d'un salon, d'une chambre et d'une salle d'eau, située dans l'ancien four à pain de l'établissement, en rez-de-jardin. Le jardin fleuri, où l'on peut prendre le petit déjeuner aux beaux jours, séduira les touristes de passage pour un moment de quiétude !

FONDATION CLAUDE MONET

84, rue Claude-Monet ✆ 02 32 51 28 21
https://fondation-monet.com
Ouvert tous les jours de 9h30 à 18h d'avril à octobre. Gratuit jusqu'à 7 ans. Adulte : 11 €. Enfant : 6,50 €

Léguée en 1966 à l'Académie des Beaux-Arts par le fils du peintre, la maison au crépi rose a subi d'importants travaux de rénovation. Admirez, dans la demeure de l'artiste, la célèbre collection d'estampes japonaises et immergez-vous dans le quotidien de Monet au fil des pièces. Dans le jardin, laissez-vous emporter par les senteurs et les couleurs des différentes variétés florales au gré des allées. En parcourant les roseraies, vous tomberez sur le Jardin d'eau formé par un pont japonais. C'est le lieu qui a donné naissance à l'œuvre célèbre *Les Nymphéas*.

CHAMBRES D'HOTES LE COIN DES ARTISTES €€

65, rue Claude-Monet
✆ 02 32 21 68 66
Gîtes de France (3 épis). 4 chambres. De 85 € à 145 €. Petit déjeuner inclus. CB et chèques non acceptés.

Dans une ancienne épicerie de la rue principale du village, on trouve désormais les quatre chambres d'hôtes de Laurence Pain. Deux chambres se situent dans la maison principale, tandis que les deux autres sont indépendantes, situées dans une petite maison. Lumineuses et spacieuses, elles disposent de tout le confort avec, pour chacune, sanitaires privatifs et possibilité de loger trois à quatre personnes. Une situation idéale puisque les musées des environs sont accessibles à pied.

Fondation Claude Monet.

MUSÉE DES IMPRESSIONNISMES GIVERNY ★★★

99, rue Claude-Monet
✆ 02 32 51 94 65
www.mdig.fr
Ouvert de 10h à 18h (jours d'ouverture variables selon la saison). Exposition 9 €. Jardin 2 €.

Entre Paris et Rouen, le Musée des Impressionnismes est assurément l'un des plus beaux musées de Normandie ! Depuis son ouverture en 2009, près de la maison de Claude Monet, il a pour ambition d'être un haut lieu de l'impressionnisme régional, dans un cadre exceptionnel mêlant art et nature. Il présente des expositions innovantes dédiées à l'impressionnisme et à ses influences françaises et internationales, particulièrement en Europe et en Amérique du Nord. Si vous visitez le musée avec des enfants, n'hésitez pas à consulter le site internet afin de piquer leur curiosité au préalable. Vous y trouverez des coloriages, des jeux en origami et un conte interactif qui les séduiront à coup sûr ! Le programme du musée est toujours riche, différentes expositions auront lieu en 2023 : *Les Enfants de l'impressionnisme*, du 31 mars au 2 juillet, *Renoir à Guernesey, 1883*, du 14 juillet au 10 septembre, et *Flower Power*, du 29 septembre 2023 au 7 janvier 2024. Si les expositions temporaires sont toujours particulièrement intéressantes, l'exposition permanente composée de chefs-d'œuvre originaux des grands maîtres de l'impressionnisme vaut elle aussi le détour. Elle a vu le jour grâce à la générosité de donateurs et compte aujourd'hui 212 œuvres ainsi qu'un bon nombre d'importantes archives. Parmi les œuvres majeures, on compte notamment *Nymphéas avec rameaux de saule* de Claude Monet. Ce tableau fait partie de l'impressionnante série des Nymphéas que l'artiste a peinte en s'inspirant des vues de son jardin. *Nymphéas avec rameaux de saule* date de 1916-1919. Cette toile est restée dans son atelier à la mort de l'artiste puis a été offerte par Michel Monet au lycée Claude Monet, avant d'être déposée au Musée des Impressionnismes Giverny en 2021. On y retrouve cette harmonie et cette impression d'immensité chère à Claude Monet. Le musée expose aussi *Parterre de marguerites* de Gustave Caillebotte. C'est après l'exposition « Caillebotte, peintre et jardinier » qui s'est tenue en 2016 que le Musée des Impressionnismes a acquis cette œuvre grâce à la générosité des mécènes et du public. Cette production initialement présentée sous la forme de quatre panneaux est en fait composée de plusieurs fragments. Grâce à l'important travail de restauration entrepris par le musée, les différents morceaux ont été rassemblés et forment aujourd'hui une œuvre unique, qui fut exposée pour la première fois en 2021 lors de l'exposition « Côté jardin. De Monet à Bonnard ». L'objectif de Caillebotte était de faire entrer son jardin à l'intérieur de sa maison du Petit-Gennevilliers. Il s'agit ainsi d'une audacieuse représentation de la nature, qui évoque certainement la tradition japonaise – notamment avec le motif des marguerites – que les peintres français ont découvert dans la deuxième moitié du XIXe siècle. Parmi les collections les plus importantes du musée, on retrouve aussi celle du peintre japonais contemporain Hiramatsu Reiji qui utilise la technique du *nihonga* – qui signifie littéralement « peinture japonaise ». Ce terme date de la fin du XIXe siècle et fut créé pour désigner la peinture traditionnelle du pays. C'est aujourd'hui une technique exigeante qui utilise des matériaux précieux tels que la soie, les feuilles d'or ou des pigments naturels comme le lapis-lazuli pour le bleu ou le carmin pour le rouge. Le Musée des Impressionnismes abrite 22 peintures, 25 dessins mais aussi des carnets de croquis et des paravents du peintre Hiramatsu Reiji. Une belle collection à découvrir. Le fonds photographique du musée est lui aussi important. On y trouve notamment de précieux clichés de Bernard Plossu avec le jardin et la maison de Claude Monet pour décor. Une photographie d'André Ostier présente quant à elle Marc Chagall près de l'étang aux nymphéas. Le Musée des Impressionnismes de Giverny succède au musée d'Art américain fondé en 1992. Il se situe en plein cœur du village de Giverny, sur la colline où Claude Monet avait peint « Les Meules ». On doit la structure originale du musée aux architectes Philippe Robert et Daniel J. Terra qui ont réussi à créer un édifice partiellement enterré, avec des toits végétalisés, qui se fond à merveille dans la nature environnante. Les grandes baies vitrées apportent une lumière naturelle et s'ouvrent sur le jardin où plus de 22 000 fleurs sont plantées. N'hésitez pas à vous y promener pour profiter de ses parterres fleuris, ses bassins ou ses petites haies qui composent un décor unique invitant à la détente, loin des bruits de la ville. Ce jardin à la française a été imaginé par le paysagiste Mark Rudkin. Le décor évolue au fil des saisons et les couleurs y sont toujours mises à l'honneur. On y voit notamment un jardin blanc garni de tulipes et de lys, un jardin noir avec des sureaux et puis, bien sûr, des parterres aux trois couleurs primaires. Le jardin débouche sur une prairie qui se couvre de coquelicots au printemps et de meules de foin – celles qui inspirèrent tant Claude Monet – en été. Un vrai tableau impressionniste ! Il faut savoir qu'aucun produit chimique n'est utilisé pour l'entretien du jardin : la nature apporte ici un équilibre notamment grâce aux insectes ou aux plantes qui poussent spontanément. Le jardin du Musée des Impressionnismes de Giverny a reçu le label Jardin remarquable en 2006 et fait partie du réseau des refuges de la Ligue de Protection des Oiseaux.

LA DÎME €€

2, rue de la Dîme
✆ 06 20 83 28 90
www.ladimedegiverny.com
5 chambres. Chambre double à partir de 180 €. Petit déjeuner compris.

Elue plus belle maison d'hôtes de France en 2015, cette demeure de charme est le cadre idéal pour un séjour au vert, à deux pas de la Fondation Claude Monet. Avec ses pierres de Vernon et ses tomettes, la Dîme propose ses 5 chambres d'hôtes avec coin salon, bureau et salle de bains. Elle dispose d'un large jardin planté de lavandes et d'arbres fruitiers, d'un superbe patio normand. Vous pourrez par ailleurs profiter d'une salle commune dotée d'un réfrigérateur et d'un four micro-ondes. Beaucoup d'activités sont proposées sur place et dans les environs.

MAISON D'HÔTES ET GÎTE LA RÉSERVE €€€

✆ 02 32 21 99 09
www.giverny-lareserve.com
Chambre double de 110 € à 170 €. Petit-déjeuner inclus. Gîte de 650 € à 1200 €. Animaux acceptés.

Sur les hauteurs de Giverny, entre plaines et bois, faites une pause dans cette magnifique demeure, bâtie avec des matériaux du XVIIIe siècle. Les 5 chambres, dont une accessible aux personnes à mobilité réduite, sont feutrées et spacieuses avec une décoration inspirée du siècle des Lumières. Ne manquez pas de lever la tête dans les couloirs afin d'admirer les nombreux tableaux représentant Giverny. Le petit-déjeuner est à l'image des lieux, délicat, généreux et d'excellente qualité.

Ô PLUM'ART €€€

12, Rue Claude Monet
✆ 02 32 54 26 35
https://jardindesplumes.fr/
6 chambres. Chambre double de 140 € à 340 €. Petit déjeuner inclus. Lit supplémentaire : 30 €.

Bienvenue à Giverny, ville-tableau impressionniste du Parc naturel du Vexin français, célèbre dans le monde entier pour avoir inspiré les plus grandes œuvres de Claude Monet. C'est dans ce décor haut en couleur que se nichent les 6 chambres de Ô Plum'Art, faits d'armes du chef David Gallienne, déjà à la tête de l'hôtel-restaurant du Jardin des Plumes, quelques mètres plus bas. A l'intérieur de ce qu'était cette ancienne maison du laitier du village, 6 chambres avec vue sur jardin, volontairement épurées, font du blanc une couleur non plus laiteuse mais… majestueuse.

AU COIN DU PAIN'TRE €€

73, rue Claude-Monet
✆ 02 32 71 01 70
Ouvert tous les jours de 8h à 19h. Carte : 20 € environ.

Avec sa terrasse au mobilier chiné ou son intérieur style brocante, le Coin du Pain'tre vous offre les délicatesses de la pâtisserie faite maison et du pain artisanal, ainsi que l'inventivité du chef, qui aime faire plaisir. Les planches et les salades regorgent de couleurs et de fraîcheur, le tout à savourer sous les parasols avant de rejoindre les plus beaux jardins du monde. Pour accompagner ces victuailles, ne manquez pas de demander conseil et trouvez votre bonheur dans la carte de vins bio, de cidres et de blondes locales, le tout à des tarifs abordables.

LA GUINGUETTE DE GIVERNY €€

6, rue de Falaise ✆ 06 72 76 03 66
laguinguettedegiverny.com
Ouverture : 1er avril au 30 septembre. Carte : 25 € environ. Vin au verre. Cocktails. Terrasse. Animations. Concerts.

Les pieds dans l'eau, délicatement ombragée par les arbres, une vue sur les prés et les collines environnantes, en plein cœur des paysages ayant inspiré les impressionnistes… On ne peut rêver mieux pour savourer toute l'atmosphère de Giverny. Cette très bucolique terrasse vous offrira, dès le printemps, un superbe espace pour déjeuner au grand air, dans une ambiance paisible et décontractée. À la carte, des plats maison changeant régulièrement selon l'inspiration du chef, réalisés autant que possible avec des approvisionnements locaux.

LE JARDIN DES PLUMES €€€

1, rue du Milieu
✆ 02 32 54 26 35
www.lejardindesplumes.fr
Du mercredi au dimanche de 12h15 à 13h30 et de 19h30 à 21h30. Menus de 59 € à 120 €. Chambres à partir de 175 €.

Depuis que le chef étoilé Michelin David Gallienne a repris les rênes de la cuisine du Jardin des Plumes, le restaurant ne désemplit pas. Le finaliste de Top Chef s'est installé ici début 2020 et a, depuis, donné un véritable souffle de fraîcheur à l'établissement. C'est en plein cœur de Giverny que vous pourrez venir déguster ses créations gastronomiques et inspirées, avec des menus construits en 3, 5 ou 7 tableaux et de parfaits accords mets et vins. Le plus futé : il est désormais possible d'observer les cuisiniers à la tâche !

CHÂTEAU DE BIZY ★

Avenue du Maréchal-de-Lattre-de-Tassigny (D181) ✆ 02 32 51 00 82
www.chateaudebizy.com
Tlj de mai à octobre de 14h à 18h. Fermé le lundi. Gratuit jusqu'à 7 ans. Adulte : 9 €. Enfant : 5 €.

Il était autrefois surnommé le Petit Versailles. Construit en 1723 par le duc de Belle-Isle, le lieu vit se succéder rois, marquis et barons. De ce château originel subsistent les magnifiques écuries, construites par l'architecte Coutant d'Ivry en 1740, et surtout le parc à l'Anglaise qui évoque son ancienne splendeur : fontaines de Neptune, de Gribouille, escalier d'eau, bassin des dauphins… Le bâtiment actuel date de 1858, superbe résidence à l'italienne, meublé de tableaux et de tapisseries, acquises par la famille d'Albuféra, toujours propriétaire du château.

VERNON ★

Porte de la Normandie, entre Paris et Rouen, Vernon est une petite ville animée et fleurie (trois fleurs) d'environ 25 000 habitants au riche patrimoine historique : collégiale Notre-Dame, Tour des Archives, château des Tourelles, château de Bizy, Musée Alphonse-Georges Poulain, nombreuses rues et places aux maisons à pans de bois, jardins... Fondée au IXe siècle, elle fut tout au long du Moyen Âge l'une des principales places fortes de la Normandie, et l'un des points de passage de la Seine. Vous pourrez d'ailleurs admirer le Vieux moulin du XVIe siècle sur un ancien pont médiéval du XIIe siècle, détruit lors de la Seconde Guerre mondiale.

CHÂTEAU DES TOURELLES ET VIEUX MOULIN

4, rue Ogereau
Visite libre de l'extérieur et du jardin. Gratuit.

En passant à Vernon, n'oubliez pas de traverser la Seine du côté de Vernonnet pour découvrir deux monuments indissociables de la commune : le château des Tourelles et le vieux moulin. Le château, témoignage de l'époque médiévale, constituait la tête de pont des fortifications de la Seine et défendait en son temps la ville et le fleuve. La silhouette massive des quatre tours du donjon trône fièrement sur une motte artificielle. Des lieux propices aux promenades bucoliques !

Le Vieux Moulin, près du château des Tourelles.

MUSÉE DE VERNON ★

12, rue du Pont

✆ 02 32 64 79 05

Horaires selon saison. Adulte : 4,50 €. Gratuit -26 ans.

Dans un ancien hôtel particulier des XVIe et XVIIIe siècles situé en plein centre-ville, le musée de Vernon présente des collections orientées vers les beaux-arts, avec des thématiques sur les artistes de Giverny (autour de deux toiles de Claude Monet figurent des tableaux de Blanche Hoschedé-Monet et d'artistes américains ayant vécu à Giverny) et les nabis (Bonnard, Vuillard, Denis, Vallotton). Le musée est aussi spécialisé en art animalier du XIXe au XXIe siècle (Rembrandt, Bugatti, Pompon, Jouve...). Plusieurs expositions temporaires sont proposées chaque année.

LE CLOS DORMONT €€

14, rue de la Chartreuse

SAINT-PIERRE-DE-BAILLEUL ✆ 02 32 52 06 59

www.leclosdormont.fr

Gîtes de France (3 épis). 3 chambres. Chambre simple et double à partir de 95 €. Petit déjeuner compris.

Découvrez ce havre de paix situé en pleine campagne à quelques kilomètres de Vernon et de Gaillon, en vallée de Seine. Le Clos Dormont compte 4 chambres tout confort et équipées, dont une accessible aux personnes à mobilité réduite. Elles sont toutes très confortables, joliment décorées, chacune dans un style différent et avec un coin salon. La bâtisse est entourée par un grand jardin de 3 000 mètres carrés avec son mobilier (chaises longues, transats, table de ping-pong...). Plus futé : l'établissement propose une table d'hôte avec un menu unique !

LA BASE

2, place Chantereine

✆ 06 10 65 81 22

Le mercredi et le jeudi de 17h à 0h ; le vendredi de 17h à 1h ; le samedi de 12h à 1h ; le dimanche de 12h à 23h.

La Base, c'est avant tout un lieu de vie à part entière ! Ici, on se délecte de produits frais et locaux pour la plupart. Au menu, des burgers plus gourmands les uns que les autres, des pizzas, des plats de viande et de fromage... Bref, de quoi se faire plaisir en cas de grosse faim ! Peu importe la saison, vous vous sentirez ici comme chez vous, que ce soit dans le confort d'une télécabine en plein hiver ou sur la terrasse en bord de Seine l'été. Ajoutons à cela de nombreux événements festifs et nous obtenons un endroit où l'on se sent en tout temps en vacances !

FERME DES RUELLES

TILLY

✆ 02 32 52 74 61

www.fermedesruelles.com

Bienvenue à la ferme. Ouvert tous les jours de 9h à 17h. Visite possible avec dégustation (formule à la carte).

Lorsqu'en 1992, Michel Galmel a repris cette ferme du XVIIe siècle à quelques kilomètres de Giverny, il a décidé de transformer les champs de céréales en vergers pour faire de l'activité cidricole le produit phare de la maison. C'est avec un grand plaisir qu'il ouvre, aujourd'hui ses portes au public pour une visite du verger et de la cave. Un tour du propriétaire et vous apprendrez mille et une choses sur la conduite du verger, la fabrication du cidre, bien sûr, mais en même temps, vous profiterez d'une magnifique leçon de science. La protection de l'environnement pour Michel est ancrée dans son quotidien à ce point que les techniques de production fort respectueuses du milieu naturel participent les premières à cette philosophie. En même temps que vous goûterez son cidre (d'ailleurs, médaille de bronze au concours général agricole de Paris 2014), prenez le temps d'écouter son histoire : la plantation des pommiers indissociable des trois kilomètres de haies normandes en même temps aménagés... Le cidre des Ruelles est élaboré grâce à neuf variétés de pommes dont l'assemblage délivre des parfums de fruits acidulés. Mais on ne vous en dit pas plus pour vous laisser le temps de découvrir les fruits de cette passion : cidre doux, jus de pommes, gelées de pomme, confitures, eau de vie de cidre, vinaigre de cidre...

Sur place ne manquez pas les deux chambres d'hôtes pour prolonger le séjour et le plaisir, ainsi que la forêt-jardin avec ses champs cultivés sur une soixantaine d'hectares. De quoi satisfaire petits et grands.

PORT-MORT

En plein cœur de la vallée de la Seine, à 11 kilomètres de Vernon, le village de Port-Mort est une halte paisible et verte. Les interprétations concernant le nom de la ville sont diverses et plusieurs hypothèses ont été mises en lumière par les historiens. Aucune n'a pu être vérifiée de façon certaine. A ne pas manquer : le « gravier de Gargantua », un menhir, situé à l'entrée du village, et le barrage de régulation dit « barrage Eiffel ». Voir également les vestiges du château neuf, érigé en 1198 par Richard Cœur de Lion, ainsi que le tombeau de saint Ethbin, datant lui de 1870.

AU PAYS D'EMMA BOVARY

LIEUX	Km total	Km à faire	Routes
RY	0	46,5	D7
BLAINVILLE-CREVON	7,1	39,4	D7
BUCHY	18,3	28,2	D96
BOIS GUILBERT	27,5	19	D96
MARTAINVILLE-ÉPREVILLE	42,8	3,7	D13
RY	46,5	0	

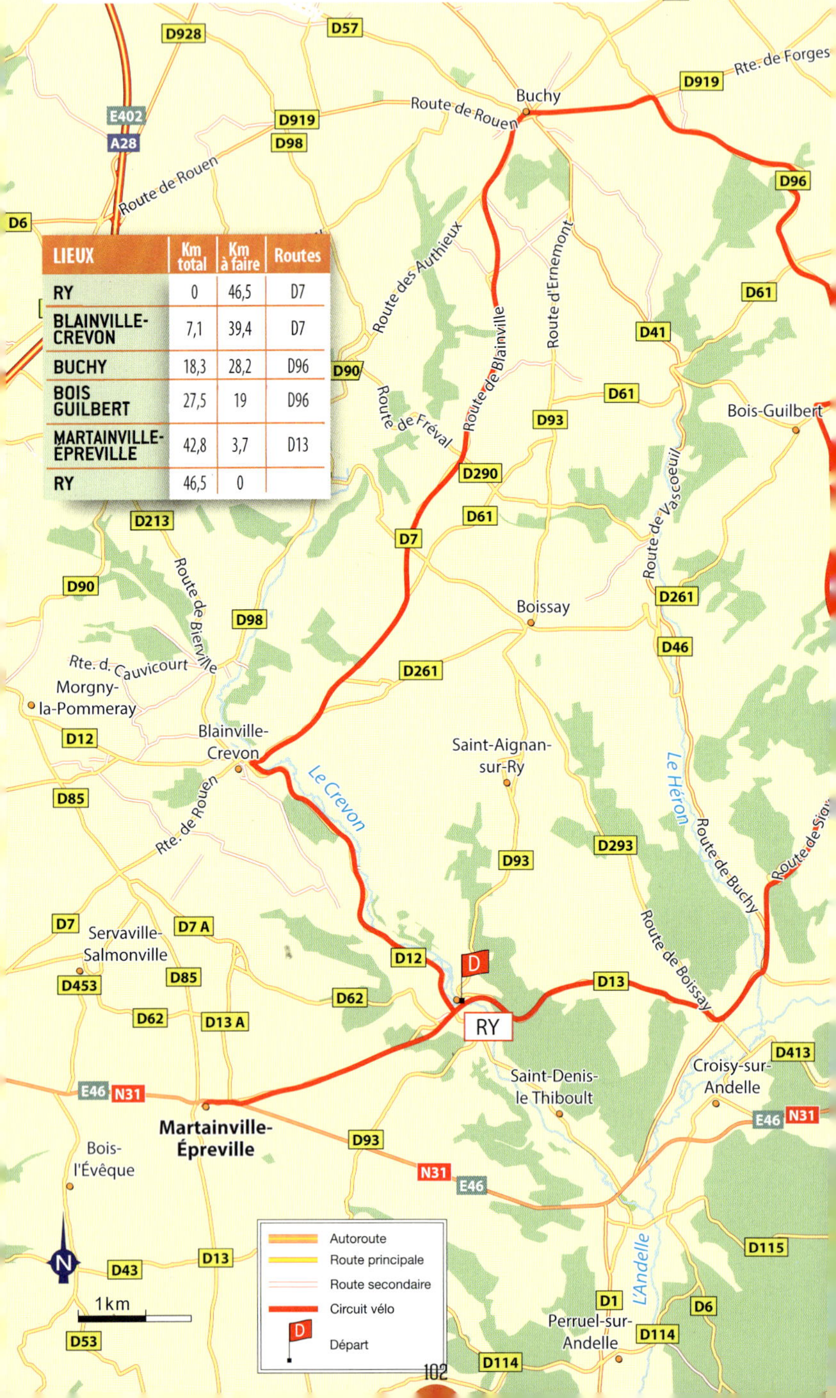

BLAINVILLE-CREVON

Si Blainville-Crevon a vu naître le célèbre peintre et sculpteur Marcel Duchamp, elle est surtout connue pour abriter un site médiéval aux parties basses exceptionnellement conservées, l'occasion de se plonger dans 1 000 ans d'histoire. Pour la petite histoire, le château était totalement enseveli jusqu'en 1967, date à partir de laquelle une équipe de bénévoles passionnés s'est attachée à lui rendre de sa superbe. Voir également la collégiale Saint-Michel, érigée à la fin du XVe siècle, ainsi que le musée de la Sirène, qui comprend des œuvres d'Anatole Jackovsky, critique d'art et spécialiste de l'art naïf français.

CHÂTEAU DE BLAINVILLE

route du Buchy

Gratuit jusqu'à 5 ans. 3 € par personne.

Depuis 1967, de nombreux bénévoles passionnés exhument, protègent et font revivre les ruines d'une place forte chargée de 1 000 ans d'histoire, situées dans la verdoyante vallée du Crevon et dont les parties basses sont parfaitement conservées. À voir : la motte castrale du XIe siècle sur laquelle cinq châteaux successifs ont été bâtis entre le XIIe et le XVIIIe siècle, un magnifique escalier et des celliers souterrains du XIVe siècle, des tours et des salles du XVe siècle. Aussi, depuis 1977, ce site accueille chaque année en juin le célèbre festival Archéo Jazz.

COLLÉGIALE SAINT-MICHEL

Route de Rouen

Ouvert le week-end de 15h à 17h. Du 1er juin au 1er octobre.

En 1488, Jean d'Estouteville, seigneur de Torcy et de Blainville, se préoccupant de son salut, fit construire cette église pour y établir un collège de douze chanoines. Surmonté d'un clocher coiffé d'une élégante couronne de plomb, cet édifice présente un bel appareillage de grès et de silex. A l'intérieur, le chœur est orné de stalles en bois, sculptées d'originales miséricordes du XVe siècle. Parmi les belles statues de l'église, le transept abrite celle de l'archange saint Michel, grandeur nature, datant de la fin du XVe siècle.

BOIS-GUILBERT

Située à 30 kilomètres de Rouen, la commune de Bois-Guilbert doit sa réputation à son célèbre château des sculptures. Le jardin, véritable promenade poétique, fait le bonheur de ses habitants comme des visiteurs qui se pressent nombreux pour admirer les expositions et les 7 hectares décorés. Sans aucun doute une étape incontournable dans votre visite de la région à vélo. Pendant votre passage à Bois-Guilbert, vous pourrez aussi visiter l'église Saint-Pierre, édifiée au XIIIe siècle. Avis aux amateurs, le poney-club de Bois-Guilbert est l'occasion de belles balades en pleine nature. Créé en 1965 par Louis de Pas, il réjouit les enfants.

LE JARDIN DES SCULPTURES

1108, route d'Héronchelles

✆ 02 35 34 86 56

Ouvert toute l'année. Horaires selon la saison.

Adulte : 9 €. Tarif réduit : 6 €.

Propriété et création du sculpteur paysagiste Jean-Marc de Pas, ce parc de 7 ha est un véritable musée à ciel ouvert, une ode à l'art et à la nature, où l'on peut se promener dans des lieux enchanteurs comme le cercle des séquoias, le jardin du cosmos ou la nef des tilleuls. Plus de 6 000 arbustes et arbres s'y épanouissent, encadrant de leurs feuillages chapelle, dépendances, pavillon et château, dans lesquels les frères Corneille se rendaient souvent. Des pièces de théâtre et des expositions sont parfois présentées dans ce lieu.

RY

Difficile ici de passer à côté du souvenir de la célèbre Madame Bovary. Ry n'est autre que le « Yonville-l'Abbaye » du roman de Flaubert qui se serait inspiré en l'occurrence d'un fait divers : les amours malheureuses et scandaleuses d'une certaine Delphine Delamare... Dans cette commune, tout rend hommage à Flaubert et les pèlerinages littéraires sont nombreux ! Dans le village, on pourra admirer de belles maisons à colombages et une église datant du XIIe siècle, dont il reste une tour carrée à corniche et modillons. Dans les alentours, des chemins de randonnée ont été aménagés pour partir sur les traces d'Emma Bovary. De quoi faire de jolies balades.

MARTAINVILLE-EPREVILLE

Martainville-Épreville se situe à une quinzaine de kilomètres de Rouen. C'est véritablement son château qui fait la renommée de la commune. Il accueille en effet, dans son superbe bâtiment, le musée des arts et traditions normands et ses quelque 15 000 œuvres exposées. Voir également les deux églises. La première, l'église de Martainville-sur-Ry, a été érigée au XVIIe siècle. La seconde, l'église d'Épreville-sur-Ry, datant elle aussi du XVIIe siècle, est dédiée à saint Ouen. A noter que Martainville-Épreville a vu naître le peintre et graveur François-Gabriel-Théodore Basset de Jolimont (1787-1854).

OFFICE DE TOURISME NORMANDIE CAUX VEXIN

Maison de l'Abreuvoir
✆ 02 35 23 19 90
www.normandie-caux-vexin.com
Horaires selon la saison.

Madame Bovary, Flaubert, son univers impitoyable... Ry est le pays de la belle Emma et son mari Charles. Vous trouverez à l'office de tourisme une documentation riche et variée sur la commune et ses environs, notamment le circuit portant le nom de la célèbre héroïne de la littérature : un parcours de 66 kilomètres à effectuer en voiture, avec des panneaux touristiques dans chacune des communes traversées. Des tables de pique-nique permettent de déjeuner au bord du Crevon.

MUSÉE DES TRADITIONS ET ARTS NORMANDS ★

Route du Château (RN 31) ✆ 02 35 23 44 70
www.chateaudemartainville.fr
Mer-sam : 10h-12h30 et 14h-18h, dim : 14h-18h30. Basse saison (1/10-31/3) fermeture 17h en semaine et 17h30 dimanche.

Le château de Martainville fut construit en 1485 pour Jacques Le Pelletier. Depuis 1965, le musée abrite une exceptionnelle collection d'objets normands, pour un fabuleux voyage dans l'histoire de la vie quotidienne. On y retrouve l'évolution des styles du XVe au XIXe siècle, avec du mobilier, des vêtements, liés aux us et coutumes des différents « pays ». Tout l'artisanat normand et ses modes de vie sont ici à l'honneur. Le lieu organise des expositions temporaires et des animations.

Musée des Traditions et Arts Normands.

LES BALADES NORMANDES

TROUVILLE, HONFLEUR ET LE PONT DE NORMANDIE

LIEUX	Km total	Km à faire	Routes
PARKING PÉAGE DU PONT DE NORMANDIE (RIVE LE HAVRE)	0	48	Pont de Normandie (N1029)
FIN DU PONT NORMANDIE (RIVE HONFLEUR)	2	46	D580
HONFLEUR (VIEUX BASSIN)	5	43	D62
EQUEMAUVILLE	8	40	D62, D279
BARNEVILLE-LA-BERTRAN	11	37	D279
SAINT-GATIEN-DES-BOIS	15	33	D288
TOUQUES	22	26	D288A, rue du Général-de-Gaulle
TROUVILLE-SUR-MER (CASINO)	28	20	Quais, rue des Roches-Noires, D513
VILLERVILLE	34	14	D513
HONFLEUR CENTRE	43	5	D513
PONT DE NORMANDIE (RIVE HONFLEUR)	46	2	N529
PARKING PÉAGE DU PONT DE NORMANDIE (RIVE LE HAVRE)	48	0	

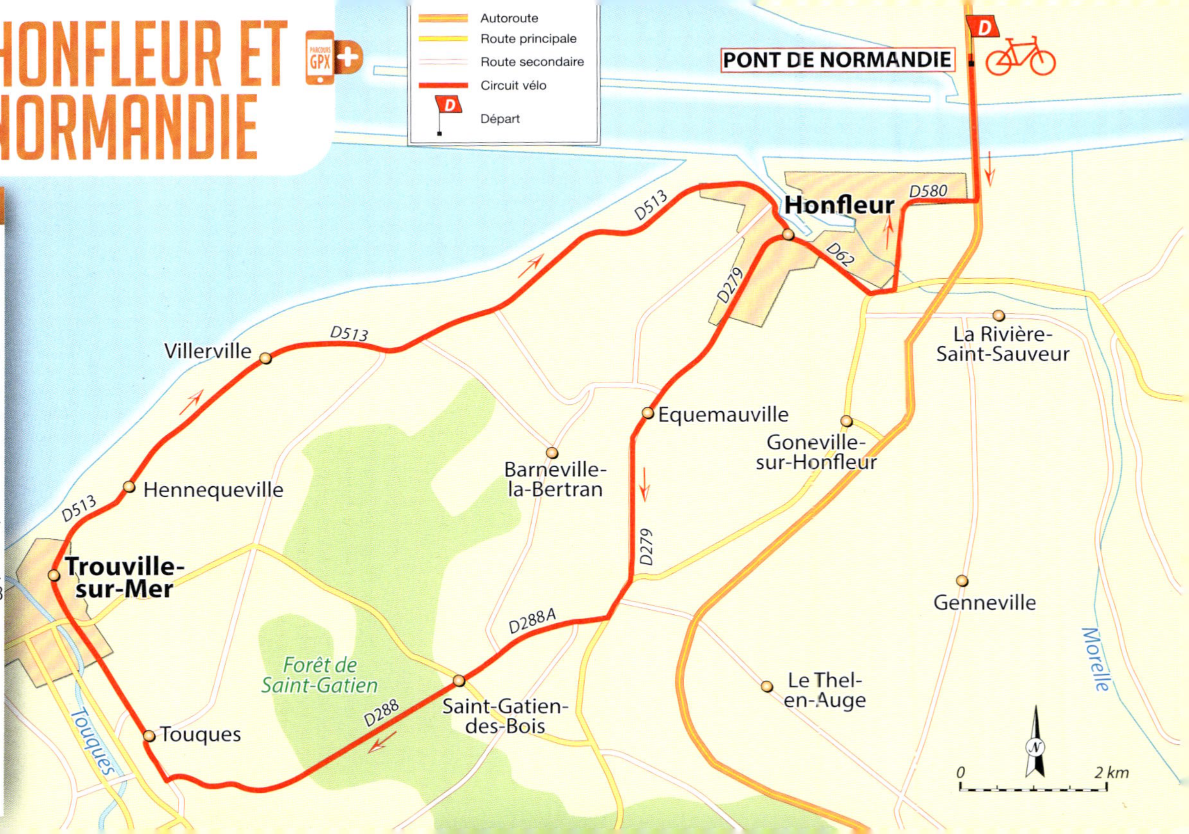

HONFLEUR ★★★

Ville de pêcheurs habillée d'ardoises et ville des peintres, Honfleur comme *nul port ailleurs*. Monet, Courbet, Boudin et tant d'autres ont fait voyager les pittoresques quais de Honfleur dans le monde. Premier port de la Côte Fleurie en venant de la capitale, cette ville a attiré le Tout-Paris dès le début du XIXe siècle. Toujours aussi nombreux, les artistes continuent à immortaliser le vieux port, animé en toute saison. De hautes maisons normandes serrées autour du vieux bassin forment un décor qui enchante photographes, peintres et flâneurs. Que l'on y vienne pour la première fois ou que l'on y retourne, la beauté de la cité est toujours intacte.

CHAPELLE NOTRE-DAME DE GRÂCE ★

Côte de Grâce

Tous les jours de 8h30 à 18h30.

Fondée entre 1600 et 1615, sur les hauteurs de Honfleur, cette chapelle a pris lieu et place d'une ancienne chapelle édifiée au XIe siècle par Richard III, duc de Normandie, détruite dans un éboulement de falaise. Le monument est voué à Notre-Dame-de-Grâce, protectrice des marins. Monument historique depuis 1938, elle a vu passer de grandes figures de l'histoire comme Louis XIII, Bonaparte ou Thérèse de Lisieux, et offre un panorama sur l'estuaire de la Seine et le pont de Normandie.

ABBAYE DE GRESTAIN ✝

2169, route de l'Estuaire - **FATOUVILLE-GRESTAIN**

✆ 02 32 57 72 10

www.abbaye-de-grestain.fr

Ouvert tous les jours de 10h à 18h. Gratuit. Visites commentées (sur réservation) : 3 €/famille. Animations.

Une histoire et un lieu magiques ! Cette ancienne abbaye fut fondée par Herluin de Conteville et sa femme Arlette (mère de Guillaume le Conquérant, enterrée ici même) vers 1050 à la suite d'un songe. Alors atteint d'une grave maladie de peau, Herluin rêva de la Vierge. Cette dernière le conduisit à l'eau d'une fontaine pour se purifier. L'abbaye fut alors bâtie en hommage à Notre-Dame. Faire vivre le souvenir d'Arlette et d'Herluin, telle est la mission des propriétaires du site, notamment grâce à un riche programme culturel fait de visites guidées, conférences...

GRENIERS À SEL ★

Rue de la Ville

Au nombre de trois à l'origine (le dernier fut brûlé en 1892), les greniers sont de vastes bâtiments en pierre qui datent du XVIIe siècle. Situés non loin de l'Hôtel de Ville, ils ont été construits par la Ferme des Gabelles, sous l'autorité de Colbert, pour stocker le sel (jusqu'à 10 000 tonnes) nécessaire aux armements pour la pêche à la morue. Tout comme l'église Sainte-Catherine, leurs charpentes sont faites en chêne et rappellent la coque d'un navire. Classés Monuments historiques en 1916, ils accueillent aujourd'hui de nombreux événements culturels.

Le port de Honfleur.

MUSÉE EUGÈNE BOUDIN ★★

Place Erik-Satie
✆ 02 31 89 54 00
www.musees-honfleur.fr
Tous les jours, sauf mardi, de 10h à 12h et de 14h à 18h. 8 € (tarif réduit 6,50 €).

La visite de ce musée s'articule autour de plusieurs thèmes, dont le principal est, bien sûr, Eugène Boudin lui-même et les peintres du XIXe siècle. Les peintures, évoluant du romantisme sombre de Jean-Baptiste Isabey vers la clarté lumineuse de Claude Monet, évoquent l'atmosphère des rencontres à l'auberge Saint-Siméon, située non loin de Honfleur, où les artistes venaient trouver la lumière des ciels normands, de l'eau et des jardins. Les œuvres d'Eugène Boudin, né à Honfleur en 1824, sont entourées par celles des peintres amis : Monet, Dubourg, Courbet, Jongkind... pour ne citer qu'eux. Deux espaces présentent les 92 œuvres de Boudin (peintures et dessins), actuellement conservées ici même. Dans l'un sont regroupés les pastels, ciels, vues de Honfleur, scènes à l'auberge Saint-Siméon. Dans le second, les peintures à l'huile, plages, portraits, paysages et marines. D'autres salles offrent un voyage à travers la peinture plus contemporaine, consacrée aux artistes du XXe siècle, qui ont vécu ou travaillé à Honfleur et en Normandie, comme Vallotton, Marais, Dufy, Marquet, Cappiello et les peintres de l'école de Rouen. Admirez également la collection ethnographique de costumes, accessoires, dentelles, mobilier et, à quelques mètres de là, le clocher Sainte-Catherine, annexe du musée (fermé de novembre à mi-avril), où sont exposées des œuvres religieuses (sculptures, souvenirs des Charités et de la chapelle Notre-Dame-de-Grâce). La chapelle, quant à elle, accueille des expositions temporaires.

NATUROSPACE ★★

Boulevard Charles-V ✆ 02 31 81 77 00
www.naturospace.com
Ouvert tous les jours de 9h30 à 18h30 (19h30 en juillet-août). Adulte : 10 €. Enfant de 3 à 11 ans : 7,50 €.

Fin connaisseur du milieu tropical amazonien, Benoît Damico fonde en 1999 le Naturospace, un zoo unique en Normandie. On s'offre un voyage au contact direct de la nature dans ce paradis sous serre, où oiseaux et papillons évoluent en liberté. Imaginez-vous au bord du fleuve Maroni, en pleine forêt amazonienne. Des espèces étonnantes telles que les grands Morphos bleus ou les papillons-chouettes viendront peut-être se poser sur votre épaule. Chaque matin, on peut assister à la naissance des papillons, au déploiement de leurs ailes et envol dans la serre. Féerique.

HONFLEUR TOURS

Départ : église Saint-Léonard ✆ 07 69 55 49 96
honfleurtours.com
Visites guidées d'avril à septembre. Honfleur à pied : 1h30, 18 €, 14 € enfants de 10 à 15 ans. Réservation en ligne.

Découvrir Honfleur sous un regard nouveau et dans la bonne humeur, au fil d'un circuit historique (1h30) ou d'une visite commentée à vélo électrique (2h30), c'est ce que propose Pierre Rallu. Lors de ses visites guidées personnalisées, vous découvrirez le charme et l'authenticité d'une ville devenue témoin du riche passé historique de la Normandie. Avec ce guide local, explorez les siècles d'histoire, les anecdotes et tout ce qui fait de Honfleur une cité au-devant de la scène internationale. Passionné et passionnant, Pierre est féru d'histoire et de patrimoine !

CAMPING LA BRIQUERIE €

D62
EQUEMAUVILLE
✆ 02 31 89 28 32
www.campinglabriquerie.com
Ouvert de fin mars à fin octobre. Emplacement de 7,20 à 11,30 €.

Le Camping de la Briquerie, qui ne compte pas moins de 5 étoiles, plaira à tous ! Il propose un très large choix d'hébergements, du traditionnel emplacement au *mobil-home*, en passant par le gîte, le studio ou le chalet. Côté services et équipements, l'endroit est également bien doté : restaurant, bar, salle de jeux, terrain multi-sports, trampoline, salle de fitness, wifi illimité et gratuit, sans compter les nombreuses animations, ou encore le magnifique espace aquatique comprenant trois bassins chauffés, avec trois toboggans aquatiques.

L'ARBRE AUX ÉTOILES €€

168, impasse d'Aumale - **FATOUVILLE-GRESTAIN**
✆ 09 54 08 03 18
www.larbreauxetoiles.fr
A partir de 80 € la nuit pour 1 personne, 120 € pour 2, petit déjeuner bio inclus. Animations et cours de yoga.

Une adresse à tester pour se ressourcer ! Situé à proximité de l'estuaire de la Seine et à quelques kilomètres d'Honfleur, l'Arbre aux Étoiles est un hébergement écotouristique et insolite, inventé par Cyril et Maÿlis. Les aventuriers sont invités à vivre un séjour bien-être dans l'une des 7 chambres du complexe. Au programme : des séances détente au spa, un petit déjeuner bio chaque matin, des moments calmes dans la bibliothèque ou dans un hamac, des promenades dans le verger et le petit bois... Tout est fait pour communier avec la nature !

LA COUR SAINTE-CATHERINE €€

74, rue du Puits ✆ 07 87 04 49 16
www.coursaintecatherine.com
Chambre double à partir de 160 €, petit déjeuner inclus. Restauration. Sauna finlandais (10 €).

Un lieu paisible de villégiature offert par cet ancien couvent du XVIIe siècle et son joli jardin de curé. Sur place, au cœur de la cité, à deux pas du vieux port, plusieurs chambres de charme (dont une en rez-de-jardin), suites ou appartements avec vue sur la cour, tout confort, décorés avec goût et raffinement. Copieux petit déjeuner et pâtisseries à toute heure raviront les gourmands. On vous prépare même un panier garni pour la balade en vélo, gracieusement prêté qui plus est ! Il ne vous reste plus qu'à appeler et réserver, vous ne serez pas déçus du voyage !

PHARE DE FATOUVILLE €€

386, route du Phare - **FATOUVILLE-GRESTAIN**
✆ 02 32 57 66 56
pharedefatouville.fr
Chambre double 90,60 €, chambre familiale 4 personnes 163,60 €, petit déjeuner et visite du phare inclus.

Coup de cœur garanti pour ces chambres d'hôtes offrant sans doute le site le plus original du département ! Qui n'a jamais eu envie de dormir au pied d'un phare ? Ici, quatre chambres thématiques sont installées dans la maison des gardiens. Pour le repas, rendez-vous dans le phare de Fatouville avec des produits faits maison et issus de la ferme ! Du haut de ses 32 mètres, seuls les hôtes d'Anne et Jean-François Durand ont le privilège d'admirer le magnifique panorama à 360 degrés avec vue sur Honfleur et la côte normande. Prêt pour tenter l'aventure, matelot ?

AUBERGE DU VIEUX CLOCHER €€

9, rue de l'Homme-de-Bois ✆ 02 31 89 12 06
aubergeduvieuxclocher.eatbu.com
Du jeudi au mardi midi et soir. Menus de 25,80 € à 31,80 €. Formule du midi 15 €. Réservation recommandée.

James sait accueillir ses hôtes. Sur les cimaises, il raconte sa vie et ses passions. Mais passons à table avec, pour commencer, un kir normand (cidre de la Ferme des Parquets de Fourneville). Puis vous vous laisserez bien tenter par une cuisine de tradition, fraîchement préparée, entre foie gras de canard maison, andouille de Vire aux pommes chaudes, tripes à la mode de Caen (faites par beau-papa !), brioché de pommes façon Charlotte... Le vin est bon et les prix très corrects pour ce restaurant aux prestations de qualité, un peu à l'écart de la foule.

MAMAN GORILLE €€

44, rue de la Chaussée
✆ 06 08 57 65 49
Du vendredi au mardi, service continu de 11h à 17h. Compter environ 12 € le plat. Part de gâteau maison 6 €.

Un lieu cosy sur deux niveaux étroits, à l'image des traditionnelles maisons de pêcheurs honfleuraises. Chloé et Paul, déjà à la tête de l'Huître Brûlée, ont ouvert ce petit local simple et sans courbette. Comme une cantine du midi ! Une cantine végétale qui plaira aux petits appétits. On aime la soupe en hiver préparée avec les parures de légumes utilisés pour la carte. On aime aussi le pain aux graines, le carrot cake, les beaux cafés. Ainsi que la prise de risque : moins de vin, plus de cidre ! Service continu idéal pour les horaires décalés ou les lève-tard.

AU RELAIS DES CYCLISTES €€

10, place de la Porte-de-Rouen ✆ 02 31 89 09 76
www.aurelaisdescyclistes.fr
Du vendredi au mercredi 9h30-23h. Menus de 19,80 à 31,90 €. Menu enfant 11 €. Formule midi 16 € (en semaine).

Brasserie qui demeure à la dimension de nos envies : conviviale et sans chichi. C'est la table sympa où se poser, près de l'office de tourisme. Selon la tradition, dans les années 1940, les paysans qui descendaient en ville faire le marché confiaient leur vélo au café du coin. L'invitation est toujours lancée pour votre déjeuner ou dîner autour de la formule, du plat du jour ou d'un plateau de fruits de mer. Parmi les spécialités de la maison, faites maison, le saumon fumé, le foie gras, les moules au camembert, la teurgoule d'Honfleur... Bon appétit à tous !

HONFLEUR NORMANDY OUTLET

Avenue de Normandie
✆ 02 31 88 42 82
www.honfleuroutlet.com
Tous les jours 10h-19h. Navettes HO Bus (ligne B) au départ du centre-ville de Honfleur : ticket 0,50 €.

Incontournable ! Situé au pied du pont de Normandie, à 2 km du cœur de Honfleur, ce village de marques est la nouvelle génération de magasins outlet. Le parcours shopping, moderne et attrayant, propose à une clientèle familiale et touristique un choix de 90 marques nationales et internationales. Mode, lingerie, chaussures, beauté, articles pour la maison, gourmandises, sans oublier des points de restauration, tout y est ! Les plus : ouverture 7j/7, parking gratuit, des jardins participatifs et, bien sûr, les plus grandes marques à -30 % minimum toute l'année.

EQUEMAUVILLE

Mitoyenne de la ville de Honfleur, Equemauville, qui n'est qu'à 3 kilomètres, moins réputée que ses illustres voisines, Equemauville bénéficie pourtant d'un patrimoine architectural et historique intéressant et constitue une jolie halte dans votre découverte du Calvados. A ne pas manquer : la chapelle Notre-Dame-de-Grâce, l'église Saint-Pierre ou encore le pavillon de la Reine. Les alentours de la ville se prêtent à la randonnée. Des itinéraires ont été aménagés pour découvrir notamment le bois du Breuil, réputé pour ses allées de rhododendrons.

CÔTE DE GRÂCE ET MONT JOLI

Côte de Grâce

Situés sur la commune d'Equemauville, tous deux sont pourtant propriété de la Ville de Honfleur. Sur le plateau de Grâce, site classé, se trouve la chapelle Notre-Dame-de-Grâce dont l'histoire date de près de 1 000 ans. Une première chapelle est fondée en 1023 grâce à un vœu fait au retour d'un naufrage, soit par Richard II, duc de Normandie, soit par son fils, Robert le Magnifique (père de Guillaume). Construite au bord de la falaise abrupte qui domine l'estuaire de la Seine, elle devient un lieu de pèlerinage. En 1538, suite à un glissement de terrain, la chapelle est entraînée dans le ravin ; seul le mur où la statue est adossée est intact. Au début du XVIIe siècle, les roches qui soutiennent les ruines menacent : on déplace la chapelle. La construction est achevée en 1653. Après la Révolution, la chapelle est transformée en taverne puis mise en vente. Les Honfleurais la rachètent. A l'intérieur, on peut voir de nombreuses plaques qui témoignent du passage de personnages illustres. Ces ex-voto symbolisent la réussite d'un vœu, d'une prière.

Et pour une chouette idée de promenade, d'environ 5 kilomètres : prendre la côte de la Croix-Rouge, puis tourner à droite vers la rampe du Mont-Joli. Le magnifique panorama sur Honfleur et l'estuaire de la Seine récompense les courageux. Sur le plateau de Grâce, au cœur d'un havre de verdure, vous ne pourrez manquer la célèbre chapelle Notre-Dame-de-Grâce. Pour entendre le carillon, rendez-vous à midi ! A ne pas manquer !

BARNEVILLE-LA-BERTRAN

Petite commune habitée depuis le Moyen Âge, Barneville-la-Bertran est située à seulement quelques kilomètres des célèbres villes d'Honfleur et de Deauville. Ce village séduit par son urbanisme de charme. En plus des jolies maisons à colombages qui ornent ses rues, il convient également de ne pas manquer l'église Saint-Jean-Baptiste, édifice construit au XIIe siècle, et le manoir des Vallées, inscrit aux Monuments Historiques. Sans oublier le château de Barneville-la-Bertran et son parc, très prisé des habitants comme des visiteurs. Pour l'anecdote, la romancière Françoise Sagan a vécu dans le village, plus précisément dans le manoir du Breuil.

LA COUR DE BAS €€

Chemin de la Moulière ✆ 02 31 89 03 64
www.cour2bas.com

4 chambres. Chambre double de 89 à 115 €. Petit déjeuner inclus. Week-end à partir de 300 €, semaine à partir de 650 €.

Ces chambres insolites sont nichées dans une vallée discrète du Pays d'Auge tout près d'Honfleur, au milieu des forêts et des sources, et offrent au voyageur charme et dépaysement. Calme et confort assurés avec en prime les toiles humoristiques d'Huguette, artiste peintre à ses heures, inspirées par l'humour drôle d'Alphonse Allais. Ici, le dépaysement est à l'honneur avec des chambres spacieuses et à la décoration personnalisée et originale : chambre Zen, chambre Afrique, espace Campagne (deux pièces pour deux à quatre personnes)... Du bonheur à l'état pur !

AUBERGE DE LA SOURCE**** €€€

Chemin du Moulin ✆ 02 31 89 25 02
www.auberge-de-la-source.fr

19 chambres de 115 € à 335 €. Petit déjeuner inclus. Parking inclus. Animaux de compagnie acceptés pour 15 € par nuit.

A un quart d'heure de Deauville et cinq minutes d'Honfleur, en plein cœur de la campagne augeronne, un établissement de luxe vous accueille. Les chambres, douillettes et décorées avec goût, vous offrent une vue imprenable sur la nature environnante. Aux beaux jours, le plus grand plaisir, c'est de pouvoir prendre le petit déjeuner sur la terrasse, au son de l'eau et du chant des oiseaux ! Un buffet digne de ce nom avec du pain cuit au four à bois.

Le soir, le restaurant de l'hôtel, dirigé par Yanick Bernouin, propose un menu de quatre plats à un prix fixe.

SAINT-GATIEN-DES-BOIS

Au cœur du pays d'Auge, charmante petite ville située à environ 10 km de Deauville et Pont-l'Evêque, avec son église du XIXe siècle, dont certaines parties datent du XVe, qui trône sur la place centrale entourée de bons commerçants. Elle accueille l'aéroport de Deauville-Normandie qui voit se poser une centaine de chevaux par an, et le beau golf de Saint-Gatien qui étire ses trois parcours sur plus de 100 ha. Entre manoirs, maisons aux toits de chaume, forêt et un petit centre équestre (la Ferme des Galopins) tenu par la pétillante Anne, la commune de Saint-Gatien-des-Bois est l'escapade idéale pour échapper à une côte parfois trop touristique.

ÉGLISE SAINT-GATIEN

Rue des Brioleurs

Au cœur de Saint-Gatien-des-Bois, voilà un monument qui ne manque pas d'élégance ! L'église, d'une grande largeur, fut bâtie aux XVe et XVIe siècles, mais son chœur, lui, a été reconstruit au XVIIIe siècle. Son clocher-porche, dominé par trois cloches, s'élève sur trois niveaux. Sa façade est soutenue par six contreforts saillants. A l'intérieur, on découvre de beaux vitraux du XIXe siècle qui ornent le chœur à pans, une statue en pierre de la Vierge à l'Enfant du XVIe, ainsi que d'autres statues de saint Gilles, saint Sébastien, un évêque et un Christ en bois.

FORÊT DE SAINT-GATIEN-DES-BOIS

Chaque début juillet : Trail du Bois-Joli, deux parcours pour une course 100 % nature.

Voici la plus grande forêt du Calvados avec un périmètre de 28 kilomètres et une superficie de 3 500 hectares. Elle fut exploitée par les brioleurs, mi-cultivateurs, mi « sorteux de bois », qui y effectuaient le transport de bûches, fagots ou fougères, aidés de leurs petits chevaux équipés d'une clochette pour mieux les localiser la nuit. Aujourd'hui, la forêt est exclusivement privée. Un sentier de 9,5 kilomètres, au départ de la mairie, est accessible hors période de chasse.

AUBERGE LE CHEVAL BLANC €€

35, rue Brioleurs ✆ 02 31 65 16 67

www.hotel-lechevalblanc.com

Chambre double de 55 € à 75 €. Pension et demi-pension. Restauration.

Coup de cœur pour cette auberge qui allie le charme d'une ancienne maison normande et le douillet confort moderne ! Fraîchement rénovées, les chambres sont impeccables. Le tout pour un très bon rapport qualité-prix. L'accueil est toujours et particulièrement chaleureux. Et que dire de la table qui est, avec ses plats de terroir, tout simplement parmi les meilleures des alentours ! En plus, c'est à trois kilomètres à vol d'oiseau de l'aéroport de Deauville-Saint-Gatien et à dix, à peine, des petits ports de Honfleur et Trouville. Le bonheur entre terre et mer !

LEVALTIPIS €€

14, le Val de l'Air

✆ 06 71 59 82 43

levaltipis.com

Tipi pour 2 personnes à partir de 98 € la nuit, avec petit déjeuner et bouteille de cidre. Plateau repas en supplément.

Au cœur d'un arboretum, entre Pont-l'Evêque et Honfleur, il est un petit coin où il fait bon se mettre au vert. Une habitation originale pour vivre une belle aventure. L'impression de dormir à la belle étoile et, avec un peu d'imagination, d'entendre le pas des quelques Indiens alentour. De quoi, en tout cas, se dépayser en couple, entre amis ou en famille. Quatre tipis tout confort offrent l'hospitalité pour une ou plusieurs nuits reposantes et inoubliables. Le soir, on refait le monde au coin d'un feu, autour d'une bonne bouteille de cidre. Tapi dans son tipi !

LES SAVEURS D'ANTAN €€

Domaine de la Griserie

✆ 02 31 65 79 33

Du mercredi au samedi, midi et soir, et dimanche midi. Plats environ 20 €. Boucherie ouverte toute l'année.

C'est Claire ! Sans faire de jeu de mots... Derrière cet endroit atypique, se cache en effet un petit bout de femme qui résume l'endroit, à la fois souriante et très active, et au caractère bien affirmé ! Pour preuve, pour manager une ferme, une boucherie qui propose de la viande issue des races Salers et Parthenaise, dont le troupeau est élevé sur place, il faut avoir la foi. Un restaurant complète la panoplie, où l'on peut déguster directement ces délicieux produits, du champ à l'assiette. Allez donc la découvrir, elle et ses authentiques saveurs d'antan.

TOUQUES

À deux pas des tribulations de Deauville-Trouville se trouve un charmant village qui respire le calme et la tranquillité. Une charmante commune fleurie et animée toute l'année qui cache un passé insoupçonné. Les premières traces d'occupation humaine sur le site de Touques remontent au premier siècle de notre ère. Au Moyen Age, c'était la deuxième métropole du pays d'Auge ! Très actif, son port de commerce était protégé par un château fort qui constituait l'une des principales résidences des Ducs de Normandie. Aujourd'hui toujours convoitée, Touques a été la première commune du Calvados à recevoir le label « Petite cité de caractère ».

ÉGLISE SAINT-THOMAS

Place Foch
✆ 02 31 88 70 93

Monument historique depuis 1926, cette église fut remaniée depuis sa construction au XIIe siècle, et ne conserve plus d'origine que sa tour clocher. Cette dernière est surplombée par une flèche octogonale néo-gothique datant de 1870. Quant au chœur, entièrement reconstruit pendant la guerre de Cent Ans, il abrite une ancienne ouverture destinée aux lépreux de la maladrerie de Saint-Marc, ainsi qu'un vitrail de son saint patron. Le plus étonnant reste la nef : transformée aux XIVe, XVIIe et XIXe siècles, elle est un amalgame de styles roman, gothique et classique.

RUISSEAU DES OUÏES

Un ruisseau qui ne paie pas de mine, mais qui pourtant, en a vu ! En effet, lui qui traverse aujourd'hui paisiblement le centre-ville, séparait jadis les paroisses de Saint-Pierre et de Saint-Thomas. Ces deux paroisses étant rivales, du côté Saint-Thomas des gens modestes, du côté Saint-Pierre des riches notables. Le ruisseau fut le théâtre de nombreux affrontements. Tout au long du cours d'eau, vous pourrez admirer les lavoirs bien conservés : à l'époque, les lavandières des deux camps ne lavaient pas leur linge ensemble, séparées par ce fameux ruisseau.

QUARTIER DES ARTS

Autour de la place Saint-Pierre ✆ 02 31 88 00 07
Ouvert toute l'année. Accès libre. Salon de thé. Animations.

Dans la coquette Touques se niche un vivier artistique composé de quatre ateliers de céramistes et deux galeries. Il faut s'aventurer derrière l'église Saint-Pierre pour découvrir cette face cachée de la ville et ce quartier des Arts qui fait la fierté de toute une commune.

La découverte commence sur le parvis de l'église avec la **galerie des Créateurs**, une boutique tenue avec beaucoup de goût par mme Laborde. Les objets d'art exposés (vases, luminaires, décoration, art de la table…) conviennent à tous les budgets et représentent de belles idées cadeaux. La thématique de ces créations, au supplément d'âme indéniable, directement issues d'ateliers d'artisans et designers français, change tous les deux mois. Un univers à découvrir de mars à décembre (✆ 06 71 52 71 05 – www.creaculture.org).

Continuons la visite derrière l'église pour découvrir un salon de thé dans l'ancien presbytère. Coup de cœur pour **L'Atelier Hanami** (✆ 06 40 49 64 85 - atelierhanami.fr) qui propose thé, café, jus locaux et pâtisseries confectionnées avec passion par Fanny ou son conjoint pâtissier. Fanny propose aussi des ateliers DIY autour des fleurs et des bougies.

Au sein de cet univers insoupçonné depuis la route principale de Touques, on fait également la rencontre de Pierre, *alias* **Peter Potter**. Outre son atelier dans l'ancienne cuisine du presbytère, où il travaille régulièrement sous le regard du public, sa boutique d'objets décoratifs en grès émaillé vaut le détour. Si vous avez toujours rêvé d'apprendre la poterie, cet artiste originaire de Lisieux propose des cours (✆ 07 77 79 37 77).

Autre artisan, autre ambiance chez **Tony Mauger** qui, au sein des anciennes écuries, déploie son savoir-faire unique et si normand, l'épi de faîtage. Il y a aussi des décorations extérieures en céramique, on vous laisse le soin de découvrir leur « secret de fabrication » à l'étage (✆ 06 09 03 04 60 – ceramistepotier.free.fr).

Le parcours continue avec **David Guzman**, céramiste d'art depuis 40 ans, qui fait partie des Ateliers d'art de France. Ce lieu de création est une jolie vitrine de son travail réalisé à la main et de son bel univers. On a craqué pour ses véritables théières. Il propose des stages de perfectionnement (✆ 06 66 31 82 82).

Enfin, ne manquez pas l'atelier **Tia Terra** empli de féminité, où la jeune céramiste Alix Thouvenot travaille et expose ses créations. Art de la table (on adore les tasses zébrées !), déco et bijoux ornent les étagères. Pour les plus créatifs d'entre vous, des cours de tour et modelage sont ici dispensés par l'artiste elle-même (✆ 06 63 44 67 99).

TROUVILLE-SUR-MER ★★★

Séparée de Deauville par une syllabe et une rivière, la Touques, Trouville a su garder son élégant caractère Second Empire et son pittoresque charme de petit port de pêche. Au fil des Planches, les demeures à l'architecture typique de la région font toujours forte impression. Marguerite Duras s'est, elle aussi, laissé emporter par la joliesse des maisons trouvillaises. Depuis le début du XIXe siècle, grâce aux bains de mer, ce havre de paix attire peintres, artistes ou écrivains, dont Charles Mazin à qui l'on doit l'essor de la ville dans les années 1840. Aujourd'hui encore, nombreux sont ceux qui tombent dans les filets de Trouville-sur-Mer...

MUSÉE VILLA MONTEBELLO ★

64, rue du Général-Leclerc ✆ 02 31 88 16 26
www.trouville.fr/museevillamontebello
Mercredi-vendredi 14h-17h30, week-end 10h-12h et 14h-17h30. Été : mercredi-dimanche 10h-12h et 14h-17h30. 7 €.

© PETR KOVALENKOV - SHUTTERSTOCK.COM

Exemple typique de l'architecture balnéaire du Second Empire, cette villa fut édifiée en 1865 par Jean-Louis Célinsky de Zaremba pour la marquise de Montebello. Elle surplombe la mer et offre ainsi une vue imprenable sur la baie de Seine. Les collections évoquent les débuts de la station balnéaire trouvillaise. Le célèbre affichiste Raymond Savignac, dont les œuvres parsèment la ville, s'y taille une place d'honneur ! Ce musée organise de nombreuses animations autour de ses collections, ainsi qu'une grande variété d'expositions temporaires.

CRÊPERIE DU PORT €

30, boulevard Fernand-Moureaux
✆ 02 31 88 18 60
Tous les jours de 12h à 22h. Menu escapade 19,90 € servi en semaine, hors vacances. Menu enfant 13,50 €. Terrasse.

Face au port, cette crêperie on la connaît depuis belle lurette, depuis son ouverture en 1992, et on la suit avec intérêt. Y règne une ambiance simple, vraie. Le chef (breton !) de cette authentique crêperie de tradition travaille avec des artisans locaux. Devant la carte, on hésite face à l'éventail de galettes au sarrasin normand, préparées devant les clients. Aujourd'hui, ce sera la Vire, à l'andouille et ses pommes flambées au calvados. La pâte est croustillante, l'assiette bien garnie. Et quoi de mieux qu'un cidre (normand !) pour arroser ce repas convivial ?

VILLA GYPSY €

65, rue des Bains
✆ 09 53 83 88 90
villagypsy.fr
Ouvert du mercredi au dimanche de 10h30 à 18h. Tous les jours pendant les vacances scolaires. Terrasse. Boutique.

Voilà une belle histoire de famille : Nathalie, la maman, et sa fille, Céline, offrent un lieu inclassablement délicieux au cœur de Trouville. Ce concept store doit figurer sur votre carnet d'adresses. On entre d'abord dans la boutique de déco, puis le regard s'arrête sur les pâtisseries alléchantes disposées sur le bar. Pour chaque recette, végétariennes pour beaucoup, une histoire. Cerise sur les gâteaux, la terrasse adorablement aménagée vous accueille dans un coin de verdure ensoleillé l'été et en jardin d'hiver avec plaid par temps gris.

LES TOQUÉS DU TERROIR

46, rue des Bains
✆ 02 31 98 13 07
Lundi, mardi, jeudi et vendredi de 10h à 19h, le week-end de 10h à 19h30 (et plus tard si affinités !).

Convivial et décontracté, l'accueil donne envie de prendre son temps et de flâner dans cette jolie boutique aux pierres apparentes de la rue des Bains. Une épicerie de plus ? Ça non ! Fruits et légumes, pains aux farines anciennes, œufs de la Ferme GonneGirls, saucissons de Cagny, breuvages normands, vrac et bocaux, mais aussi cosmétiques, répondent aux besoins du quotidien. Et l'équipe a réponse à tout, Claire et Chloé sont incollables sur l'histoire des producteurs qui se cachent derrière chaque produit. La Normandie et la gastronomie, c'est toute une histoire !

Plage de Trouville-sur-Mer.

LE PAYS D'AUGE AUTOUR DE LISIEUX

LIEUX	Km total	Km à faire	Routes
PONT-L'ÉVÊQUE (MAIRIE)	0	65	D118
BEAUMONT-EN-AUGE	6	59	D58, D285
SAINT-HYMER	13	52	D280A
PIERREFITTE-EN-AUGE	15	50	D280A, D48
COQUAINVILLIERS	23	42	D48, D262
OUILLY-LE-VICOMTE (LISIEUX)	27	38	D262, D510, D143
MOYAUX	39	26	D137, D810
CORMEILLES	45	20	D111, D265, D98
BLANGY-LE-CHÂTEAU	55	10	D51, D48
PONT-L'ÉVÊQUE (MAIRIE)	65	0	

PONT-L'EVÊQUE ★★

Construite sur un carrefour de routes et de rivières, la commune de Pont-l'Évêque est un lieu de passage et de commerce depuis le Moyen Âge. Son coquet centre-ville, son style architectural typiquement normand, ses artisans, son marché et ses petits cafés lui donnent un indéniable charme. Les maisons à pans de bois, petits ponts et cours d'eau où surfent les canards entre les lierres grimpants : tout semble sortir d'une carte postale. Hier, une pépite mésestimée du Calvados, aujourd'hui, un incontournable de Normandie, Pont-l'Évêque mérite que l'on s'y attarde, d'autant que la ville bénéficie depuis 1972 d'une appellation d'origine contrôlée.

ÉGLISE SAINT-MICHEL ★

Place de l'Eglise

Une belle église classée Monument historique depuis 2008, au beau milieu de la ville, près du grand pont des Chaînes, sur la rive gauche de la Touques. A cet endroit, au XIIe siècle, s'élevait une chapelle consacrée à Saint-Michel. Sa nef et son chœur ont été construits dans un style gothique flamboyant, tandis que sa partie nord date du XVe siècle, et sa façade sud d'une époque plus récente : XIXe siècle. On pense que sa tour occidentale a été édifiée au XIIIe siècle. Ne pas rater la visite du jardin du presbytère, situé juste derrière.

QUARTIER ANCIEN

Rue de Vaucelles

Décidément, Pont-l'Evêque ne manque pas d'atouts ! C'est tout autour de la rue de Vaucelles que vous plongerez dans le XVIIe siècle ! Grâce à une mise en couleur des colombages, de l'azur au sinople, ce quartier typique de la ville, réhabilité au début des années 2000, offre à admirer des maisons à l'architecture typique du pays d'Auge, avec colombages, belles toitures d'ardoises, petites portes et fenêtres adorables. Traditionnelle de la région, l'ossature en bois, aussi nommée pan de bois, se présente sous diverses formes, avec hourdis de torchis ou tuileaux.

DOMAINE DE GEFFOSSES €€

979, route de Saint-Hymer
✆ 02 31 64 19 19
domainedegeffosses.fr

Chambre double à partir de 75 €. Petit déjeuner 11,50 €. Egalement des gîtes indépendants de 2 à 6 personnes.

Solenn et Stéphane vous accueillent tout sourire dans ce superbe domaine typiquement augeron. Pour la petite histoire, Flaubert a passé une partie de son enfance ici. Plusieurs choix de nuitées : en gîtes (le Pressoir, le Chalet et la Bouillerie) ou dans l'hôtel nommé le Petit Manoir, au sein de l'ancien corps de ferme de 1787. Idéales pour un week-end en amoureux ou entre amis, les chambres permettent un joli passage au vert, au cœur du pays d'Auge, à deux pas des villes touristiques. L'endroit, apaisant, réserve un bon accueil et un bon petit déjeuner.

HÔTEL SPA LE LION D'OR*** €€

8, place Saint-Mélaine
✆ 02 31 65 01 55
www.leliondorhotel.com

Chambre double à partir de 80 €. Petit déjeuner 12 €. Restauration. Spa.

Incontournable, cet ex-relais de poste de 1820 a su se mettre au goût du jour avec brio. Plus qu'un hôtel, cet établissement propose un spa moderne à l'ambiance orientale en sus de nombreux services. Si la façade côté rue n'est pas folichonne, on commence à se douter de la perle quand on entre dans la cour. L'intérieur tient ses promesses et propose chambres et suites raffinées. Une sort encore plus du lot : la suite 1001 nuits qui, avec son petit spa privé, fait tout simplement rêver.

AUBERGE DE LA TOUQUES €€

2, place de l'Eglise ✆ 02 31 64 01 69
www.aubergedelatouques.com

Lundi et mercredi midi ; du jeudi au dimanche midi et soir. Menus de 29,50 € à 39,50 €. Formule du midi 26 €.

Au bord de la Touques, à l'ombre de l'église Saint-Michel, une auberge comme on en voit de moins en moins. Nichée dans une maison augerone avec colombages, l'adresse offre un cadre si chaleureux, avec un bar en bois rustique, des poutres du XVIIIe siècle, un feu de cheminée en arrière-saison et un barbecue l'été. Béatrice, propriétaire des lieux depuis bientôt 20 ans, s'est entourée d'une équipe sympathique et d'un nouveau chef, Sébastien Bellargent, qui apporte sa touche de modernité à une cuisine traditionnelle et alléchante qui respire la Normandie.

AUBERGE DES DOMINICAINES €€

63, rue Saint-Michel
✆ 02 31 64 10 96

Ouvert du vendredi au mardi le midi et le soir. Réservation recommandée. Menus de 18 € à 35 €.

Cette belle auberge classée est reconnaissable à ses bleus colombages. Sous les poutres, la carte décline le terroir. Les plats sont faits maison et, en cuisine, on aime que les assiettes reviennent « nettoyées » : terrine d'andouille, tartelette de boudin noir et sa pomme fruit, escargots du Pré d'Auge, entrecôte sauce pontépiscopienne, tripes à la mode de Caen se disputent les suggestions. Fromage normand et dessert gourmand (une tarte aux pommes flambée au calvados, bien sûr !) en note finale. Non, on ne badine pas avec la Normandie !

LA POPOTE EN COCOTTE €€

35, rue de Vaucelles
✆ 02 31 64 68 13

Du jeudi au lundi midi et soir. Menus de 20 € à 25 € (midi et soir). Menu enfant 9,80 €. Réservation recommandée.

Coup de cœur pour le duo talentueux formé par les frères Julien et Jérémy, sans oublier le sourire du service en salle et sur la jolie terrasse. Cette Popote nous mijote une belle ambiance et nous concocte une cuisine maison généreuse. Carte concise et gourmande, avec œufs cocotte bien sûr ! S'y ajoute une ardoise renouvelée selon les saisons et l'inspiration du chef. Un vrai travail sur les arrivages en direct du marché et des producteurs, pour un prix honnête. Et c'est l'une des rares adresses ouvertes à Pont-l'Évêque en soirée le dimanche et le lundi !

LE CHAT PERCHÉ

522, chemin de l'Eglise
✆ 07 63 31 53 48
www.lechatperche-pub.com

Mercredi 12h-18h30, vendredi 19h-22h, samedi 12h-22h, dimanche 11h-18h30 (brunch 11h-15h). Réservation recommandée.

Comme une grande envie de souffler et de prendre l'air ? Nous avons trouvé l'endroit idéal pour cela, notre maison secondaire… Enfin presque ! A deux pas de Pont-l'Evêque, chez Camille et Valentin. On a adoré l'espace à l'extérieur, la déco rétro à l'intérieur, le coin jeux pour les enfants. Ici, on déjeune le midi de bons petits plats aux couleurs britanniques, on prend un thé l'après-midi et on profite du bar dînatoire le soir. On a adoré le fait de penser qu'on ira tester, un jour, le brunch bio, local et équitable du dimanche. On a détesté : repartir !

3 COCOTTES

16, rue Hamelin
✆ 02 31 65 19 21

Ouvert du mardi au samedi de 10h à 13h et de 15h à 19h.

Les 3 Cocottes de Nathalia ? C'est un clin d'œil à ses trois poules ! C'est aussi, et surtout, un concept store écoresponsable à Pont-l'Evêque. Une toute petite boutique à peine visible depuis la rue, mais dès la porte franchie, on est surpris par le choix proposé. Le commerce de Nathalia est éthique et équitable, on y trouve des produits locaux, des paniers garnis sans plastique, mais aussi des marques françaises, sans produits chimiques. Lexovienne d'origine, après avoir travaillé à la Cigale à Paris, Nathalia est revenue aux sources. Chouette, non ?

BASE DE LOISIRS DU LAC TERRE D'AUGE

D48 ✆ 02 31 65 56 99
www.terredauge-lelac.fr

Accès piéton : tous les jours 7h-21h30. Activités les week-ends et pendant les vacances scolaires. Restauration.

Si faire des ploufs dans la Manche ne suffit pas, vous savez où aller ! Profitez en famille de cet écrin de verdure et son lac de 60 ha avec nombreuses activités terrestres et nautiques. Amateur de sensations fortes, mais pas que, vous allez adorer ! Pédalo, bouée tractée, scooter des mers, canoë, paddle… Pour les moins téméraires, vous pourrez profiter du joli parc comprenant un minigolf, une promenade, un chouette restaurant et un espace plage ou pêche. A vous de jouer !

BEAUMONT-EN-AUGE ★

Dominant la vallée de la Touques, Beaumont-en-Auge est l'un des plus beaux et typiques villages du Calvados. Vous y croiserez deux enfants du pays, nés au XVIIIe siècle : Laplace et Langlois, des références en matière de science pour le premier et de peinture des grandes batailles napoléoniennes pour le second. Vous pourrez aussi admirer depuis la place, le panorama sur le paysage du pays d'Auge, parsemé de douets (ruisseaux qui alimentent les rivières, comme ici la Touques). Beaumont-en-Auge est un village chargé d'histoire, caractéristique du Calvados, qu'il est possible d'arpenter à pied, à vélo et même à cheval grâce à deux circuits de randonnée.

ÉGLISE SAINT-SAUVEUR

Place du Col-Langlois

Eglise du XIe siècle, érigée par le seigneur de Beaumont. Ses hautes croisées flamboyantes datent du XVe siècle, et son entrée du Second Empire. En amont de la vallée de la Touques, elle domine le village et se caractérise par un mélange de styles architecturaux. Amusez-vous à chercher les grimaces les plus improbables sur des chapiteaux romans fort bien mis en valeur. D'importants travaux ont été engagés pour la rénovation de l'église, sous l'égide de la Fondation du patrimoine, sur le clocher et la tour d'escalier ronde de style roman.

LE CAFÉ DES ARTS €€

Place de Verdun

✆ 02 31 64 81 70

Lundi, mardi et jeudi 9h-17h, vendredi 9h-22h, samedi 10h-22h, dimanche 10h-15h30. Carte : 25 € environ.

Sis place de Verdun, qui offre un beau point de vue sur la vallée de la Touques et jusqu'à la mer par beau temps, ce joli café est plein de charme avec sa déco bohème et objets chinés. Côté cuisine, le plaisir est souvent au rendez-vous ! Le chef Edouard met un point d'orgue à travailler les produits locaux. On se régale, selon la saison, de p'tits légumes farcis, d'un boudin noir au piment d'Espelette, d'un filet de bar rôti et, en dessert, d'une brioche façon pain perdu. Cuisine traditionnelle pas forcément donnée mais une plaisante halte au cœur du pays d'Auge.

LE P'TIT BEAUMONT €€

20, rue du Paradis

✆ 02 31 64 80 22

le-ptit-beaumont.com-book.com

Tous les jours le midi ; vendredi et samedi soir. Formule en semaine : 17,90 € (entrée-plat-dessert, boisson incluse).

Une page se tourne, la famille Libbrecht a rendu son tablier en juin 2021 après 11 ans à la tête du P'tit Beaumont, devenu une institution. C'est Antoine Tolmais, enfant du pays, le nouveau patron de cet hôtel-restaurant, entre bistrot de pays et bouchon (lyonnais). La recette du succès reste identique, simplicité et convivialité, ici chaque client est différent mais tout le monde se sent à sa place. Au menu, buffet d'entrées puis plats et desserts au choix à l'ardoise. Un œil sur le décor : trois salles, un jardin intérieur et une terrasse. On est bien ici !

LES BALADES NORMANDES

© WWW.CALVADOS-TOURISME.COM

Les façades à colombages de Beaumont-en-Auge.

SAINT-HYMER

Faites une halte à Saint-Hymer, petite bourgade de charme de 688 habitants. L'histoire de la commune remonte au Moyen Age et est liée à celle de Guillaume le Conquérant. En effet, le duc de Normandie fit installer dans l'abbaye bénédictine plusieurs chanoines, qui y restèrent jusqu'au XVIIe siècle. Pendant votre visite de la ville, vous pourrez admirer le magnifique prieuré de Saint-Hymer, datant du XIe siècle (aujourd'hui résidence pour personnes âgées) ainsi que l'église classée aux Monuments historiques. C'est dans son cimetière que repose la célèbre Mère Denis, héroïne publicitaire de la marque de machines à laver *Vedette* dans les années 1970.

PIERREFITTE-EN-AUGE

A côté de Pont-l'Evêque, Saint-Hymer et Saint-Julien-sur-Calonne se tient la petite bourgade de Pierrefitte-en-Auge avec ses quelque 159 habitants. Malgré sa petite taille, la commune est une halte intéressante dans votre parcours à vélo à la découverte du Pays d'Auge. Faites-y une pause de quelques heures et profitez du paysage. Au programme : de nombreuses maisons augeronnes traditionnelles avec leurs colombages et leurs toits de chaume, l'église Saint-Denis, classée au titre des Monuments historiques et ornée d'un très joli plafond peint, sans oublier le château de Pierrefitte, datant du XIXe siècle, et enfin le manoir de la Cour du Bosc.

AUBERGE DES DEUX TONNEAUX €€

Le Bourg

✆ 02 31 64 09 31

Du mercredi au dimanche, midi et soir. Plats à l'ardoise, compter environ 23 € (ici pas de menu, pas de poisson !).

Quel cadre pour le « seul commerce du village » ! Entre Pont-l'Evêque et Le Breuil-en-Auge, une auberge du XVIe siècle avec colombages et toit de chaume offre une vue purement normande, tout comme sa carte terroir. Des spécialités campagnardes, copieuses et éminemment gourmandes : faux-filet sauce camembert, incroyable Pig burger, arrosés de l'excellent cidre fermier Dupont. Tenue par Hervé Amiard et son fils, cette carte postale augeronne est un pied de nez aux restos de la côte !

LISIEUX ★★

La gallo-romaine *Noviomagus Lexoviorum*, devenue Lisieux, est la capitale du pays d'Auge mondialement connue grâce à sainte Thérèse et la basilique érigée en son honneur. Entre-temps, la ville fut notamment le siège de l'évêché au Moyen Age puis, après la guerre de Cent Ans, au XVe siècle, une cité textile et drapière prospère. Deux siècles plus tard, des établissements religieux, hôpitaux et collèges voient le jour. Dès le début du XXe siècle, la cité accueille nombre de touristes grâce à son architecture d'une part et à son pèlerinage d'autre part. Aujourd'hui, le nouveau maire rénove la ville, Lisieux fait peau neuve et ses habitants restent très liés.

CATHÉDRALE SAINT-PIERRE ✞ ★

Place François-Mitterrand

✆ 02 31 62 09 82

www.amis-cathedrale-lisieux.fr

Tous les jours 9h-18h45. Messe en semaine à 18h et dimanche à 10h30.

Cette cathédrale, joyau de l'art gothique normand, est sans doute le premier fleuron de l'héritage religieux lexovien, avant la basilique. Elle succède à une cathédrale romane, partie en feu en 1126. Sa construction a débuté vers 1170 sous l'égide de l'évêque Arnoult, ami du roi Louis VI et conseiller du duc de Normandie, et s'est achevée en 1182. Elle est composée en grande partie de calcaire tendre et friable de la vallée de la Touques. On y découvre, entre autres, la chapelle de la Vierge, dans laquelle la petite Thérèse eut la révélation de sa mission en 1887.

ÉGLISE SAINT-GERMAIN ✞

Route de Cormeilles

HERMIVAL-LES-VAUX

Bâtie près du château, une église très sobre dans son architecture, et plutôt étroite, qui semble irrémédiablement attirée par le ciel (quoi de plus normal, nous direz-vous). Elle est relativement récente, puisqu'elle a été construite au XIXe siècle. A l'extérieur, on admire, entre autres, un grand clocher en briques, ainsi qu'un porche surmonté d'une statue de saint-Germain. Et à l'intérieur, suivant un plan en croix latine terminée par un chevet plat, on découvre un mobilier contemporain, dont trois autels en pierre d'inspiration gothique.

BASILIQUE SAINTE-THÉRÈSE DE LISIEUX ★★

1, avenue Jean-XXIII ✆ 02 31 48 55 08
therese-de-lisieux.catholique.fr
Tous les jours 9h30-19h (10h-18h en basse saison). Accès libre à la Basilique et au cloître.

Véritable joyau architectural, la basilique de Lisieux, construite à flanc de colline, est l'un des plus hauts lieux de pèlerinage catholique du monde. Après la canonisation en 1925 de Thérèse, une jeune carmélite, le pape Pie XI ordonna en 1929 l'édification d'une basilique en son honneur. *« Je veux une grande basilique pour ma petite Thérèse »*. Le pape la considérait comme l'étoile de son pontificat. En 1930, ils furent 400 ouvriers à travailler sans relâche pour édifier cette immense église de béton armé et granit de Vire (Calvados), terminée en 1937. La basilique se déploie sur une superficie de 4 500 m², et son dôme se dresse à près de 100 m de hauteur, et 8 000 m² de mosaïques ornent la basilique supérieure, dont les bancs peuvent accueillir jusqu'à 3 000 pèlerins. La visite est incomplète sans une halte prolongée dans la crypte. Entièrement recouverte de marbre et de mosaïques représentant les étapes de la vie de Sainte-Thérèse, elle mérite que l'on s'y attarde.

Admirable également, le campanile, qui abrite les 51 cloches chromatiques du carillon d'une exceptionnelle qualité sonore. On doit sa fabrication à la maison Paccard, parmi les fonderies plus réputées au monde, située à Annecy. Des messes sont célébrées, du lundi au samedi, dans la crypte à 15h30 et le dimanche à 17h. Messe en latin, à 9h, trois dimanches par mois. A la basilique supérieure, office tous les dimanches à 10h30. D'autres rendez-vous sont précisés sur le site Internet.

MUSÉE D'ART ET D'HISTOIRE DE LISIEUX

38, boulevard Louis-Pasteur
✆ 02 31 62 07 70
lisieux-normandie.fr
Du mardi au dimanche 14h-18h. Gratuit.

Labellisé Musée de France et situé dans une des dernières maisons à pans de bois qui subsistent, ce musée présente suivant un parcours chronologique l'histoire de la ville et aborde la multiplicité de ses visages : la cité gallo-romaine, médiévale et classique, la cité textile, les hommes et femmes célèbres, la reconstruction après les bombardements de 1944. Une riche histoire, illustrée par plus de 300 objets, tableaux et photos. Bref, un musée enrichissant et gratuit !

LA CRÊPERIE DES AMIS €

14, rue Henry-Chéron
✆ 02 31 61 45 90
Lundi, mardi, vendredi et samedi midi et soir ; mercredi et dimanche midi. Menu enfant 8,50 €. Formule du midi 12,80 €.

Nadia, la maîtresse des lieux, est aux petits soins avec ses clients dans cette crêperie conviviale au décor historique, une demeure du XVIe siècle figurant parmi les incontournables du patrimoine lexovien. L'originalité se trouve dans l'assiette : des galettes présentées en maki ou en samoussa, un « gaufembert » avec camembert pané, de belles crêpes en aumônière... Nadia ne manque pas d'idées et d'envies. Elle propose aussi des moules marinières avec frites maison, ainsi qu'un service de livraison à Lisieux, le midi : un plan futé à tester !

BOULANGERIE-PÂTISSERIE MAISON BARBET

13, avenue Victor-Hugo
✆ 02 31 63 77 52
Du mercredi au samedi de 7h à 19h30, dimanche de 7h à 13h.

En 2021, Camille et Nicolas Barbet, déjà présents dans le *Petit Futé* avec Récréation Sucrée, rue Henry-Chéron, ont repris cette boulangerie-pâtisserie. Désormais, ils proposent également à leurs fidèles clients du pain à l'ancienne avec de la farine haut de gamme. Tout est fait maison et la pâtisserie évolue avec les fruits de saison. Lisieux, capitale du pays d'Auge, seconde ville de pèlerinage en France, n'est pas seulement la ville de Sainte-Thérèse, c'est aussi une cité gourmande !

PARC ZOOLOGIQUE DE CERZA ★

D143 - **HERMIVAL-LES-VAUX**
✆ 02 31 62 17 22
www.cerza.com
Haute saison : ouvert tous les jours de 9h30 à 19h. Adulte : 23 €. Enfant de 3 à 11 ans : 16 €.

Partons à la découverte de 120 espèces des 5 continents ! Fondé en 1986, le CERZA (Centre d'Elevage et de Reproduction Zoologique Augeron) abrite 1 500 animaux en semi-liberté. Il a pour vocation de reproduire et élever des animaux en voie de disparition et de collaborer à des programmes de conservation sur le terrain. Pour explorer les 70 ha du parc, deux circuits pédestres sont proposés. Le circuit rouge (1h) est accessible à tous, son relief est peu accidenté. Observatoires et bancs permettent de faire des pauses dans cette découverte du continent africain avec girafes, zèbres, lions, rhinocéros blancs, hippopotames nains... Une volière de 2 000 m² offre une immersion avec une soixantaine d'oiseaux, touraco de Fisher, canard à bosse ou encore sarcelle du Cap. Le circuit jaune (1h30), un peu plus sportif, permet de découvrir des animaux sauvages du monde entier (ours bruns, loups, bisons d'Amérique, tapirs, pandas roux...).

La mini-ferme est accessible aux enfants accompagnés. Chacun pourra caresser les chevaux Falabella, les cochons du Vietnam et les chèvres naines, habitués à être approchés. Aussi, l'espace tropical vous plonge dans une atmosphère de mangrove. C'est le royaume des alligators, pythons, iguanes, tortues et autres étranges amphibiens. L'évolution, chère à Darwin, est le fil conducteur de cette serre de 600 m². Parmi les autres incontournables : le cinéma 3D, le safari-train, les goûters safari permettant d'aller au plus près des animaux, l'apéro quizz, le safari Robinson, ou encore le jeu de piste.

© PARC ZOOLOGIQUE LISIEUX CERZA

BLANGY-LE-CHÂTEAU

Village typique du Pays d'Auge, Blangy-le-Château bénéficie du label « 2 fleurs » depuis 2013. Dans sa très large rue principale, vous pourrez admirer différentes maisons à colombages, toutes plus jolies les unes que les autres. Entouré de 7 collines et traversé par une rivière, le Chaussey, le village est une halte nature apaisante et riche. Son patrimoine historique est également très intéressant, en témoignent le manoir, inscrit aux Monuments historiques, ainsi que les vestiges d'un donjon du XIe siècle, sans oublier l'église Notre-Dame du XVe siècle, dont le clocher fait la fierté des habitants, et l'ancienne auberge du Coq-Hardi.

CORMEILLES

Situé dans le pays d'Auge entre Lisieux et Pont-Audemer, Cormeilles est un village typique avec ses maisons à colombages, ses boutiques d'antiquaires et de brocanteurs, son cinéma des années 1960, son patrimoine bâti et naturel et sa distillerie de calvados. Traversée par la Calonne, une petite rivière, la commune compte toujours une voie romaine qui reliait Lisieux à Lillebone et des maisons du XVIe siècle. En parcourant les chemins de traverse, vous admirez les moulins, les séchoirs à lin, les manoirs et autres églises, notamment romanes. Ne passez pas à côté de son marché de Noël, ses expositions, ses brocantes et ses manifestations sportives.

LE COQ HARDI €€

3, place de Verdun ✆ 02 31 64 71 47
www.coqhardi-paysdauge.fr
Chambre double 120 €. Petit déjeuner 15 €. Animaux acceptés (avec supplément). Wifi gratuit. Restauration.

Ça bouge à Blangy ! L'ancien routier s'est métamorphosé en beau Coq Hardi. Un nom en hommage à l'ancienne auberge du village du XVIe siècle, située en face. A deux pas de Pont-l'Évêque, cet hôtel réserve de bonnes surprises. De l'extérieur il ne paie pas de mine, mais attendez de voir l'intérieur, waouh ! Cocooning et grand confort, vue sur cour, belle luminosité, ambiance apaisante, c'est réussi ! Dans les chambres, avec WC séparés, on trouve un bel équipement, des prises partout, des salles d'eau avec chauffage au sol... Sans oublier le restaurant juste en bas !

CIRCUIT DÉCOUVERTE DE CORMEILLES

21, place du Général de Gaulle
✆ 02 32 56 02 39
Accès libre. 1,6 kilomètres de long. 45 minutes à 1h15 de visite. Gratuit. Visite guidée.

L'office de tourisme de Cormeilles propose un certain nombre de visites thématiques, parmi lesquelles ce circuit au cœur de la ville pour en découvrir toute l'histoire à travers ses rues et son architecture. Une carte vous sera donc donnée pour vous guider. Partez de l'office de tourisme au centre-ville et parcourez les 23 points d'intérêt et curiosités de la cité. Parmi ceux-ci : le Bonhomme de Cormeilles, la voie romaine, l'ancien relais de poste ainsi que le chalet Malherbe.

Le joli village de Blangy-le-Château.

LA CÔTE FLEURIE DE DEAUVILLE À HOULGATE

LIEUX	Km total	Km à faire	Routes
CASINO DE DEAUVILLE	0	40	Boulevard Cornuché, D513
VILLERS-SUR-MER	8	32	D513
AUBERVILLE	11	29	D613 (route de la Corniche)
HOULGATE	16	24	D513, D45A
DIVES-SUR-MER	19	21	D45
GRANGUES	24	16	D45, D27
LA-CROIX-D'HEULAND	27	13	D27
TOURGEVILLE	34	6	D27
SAINT-ARNOULT	37	3	D27, D27B
CASINO DE DEAUVILLE	40	0	D278, Quai de la Marine, Bd Cornuché

DEAUVILLE ★★★

Une ville sortie des sables entre 1860 et 1864 à l'initiative du duc de Morny, demi-frère de Napoléon III. Station balnéaire parmi les plus prestigieuses de France avec son casino, ses champs de course et ses villas classées, Deauville ne reste pas moins un joyau qui dévoile ses facettes en toute saison. Perle de culture, elle accueille une multitude de festivals. Venez (re)découvrir la petite préférée de tous les arts, les pieds dans l'eau, la tête près des étoiles. Il y a les planches, le ciel et la mer... Cela suffit amplement à notre bonheur. Et pour cette nouvelle édition, place aux nouveautés (retrouvez les institutions sur notre site Internet) !

BELVÉDÈRES DE LA PRESQU'ÎLE DE LA TOUQUES

Quai de l'Impératrice-Eugénie ✆ 02 31 14 02 02
www.indeauville.fr
Tous les jours 9h-17h (21h en été). 2 € (borne automatique au pied du belvédère). Compter 155 marches ou l'ascenseur !

Après plusieurs mois de travaux, les deux tours de la Presqu'île sont enfin sorties de terre. Ce projet dantesque, qui a fait couler beaucoup d'encre, ambitionne de faire la liaison entre le centre-ville, tout proche, et la mer. Culminant à 27 m, ces « obélisques » sont deux nouveaux points de repère pour les marins et les terriens. Depuis 2020, le public peut monter au sommet de l'une des tours, côté Quai de l'Impératrice-Eugénie, pour profiter d'une vue unique sur l'estuaire.

LE NORMANDY***** €€€

38, rue Jean-Mermoz
✆ 02 31 98 66 22
www.hotelsbarriere.com
Chambre double à partir de 199 € avec petit déjeuner buffet. Restauration. Spa Diane Barrière.

Plus qu'un hôtel, un monument que l'on vient visiter et prendre en photo. C'est ici que viennent se réfugier les grandes fortunes qui séjournent à Deauville ou les stars du festival du cinéma américain. En 2015, Le Normandy, fleuron du groupe Barrière, s'est refait une beauté pour la première fois depuis son inauguration en 1912. Le palace 5-étoiles offre un spectacle de services haut de gamme, à l'image du restaurant Belle Époque et du Spa Diane Barrière. Son luxe discret et son charme puissant lui assurent de figurer parmi les hôtels mythiques de France.

PLAGE DE DEAUVILLE ★★★

Boulevard de la Mer
www.indeauville.fr
Location d'un parasol deauvillais : à partir de 15 € la journée.

Deauville ce n'est pas que les planches... Juste à côté de celles-ci, il y a la plage et ses 450 mythiques parasols colorés. Sans doute le parasol le plus photographié au monde ! Avec ses deux kilomètres de sable fin, la plage de Deauville, immortalisée par Claude Lelouch dans le film *Un homme et une femme*, offre suffisamment d'espace pour permettre au vacancier de trouver un coin tranquille où installer sa serviette, de faire du cerf-volant ou de courir à perdre haleine ! Elle est aussi l'endroit idéal où déclarer sa flamme ou encore faire une balade à cheval. Avec des cabines Art déco (450 au total également !), dont les lices sont annotées du nom des acteurs et réalisateurs conviés au Festival du Cinéma Américain, un club enfants, un parc de loisirs, un mini-golf, des tennis, une piscine olympique, une école de voile et de nombreux commerces, il y en a vraiment pour toutes les envies, tous les âges, et toutes les météos !

Pour se montrer sous son plus beau jour, en saison estivale, la plage est nettoyée chaque matin. D'ailleurs, tôt le matin, c'est également le meilleur moment pour admirer les chevaux de course qui s'entraînent au bord de l'eau.

- **Côté « toutourisme » :** quoi de mieux pour votre chien que de se défouler sur des kilomètres de plage ? A Deauville, on assiste à un véritable défilé canin toute l'année. Mais attention, du 1er mai au 30 septembre, les chiens ne sont autorisés sur la plage qu'avant 10h et après 19h.
- **Côté pratique :** les cabines et parasols sont à louer auprès de l'Etablissement des Bains de Mer.

LE BISTROT DES PLANCHES €€

3, rue Sem ✆ 02 31 87 72 14
Du lundi au vendredi 9h30-17h30, samedi 9h30-18h30, dimanche 8h30-16h30. Formules de 22 € à 25 €.

Le restaurant de la Thalasso de Deauville, à deux pas des Planches et de la plage, réserve un accueil tout sourire dans une ambiance boisée et régulièrement renouvelée au gré d'expositions temporaires mettant des artistes locaux à l'honneur. Johanna concocte une bonne cuisine maison, entre salades, soupes, quiches, tartares, plats du jour, bagels, wraps, desserts végans... Pour les plus diététiques d'entre vous, sachez que certains plats sont disponibles en version « silhouette ». Une adresse simple et efficace pour le déjeuner.

Parasols sur la plage de Deauville.

LES PLANCHES ★★

Bord de mer

Cette célèbre et mythique promenade du bord de mer a été créée en 1923, par l'architecte Charles Adda, pour permettre aux femmes de profiter du paysage sans risquer de salir leurs robes dans le sable. Elle est devenue, au fil du temps, un endroit à la mode, où les célébrités de ce monde aiment être vues sans vouloir se montrer. En somme, un vrai théâtre de la comédie humaine. Le Tout-Paris des années folles s'empresse de venir sur la promenade star de Deauville : Joséphine Baker, Mistinguett, Sacha Guitry, Coco Chanel (qui y ouvrit même une boutique, où les élégantes pouvaient acheter leurs chapeaux de plage ou de soirée !)...

Les « Planches » sont à Deauville ce que la « Promenade des Anglais » est à Nice ! Chemin faisant, il faut admirer les cabines portant le nom des stars venues fouler le célèbre bois d'azobé à l'occasion du Festival du cinéma américain de Deauville, et s'attarder sur les cours intérieures et leurs bains pompéiens.

À proximité, devant les Bains au tout début des Planches, se trouve la place Claude-Lelouch, inaugurée sur le front de mer en 2006 en présence du réalisateur et des acteurs pour fêter les quarante ans du film *Un homme, une femme*, et qui associa Deauville à l'éternel rendez-vous des amoureux et du romantisme. *Cha ba da ba da, cha ba da ba da...*

Deux bars, le Bar de la Mer et le Bar du Soleil, et un restaurant, le Ciro's, appartenant tous les trois au Groupe Lucien Barrière, constituent des haltes gourmandes sur les Planches. Qui sait, peut-être y croiserez-vous une de nos chères vedettes ?

VILLA STRASSBURGER ★

1, avenue Strassburger

✆ 02 31 14 40 00

www.indeauville.fr

Visite guidée (1h30) sur réservation. Adulte 7,50 €. Enfant (de 10 à 18 ans) 6,50 €.

Classée Monument historique depuis 1975 et symbole du Deauville de la Belle Époque, cette imposante demeure, éloignée du bord de mer, répond à une commande du baron Henri de Rothschild (1872-1947). Grand amateur de courses hippiques, ce dernier choisit de s'implanter à proximité de l'hippodrome de Deauville. Sur un terrain pentu, la villa est érigée en 1907 à l'emplacement de la Ferme du Coteau, propriété de la famille du romancier Gustave Flaubert depuis 1837. Son architecture est à la fois augeronne et typique de la Côte Fleurie : colombages à l'extérieur, damiers de briques et de pierres au rez-de-chaussée, et étage à pans de bois. Le pittoresque de l'édifice est accentué par la profusion d'éléments architecturaux animant les élévations (tourelles, *bow-windows*) et les décrochements de toitures (toits à longs pans en pavillon, rehaussés d'un pyramidion...) ornées d'épis de faîtage en céramique. Un modèle d'élégance ! Fait exceptionnel, la villa Strassburger a conservé son mobilier d'époque (comme ses bibelots, ses portraits de famille et ses tableaux de chevaux). Le caractère normand est renforcé par l'aménagement d'un vaste parc en herbe planté de pommiers, sur près de deux hectares. Dernier propriétaire en date : le riche éditeur de presse américain, Ralph Beaver Strassburger, qui lui donna son nom, et en fera sa résidence en 1924, avant que la villa ne soit léguée par ses héritiers à la municipalité quelques années plus tard, en 1980. Et la bonne nouvelle, c'est que cette superbe demeure se visite. Profitez-en !

HIPPODROME DEAUVILLE-LA TOUQUES

45, avenue Hocquart-de-Turtot
✆ 02 31 14 20 00
www.france-galop.com
De 12 à 10 € (gratuit jusqu'à 17 ans) selon les courses. Visite guidée les jours de courses en été. Restauration.

De style anglo-normand, ce bel hippodrome participe à l'atmosphère si particulière de la station balnéaire. Avec un calendrier de réunions réparties sur toute l'année, le temple du pur-sang de course s'inscrit au premier rang des hippodromes de plat en France. C'est aussi un lieu convivial pour toute la famille, à qui il ouvre ses coulisses l'été avec des visites guidées gratuites. Au programme : découverte des boxes, de la piste de course et de la salle de ventes de chevaux Elie-de-Brignac, mais également explications sur le rôle des commissaires et tout ce qui entoure le déroulement des courses. Des animations sont également tout spécialement programmées pour les plus jeunes, dès 3 ans (balades à poney, manège, carrousel...). Inauguré en 1864 par le duc de Morny, fondateur de la cité balnéaire et homme de cheval, l'hippodrome a fait l'objet de remaniements successifs de la fin du XIXe siècle à nos jours. De toutes les époques passées, il a gardé une atmosphère qui n'appartient qu'à lui. Son architecture ravit les yeux et on se délecte à faire le tour des bâtiments inspirés des constructions vernaculaires du Pays d'Auge. Aménagée en 2003, la piste en sable fibré huilé, dite « toute saison », permet d'organiser des réunions du 1er janvier au 31 décembre. Une belle occasion de découvrir l'un des fleurons du tourisme deauvillais, tandis que les parieurs préparent leurs jeux et que les meilleurs jockeys se rendent au rond de présentation, dernier sas avant l'accès aux pistes !

© JULIEN HARDY - AUTHOR'S IMAGE

L'ÉTAGE €€

17, boulevard Eugène-Cornuché
✆ 02 31 89 85 55
etagedeauville.com
Tous les jours midi et soir. Formule midi à partir de 19,50 €. Menu enfant 10,50 €. Terrasse. Réservation recommandée.

Au 5e étage du Novotel Deauville Plage, un 4-étoiles ouvert en 2019, l'atout premier de ce restaurant est bien sa vue ouverte sur la mer, à couper le souffle. Un conseil, pensez à réserver pour être sûr d'en avoir plein les mirettes. Baigné de lumière en journée, plus intimiste en soirée, coucher de soleil en prime, le cadre est réussi. Et pour accompagner le panorama, la cuisine se montre inventive tout en voulant plaire à tous. Un bistrot chic, mais le menu du midi, servi du lundi au vendredi, est un plan futé pour Deauville !

NICCI - LA CRÊPERIE DE DEAUVILLE €€

15, quai de l'Impératrice-Eugénie
✆ 06 70 13 83 64
lacreperiedeauville.fr
Tous les jours en saison, 12h-21h30. Galettes à partir de 13,50 €. Crêpes à partir de 4,50 €.

Sur la presqu'île de la Touques, cette adresse, avec vue sur le port et à la jolie déco vintage, est bien agréable le temps d'une pause en terrasse. A la carte, plats typiques de bistrot, galettes, salades et crêpes se disputent la vedette pour les gourmands. Pourquoi ne pas se laisser tenter par la Capra (galette avec chèvre, lardons, crème fraîche du Père Eugène, salade et vinaigrette au miel) ! Ce sont les « prix Deauville » mais on apprécie la générosité et la belle présentation.

CYCLES DEAUVILLE

Route de Paris
✆ 02 31 88 03 91
cyclesdeauville.fr
Du lundi au samedi de 8h30 à 12h et de 14h à 19h.

Le succès du vélo ne se dément pas, d'autant plus avec la crise sanitaire qui a donné des ailes au marché du cycle, porté par l'air du temps. En voilà une preuve, cette nouvelle enseigne baignée de lumière, à la sortie de Deauville, ouverte par le groupe Mary. Les passionnés de la petite reine ou les simples amateurs devraient y trouver le modèle de leurs rêves. Vélos Peugeot, Venilu ou Ceepo, électriques, pliables, de ville, de route, VTT, et même des vélos sans pédales, c'est-à-dire des draisiennes... Plus d'excuses, tous en selle !

VILLERS-SUR-MER ★

Porte d'entrée du méridien de Greenwich sur le continent, Villers-sur-Mer possède un patrimoine paléontologique d'exception. Les falaises des Vaches Noires recèlent de fossiles, témoins de la Normandie au Jurassique. Prisée des artistes au XIXe siècle (les peintres Paul Huet et Constant Troyon ou l'écrivain Alphonse Karr, entre autres), Villers-sur-Mer est également réputée pour ses superbes villas, érigées entre 1852 et 1900 avec l'arrivée du train et l'avènement des bains de mer, son immense plage et son centre-ville animé et fleuri. Il règne autour de l'emblématique dinosaure une ambiance chaleureuse et familiale propice au repos et à la découverte.

FALAISES DES VACHES NOIRES

Accès, également, depuis Auberville.

Idée de balade : à marée basse entre Villers et Houlgate, au pied des Vaches Noires (environ 8 km). Animaux acceptés.

Patrimoine d'exception dressé face à la mer, les Vaches Noires sont classées d'intérêt paysager et scientifique pour leur gisement fossilifère. Ce nom provient de la forme des rochers couverts d'algues qui, vus de la mer, font penser à des vaches au pied des falaises. Attention, le site n'est accessible que par la plage à marée basse. L'office de tourisme de Villers organise des balades géologiques avec l'initiation à la collecte de fossiles, vous êtes sûr de rapporter un « trésor » !

LA MASCOTTE €€

11, rue de la Comtesse-de-Béarn

✆ 06 76 98 20 34

guesthouse-lamascotte.com

Ouvert de février à mi-novembre. 4 chambres (dont 1 familiale). Chambre double à partir de 125 €. Petit déjeuner inclus.

Une chanson douce nous vient en tête lorsqu'on découvre cette superbe maison d'hôtes à Villers-sur-Mer, tenue par Ségolène depuis quelques années ! L'envie de se poser, d'y rester. A deux pas de la mer et du centre-ville, la Mascotte (habitée notamment par Alfred Duru, auteur de l'opéra-comique *La Mascotte*, d'où son nom) promet une jolie parenthèse. Déco épurée et simple, un magnifique escalier mène aux chambres. La dernière, à l'étage, bénéficie d'une belle terrasse avec petite vue sur mer et sur les toits, non pas de Paris mais sur les belles maisons de Villers.

VILLA D'EAUX €€

12, rue Michel-d'Ornano

✆ 02 31 88 19 18

www.villadeaux.com

Chambre simple 160 € ; chambre double 240 €. Conciergerie 24h/24. Wifi gratuit. Bain bouillonnant.

Ce lieu à part est une superbe maison bleue Art déco datant de 1920 adossée à la mer. Valérie vous accueille dans ses six chambres sur deux niveaux. Dès l'entrée, les magnifiques fresques vous dirigent vers le patio d'époque et sa verrière, dont le toit s'ouvre sur le bleu du ciel. L'architecture du bâtiment, classé, est alliée à une déco intérieure pensée par le designer Oscar Ono. Terrasse, maison des thés et Jacuzzi, la déconnexion est assurée. À 20 min, Valérie a ouvert L'Aigue-marine, un restaurant qui propose des produits frais terre et mer normands !

LA TERRASSE DU MARAIS €€

Avenue Jean-Moulin

✆ 02 31 87 58 42

Du mercredi au dimanche le midi, vendredi et samedi le soir également. Menus de 26 € à 35 €. Réservation recommandée.

Une charmante adresse sise au bord des marais, loin de l'agitation du front de mer. Une fois installé sur la terrasse en bois, on plonge dans un décor aquatique et naturel survolé par les oiseaux. La suite est dans les assiettes, colorées, généreuses, pleine de surprises, déclinées autour de plats raffinés faits maison qui s'adaptent aux végétariens et végétaliens. En cuisine, Laurent Marais, au nom prédestiné, a plus d'une suggestion gourmande à l'ardoise. Enfin, goûtez au cidre Gaec Boissel Père et Fils de Saint-Benoît-d'Hébertot et vous aurez envie de revenir !

C' DU GÂTEAU

8, rue du Général-de-Gaulle

✆ 09 85 00 39 27

Lundi, mardi et du jeudi au samedi de 7h à 19h, dimanche de 7h à 13h30.

Sur la rue commerçante du Général-de-Gaulle, en face de la mairie et des halles de Villers, cette boulangerie-pâtisserie, reprise en avril 2021, continue d'attirer une clientèle d'habitués. On vient là toujours pour les pains variés de tradition, les croûtons pour sa soupe de poisson, et la baguette croustillante, appelée « la Villersoise ». L'adresse joue le bon classique, à l'image des pâtisseries : Paris-Brest, flan, meringue, religieuse… Sans oublier la vitrine consacrée aux créations de Michel Cluizel, célèbre chocolatier installé à Damville depuis 1948.

AUBERVILLE

Lors de votre parcours à vélo sur cette Côte Fleurie, arrêtez-vous dans ce charmant village de 600 âmes qui vaut le détour. Pendant votre halte, ne manquez pas les quelques incontournables de cette petite cité, notamment l'église Notre-Dame construite au XIIe siècle, dotée d'un clocher-mur. Aussi, le monument aux morts tricolore d'Auberville, situé à un carrefour dont les deux directions mènent vers Houlgate. Ce monument mentionne les victimes des guerres de 1870, de la Première et de la Seconde Guerre mondiale. Enfin, faites une balade sur les falaises des Vaches Noires, un site naturel partagé avec Houlgate, Gonneville et Villers.

HOULGATE ★★

La Perle de la Côte Fleurie a fêté ses 115 ans en 2020. A l'origine, la commune s'appelait Beuzeval et, comme nombre de ses voisines côtières, elle connut un essor considérable dans la seconde partie du XIXe siècle, grâce à la vogue des bains de mer. C'est en 1858 que se dessine la personnalité de la future Houlgate, avec la construction des villas, qui constituent à présent son patrimoine architectural si caractéristique. Par un arrêté (édifiant !) du 14 août 1904, avec effet au 21 janvier 1905, Beuzeval-les-Bains fait officiellement place à Houlgate, une station balnéaire familiale, conviviale et dynamique – un dynamisme qui va d'ailleurs crescendo.

LE PRESSOIR €€

2527, chemin de Deraine - **DOUVILLE-EN-AUGE**
✆ 02 31 39 02 20
www.gites-de-france-calvados.fr
Pour 6 personnes (120 m², 3 chambres). De 380 à 650 € la semaine selon saison. Label Tourisme & Handicap.

Cet ancien pressoir, classé 3 épis par les Gîtes de France, accueille trois belles chambres ainsi qu'un très beau séjour avec coin salon et cuisine ouverte, qui ne manquent pas de caractère, avec leur mobilier ancien, leurs poutres apparentes et ces petits détails qui font que l'on se sent véritablement à la campagne et non en ville : le bouquet de fleurs fraîches, la nappe à carreaux, les lampes de chevet rustiques. Vous profiterez à l'extérieur de beaux espaces verts, où à l'occasion vous pourrez voir gambader quelques animaux.

FERME DE L'ORAILLE

Chemin de Deraine
DOUVILLE-EN-AUGE
✆ 02 31 79 93 43
Vente à la ferme le mercredi et le vendredi de 16h à 19h.

Comme on aime dénicher, au détour d'une route de campagne, une belle ferme traditionnelle comme celle-là. Vous serez fiers de rapporter un des derniers-nés des pont-l'évêque fermiers AOP. Merci Sabine et Gilbert ! Le duo, éleveur de vaches laitières depuis 2004, transforme le lait de leurs protégées en produits frais : crème crue, beurre, fromage blanc fermier, faisselle, yaourts au lait entier. Fort de sa renommée, de nombreuses fois médaillé au concours général agricole, le couple a au fil du temps élargi sa gamme. Tout le pays d'Auge servi sur un plateau.

LES BALADES NORMANDES

A la pêche aux coques sur la plage de Houlgate.

DIVES-SUR-MER ★

Dives-sur-Mer conserve les signatures de sa riche histoire : Guillaume le Conquérant en 1066, et Eugène Secrétan en 1891. Chacun à sa manière a écrit les grandes pages de cette localité à l'allure modeste mais riche de valeurs humaines. C'est d'ici que Guillaume le Conquérant partit à la conquête de l'Angleterre. Comment imaginer une flotte de 1 000 navires dans un si petit port de pêche ? C'est ici qu'Eugène Secrétan installa son usine métallurgique qui transforma Dives-sur-Mer en cité industrielle florissante. Le passé de Dives-sur-Mer est passionnant pour qui veut remonter l'histoire au fil de l'eau et flâner dans son centre-ville médiéval.

LIEUTENANCE [MANOIR DE BOIS-HIBOUT]

Place de la République

Un bâtiment étonnant sur la place du marché, en face des halles. Construit en pierre de Caen au XVIIe par Leduc de la Falaise, valet de chambre de Louis XIV, le manoir deviendra plus tard la propriété d'un sieur de Bois-Hibout, dont il empruntera le nom, et abritera au XIXe la gendarmerie de la commune, d'où son nom de Lieutenance. Son architecture aussi belle qu'inhabituelle en fait l'un des monuments emblématiques de Dives. La Cave de l'Abbaye permet de pénétrer dans ses sous-sols.

HALLES MÉDIÉVALES ★

Rue Paul-Canta

Ouvertes le samedi matin, jour de marché.

Important lieu d'échanges et de commerce, les halles de Dives-sur-Mer abritent le marché depuis plus de 600 ans. Des datations de pièces de charpente ont révélé la fondation de ces halles au début du XVe siècle, entre 1405 et 1423. De dimensions imposantes, à savoir 50 mètres de long et 12 mètres de large, elles sont l'œuvre de charpentiers-marins. La partie la plus ancienne, située au nord, date du XIVe siècle, la partie sud du XVe siècle. Le bâtiment est resté dans son état d'origine. Il n'y a pas de fondations, seuls les dés en pierre de Ranville, supportant 66 piliers de chêne, sont enfoncés dans le sol. La toiture est posée sur des lattes de châtaignier, bois qui a la propriété d'éloigner les araignées. La cloche qui sonnait le début et la fin du marché est aujourd'hui muette, mais demeure fixée à une poutre à l'entrée. Un ordre fut établi sous Louis XI afin de répartir les commerçants suivant leur corporation : à l'entrée nord se plaçaient les bouchers, puis les charcutiers qui proposaient de la viande cuite, enfin, vers le fond, se trouvaient les petits producteurs de beurre, fromage et légumes.

Le meilleur moment pour se replonger dans cette ambiance est le samedi matin, jour du marché hebdomadaire, qui permet une véritable remontée dans le temps. On y fait du même coup et, comme avant, le plein de produits frais et fermiers de fabrication locale qui fleurent bon le terroir normand. L'occasion aussi de belles rencontres et, pourquoi pas, autour d'un verre de cidre ? Comme avant.

MAISON BLEUE DA COSTA

13, rue des Frères-Bisson

✆ 02 31 28 12 50

www.dives-sur-mer.fr

Visite guidée (mardi et jeudi à 17h30 en juillet, août et début septembre). Gratuit jusqu'à 18 ans. Adulte 5 €.

La Maison Bleue est un ensemble unique, composé d'un lieu d'habitation et d'un jardin, où s'élève une série d'édifices miniatures (chapelles, moulins, mausolées), recouverts de fragments de céramiques et de verre de récupération. Cette mosaïque à ciel ouvert a été inscrite à l'inventaire des Monuments historiques en 1991. Elle est l'œuvre d'Euclides da Costa Ferreira (1902-1984), exilé portugais. Elle est à rapprocher du Palais idéal du Facteur Cheval, dans la Drôme, ou de la Maison Picassiette, à Chartres, et peut être assimilée à de l'art brut.

DEMEURE DE MANNEVILLE €€€

6, Rue Gaston Manneville ✆ 06 62 38 87 66

www.demeuredemanneville.fr

5 chambres (1 suite et 2 dépendances). Chambre double à partir de 119 €.

Demeure typiquement normande rénovée avec goût par Thomas et Stéphanie, elle fait la part belle aux matériaux nobles et aux services premium. Que l'on ait envie de se blottir en intérieur dans une chambre spacieuse à la literie confortable, de déambuler dans un jardin aménagé ou juste de faire une pause, elle s'adapte et se personnalise. Les plus du lieu : un accès à une salle de jeu, une salle de sport et un spa emmuré de pierres. Un enchantement rapide d'accès depuis la région parisienne, dans une ville historique au passé médiéval fort.

PORT-GUILLAUME

✆ 02 31 24 48 00
www.port-dives-cabourg.com
Eau, électricité, sanitaires, carburant (24h/24), location de vélos (en ville).

© F.EVA.N / NCPA

Port-Guillaume, aménagé à partir des années 1990 sur le site d'une ancienne usine de métallurgie, présente la plus grande capacité d'accueil de la Côte Fleurie. Il est situé à l'embouchure de l'estuaire de la Dives, à l'abri d'un cordon dunaire. Une escale sympa pour les plaisanciers entre Deauville et Ouistreham. Le bassin à flot offre une capacité de 600 postes d'amarrage sur *catways*. Quartier résidentiel avec restaurants, médiathèque et école de voile, Port-Guillaume est attenant au port de pêche, avec sa criée. Un marché se tient le lundi matin en saison.

LE BOUGNAT €€

27, rue Gaston-Manneville
✆ 02 31 91 06 13
www.restaurantchezlebougnat.com
Tous les jours midi et soir de Pâques à septembre et durant les vacances. Menus de 17,90 à 30,80 €. Menu enfant 12,50 €.

Lorsqu'on pousse la porte de cette institution, installée dans une ancienne quincaillerie des années 30, on découvre des tablées qui conversent avec entrain, le ballet des serveurs et un décor dans son jus. Les plats canailles sont à l'honneur, pot-au-feu en cocotte et son os à moelle, côte de veau à la normande, cervelle ou navarin d'agneau. Chaque assiette est présentée simplement, habillée de ses arômes. En dessert, un des classiques, la poire au vin d'épices régale. Pensez à réserver, surtout que le Bougnat a remporté la Tripière d'or en 2021 !

TOURGÉVILLE

Tourgéville est une commune limitrophe à Deauville. Arpentez ses rues pour découvrir les nombreux manoirs dont certains sont inscrits aux Monuments historiques tels que Clairefontaine, Glatigny, la Pipardière ou encore la Poterie. Parmi les autres incontournables, citons l'église Saint-Pierre du XIIe siècle, ainsi que la Villa Mors, également appelée La Tour Carrée, qui jouit d'un formidable emplacement sur le front de mer. Un édifice de style néogothique qui ne manquera pas de vous impressionner. L'hippodrome de Deauville-Clairefontaine se trouve aussi sur la commune. Il accueille des courses hippiques de plat, de trot et d'obstacles.

CIMETIÈRE MILITAIRE DE TOURGÉVILLE

Chemin du Cimetière-Militaire
Ouvert toute l'année, en accès libre tous les jours.

Créé en 1918, le cimetière militaire de Tourgéville est un lieu de mémoire émouvant, où s'alignent 293 tombes de soldats de la Première Guerre mondiale. Il est exceptionnellement bien entretenu par la Commission des tombes de guerre du Commonwealth. En effet, à la fin de la guerre, un décret prévoit la concession perpétuelle de cette parcelle de terrain par la France au Royaume-Uni pour que celui-ci puisse y faire inhumer les soldats tombés sur le sol français.

LES MANOIRS DE TOURGÉVILLE**** €€€

668, chemin de l'Orgueil
✆ 02 31 14 48 68
www.lesmanoirstourgeville.com
Chambre double à partir de 200 €. Petit déjeuner 23 €. Restauration. Spa avec piscine.

Un havre de paix où le temps n'a plus aucune importance ! Implanté au cœur d'un vaste parc, à proximité de Deauville, l'établissement se compose d'une bâtisse principale en colombages et de cinq manoirs, dont un accueille un restaurant offrant une vue imprenable sur la campagne environnante. Les prestations sont bluffantes : piscine couverte et chauffée, sauna, massages et soins, mais aussi une salle de remise en forme, un cinéma et des vélos pour aller se balader. Tout est là !

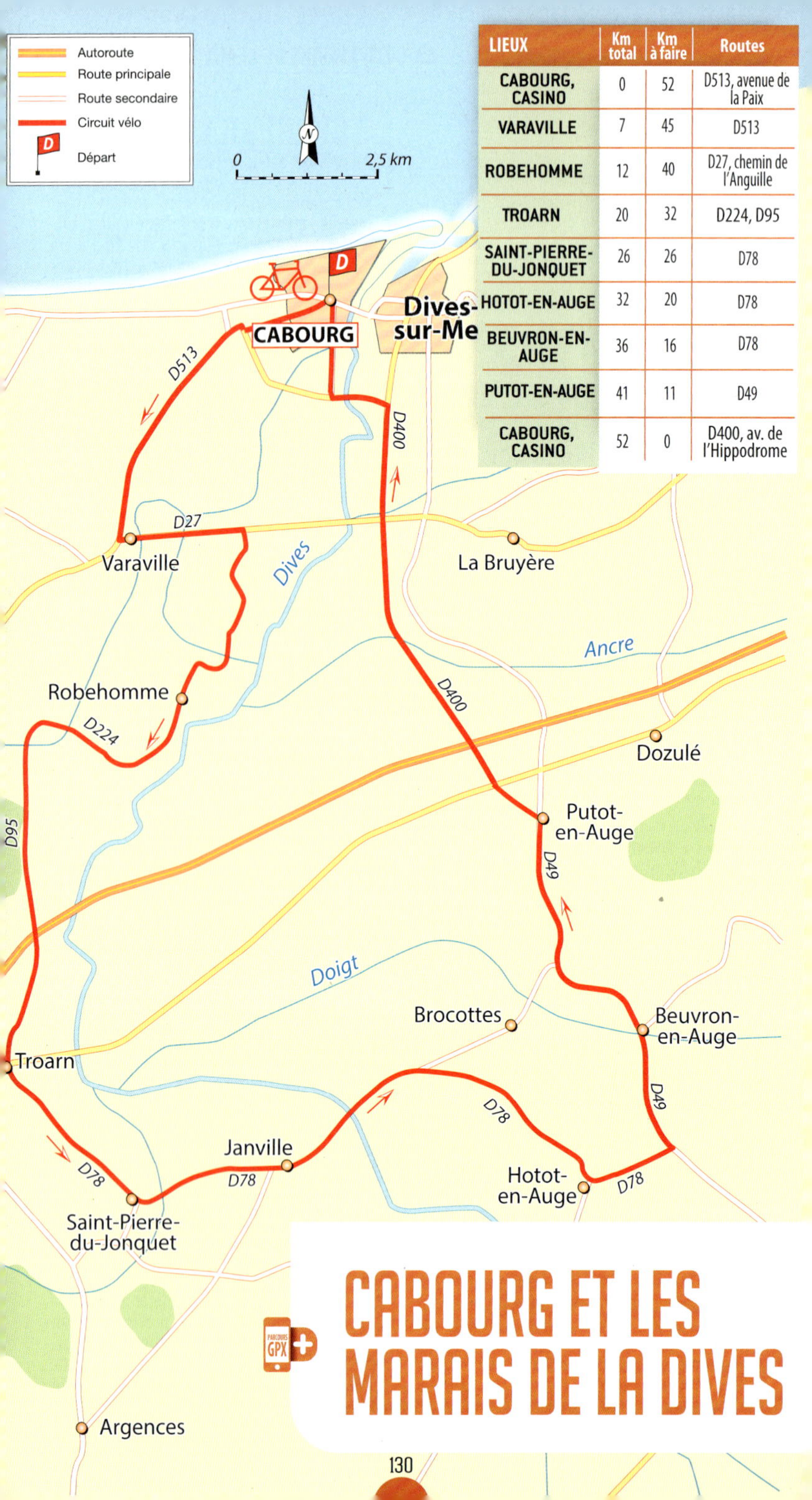

LIEUX	Km total	Km à faire	Routes
CABOURG, CASINO	0	52	D513, avenue de la Paix
VARAVILLE	7	45	D513
ROBEHOMME	12	40	D27, chemin de l'Anguille
TROARN	20	32	D224, D95
SAINT-PIERRE-DU-JONQUET	26	26	D78
HOTOT-EN-AUGE	32	20	D78
BEUVRON-EN-AUGE	36	16	D78
PUTOT-EN-AUGE	41	11	D49
CABOURG, CASINO	52	0	D400, av. de l'Hippodrome

PARCOURS GPX +

CABOURG ET LES MARAIS DE LA DIVES

CABOURG ★★

Cabourg, perle de la Côte Fleurie, s'illustre par un patrimoine exceptionnel. Pourtant, dans les années 1850, elle n'est qu'un petit village de pêcheurs. C'est en 1861, avec la construction d'un premier hôtel en bord de mer, le fameux Grand Hôtel, puis en 1892, avec l'acquisition par Charles Bertrand (maire pendant 31 ans !) des Grands Établissements, que la « Reine des Plages », ainsi baptisée à la Belle Époque, gagne ses lettres de noblesse. Cabourg mit du temps à se remettre de la Seconde Guerre mondiale. En 1971, Bruno Coquatrix, directeur de l'Olympia et maire, restructure la station qui revêt peu à peu ce charme attachant, toujours d'actualité.

PROMENADE MARCEL PROUST ★

Sur près de 4 km, elle est l'une des plus longues promenades d'Europe réservées aux piétons. La digue, qui s'étend jusqu'à Merville-Franceville, rend hommage au plus célèbre des pensionnaires de la station balnéaire. Construite en 1912, elle demeure par tous les temps, sous parasol ou parapluie, un haut lieu de bavardages et de discrètes déclarations d'amour. On y va pour admirer les magnifiques couchers de soleil sur la baie de Seine, respirer l'air iodé et s'imprégner, à toute heure de la journée, de couleurs uniques. Que serait Cabourg sans sa promenade ?

VILLA DU TEMPS RETROUVÉ

15, avenue du Président-Raymond-Poincaré
✆ 02 31 47 44 44
villadutempsretrouve.com

Du mercredi au lundi 11h-13h et 14h-18h (11h-19h en juillet-août). 8 €. Visite guidée 12 €.

Remontons le temps ! A l'origine, vers 1860, l'architecte Clément Parent érige une somptueuse villa dans le style Napoléon III, baptisée Villa Bon-Abri. Dans les années 1970, Bruno Coquatrix, en tant que maire de Cabourg, invite ses prestigieux invités dans cette villa, qui prend alors une dimension municipale et le nom de Maison des Cités-Unies. Puis, en 2006, l'ancien maire Jean-Paul Henriet transforme les lieux en espace d'exposition et d'accueil pour des associations culturelles. La villa est ainsi appelée Espace Culturel Bruno-Coquatrix.

La longue histoire de ce bel édifice continue en 2021. Puisqu'un musée dédié à la Belle Epoque, son art de vivre, et à Marcel Proust a vu le jour. Vous l'aurez compris, à cette occasion, la villa change à nouveau de nom ! Un nom évocateur : la Villa du Temps Retrouvé. Lieu d'un genre inédit, l'espace muséal propose aux visiteurs d'explorer la Belle Epoque sous toutes les coutures, au travers de ses œuvres, ses illustres personnalités, ses mœurs, ses coutumes, ses innovations et ses révolutions. A l'exposition permanente s'ajoutent des expositions temporaires, en partenariat avec d'autres grands musées, qui présentent les aspects culturels de cette faste période. Sans oublier le jardin, aménagé selon les usages de la Belle Epoque, la boutique et le café. Pour un véritable voyage dans les années 1900. Et un bel hommage à Marcel Proust, habitué de la station cabourgeaise, où il a séjourné enfant avant de s'y rendre en villégiature, entre 1907 et 1914.

GRAND HÔTEL DE CABOURG***** €€€

Jardins du Casino ✆ 02 31 91 01 79
www.grand-hotel-cabourg.com

Chambre double à partir de 160 €. Restauration (également brunch musical un dimanche par mois). Spa.

Le mythique Grand Hôtel de Cabourg domine la plage depuis 1907. Les artistes aiment séjourner au sein de ce majestueux établissement, notamment lors du Festival du film romantique. Chaque étage est baptisé en l'honneur de personnalités liées à Cabourg, comme Marcel Proust, à qui, selon la légende, la chambre 414 était réservée. Si le budget venait à manquer, prenez un thé et sa traditionnelle « madeleine de Proust ». Cette institution de la côte normande est ouverte à tout le monde !

LA PERLE D'ISIGNY €€

22, avenue de la Mer
✆ 06 14 25 28 36

Du mercredi au dimanche de 11h30 à 14h et de 18h30 à 21h. Terrasse. Vente à emporter.

Ambiance bord de mer et dégustation en direct au programme, vous nous suivez ? Bienvenue chez Emmanuel Lévêque et sa fille Marine, ostréiculteurs passionnés qui œuvrent dans la baie des Veys. A la fois douces et croquantes, subtilement iodées, les huîtres d'Isigny sont ici à l'honneur. Un savoir-faire, depuis 1967, que l'on peut déguster dans leur bar à huîtres, au cœur de Cabourg. A accompagner avec d'autres plaisirs iodés, comme des bulots, tourteaux et homards en direct de la pêche locale, ainsi que des vins, valorisés par Maxime. Une perle gourmande !

JEFF CUISINE SINCÈRE €€

83, avenue Guillaume-le-Conquérant
✆ 02 31 91 02 06
www.jeffcuisinesincere.fr
Ouvert le midi de jeudi à lundi, menus de 21 à 31 € ; le soir vendredi et samedi, menus de 38 à 45 €. Sur réservation.

Chez Jeff et Karina, on se régale d'une cuisine exigeante et goûteuse, de produits de saison en circuits très courts. Carte restreinte le midi (deux entrées, deux plats, tapas sucrées) et plus élaborée le soir. Pour une addition on ne peut plus sincère. Il est rare de goûter des alliances aussi heureuses. Jeff, en cuisine, va chercher ses légumes chez les producteurs voisins. On vous prévient ! Le couple tchéco-normand ne sert que 25 couverts par repas, mieux vaut annoncer votre visite à l'avance. A peine les talons tournés que vous aurez déjà envie de revenir !

LE FILS DU PÔVRE

31, avenue de la Mer
✆ 02 31 91 75 51
Lundi de 9h à 14h, du mercredi au dimanche de 9h à 19h.

De passage à Cabourg ? Impossible de manquer la plus ancienne boutique d'alimentation de la ville ! Nicolas et Sophie sont les dignes successeurs de Dany (le papa de Nico, sommité locale à l'époque où l'échoppe s'appelait Le Pôvre Dany). Gourmets, gourmands, vous ne saurez où donner de la tête. Ici tout est bon et terroir. Fromages, saucissons (dont le fameux au camembert et livarot), salaisons italiennes (mmm la porchetta maison), andouilles... Pour arroser tout cela, la cave regorge de vins du monde et produits cidricoles, dont Nicolas connaît tous les secrets !

AU PIED DES MARAIS €€

26, avenue du Président-René-Coty - **VARAVILLE**
✆ 02 31 91 27 55
www.aupieddesmarais.fr
Du jeudi au lundi, midi et soir. Menus de 42 € à 62 €. Formule du midi 28 €. Réservation recommandée.

Ici, tout près de Cabourg, au sein de ce bel établissement qui joue dans la cour des grands, on prend le temps de manger. Soignée, la carte de Thierry Ramard, Maître Restaurateur, oscille entre terre et mer, entre tartare de langoustine à la truffe, Chateaubriand (de race normande) rôti à la braise et étouffée de blanc de turbot... La Tatin de pomme revisitée finira de vous emmener au paradis. Les vins sont de grande qualité à moins d'opter pour un cidre du pays d'Auge grand cru. Une excellente table où convivialité et sourire du patron vous attendent.

HIPPODROME DE CABOURG

Avenue Michel-d'Ornano
✆ 02 31 28 28 80
www.hippodrome-cabourg.com
Entrée 3 €. Gratuit pour les moins de 18 ans. Parking 1,50 €. Restauration. Boutique. Animations.

L'hippodrome de Cabourg, avec sa piste en sable de 1 275 m consacrée aux courses de trot, vous accueille toute l'année. Il affiche complet durant l'été, chaque mardi et vendredi durant les Estivales. On peut, sur réservation, visiter les écuries au plus près des chevaux et voir les entraîneurs faire les derniers réglages dans les boxes. Large palette de restauration : snack, table panoramique (Le Marcel Proust) et sympathique brasserie (La Terrasse), un peu en retrait des pistes, et plus abordable. On vient ici pour jouer mais pas seulement ! Cabourg, j'y cours !

Sur la plage de Cabourg.

TROARN

Située aux confins de la plaine de Caen et du pays d'Auge, la commune de Troarn, au temps de sa prospérité, fut un bourg d'étape sur la route reliant Caen à Rouen. Aujourd'hui, tout en conservant son cachet commercial et agricole, l'ancien centre a une position de banlieue verte en périphérie caennaise, à vocation plutôt résidentielle. Alentour, elle offre un paysage de marais, bas pays de plus de 7 000 hectares, drainés par un réseau complexe de rivières (la Dives, la Muance) et de canaux. La tranquille localité fut massivement sinistrée lors de la bataille de 1944, et le bourg détruit à 65 %. Elle ne fut libérée que le 17 août 1944.

ABBAYE SAINT-MARTIN

Rue de l'Abbaye

Fondée en 1048 par Roger II de Montgomery (l'un des principaux membres de l'aristocratie féodale de Normandie), et consacrée en 1059 par Odon de Conteville, évêque de Bayeux, l'abbaye bénédictine Saint-Martin de Troarn est désaffectée depuis la Révolution, suite à des destructions importantes. Il est malheureusement impossible de visiter cet édifice riche d'histoire, classé Monument historique depuis 1921. Il ne reste aujourd'hui qu'un seul bâtiment, vestige visible depuis la route de Rouen. A voir malgré tout pour le magnifique panorama sur la vallée de la Dives.

LE CLOS NORMAND** €€

10, rue Pasteur ✆ 02 31 23 31 28

www.leclosnormand.com

Chambre double à partir de 75 €. Petit déjeuner de 9 € à 12 €. Parking fermé. Restauration (cuisine traditionnelle).

A l'étage du Clos Normand, belle auberge du centre-ville où nous nous sommes attablés pour une pause gastronomique, il existe quelques chambres bienfaitrices qui vous offrent le sommeil à juste prix. Ce qui flatte le plus le client dans cet hôtel, c'est la disponibilité et la gentillesse du personnel qui se plie en quatre pour vous satisfaire. Ils vous borderaient presque pour vous emmener vers vos rêves. Une étape sûre et sympathique agrémentée d'une bonne table si vous êtes de passage à Troarn. Et on ne vous parle pas du petit déjeuner... Vivement demain matin !

LE CLOS NORMAND €€

10, rue Pasteur ✆ 02 31 23 31 28

www.leclosnormand.com

Tous les jours, midi et soir, en saison. Menus de 23 € à 56 €. Formule du midi 14 €. Réservation recommandée.

Du tout-en-un pour cette auberge à la fois gastronomique et hôtelière, récemment couronnée de la Tripière d'Or au Grand Prix international 2022 ! Construite après la guerre, la maison a gardé son âme d'autrefois. Premier avantage : l'amplitude des prix. Entre menus et plats du jour, il y en a pour toutes les bourses. Deuxième avantage : la cuisine normande riche en goût du chef Arnaud Malhaire qui ne lésine ni sur le beurre ni sur la crème. Les gourmets se régalent. Les habitués s'attablent comme à la maison ! Un hôtel-restaurant qui raconte de belles histoires.

LA TABLE D'ÉOLE €€

Le Pré-Baron - RD 228 - **TOUFFRÉVILLE**

✆ 07 81 40 11 37

www.eoleaventure.fr

Ouvert à midi tous les jours. Formule 15 € en semaine (entrée-plat-dessert). Réservation recommandée. Terrasse.

Vous faites quoi ce midi ? Comme une envie de vous évader ? Alors pas une minute à perdre, direction le parc Eole Aventure à Touffréville ! Toute l'année, on profite d'une pause déjeuner face au plan d'eau à la Table d'Eole. On lui trouve bien des atouts à cette brasserie. Déjà, tout est fait maison, et la vue sur le parc depuis la terrasse offre un vrai bol d'air, à deux pas de Caen. Au menu du jour figurait l'excellent *fish & chips*, pour un dépaysement à bon compte. Entre potes gourmands, en famille, pour un *lunch* au vert, cette adresse champêtre vaut le détour.

ÉOLE AVENTURE

Le Pré-Baron - RD 228 - **TOUFFRÉVILLE**

✆ 07 81 40 11 37

www.eoleaventure.fr

Ouvert de Pâques à la Toussaint. Horaires variables selon la saison. Entrée et parking gratuits. Tarifs selon activités.

Un écrin fait d'eau et de verdure, sur le site d'une ancienne carrière d'argile. Dans ce parc de glisse et de loisirs *outdoor*, Eole promet des activités à sensations : téléski nautique, body jump (wouh rampes de 10 à 26 m de long !), paintball (sur réservation), 13 tyroliennes, parcours acrobatique en forêt, sans oublier l'aquapark et ses jeux aquatiques gonflables. Extra ! On se remet de ses émotions au fil d'agréables sentiers pédestres, le long des fronts de taille, ou à table, face au plan d'eau, dans la nouvelle brasserie ouverte à midi toute l'année.

HOTOT-EN-AUGE

Situé à 31 kilomètres de Caen, Hotot-en-Auge est un village de l'arrière-pays de Cabourg, implanté dans la vallée de la Dives. Il est perché sur un petit mont et domine les marécages de la Dives, ce qui constituait un endroit stratégique idéal pour la construction de son château (détruit en 1944, il n'en subsiste que des ruines). On pourra entre autres y admirer plusieurs édifices classés aux monuments historiques, tel que le manoir de la Chapelle, un édifice datant du XVIIe siècle, l'église Saint-Georges (avec un cœur roman, XIIe siècle) ou encore le site archéologique de la maison forte du Ham.

LA FERME DES VIGNES €€

Les Vignes
✆ 02 31 79 22 89
www.chambreslesvignes.fr
Nuitée pour deux à partir de 55 € (3 nuits minimum).

Cette petite bourgade d'Hotot-en-Auge compte de nombreux hébergements de charme. Parmi eux, les chambres d'hôtes de Philippe Gallot figurent en bonne place ! Au nombre de 4, ces jolies chambres peuvent héberger jusqu'à 10 personnes simultanément. Les amateurs d'habitat de caractère apprécieront les poutres apparentes dans la plupart des pièces, mais également la façade et la toiture de cette habitation de ferme, aux allures typiquement augeronnes. Idéalement située, à seulement 10 minutes des plages de Cabourg, cette ferme est une halte idéale sur votre parcours.

Hotot.

ÉGLISE SAINT-GEORGES ★★★

Rue de l'Eglise

Une très belle église, dont le clocher, particulièrement imposant, se dresse fièrement dans le ciel normand. Le monument a été construit entre les XIIe et XVe siècles. Il se compose entre autres d'un chœur, de style roman, d'un beau clocher s'élevant sur trois niveaux, datant de 1634, dont le splendide dôme est inscrit à l'inventaire des Monuments historiques. A l'intérieur, ne manquez surtout pas de regarder le chœur roman et plusieurs statues, dont une datant du XVe siècle, représentant saint Georges en lutte avec un dragon !

BEUVRON-EN-AUGE ★

En plein pays d'Auge, niché dans les marais de la Dives, Beuvron-en-Auge captive et séduit par son charme exceptionnel. Superbement conservée et classée parmi les plus beaux villages de France, cette bourgade de 190 habitants est plus qu'incontournable, tel le témoin de l'histoire de la Normandie rurale et artisanale. Un patrimoine remarquable qui compte un manoir du XVIe siècle, des halles et des maisons à colombages des XVIIe et XVIIIe siècles. C'est grand comme un mouchoir de poche mais on peut y passer des heures pour peu que l'on explore ses ruelles et ses alentours, aux nombreux circuits pédestres. En automne, ne pas manquer la Fête du Cidre.

CHAPELLE SAINT-MICHEL DE CLERMONT-EN-AUGE

2455, route des Forges-de-Clermont
✆ 02 31 79 23 31
Accès en voiture ou par un circuit pédestre de 6 km depuis le centre de Beuvron-en-Auge.

Chapelle édifiée en pierre et pans de bois à l'époque de Guillaume le Conquérant. Remaniée au fil du temps, on y accède par une hêtraie plusieurs fois centenaire, avant de découvrir un superbe panorama sur la vallée de la Dives aux collines du Mont Pinçon et des reliefs forestiers du département de l'Orne. A l'intérieur : un autel du XIIe, un Christ de la fin du Moyen Age, les statues de saint Jean-Baptiste, saint Michel, saint Marcouf et saint Thibault, réputé soigner les fièvres.

LE CLOS FLEURI €€

23, place Michel-Vermughen
✆ 02 31 39 00 62
Chambre simple 75 €, chambre double 80 €. Petit déjeuner inclus.

Monique Hamelin vous ouvre les portes de cette ancienne ferme à colombages du XVIIe, consciencieusement restaurée. Le bonheur est là de savourer le calme depuis l'adorable studio tout confort équipé d'une kitchenette. Il est baptisé la Bouillerie, car il s'agit de l'ancienne distillerie. Vous préférez peut-être la vue sur les vertes prairies depuis la douillette chambre Rose, tendue de toile de Jouy rose. Les deux logements sont accessibles de plain-pied. L'odeur du petit déjeuner saura vous sortir du lit avant une escapade sur la Route du Cidre ou en bord de mer.

DOMAINE DE LA COUR AU GRIP €€

Repentigny ✆ 02 31 63 85 85
domainedelacouraugrip.com
Nuit dans un tonneau, compter 105 € avec petit déjeuner. Chambre d'hôte 75 €. Gîte à partir de 180 € le week-end.

Coup de foudre sur la Route du Cidre ! Superbe propriété cidricole et fromagère du XIXe siècle, entièrement rénovée, sur les hauteurs de Repentigny. Le tonneau, petit nid douillet de 10 000 litres pour 2 personnes, surplombe 35 km de vallée. Isolé et chauffé, il peut être loué toute l'année. Tout ici a été restitué dans un souci d'authenticité. La Cour au Grip c'est aussi deux gîtes ruraux (3 à 5 personnes) et deux chambres d'hôtes, aménagés dans les anciennes étables et fromagerie.

MANOIR DE PONTFOL €€

Chemin de Pontfol
VICTOT-PONTFOL
✆ 02 31 63 45 70
manoirdepontfol.fr
Chambre double de 79 € à 85 €. Petit déjeuner inclus. Lit supplémentaire : 25 €.

Ce superbe manoir bluffe par ses prestations, son accueil et l'originalité de ses chambres. Côté chambres, les propriétaires ont osé les thématiques historiques et littéraires ce qui les rend mythiques et charmantes. Ambiance médiévale, lit à baldaquin, lit drakkar... Presque un musée. Mais, surtout, une vraie bouffée d'air, de verdure et d'aventures imaginaires pour le voyageur fatigué des chambres d'hôtel standardisées ! Même naturel au petit déjeuner, pris dans la « salle des soupirs », avec, sur la table, des produits frais, maison, et souvent bio.

ÉPICERIE DE BEUVRON-EN-AUGE

15, place Michel-Vermughen
✆ 02 31 79 23 28
Haute saison : tous les jours de 10h à 13h et de 14h30 à 19h.

Vous êtes ici dans l'ancienne épicerie du village. Vous la reconnaîtrez vite à son enseigne. Depuis plus de 20 ans, Pascale et Christine sélectionnent avec soin des produits du terroir issus de petits producteurs locaux, mais aussi des grands classiques comme le cidre Dupont. Gourmands et gourmets seront ravis ! Mais la maison est également connue pour ses paniers. De quoi faire encore des cadeaux sympas. En prime, la bonne humeur des hôtesses qui rend la visite souriante et agréable.

PUTOT-EN-AUGE

A la porte des marais de la Dives, Putot-en Auge compte parmi nos préférés. Son église, avec son chœur du XIIe siècle, classée aux Monuments historiques est un témoin de l'architecture romane dans le Pays d'Auge. Son remarquable clocher est couvert d'un bardage en châtaignier. Véritable chef-d'œuvre, le manoir voisin (privé) construit à la fin XVIIIe, est, lui aussi, classé aux Monuments historiques. Haras depuis 1955, le logis Saint-Germain du XVIIe siècle s'étend sur 200 hectares. On peut s'incliner sur la tombe des 32 soldats britanniques de la 6e Division aéroportée, tombés lors de la bataille de Putot-en-Auge et enterrés au pied de l'église.

CHÂTEAU DE LA BRIBOURDIÈRE €€€

La Bribourdière ✆ 06 29 95 12 21
https://chateaucabourg.com/
7 chambres. à partir de 160 €. Petit déjeuner inclus. Séminaires. Réceptions et mariages. Wifi gratuit.

Difficile de ne pas tomber sous le charme de ce lieu bucolique ! La demeure, typiquement normande, a été rénovée avec beaucoup de goût, des sept chambres haut de gamme aux salons intérieurs feutrés. Une grande salle de réception lumineuse accueille les groupes pour des animations et dîners. En extérieur, un parc de 12 hectares et son étang ajoutent la petite touche romantique à cette carte postale située sur la côte normande entre Caen, Cabourg et Deauville.

LA CÔTE DE NACRE ET LES PLAGES DU DÉBARQUEMENT

PARCOURS GPX

LIEUX	Km total	Km à faire	Routes
BÉNOUVILLE (PEGASUS BRIDGE)	0	74	Pont, GR36
OUISTREHAM/ RIVA-BELLA	6	98	D514
LION-SUR-MER	12	62	D514
SAINT-AUBIN-SUR-MER	17	57	D514
COURSEULLES-SUR-MER	24	50	D514
ARROMANCHES-LES-BAINS	37	37	D65
TIERCEVILLE	47	27	D176, D35
DOUVRES-LA-DÉLIVRANDE	62	12	D35
HERMANVILLE-SUR-MER	66	8	D35
BÉNOUVILLE (PEGASUS BRIDGE)	74	0	D35, Pont

BÉNOUVILLE

Port important dès l'époque préceltique puis durant l'occupation romaine, Bénouville a vu s'établir en son sein la première communauté humaine de la région. Son importance stratégique perdure jusqu'au Débarquement. Dans la nuit du 5 au 6 juin 1944, trois planeurs atterrissent près du pont de Bénouville. Les 90 Anglais de la 6e aéroportée ont notamment pour mission de prendre intacts les ponts de Bénouville et de Ranville, permettant de franchir le canal et l'Orne. En plus d'être chargée d'histoire, Bénouville est une très jolie commune, dont les habitations anciennes s'étendent tout en longueur de chaque côté de la route qui la traverse.

ÉGLISE NOTRE-DAME ✝

Accès libre.

Petite église dédiée à Notre-Dame, inscrite au titre des Monuments historiques depuis 1932. Son chœur, avec ses voûtes en ogive, date de la fin du XIIe siècle et sa nef du XVIe ou XVIIe siècle. Vers la fin du XIXe siècle, deux tableaux du peintre Louis Chifflet, sont venus embellir le chœur. À découvrir : une plaque funéraire de 1768 mentionnant Antoine Gillain, marquis de Bénouville, deux statues en bois, représentant saint Eutrope, évêque guérisseur de l'hydropisie (sorte d'œdème) et Notre-Dame du Port, ainsi qu'une réserve eucharistique en pierre polychrome.

CAFÉ GONDRÉE PEGASUS BRIDGE ★

12, avenue du Commandant-Kieffer

✆ 02 31 44 62 25

Tous les jours 9h-18h30. Fermé de mi-novembre à mi-mars.

Près du pont de Bénouville, ce café-musée est un incontournable des événements liés au Débarquement. Lieu de pèlerinage des vétérans et passionnés d'Histoire, voici la première maison libérée de France par la 6e division aéroportée britannique dans la nuit du 5 au 6 juin 44. Plus qu'un simple café, le Pegasus Bridge de mme Gondrée est un symbole de liberté. De l'autre côté de la rue, vous verrez un canon Bofors d'origine suédoise qui équipait les régiments de l'artillerie britannique.

CANAL DE CAEN À LA MER

Ce long ruban d'eau de 14 km laisse passer les bateaux depuis 1857. Les bombardements de 1944 provoquèrent d'importants dégâts sur toutes les installations portuaires, mais l'aide des Britanniques permit la remise en marche de l'activité. Plan d'eau pour sports nautiques, lieu de promenade pour les piétons et les vélos, domaine de prédilection des pêcheurs, le canal, partie intégrante de l'environnement naturel, s'est imposé comme un lieu très riche d'activités partagées par l'ensemble des habitants des neufs communes qui le bordent.

PEGASUS BRIDGE ★

Canal de Caen

Entre Bénouville et Ranville, la traversée du pont est libre, ouverte aux piétons et aux voitures.

© JENNYT - SHUTTERSTOCK.COM

Jour J : 5-6 juin 1944. Imaginez... La prise du pont tournant à Ranville (construit par Eiffel) et celle du pont levant à Bénouville est la mission la plus célèbre et décisive de la 6e division aéroportée britannique. C'est ici que 180 soldats du régiment Oxs and Bucks se sont posés, à bord de planeurs, le 5 juin après minuit. En dix minutes, les ouvrages étaient sous contrôle. Le pont, rendu célèbre par le film *Le jour le plus long*, fut remplacé en 1994 par un ouvrage plus adapté. L'ancien pont est conservé dans le parc du Mémorial Pegasus à Ranville.

CAMPING CAPFUN HAUTES COUTURES**** €

Avenue de la Côte-de-Nacre ✆ 02 31 44 73 08
www.capfun.com

Ouvert d'avril à septembre. Mobil-homes et bungalows toilés, 2-12 personnes, à partir de 273 € la semaine. Restauration.

On aime particulièrement ce camping pour sa situation et son côté « hôtel en plein air ». Camping ou glamping ? Notre cœur balance, mais il est bien sûr possible de planter sa tente sur un vert gazon, à l'ancienne. La formule qui fonctionne le plus ici est la location de mobil-homes, cottages ou tentes « coco sweet », de véritables petits appartements. Avec son espace aquatique, cette adresse « haute couture » a de grandes chances de modifier votre conception des vacances en camping !

LA GLYCINE €€

11, place du Commando-N°4
✆ 02 31 44 61 94
www.la-glycine.com

Chambre double à partir de 80 €, triple à partir de 119 €. Petit déjeuner en sus. Restauration.

Prenez le temps d'une douce halte dans cet établissement passionnément entretenu et conservé depuis 1920. Il règne comme un parfum de glycine dans cet hôtel-restaurant à la décoration réussie. Plusieurs salles et ambiances, le tout rehaussé par les toiles de la maîtresse des lieux. Côté chambres, rien n'est laissé au hasard : c'est cosy à souhait, entre le bâtiment principal ou l'annexe attenante. À l'extérieur comme à l'intérieur, le plaisir des yeux ajoute à la quiétude des lieux, et l'on demeure admiratif devant la glycine, amoureusement cramponnée à la façade.

LES 3 PLANEURS €€

23, avenue du Commandant-Kieffer
✆ 02 31 44 62 00
www.les3planeurs.com

Ouvert tous les jours de mars à octobre. Plat du jour : 12 €.

Près du Pegasus Bridge, faites une halte au cours de votre balade sur la voie verte, entre Caen et Ouistreham. Le lieu est idéal pour manger sur le pouce tout en s'imprégnant des événements de l'été 1944. A l'intérieur, on s'attarde devant les portraits du général Gale et du major Howard. En terrasse, aux heures où le pont se lève, on regarde passer les bateaux. A midi, salade, fish & chips ou assiette de charcuterie avec, pour voisins, des visiteurs du monde entier. L'après-midi, c'est crêpe, glace ou gaufre. Service à emporter.

OUISTREHAM ★★

Au cœur de la Normandie et du Calvados, sur la côte de Nacre, Ouistreham-Riva-Bella est née de la mer et de la rivière. Cette double appartenance a toujours influé sur son destin. Sa situation géographique en fit un poste de garde qui garantissait la sécurité de la région en défendant l'embouchure de l'Orne. C'est ici que s'est implanté le bourg, sur une hauteur qui dominait la rivière.

Aux XIe et XIIe siècles, après la conquête de l'Angleterre en 1066 par Guillaume le Conquérant, le village de Ouistreham bénéficia de la grande prospérité du duché de Normandie. Au XIIIe siècle, la Normandie fut rattachée au royaume de France. Commence alors une lutte entre les rois de France et les ducs. Les siècles qui suivirent furent troublés par de nombreuses guerres avec l'Angleterre, et le village reprit souvent son rôle de sentinelle. Au XIXe siècle, après le Premier Empire, établi en France le 18 mai 1804 par Napoléon Ier, ces rivalités s'apaisèrent avec la réalisation du canal entre Caen et la mer, une voie d'eau reliant le port de Caen au port de Ouistreham. Cet ouvrage redonna une impulsion à la ville, en générant notamment la création du quartier du Port. L'accroissement du transit maritime, l'accueil de navires commerciaux de grands tonnages, la création d'une plateforme de maintenance du futur parc offshore de 64 éoliennes de Courseulles-sur-Mer font de l'année 2022 celle de chantiers d'envergure sur le littoral. Aujourd'hui tournée vers la terre et ouverte à la mer, la commune, qui communique désormais sous le nom Ouistreham Riva-Bella, continue son essor.

Tourisme

Appelée « la Délicate », tentez l'expérience d'une balade sonore et immersive ! Muni de votre ombrelle géolocalisée, on se laisse guider par la voix de ceux et celles qui ont vécu l'Occupation et le Débarquement. Pour une plongée *in situ* émouvante, au cœur de l'histoire de Ouistreham-Riva-Bella et Sword Beach, grâce à la réalité augmentée auditive. Tarif : 6 € par personne. Durée : compter 1h30 environ. Départ depuis l'office de tourisme (✆ 02 31 97 18 63), sis l'esplanade Alexandre-Lofi, qui propose également d'autres balades thématiques (l'histoire du canal, du port, ou encore du bourg, livret-jeu pour les enfants...), à pied ou à vélo, ainsi que la visite du phare pour s'offrir un panorama exceptionnel.

© CHRISTIAN MUSAT - SHUTTERSTOCK.COM

Le port de Ouistreham.

CANAL ET PORT DE PLAISANCE ★

Capitainerie : Terre-plein des Écluses
✆ 02 31 96 91 37
www.ouistreham-plaisance.com
Redevance d'amarrage selon longueur des bateaux, consulter le site Internet ou contacter le bureau du port de plaisance.

Le célèbre canal de Ouistreham a été creusé au XIXe siècle, sur près de 14 km, et mis en service en 1857. C'est à cette même époque qu'a commencé à se pratiquer la plaisance à Ouistreham. En 1960, un bassin d'une capacité d'accueil de 650 places a été aménagé à l'est du canal, qui continue aujourd'hui de faire le bonheur des plaisanciers français et étrangers avec un avant-port accessible à toute heure de la marée, un accueil permanent quotidien par une équipe dynamique et accessible.

ÉGLISE SAINT-SAMSON ★

Place Albert-Lemarignier
Tous les jours de 9h à 18h.

Sans doute la plus belle et parmi les plus vastes églises rurales de France témoignant de l'importance du village à l'apogée de l'État ducal. Construite au XIIe sur l'emplacement d'une église primitive en bois, détruite lors des invasions vikings, son architecture s'apparente aux abbayes fondées par Guillaume le Conquérant à Caen. Le monument classé affiche une robustesse qui colle parfaitement à son histoire, puisque le lieu de culte servit également, au fil des événements, de phare, de bâtiment de défense, ou encore de poste de surveillance.

LE GRAND BUNKER DU MUR DE L'ATLANTIQUE ★★

Avenue du 6-Juin ✆ 02 31 97 28 69
museegrandbunker.com
De janvier à mars et d'octobre à décembre : tous les jours 10h-18h. D'avril à septembre : tous les jours 9h-19h. 8 €.

Le Grand Bunker du Mur de l'Atlantique se trouve dans l'ancien quartier général allemand qui commandait les batteries de l'estuaire de l'Orne. Dans cette tour de béton ont été reconstituées des scènes de vie quotidienne plus vraies que nature. A l'extérieur, une grande fresque expliquant les différentes batailles et la barge PA 30-31 : avant d'être restaurée pour le film *Il faut sauver le soldat Ryan*, cette pièce rare achemina les hommes jusqu'aux plages du Débarquement le 6 juin 1944.

VILLA ANDRY** €€

51, avenue Andry
✆ 02 31 97 18 79
www.villa-andry.fr
Chambre double à partir de 94 €. Petit déjeuner inclus.

Belle demeure de charme et de caractère qui vous contera plus d'un siècle et demi d'histoire. Aujourd'hui, Julien et Mélinda, ses sympathiques propriétaires, proposent des chambres, côté jardin ou côté mer, pas très grandes, mais impeccables et bien isolées. Cet hôtel à taille humaine, idéalement situé à 5 minutes à pied du centre-ville et à 30 mètres du centre de thalassothérapie, offre de belles prestations, dont un bar face à Sword Beach. Le matin, un petit déjeuner buffet vous attend dans la grande salle à manger baignée de lumière. La journée peut commencer.

PLAGE DE OUISTREHAM-RIVA BELLA ★★

www.ouistreham.fr

Abords payants.

Été comme hiver, la belle plage de Ouistreham-Riva Bella, et ses trois kilomètres de sable fin et doré, n'a rien à envier à la Côte d'Azur. Sa pente douce offre une grande sécurité pour les bains de mer. Idéale pour les vacances familiales, elle est également très prisée des amateurs de pêche à pied, puisque la mer se retire d'environ deux kilomètres pendant les grandes marées. La plage de Riva Bella porte ce nom en mémoire de la première villa « Belle Rive », construite en 1866 par un fabricant de corsets caennais. Visionnaire, il fit rapidement des émules, comme en témoigne le patrimoine architectural des villas sauvegardées.

La plage, qui était jusqu'au XIXe siècle un lieu de dunes et de promenade, est aujourd'hui équipée de nombreuses structures de loisirs et de bien-être, ainsi que d'une piste cyclable. Agréablement ventée, juste ce qu'il faut, cette plage est aussi le terrain des amateurs de sports nautiques (planche à voile, chars à voile et kitesurf notamment) et de promenades équestres. Le dimanche, la digue, haut lieu de conversations, accueille les promeneurs qui viennent respirer le bon air iodé ou apprécier le coucher du soleil.

La fragilité des dunes de la plage de Ouistreham-Riva Bella nécessite l'attention de chacun. Aussi, veillez à bien emprunter les sentiers existants au travers des massifs dunaires pour rejoindre la plage, sans dégrader la végétation, ni déranger la faune. Dommage que ses abords soient devenus payants...

LES CABINES €€

19, route de Lion

✆ 02 31 97 17 93

Haute saison : lundi soir ; du mardi au samedi midi et soir. Réservation recommandée. Carte 20 € environ. Terrasse.

Cadre agréable pour ce restaurant, entre brasserie et crêperie, qui a pignon sur rue à 100 m de la rue piétonne. Grandes assiettes garnies, copieuses galettes, salades à partager, tartines grillées : la cuisine est au goût de chacun et empreinte d'une présentation soignée. Choisissez tranquillement. Vous serez servi avec amabilité. Un conseil : réservez. Génial, le coin enfants qui permet aux petits d'aller lire et dessiner. *« C'est vrai, quoi ! Les grands, ils sont toujours à table ! ».* Mais ça, les enfants, si papa et maman traînent, ça veut dire que c'est bon !

LA MOULERIE €€

5, place Alfred-Thomas

✆ 02 31 97 17 43

Tous les jours, midi et soir. Menus de 20 € à 36 €. Menu enfant 10 €. Réservation recommandée. Terrasse.

Située à 50 mètres de la mer, La Moulerie fait partie de ces bonnes adresses qu'on aime partager : une déco moderne, ouverte toute l'année, même le dimanche. Et tenez-vous bien, il y a double service midi et soir en été, le week-end et lors des vacances scolaires. A table, ce sont plus de douze façons de déguster les moules. Mais pas que ! Poissons, viandes, salades, galettes, pâtes et spécialités. Un chef, Sébastien, aux fourneaux depuis des années, et Stéphanie, la patronne, pleine d'énergie, qui nous surprend toujours.

RIVA-BELLA THALAZUR €€

Boulevard du Commandant-Kieffer

✆ 02 31 96 40 40

www.thalazur.fr/ouistreham/hotel/

Tous les jours, midi et soir. A midi, compter 30 € à la Table de la Plage. Le soir, 45 € au restaurant le Riva-Bella.

Osez pousser la porte du Thalazur de Ouistreham, qui promet un agréable accueil et une belle vue sur mer tout au long de l'année. La décoration, sobre, invite à la détente, les plats, parfois iodés et toujours maison, évoluent au fil des saisons. La cuisine s'orchestre autour des produits régionaux. Une option qui plaît : les formules rapides du midi à prix assez raisonnables. Que ce soit le midi ou le soir, le concept ici se définit en cinq S : une cuisine simple, saine, savoureuse, de saison et de situation géographique, en l'occurrence avec vue sur la mer.

LES TERRASSES DE LA MER

Esplanade Eric-Tabarly ✆ 06 95 94 76 07

D'avril à septembre, tous les jours sauf mardi 9h30-19h30 (21h30 vendredi, samedi). Service continu. Carte 15 € environ.

Une escale s'impose dans ce lieu ouvert à la bonne humeur et à l'air du large. Pour cela, franchissez les écluses ! Qu'il fait bon se retrouver de l'autre côté du canal, face au port de plaisance ! Bercé par le son des haubans des voiliers, on y prend le petit déjeuner, le goûter, comme on déguste huîtres, bulots, crevettes, salades, hamburgers ou plat du jour à toute heure de la journée. Le restaurant vous accueille dans un décor maritime, à l'intérieur ou en terrasse. A la barre, Julien, fils de Sylvie et Patrick André de la renommée Taverne à Lion-sur-Mer.

PASQUIER & CO

16, avenue Michel-Cabieu
✆ 02 31 97 18 05
pasquierandco.com
Du vendredi au mardi et les jours fériés de 6h à 20h.

Ne passez pas à côté de Pasquier & Co, et de l'histoire d'amour d'Anaïs et Fabian ! Leur jeunesse et leur cohésion d'équipe se ressentent dans leurs pains, viennoiseries, gâteaux et bien sûr lors de leur accueil. Des gâteaux modernes, 100 % faits maison, que nous n'avons retrouvés nulle part ailleurs et sans sucre ajouté. Vous y trouverez notamment panettone (brioche italienne), pain vitamine, éclair au chocolat, flan, poire tatin, tarti'Brest à tomber par terre. N'hésitez pas à demander la nouveauté de la semaine. Quelle fraîcheur !

PAUSE GOURMANDE

85, avenue de la Mer
✆ 06 66 28 06 22
De mai à septembre, tous les jours 14h-23h, et tous les week-ends de l'année. Glaces de 2 à 6 €. Gaufres environ 4 €.

Ne soyez pas surpris si vous croisez des personnes avec une moustache en chocolat ou de la chantilly sur le bout du nez ! Elles sortent à coup sûr de la rue de la Mer ! Même s'il a changé de nom et de propriétaires (désormais Jérémy et Kelly), ce rendez-vous gourmand, fondé en 1910, reste très couru. La recette des crêpes fondantes et des gaufres croustillantes reste celle de chez Simard. La tendance est aussi au Bubble tea et milkshakes maison. La saison s'annonce belle et gourmande. Conseil futé : les tickets à collectionner pour une crêpe ou gaufre gratuite.

MARCHÉ AUX POISSONS

Place du Général-de-Gaulle
Ouvert toute l'année, tous les jours et jours fériés de 8h à 20h.

Incontournable ! Le lieu des délices de la mer que les Ouistrehamais aiment à partager avec leurs amis. Le point de passage obligé pour le meilleur de la pêche de la nuit : soles, turbots, barbues, maquereaux, merlans, raies, seiches et autres bars de ligne, crustacés (équilles, tourteaux, pétoncles, bulots, couteaux, coques, praires, homards...), crevettes grises... rivalisent de fraîcheur. Entre octobre et mai, la coquille Saint-Jacques se taille la part belle de la débarque. Une petite allée et une dizaine de grandes enseignes pour ce marché authentique.

LION-SUR-MER

Au nord de la plaine de Caen, à l'est de Douvres-la-Délivrande, cette commune d'un peu plus de 2 000 habitants, l'une des plus anciennes villes de la côte de Nacre, abritait déjà un port de pêche au XIIe siècle. C'est à partir du XIXe, époque où Normandie rime avec insouciance, que Lion devint une station balnéaire très appréciée pour son bon air iodé et sa plage de sable fin. Durant les guerres de 1870 et de 1914, de nombreux habitants trouvèrent refuge dans les villas du front de mer, construites à partir de 1851. Et malgré le Débarquement, où Lion-sur-Mer fut en première ligne, il en subsiste quelques-unes, aujourd'hui préservées au patrimoine.

© ANNE CROCHARD

Le Château de Lion-sur-Mer.

CHÂTEAU DE LION-SUR-MER

3, boulevard Paul-Doumer

Le château de Lion-sur-Mer ne s'admire que de l'extérieur. Ce qui a l'avantage de laisser libre cours son imagination. La date de construction n'est pas connue : on la situe au XIIIe siècle, quand le château était un manoir. Puis, au fil des siècles, diverses constructions sont venues agrémenter l'édifice : un pavillon renaissance au XVIe, un corps de logis occidental commencé au XVIe et terminé au XVIIe, puis au XVIIIe un bâtiment à trois étages, composé d'une tour semi-circulaire à l'est, d'une tourelle d'escalier au sud coiffée, et d'un toit en poivrière.

OFFICE DE TOURISME

32, rue Edmond-Bellin
✆ 0261536002
lionsurmer.com

Ouvert de mai à septembre. Tous les jours 10h30-12h30 et 14h-18h30 en juillet-août. Location de vélos.

A la belle saison, les hôtes et hôtesses de l'office du tourisme de Lion-sur-Mer, situé à deux pas de la plage, vous renseignent sur les animations, les randonnées, les rendez-vous à ne pas manquer, le patrimoine de la commune et ses alentours, et vous aident à organiser votre séjour en Normandie. Ce bureau d'informations met à votre disposition un vaste choix de documentations diverses. Durant les périodes de fermeture (d'octobre à avril), si besoin, vous pouvez vous adresser à la mairie, située au 30 rue du Général-Gallieni, qui vous orientera de la même façon.

L'ABRI CÔTIER €€

28, boulevard du Calvados
✆ 06 24 74 62 53

En été, tous les jours dès 11h, dernier service à 21h30. Carte : 20 € environ. Terrasse. Animations.

Un petit restaurant décontracté à l'air de paillote, les pieds dans le sable. La note exotique est donnée dès l'apéritif avec ti-punch et acras de morue. Il y a des couleurs et des parfums à l'ardoise : moules aux légumes et cinq baies (spécialité de la maison), brochettes de poulet mariné tomate-basilic ou plus classiquement mais toujours cuisiné maison, dos de saumon grillé, fish & chips... Rien à dire sur la qualité de l'assiette et le sourire qui l'accompagne. On peut aussi prendre un verre en terrasse avec vue sur la mer ou profiter des concerts en été.

LA TAVERNE €€

15, place Clemenceau
✆ 02 31 96 27 05
www.la-taverne-lion-sur-mer.fr

Ouvert midi et soir, fermé dimanche soir, lundi et mercredi soir. En saison, fermé lundi. Menus de 24,50 à 41 €.

Dans une rue typique près de la plage, cette table joviale étonne avec sa déco marine un peu surannée, son carrelage années 20 et son vitrail au plafond. L'accueil chaleureux, les conversations, les bruits de fourchette mettent à l'aise. Sur la carte, on parle sauce à l'oseille, turbot, sandre, sole meunière, escalope de veau à la normande, rognons de veau. A midi la formule du jour réserve sa surprise selon le marché. Faites halte chez Sylvie et Patrick qui ont fêté en 2021 les 35 ans de leur restaurant, couronnant le succès d'une aventure amoureuse et culinaire.

SAINT-AUBIN-SUR-MER ★

Le lacis de ses venelles raconte l'histoire d'un hameau de pêcheurs. Son air vivifiant et les vertus de ses bains de mer lui ont valu le surnom de « Reine de l'iode ». Sa lumière incomparable a séduit Courbet. Le charme rétro de sa digue piétonne aux villas, construites pour beaucoup après l'arrivée du chemin de fer en 1876, fait le bonheur des promeneurs. Saint-Aubin-sur-Mer est une petite perle sur la côte de Nacre, sans doute est-ce pour cela que certains l'ont rebaptisée « L'Elégante ». L'Elégante donc, qui a vu débarquer les troupes canadiennes du North Shore Regiment le 6 juin 1944, en lieu et place de l'actuel Square des Canadiens.

FALAISE DU CAP ROMAIN ★

✆ 02 31 56 53 87
www.reserves-naturelles.org

Pour la visite guidée, renseignements à l'office de tourisme.

Classée réserve naturelle nationale en 1984, la falaise du cap Romain présente un double intérêt. D'une part, c'est un site archéologique qui a révélé les vestiges d'une occupation gauloise, puis gallo-romaine. D'autre part, c'est un site géologique de réputation internationale qui relate 165 millions d'années de l'histoire de notre terre. Qui aurait dit que la Manche était une mer tropicale au jurassique ? Heureusement les éponges fossiles sont là... Les découvertes archéologiques sont visibles à l'office de tourisme, notamment la statue de la Déesse Mère.

BUREAU DU TOURISME

rue Pasteur
✆ 02 31 97 30 41
www.terresdenacre.com

Horaires en fonction des saisons, à consulter en ligne. En saison : visites guidées. Boutique.

L'office de tourisme de Saint-Aubin-sur-Mer est une antenne de l'office de tourisme « Terres de Nacre » situé à Courseulles-sur-Mer. Ses horaires varient en fonction des saisons. Même minutieusement vérifiés, ils sont donnés à titre indicatif. Aux horaires d'ouverture, par ailleurs disponibles sur le site de « Terres de Nacre » ou par téléphone, vous trouverez une oreille attentive et des conseillers qui sauront mettre à votre disposition toutes les informations nécessaires au bon déroulement de votre séjour. Et ici, surtout, des vélos en location !

CAMPING SANDAYA CÔTE DE NACRE***** €

17, rue du Général-James-Moulton
✆ 02 31 97 14 45
www.sandaya.fr

Ouvert du 7 avril au 3 septembre. 352 locations et 132 emplacements. Emplacement à partir de 28 €, cottage 65 € la nuit.

À ce niveau, on ne parle plus de camping, mais de glamping ! Ici, les mobil-homes s'appellent cottages et sont équipés de barbecue, terrasse couverte en bois, télévision, lave-vaisselle… Quant à l'espace sanitaire, il est doté d'un plancher chauffant. L'immense parc aquatique avec rivière à contre-courant, espace balnéo (bain à remous, hammam et sauna), pataugeoire et cascades, réussit le tour de force de vous détourner de la mer, pourtant toute proche.

LES GOURMANDS DISENT... €€

95, rue Pasteur
✆ 02 31 96 49 94

Avril-octobre, tous les jours 10h-22h. Carte 17 € environ, galette + crêpe. Menu enfant 8,50 €. Galette à partir de 7 €.

Cette jolie petite crêperie offre de quoi se régaler. Comme des petits étuis à bijoux, les galettes et crêpes abritent les saveurs salées ou sucrées des producteurs locaux, dont Corinne et Stéphane, les propriétaires, ont fait leurs fournisseurs exclusifs. Fruits et légumes du Jardin de Saint-Aubin, farine du Moulin de Tibo et Caro, crème d'Isigny, glaces de la Ferme de la Haizerie, sablés d'Asnelles, cidre de la Ferme de Billy… Ici, c'est du circuit court ! Un repas, une pause goûter et vous ferez un tour d'horizon de ce que les environs offrent de meilleur.

HÔTEL-RESTAURANT LE CLOS NORMAND €€

89, rue Louis-Pasteur ✆ 02 31 97 30 47
www.closnormandhotel.com

Tous les jours en saison, midi et soir. Menus de 23,90 € à 31,90 €. Formule moules-frites, avec dessert et café 19,90 €.

Cette institution de Saint-Aubin-sur-Mer a rouvert ses portes en 2020. C'est aujourd'hui un chic bistro avec grande cheminée et vue sur mer. L'ambiance y est décontractée, la cuisine du chef, Patrick Travert, gourmande et savoureuse (moules de Bouchot, fish & chips, burger normand... et délicieux desserts). À tout moment de la journée, vous pouvez profiter de la terrasse face à la mer. Pour un peu on prendrait pension… Ça tombe bien, l'établissement fait aussi hôtel !

COURSEULLES-SUR-MER ★

Quel dommage que Courseulles ait été la proie de promoteurs immobiliers ! Résultat : un front de mer décevant malgré une belle plage et un charmant port de plaisance. Heureusement, Courseulles reste une station balnéaire animée toute l'année, dotée d'une vitalité qui fait son charme. D'excellents restaurants, une criée réputée grâce à son petit port de pêche. Les arrivages journaliers de poissons et coquillages, tout frais sortis de l'eau et vendus à la débarque, participent à son attractivité. Le passionnant musée du Débarquement, les baignades à cru à dos de cheval et le marché, désormais couvert, du mardi et vendredi en font une halte bien agréable.

© ANNE CROCHARD

Ostréiculteur à Courseulles-sur-Mer.

LES BALADES NORMANDES

CROIX DE LORRAINE

Voie des Français-Libres

Site en accès libre.

La Croix de Lorraine fut élevée le 16 juin 1990 à la limite des communes de Graye-sur Mer et de Courseulles, sur le lieu-dit La Brèche de Graye. Elle se dresse à l'emplacement où le général de Gaulle mit le pied en terre libérée, le 14 juin 1944, après avoir traversé la Manche à bord du destroyer français *La Combattante*. Visible de très loin avec ses 18 mètres de haut, du raz de Barfleur au Havre, elle est aujourd'hui devenue l'un des amers principaux (ou points de repère sur les côtes) pour tous les navigateurs de la baie de Seine.

GÎTE LES OBLATES*** €

9, rue Massieu-de-Clerval
✆ 06 27 88 64 58

Clévacances (3 clés). Gîte de 100 m² pour 6 à 8 personnes. 2 chambres. De 790 € à 890 € la semaine selon saison. Wifi.

La demeure des Sœurs Oblates a gardé ses statues ! Le gîte de Diane et Nicolas se niche dans cette maison du XVIIe siècle avec son escalier d'époque (un peu raide d'ailleurs !), bien placée en ville à 200 m de la plage. Ici pas de bibelots ni de déco de magazine, c'est simple et pratique. Rien n'est oublié dans la cuisine. Le salon et chaque chambre disposent d'une télé. On aime le cidre et le jus de pomme à l'arrivée, la terrasse ensoleillée toute la journée, et le tarif en basse saison pour le week-end. Idéal pour les vacances en famille ou entre amis.

JOYEUX RÉVEIL €

100, rue Pierre-Villey
✆ 02 31 36 79 77
www.joyeuxreveil-courseulles.fr

Ouvert toute l'année. 4 chambres. Chambre double à partir de 72 €. Petit déjeuner inclus.

Chambres d'hôtes ? Appartement ? Gîte ? En fait, le Joyeux Réveil propose un peu de tout cela ! C'est dans une jolie maison, datant de 1854, que Marie-Pierre vous accueille toute l'année à Courseulles-sur-Mer. Certes, la déco n'est pas comme dans les magazines, mais l'adresse est bien placée et les tarifs raisonnables. De plus, la propriétaire met un point d'honneur au sens du partage et reste à votre disposition pour répondre à toutes vos attentes. Au Joyeux Réveil, la journée commence par un bon petit déjeuner avec yaourts et confitures maison.

CHÂTEAU DE REVIERS €€

22, rue des Moulins
REVIERS
✆ 06 43 50 68 63
chateaudereviers.com

Chambre double à partir de 150 €. Petit déjeuner inclus.

Fondé au XIXe siècle à l'emplacement d'une motte féodale appartenant aux seigneurs de Reviers, ce château est aujourd'hui la propriété de Madame Fontaine. Entièrement rénové, il abrite quatre chambres d'hôtes flambant neuves, feutrées, spacieuses et colorées, dont une avec kitchenette. Voilà un cadre atypique, près de Courseulles-sur-Mer, situé à la sortie du joli village de Reviers, pour une escale hors du temps dans ce château qui accueille également l'association « Tralal'air », organisatrice d'événements et d'activités artistiques.

LE MATTÉLIE €€

12, rue de la Mer
✆ 02 31 37 11 11
www.lemattelie.com

Basse saison : du mercredi au dimanche midi. Été : du mardi au dimanche midi. Menus 25,90 à 35,90 €. Terrasse.

Mattélie, comme Mathieu et Aurélie, un duo qui continue son ascension dans ce restaurant alliant simplicité et efficacité. Mathieu épluche, taille, émince, écaille, blanchit, déglace… La vraie vie d'un cuisinier. On s'y régale de l'entrée au dessert, avec notamment le filet de cochon en deux cuissons, servi avec ses frites maison et une crème à l'ancienne… Le service d'Aurélie est également parfait du début à la fin ! Aux beaux jours, il fait bon se poser « Côté Jardin ». Comme ils l'écrivent sur leur carte : « Au mieux c'est normand, au pire c'est français ! »

LE QUAI EST €€

13, quai Est ✆ 02 31 97 20 90
www.quai-est-restaurant.fr

Du mercredi au dimanche midi et soir ; tous les jours en été. Menus de 22 € à 42 €. Formule du midi 16,90 €.

Toutes les couleurs et saveurs de saison se retrouvent chez Cindy et Arnaud, Maître Restaurateur. On ose à peine toucher au tableau gourmand des assiettes, servies avec élégance. Arnaud rend les mets beaux et savoureux, savamment dosés de créativité. Que ce soit en semaine avec le menu du marché, ou le week-end avec des menus plus élaborés, tout est mitonné avec la même attention. Les amateurs trouveront huîtres de Courseulles, filet de bar rôti, choucroute de la mer ou ris de veau poêlé en bonne place sur la carte. Service souriant. Une vraie belle adresse.

CHEZ SUZANNE €€

18, avenue de la Combattante
✆ 06 58 07 63 77
www.chezsuzanne-restaurant.fr

Basse saison : mercredi à samedi midi et soir, dimanche midi. Tous les jours en été. Formule du midi 19 €, en semaine.

Cette brasserie-buvette prône la philosophie du bien manger, du bio et du local. Après avoir œuvré au Mama Shelter et à La Môme à Caen, c'est à Courseulles que Yann nous fait découvrir sa cuisine maison à l'accent souvent méditerranéen et aimant jouer le sucré-salé. Côté brasserie, tout est fait minute, la courte carte s'assume pleinement. Poissons et crustacés sont mis à l'honneur. Côté buvette, on sirote un cocktail (préparé par son papa) au comptoir. Une belle terrasse vous attend l'été. Donc un chouette petit restaurant à garder dans sa poche !

ARROMANCHES-LES-BAINS ★★

On prend ici réellement la mesure de ce qu'a pu être le Débarquement. En découvrant depuis la falaise les vestiges du port provisoire, en balayant son étendue, on est submergé par l'immensité de la tâche et on réalise le prix de la liberté. Quand la mer s'entoure de brume, on croit voir jusqu'aux fantômes du passé... Le musée du Débarquement d'Arromanches est le plus ancien musée français sur ce thème. Sa plage et ses barges échouées à marée basse, ses rues, stèles, chars et canons, figés dans le temps, racontent juin 1944. Mais la cité version XXIe siècle, c'est avant tout une charmante station balnéaire dotée de curiosités et d'excellents restaurants.

LIBERATORS MUSEUM - NORMANDY 1944

9, rue du Colonel-René-Michel
✆ 02 14 08 60 98
D'avril à mi-septembre, tous les jours 9h30-18h. 4 €.

Il était une fois un jeune flamand de 12 ans, Floris Kok, qui préférait les plages du Débarquement à Disneyland... 3 000 courriers et 10 années de recherches et rencontres plus tard, en 2012, le garçon devenu grand a ouvert son musée des vétérans à Arromanches. Pour rendre hommage à son grand-père, membre de la résistance hollandaise pendant la Seconde Guerre mondiale, à son arrière-grand-père, soldat des tranchées en 14-18. Derrière chaque souvenir se trouve un homme et son histoire.

D DAY AVIATORS €€

9, rue Louis-Hudebert
✆ 06 78 80 50 78
www.ddayaviators.com
Chambre double à partir de 97 €. Petit déjeuner inclus. Parking : 10 €. Tour en jeep organisé sur demande.

A 35 m de la mer, installées dans une ancienne bâtisse remise en l'état par les propriétaires, ces chambres d'hôtes ont su garder leur caractère authentique. Les chambres, tout confort, possèdent un coin kitchenette. Le petit déjeuner est très complet avec même un plateau de bons fromages de Normandie. Enfin, on note l'aspect muséal puisque les propriétaires des lieux en ont profité pour exposer leur collection de pièces aéronautiques de la Seconde Guerre mondiale. Photos, cartes, hélices, cela aurait en effet été dommage de garder toutes ces pièces cachées.

MUSÉE DU DÉBARQUEMENT ★★★★

Place du 6-Juin-1944 ✆ 02 31 22 34 31
www.musee-arromanches.fr
De mai à août, tous les jours 9h-19h. Horaires plus restreints le reste de l'année. Adultes 12,70 €, réduit 8,20 €

Ouverture du nouveau musée : juin 2024 ! Érigé sur le lieu historique du port provisoire, dont les vestiges émergent encore sur le rivage, le musée du Débarquement fut voulu par le Comité du Débarquement, dirigé par Raymond Triboulet, premier sous-préfet de la France libérée. Inauguré le 5 juin 1954 par le président de la République René Coty, l'ancien musée fut le premier centre de commémoration du 6 juin 1944 et de la Bataille de Normandie.

Pédagogique et adaptée à tous, la visite s'inscrira dans un devoir de mémoire au plus proche des événements. Muni d'un audioguide (inclus dans le prix d'entrée), le visiteur passera dans sept espaces différents afin d'en apprendre plus sur la Bataille de Normandie, et plus spécifiquement la construction et le fonctionnement du port artificiel *Mulberry B*, si essentiel pour le ravitaillement des troupes alliées au lendemain du Jour J. Un espace sur Arromanches pendant l'Occupation et la vie quotidienne des Arromanchais éclairera également cette période. La maquette historique construite pour l'exposition permanente en 1954 restera l'âme du musée, accompagnée de projections en réalité virtuelle et de mapping 3D, plus immersifs de nos jours. Pour ceux qui désirent repartir avec un souvenir ou un ouvrage, la boutique du musée sera accessible à tous.

Un toit-terrasse sera inauguré à l'été 2024, offrant une vue exceptionnelle et un point de vue unique sur les vestiges du *Mulberry B*, permettant une mise en perspective immédiate des éléments vus dans le musée juste avant.

LES BALADES NORMANDES

LES VILLAS D'ARROMANCHES €€

1, rue du Lieutenant Colonel de Job
✆ 02 31 21 38 97 - www.lesvillasdarromanches.fr
28 Chambres de 79 € à 350 €. Petits animaux acceptés (15 €/nuit). Petit déjeuner buffet continental : 15 €. Parking.

Entre Deauville et Bayeux, à 1h30 du mythique Mont-Saint-Michel, l'hôtel de charme Les Villas d'Arromanches est le lieu idéal pour se reposer et rayonner dans une Normandie chargée d'histoire. Cette demeure de caractère du XIXe siècle abrite 28 chambres tout confort aux tons pastel et décorées avec raffinement. Le lounge bar est parfait pour se détendre autour d'un verre, après une excursion ou une journée passée à la plage qui borde l'hôtel. Le généreux buffet du petit-déjeuner vous permettra de prendre des forces avant une journée chargée.

LES P'TITES ASSIETTES €

6, rue Maurice-Lithare
✆ 02 31 22 36 05
www.hotel-le-mulberry.com
Du lundi au samedi midi et soir. Formule du midi 16 €. Menus de 22 € à 31 €. Menu enfant 12,50 €.

Aux P'tites Assiettes, le restaurant de l'Hôtel Mulberry, les talents culinaires de Sophie n'en finissent pas de s'affiner tandis que l'accueil de Christian est un modèle de jovialité. Leur « ici, on fait la cuisine qu'on aime » est chaque année confirmée et les amateurs de bonne chère ne s'y trompent pas. Il faut d'ailleurs réserver pour avoir la chance de déguster le foie gras maison, l'aile de raie à la crème d'Isigny et citron vert, les Saint-Jacques en saison ou le filet de bœuf au livarot. Le tout pour un prix très abordable et adapté à tous les appétits.

ARROMANCHES MILITARIA

11, boulevard Gilbert-Longuet ✆ 02 31 21 51 04
www.arromanchesmilitaria.com
Ouvert des vacances de février à celles de la Toussaint. Du lundi au samedi 10h-19h (tous les jours 10h-20h en été).

De l'authentique et rien que de l'authentique : besaces qui ont vraiment fait le Débarquement, rangers usées sur les chemins du bocage normand, douilles d'obus, brassards allemands, cigarettes américaines, on en passe et des émouvantes... Plus qu'une boutique, c'est un véritable musée, et gratuit ! Pascal, le propriétaire, est incollable et peut vous parler des heures avec un enthousiasme communicatif. Il vous apprendra tout sur la passion de Goering pour le Coca-Cola... d'où la naissance de Fanta. Vous ne voyez pas le rapport ? Alors, rendez-vous à Arromanches !

DOUVRES-LA-DÉLIVRANDE

Située entre Caen et la mer, Douvres s'enorgueillit de plus de 2 200 ans d'histoire. Elle doit son nom de « Délivrande » à la Vierge noire dont le culte, populaire dans la région depuis le VIIe siècle, donne lieu à un pèlerinage chaque mois d'août. Dynamique et agréable à vivre grâce à ses commerces, ses établissements scolaires, son centre aquatique intercommunal, elle est également connue pour sa basilique, son cimetière militaire britannique et son musée du radar. La commune s'attache, en parallèle, à valoriser son patrimoine dont – dernière opération en date – le manoir épiscopal, appelé « La Baronnie », à vocation culturelle et touristique.

© ARTHUR LEROY - ICONOTEC

Vue aérienne de Douvres-la-Délivrande.

BASILIQUE NOTRE-DAME DE LA DÉLIVRANDE

10, place de la Basilique
✆ 02 31 37 29 66
Tous les jours de 9h à 18h.

Les deux immenses tours de cette basilique se dressent au cœur de Douvres-la-Délivrande. Construite de 1854 à 1878 dans le style néo-gothique, elle est remarquable par ses proportions et la luminosité de son intérieur. Le chœur, composé de 11 verrières et 34 stalles de bois sculptées par Jacquier, célèbre sculpteur de l'époque, est splendide, révélant toute sa beauté lorsqu'un rayon de soleil le traverse. Sans oublier la Vierge Noire de 1580, et le pavage en marbre blanc du sanctuaire.

PHARMACIE LESAGE

78, rue du Général-de-Gaulle

Lundi 14h30-19h30, du mardi au samedi 9h-12h15 et 14h30-19h30.

Superbe bâtisse édifiée en 1901 par un certain Georges Lesage, maire, pharmacien et amateur d'art, sur les plans de l'architecte François Rouvray, originaire de Caen. Son immense portail d'entrée, ses fenêtres aux lignes souples, ses tuiles vernissées et ses ferronneries, réalisées par Adolphe Marie, artisan de Creully, évoquent le style Art nouveau. À l'intérieur, le spectacle est également au rendez-vous : balustrade en fer forgé, cheminée, comptoir et carrelage ornés de motifs floraux et végétaux, on en oublierait presque qu'on est venu acheter de l'aspirine !

STATION RADAR 44

Route de Bény - D83

✆ 07 57 48 77 32

www.musee-radar.fr

Ouvert d'avril à novembre. Du mardi au dimanche 10h-18h. Juillet-août, tous les jours 10h-19h. 6,50 €, réduit 5 €.

Unique site radar des plages du Débarquement, ce musée passionnant offre une immersion dans 2 bunkers et 9 salles souterraines. Mieux qu'un cours d'histoire, un musée consacré à la Seconde Guerre mondiale mais avec une thématique singulière : les radars. Parmi les raretés, le Würzburg-Riese, immense radar de 10 mètres de haut. En visite libre, avec votre smartphone transformé en audioguide gratuit, ou bien en visite guidée, le musée Radar de Douvres raconte la guerre des ondes qui a sévi lors du Débarquement. Une visite passionnante !

LE PRESSOIR €€

12, place du Stade

✆ 02 31 37 18 90

Du mardi au samedi midi et soir, dimanche midi. Menus de 22,50 € à 29,50 €. Formule du midi 12,90 €.

Jolie façade en pierre, salle chaleureuse, accueil souriant et prix raisonnables pour ce restaurant-crêperie. Les galettes sont prétexte à de jolies farandoles de plats et bons produits. Galette vosgienne ou nordique, foie gras, huîtres ou moules-frites, poisson de la côte, entrecôte, andouillette au cidre, magret de canard ou plus simplement omelette, l'assiette sent aussi bon qu'elle est savoureuse, fraîche, colorée. Le tout couronné par un succulent dessert, la pavlova géante (meringue, fruits rouges, chantilly). Si avec ça vous ne trouvez pas votre bonheur...

HERMANVILLE-SUR-MER

Plus discrète que ses voisines ou peut-être mal connue, Hermanville est une station qui vaut la peine de s'y attarder. Riche d'histoire, elle recèle surtout de superbes villas dont la plus célèbre, La Bluette, fut construite par Hector Guimard en 1889. Ce très grand concepteur de l'Art nouveau (à qui l'on doit notamment quelques célèbres bouches du métro parisien) a su imposer son style sur cette demeure atypique, aux coquillages et pierres incrustés, face à la mer. Au hasard de vos promenades sur la digue et le long de la plage très familiale, longue de 1 800 mètres, vous découvrirez d'autres beautés du genre qui vous mèneront jusqu'à Lion-sur-Mer.

CIMETIÈRE BRITANNIQUE ET MONUMENTS DU SOUVENIR

Tombés le 6 juin 1944 lors du Débarquement, 1 005 soldats, dont 986 Britanniques, 13 Canadiens, 3 Australiens et 3 Français reposent dans le cimetière d'Hermanville. Nombreux monuments et plaques du souvenir jalonnent également la commune : « Le Matelot », le monument de la Royale Artillerie, les plaques à la mémoire de la 3e Division d'Infanterie Britannique... Egalement, sur la départementale vers Lion-sur-Mer, un char britannique Centaur, destiné à soutenir le Royal Marine Commando.

PLAGE DE LA BRÊCHE D'HERMANVILLE

✆ 02 31 36 18 00

Ici, le bord de mer porte le nom de « Brêche d'Hermanville ». C'est là que commence une digue de quelques kilomètres, reliant Hermanville à Lion-sur-Mer, vers l'ouest. Large, cette promenade accueille piétons et cyclistes qui longent un siècle et demi d'architecture. Le site de La Brèche fut un important point d'appui allemand en 1944. Malgré des pertes sévères, les Anglais s'emparent des maisons en front de mer et, le 6 juin 1944, à 10h, la Brêche d'Hermanville est libérée.

CAEN ET LES RIVES DE L'ORNE

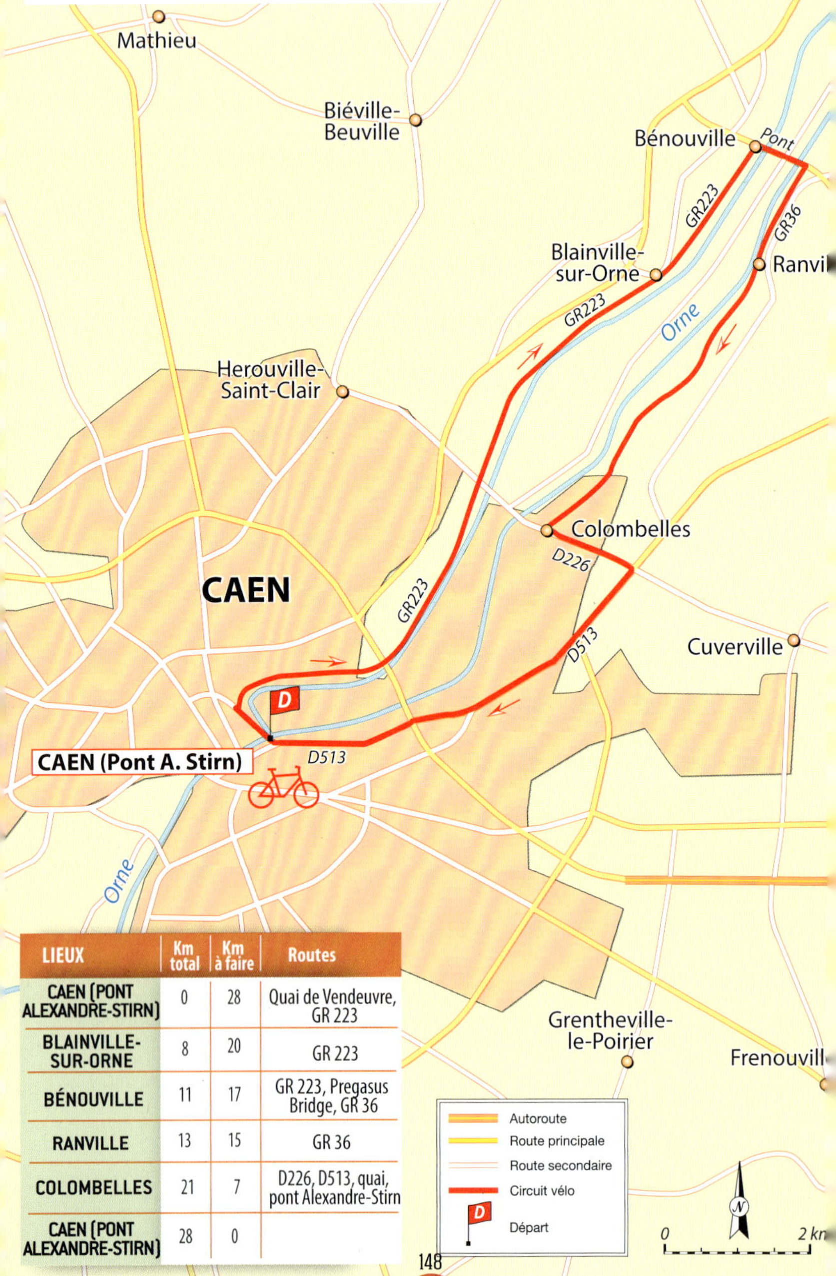

LIEUX	Km total	Km à faire	Routes
CAEN (PONT ALEXANDRE-STIRN)	0	28	Quai de Vendeuvre, GR 223
BLAINVILLE-SUR-ORNE	8	20	GR 223
BÉNOUVILLE	11	17	GR 223, Pregasus Bridge, GR 36
RANVILLE	13	15	GR 36
COLOMBELLES	21	7	D226, D513, quai, pont Alexandre-Stirn
CAEN (PONT ALEXANDRE-STIRN)	28	0	

CAEN ★★★

Ville dynamique où les lieux à vocation culturelle comme la Bibliothèque Alexis de Tocqueville et les festivals foisonnent, ville étudiante diablement animée les jeudis soir, ville gastronomique aux innombrables restaurants, ville d'architecture où le Moyen Age et la Reconstruction se côtoient, ville d'histoire qui a vécu la conquête de la Normandie et les heures noires des bombardements et de l'Occupation, Caen est vraiment surprenante. Les visites culturelles ne manquent pas : deux somptueuses abbayes parmi les plus vastes de France, un château – le plus grand d'Europe septentrionale –, de nombreuses églises, et des musées dont le célèbre Mémorial.

Tourisme

Belles rues historiques et commerçantes : rue Saint-Pierre, rue Froide, rue Caponière, rue Saint-Jean..., places majestueuses : place Saint-Sauveur, place du Théâtre..., port de plaisance bordé de restaurants et de cafés, presqu'île qui se fait une beauté 2.0, immenses espaces verts : colline aux Oiseaux, jardin botanique, Prairie, jardin de la Luna Rossa... Caen est même le point de départ de nombreuses escapades. À pied, à vélo par la voie verte jusqu'à la Suisse normande, en bateau vers l'Angleterre au départ du port de Ouistreham-Riva-Bella ou de l'aéroport... Bon séjour dans la capitale du Calvados : vous verrez, vous ne vous ennuierez pas !

ABBAYE AUX DAMES ★★

Place Reine-Mathilde ✆ 02 31 06 98 98
www.caenlamer-tourisme.fr

En semaine 8h-12h30 et 13h30-18h, week-end 14h-18h. Entrée libre. Visite guidée à 14h30 et 16h tous les jours, 4 €.

Abbaye fondée vers 1060 par Mathilde, duchesse de Normandie et épouse de Guillaume le Conquérant. Son abbatiale, chef d'œuvre de l'art roman, abrite le tombeau de son illustre fondatrice. Le couvent, reconstruit au XVIIIe siècle et magnifiquement restauré en 1986, accueille aujourd'hui le siège de la Région Normandie. La visite guidée permet de découvrir la crypte romane Saint-Nicolas-sous-Terre, sans oublier les 950 ans d'Histoire de l'abbaye et de ses illustres dames ! Avec un parc de 5 ha, le site de l'Abbaye aux Dames est un havre de quiétude et de verdure.

ABBAYE AUX HOMMES ★

Esplanade Jean-Marie-Louvel ✆ 02 31 30 42 81
caen.fr/abbaye-aux-hommes/

Haute saison : du lundi au vendredi 8h-18h30, week-end 9h30-18h30. Visite guidée : 5,50 €. Découverte autonome : 3 €.

Superbe abbaye, parmi les plus importants édifices de l'époque ducale en Normandie, fondée en 1063 par Guillaume le Conquérant, alors duc de Normandie. Composée de deux parties (les bâtiments conventuels et l'église Saint-Étienne), l'abbaye aux Hommes est un chef-d'œuvre architectural de l'art médiéval. L'Hôtel de Ville de Caen occupe aujourd'hui l'ensemble monastique, reconstruit au XVIIIe siècle, qui s'élève autour d'un cloître de style toscan. Consacrée en 1077, l'église abbatiale, au style gothique, abrite notamment le tombeau de Guillaume le Conquérant.

JARDIN DES PLANTES

Place Blot
✆ 02 31 30 48 38
caen.fr

Ouvert toute l'année. Lundi-vendredi : 8h-18h30 ; week-end : 10h-18h30. Gratuit. Restauration (L'Orangerie).

Un véritable havre de paix et de verdure à deux pas du centre-ville ! Au-delà de sa vocation scientifique, c'est un lieu superbe à visiter en famille. Les allées vous font découvrir les végétaux en plates-bandes, les serres valent tous les voyages, l'institut botanique entouré de plantes médicinales est une merveille d'architecture, enfin l'espace parc, équipé de jeux pour les enfants, permet une halte verte reposante. D'ailleurs, entre visites guidées, ateliers et animations en fonction des saisons, on a bien besoin d'une petite pause au jardin des Plantes !

PARC MICHEL D'ORNANO

Abbaye-aux-Dames
✆ 02 31 06 98 98

De novembre à mars, tous les jours de 8h à 18h30. D'avril à octobre de 8h à 20h. Gratuit.

Jardin à la française du XVIIIe siècle, l'ancien parc Saint-Louis faisait partie du patrimoine de l'abbaye aux Dames. Dessiné en 1774 par François-Philippe Charpentier, le Conseil Général de Basse-Normandie en devient propriétaire en 1983 et engage un paysagiste pour le redessiner, c'est ainsi qu'en 1992 ouvre le parc Michel d'Ornano. Il se compose de multiples espaces : parterres à la française, allées de tilleuls, labyrinthe en tumulus... Vous pourrez aussi découvrir un superbe cèdre du Liban planté en 1849. Le tout sur 6 ha, de quoi flâner tout un après-midi.

MÉMORIAL DE CAEN ★★★★

Esplanade du Général-Eisenhower
✆ 02 31 06 06 45
www.memorial-caen.fr

D'avril à septembre, tous les jours 9h-19h. 19,80 €, réduit 17,50 €. Détail des horaires et tarifs sur le site Internet.

S'il est un lieu incontournable du tourisme de mémoire en Normandie, avec près de 35 années d'existence, c'est bien le Mémorial de Caen. Pilonnée par les bombes, ville martyre de la Libération, Caen méritait qu'un hommage à la hauteur de ses souffrances lui soit rendu. Labellisé « musée de France », ce Mémorial fut inauguré le 6 juin 1988 par le président de la République, François Mitterrand, en présence de nombreux autres chefs d'Etat représentant les onze autres pays impliqués dans la Bataille de Normandie. Initialement voulu par Jean-Marie Girault, sénateur et maire de Caen pendant 31 ans, puis conçu par l'architecte caennais Jacques Millet, ce célèbre « musée pour la Paix » est aujourd'hui devenu l'une des plus importantes cités de l'histoire contemporaine en Europe.

Entre ses murs et cette faille, telle une plaie béante par laquelle on entre, se déroule un panorama de l'histoire, de 1918 à nos jours. Une scénographie qui s'inscrit dans une continuité qui, hélas, nous mène vers la Seconde Guerre mondiale, dont notre région porte encore les stigmates, ses origines et ses étapes : la Bataille de Normandie, l'avancée des forces alliées en France, l'histoire de la Shoah, la vie quotidienne sous l'occupation par l'Allemagne nazie, le Débarquement... La majorité des espaces est dédiée à la Seconde Guerre mondiale, mais le parcours historique est également enrichi d'informations détaillées sur la Guerre froide, les deux Allemagne, la chute du mur de Berlin, ainsi que d'une réflexion sur la paix et la fragilité des droits de l'Homme.

Dernière nouveauté en date, et unique en Europe : une salle immersive dotée des toutes dernières technologies, où est projeté un film (d'une vingtaine de minutes) à 360° sur 11 écrans, qui retrace l'histoire de l'Europe au XXe siècle. Séances toutes les 30 minutes, à partir de 10h30.

Fédérateur de générations (il est notamment l'organisateur du Concours de plaidoiries des lycéens), le Mémorial propose tout au long de l'année des conférences, des colloques, des activités pédagogiques, des expositions temporaires et des soirées thématiques. Le Mémorial multiplie aussi les beaux projets sur le web et les réseaux sociaux, comme la « story » historique chaque jeudi sur Instagram, n'hésitez pas à y jeter un œil !

Enfin, un petit conseil de visite ! Avec une superficie de 14 000 m^2 sur trois niveaux, dont 5 600 m^2 d'expositions permanentes, mieux vaut prendre son temps pour cette immersion dans l'histoire, afin d'en comprendre toutes les facettes. Une bonne demi-journée ne sera pas de trop.

OFFICE DE TOURISME ET DES CONGRÈS DE CAEN LA MER

12, place Saint-Pierre ✆ 02 31 27 14 14
www.caenlamer-tourisme.fr

Ouvert du lundi au samedi 9h30-18h30, jusqu'à 13h30 le dimanche. Horaires amplifiés en été, réduits d'octobre à mars.

Face à l'église Saint-Pierre, au pied du château, l'office de tourisme se niche au sein de l'hôtel particulier d'Escoville. Une première belle découverte ! Curiosité architecturale, l'office est aussi le point de départ de nombreuses visites guidées. Loisirs, sorties, hébergements, restaurants, mais aussi transports et commerces, une mine de renseignements vous y attend. L'office est là pour vous orienter afin de satisfaire vos envies selon la durée de votre séjour et votre budget.

CLOS SAINT-MARTIN €€

18 bis, place Saint-Martin
✆ 07 81 39 23 67
clossaintmartin.com

Chambre double à partir de 100 €, petit déjeuner inclus. Wifi gratuit.

La grande classe ! Situé dans le centre historique de Caen (juste au-dessus des Fossés Saint-Julien), cet hôtel particulier du XVIe siècle, entièrement restauré, est un véritable bijou. Le propriétaire a repensé la déco : chaque chambre porte le nom d'une couleur qui définit son ambiance. Le cachet d'antan est là : matériaux anciens, plafonds en pierres jointées, cheminée du XVIIIe, terrasse où murmure l'eau de la fontaine, cage d'escalier en pierres de Caen... Quant au petit déjeuner, frais et local, on ne vous dira qu'une seule chose : bonne dégustation !

GÎTES DE FRANCE - CALVADOS €€

9, rue Léopold-Sédar-Senghor - **COLOMBELLES**
✆ 02 31 82 71 65
www.gites-de-france-calvados.fr

Accueil téléphonique du lundi au vendredi de 9h à 18h, samedi de 9h30 à 18h. Paiement en ligne sécurisé.

Vous êtes un inconditionnel des gîtes ? Vous avez bien raison. À la mer, les pieds dans l'eau, à la campagne au milieu des vaches et sous les pommiers, en ville (avec les *citybreaks*), en chambre, en appartement ou en villa, vous trouverez forcément celui de vos envies. Pour vos vacances, week-ends ou courts séjours. Très tendance, les gîtes insolites se sont multipliés ces dernières années. Bref, un mot, un geste et les Gîtes de France® font le reste !

KEYS & CO. €

45, avenue du 6-Juin
✆ 02 31 34 60 83
www.keysandcocafe.com
Mercredi à dimanche 9h-18h (cuisine jusqu'à 15h). Keys Coffee House : mercredi à dimanche 8h-17h. Carte 10 € environ.

Un *must*, un lieu créatif, une de nos adresses favorites ! Ce coffee-shop est tenu avec brio par une famille mi-normande, mi néo-zélandaise. Stéphanie, formation de *barista* en poche, prépare le café avec talent. Outre moka ou latte, la carte offre plusieurs formules. Le matin, œufs Bénédicte, granola, pancakes... A midi, tarte, burger, *bowl*, salade et dessert maison s'il vous reste de la place. Il se dit que leurs cheesecakes sont les meilleurs de la ville. Et pourquoi pas, après votre marché dominical, tester le brunch, histoire de recharger les batteries ?

AMALFI €€

201, rue Saint-Jean
✆ 02 31 85 33 34
Du mardi au samedi, midi et soir. Carte : 20 € environ. Réservation recommandée. Vente à emporter.

A ne pas manquer lorsqu'on est féru de pizzas et autres spécialités italiennes ! 40 ans en 2023 qu'Amalfi sévit pour notre plus grand plaisir. La célèbre calzone, reine de la maison, a toujours notre préférence mais toutes les recettes sont délicieuses et les pizzaiolos de vrais pros qui œuvrent à vue depuis un bail : cuisson au feu de bois, parfumées à l'huile d'olive. A la carte également, gratin d'aubergines à la parmesane, escalope grillée ou Marsala *e tutti quanti* ! Le choix de vins au pichet s'est quant à lui enrichi pour encore plus de plaisir !

L'AROMATE €€

9, rue Gemare ✆ 02 31 85 30 30
laromate-caen.fr
Mardi soir et du mercredi au samedi, midi et soir. Menus à partir de 32 €. Formule du midi 17 €. Terrasse.

Un restaurant qui ne cesse de nous surprendre. Le produit y est roi, les herbes et aromates font le reste. Encore une fois, tout était parfait, de l'accueil aux plats. Ce midi, nous nous sommes régalés d'un effiloché de volaille au sésame et son houmous fumé en entrée. Suivi par des gnocchis de pomme de terre fumés et légumes grillés. Un praliné aux graines, ganache au chocolat blanc, crumble chocolat et glace aux graines de courge vient achever en beauté ce repas. A savoir, menu ou plat végétarien sur demande. Puis la note, tout à fait raisonnable le midi.

BŒUF & COW €€

6, boulevard des Alliés ✆ 02 31 86 37 75
boeufandcow.com
Tous les jours midi et soir. Menus 21 € à 39 €. Formule midi 16,80 € (entrée, plat, dessert). Réservation recommandée.

Amis carnivores, vous mangerez ici 100 % de race normande, valorisée jusque dans l'assiette. Grégoire et Charlène accueillent les férus de bœuf à toute heure, ou presque ! Indémodable, le restaurant est ouvert tous les jours, et en service continu le week-end ! Parmi les incontournables, la côte de bœuf, le tartare de bœuf normand, le rognon de veau entier flambé au calvados, les tripes de la Maison Ruault... Ou encore, autour d'un verre, ces planches gourmandes et originales. Et avec cette vue sur l'église Saint-Pierre, ça serait dommage de s'en passer !

CANAGLIA PIZZERIA

5, rue Écuyère
✆ 02 31 79 90 83
www.pizzeriacanaglia.com
Du mardi au samedi, midi et soir. Pizzas de 10 € à 19 €. Panuozzo 8 €. Vente à emporter.

Benvenuti chez César ! Formé à Naples, capitale de la pizza, c'est bien à Caen que ce jeune homme plein de fougue a ouvert sa pizzeria « canaille », quel excellent choix ! Nous allons pouvoir tester la vraie pizza napolitaine, avec sa fine pâte faite maison et des produits frais de belle qualité venus tout droit d'Italie. De la classique, avec l'incontournable Margherita, à la plus créative, comme la Mortabella, il règne comme un air de *felicità* chez Canaglia. A midi, l'adresse propose aussi le panuozzo, un sandwich composé d'une pâte à pizza généreusement garnie.

LA GRANDE BOUTEILLE €€

1, rue des Prairies-Saint-Gilles
✆ 02 31 44 18 06
www.lagrandebouteille.fr
Ouvert tous les jours midi et soir sauf mercredi. Menu Petite Bouteille 26 €. Menu Grande Bouteille 46 €. Terrasse.

Après le confinement, la Grande Bouteille a déménagé et, pour l'occasion, en a profité pour s'agrandir ! On a ainsi pu profiter de cette terrasse en plein soleil le midi. On y retrouve ce qui fait le charme de ce restaurant, tout comme la savoureuse cuisine de Guillaume, épaulé par Etienne. Le plaisir de s'attabler reste intact. Encore et toujours des produits de grande qualité, viande maturée, cochon de Bayeux, ardoise de la mer, et des vins triés sur le volet. Quant au service, l'accueil est convivial et efficace, tout est toujours au rendez-vous !

RIVA-BELLA THALAZUR €€

Boulevard du Commandant-Kieffer - **OUISTREHAM**
✆ 02 31 96 40 40
www.thalazur.fr/ouistreham/hotel/
Tous les jours, midi et soir. A midi, compter 30 € à la Table de la Plage. Le soir, 45 € au restaurant le Riva-Bella.

Osez pousser la porte du Thalazur de Ouistreham, qui promet un agréable accueil et une belle vue sur mer tout au long de l'année. La décoration, sobre, invite à la détente, les plats, parfois iodés et toujours maison, évoluent au fil des saisons. La cuisine s'orchestre autour des produits régionaux. Une option qui plaît : les formules rapides du midi à prix assez raisonnables. Que ce soit le midi ou le soir, le concept ici se définit en cinq S : une cuisine simple, saine, savoureuse, de saison et de situation géographique, en l'occurrence avec vue sur la mer.

PASQUIER & CO

16, avenue Michel-Cabieu
OUISTREHAM
✆ 02 31 97 18 05
pasquierandco.com
Du vendredi au mardi et les jours fériés de 6h à 20h.

Ne passez pas à côté de Pasquier & Co, et de l'histoire d'amour d'Anaïs et Fabian ! Leur jeunesse et leur cohésion d'équipe se ressentent dans leurs pains, viennoiseries, gâteaux et bien sûr lors de leur accueil. Des gâteaux modernes, 100 % faits maison, que nous n'avons retrouvés nulle part ailleurs et sans sucre ajouté. Vous y trouverez notamment panettone (brioche italienne), pain vitamine, éclair au chocolat, flan, poire tatin, tarti'Brest à tomber par terre. N'hésitez pas à demander la nouveauté de la semaine. Quelle fraîcheur !

PAUSE GOURMANDE

85, avenue de la Mer - **OUISTREHAM**
✆ 06 66 28 06 22
De mai à septembre, tous les jours 14h-23h, et tous les week-ends de l'année. Glaces de 2 à 6 €. Gaufres environ 4 €.

Ne soyez pas surpris si vous croisez des personnes avec une moustache en chocolat ou de la chantilly sur le bout du nez ! Elles sortent à coup sûr de la rue de la Mer ! Même s'il a changé de nom et de propriétaires (désormais Jérémy et Kelly), ce rendez-vous gourmand, fondé en 1910, reste très couru. La recette des crêpes fondantes et des gaufres croustillantes reste celle de chez Simard. La tendance est aussi au Bubble tea et milkshakes maison. La saison s'annonce belle et gourmande. Conseil futé : les tickets à collectionner pour une crêpe ou gaufre gratuite.

BÉNOUVILLE

Port important dès l'époque préceltique puis durant l'occupation romaine, Bénouville a vu s'établir en son sein la première communauté humaine de la région. Son importance stratégique perdure jusqu'au Débarquement. Dans la nuit du 5 au 6 juin 1944, trois planeurs atterrissent près du pont de Bénouville. Les 90 Anglais de la 6e aéroportée ont notamment pour mission de prendre intacts les ponts de Bénouville et de Ranville, permettant de franchir le canal et l'Orne. En plus d'être chargée d'histoire, Bénouville est une très jolie commune, dont les habitations anciennes s'étendent tout en longueur de chaque côté de la route qui la traverse.

PEGASUS BRIDGE ★

Canal de Caen
Entre Bénouville et Ranville, la traversée du pont est libre, ouverte aux piétons et aux voitures.

Jour J : 5-6 juin 1944. Imaginez... La prise du pont tournant à Ranville (construit par Eiffel) et celle du pont levant à Bénouville est la mission la plus célèbre et décisive de la 6e division aéroportée britannique. C'est ici que 180 soldats du régiment Oxs and Bucks se sont posés, à bord de planeurs, le 5 juin après minuit. En dix minutes, les ouvrages étaient sous contrôle. Le pont, rendu célèbre par le film *Le jour le plus long*, fut remplacé en 1994 par un ouvrage plus adapté. L'ancien pont est conservé dans le parc du Mémorial Pegasus à Ranville.

LA GLYCINE €€

11, place du Commando-N°4
✆ 02 31 44 61 94
www.la-glycine.com
Chambre double à partir de 80 €, triple à partir de 119 €. Petit déjeuner en sus. Restauration.

Prenez le temps d'une douce halte dans cet établissement passionnément entretenu et conservé depuis 1920. Il règne comme un parfum de glycine dans cet hôtel-restaurant à la décoration réussie. Plusieurs salles et ambiances, le tout rehaussé par les toiles de la maîtresse des lieux. Côté chambres, rien n'est laissé au hasard : c'est cosy à souhait, entre le bâtiment principal ou l'annexe attenante. À l'extérieur comme à l'intérieur, le plaisir des yeux ajoute à la quiétude des lieux, et l'on demeure admiratif devant la glycine, amoureusement cramponnée à la façade.

RANVILLE ★

L'histoire ancienne de Ranville est attestée par le passage d'une voie romaine reliant Pont-Audemer à Bayeux. La commune devint célèbre par la prise du Pegasus Bridge lors du Débarquement, qui en fit le premier village libéré de France. L'ancien pont tournant, conçu par Eiffel, remplaça le bac qui, depuis l'Antiquité, permettait de passer d'une rive à l'autre entre Ranville et Bénouville. Au fil des siècles, l'économie du village s'est développée autour de l'extraction de la pierre de Caen, notamment acheminée vers l'Angleterre via l'Orne. La légende veut d'ailleurs que ce soit avec cette pierre que fut édifiée la cathédrale de Westminster de Londres.

CIMETIÈRE MILITAIRE BRITANNIQUE ★

Rue Airbornes

Accès libre toute l'année.

Près du pont Pegasus, le cimetière militaire de Ranville (la première commune libérée de France) est, après celui de Bayeux, le plus important en nombre de tombes. 2 564 soldats y sont enterrés, dont 2 152 Britanniques. Le plus jeune n'avait pas 16 ans... Parmi eux, le soldat Brotheridge, passager d'un des six premiers planeurs qui atterrirent à Pegasus Bridge, dans la nuit du 5 au 6 juin 1944. Il fut le premier soldat britannique tué en terre normande.

PLANEUR HORSA

Avenue du Major-Howard

Saviez-vous que les planeurs ont été fortement utilisés pendant la Seconde Guerre mondiale. Et notamment, le plus exploité d'entre eux : le Horsa, fabriqué alors par la société Airspeed. Aujourd'hui, il ne reste qu'un seul exemplaire de cet avion, précieusement conservé au musée de Middle-Wallop, en Angleterre. Pour le 60e anniversaire du Débarquement, une réplique grandeur nature fut construite et exposée dans le parc du Mémorial Pégasus. Des fragments des appareils d'origine, rassemblés par des collectionneurs, sont visibles à l'intérieur du musée.

MÉMORIAL PÉGASUS ★★★

Avenue du Major-Howard ✆ 02 31 78 19 44

musee.memorial-pegasus.com

D'avril à septembre, tous les jours 9h30-18h30. Le reste de l'année, 10h-17h. 8 €. Enfants et étudiants 5,50 €.

© MEMORIAL PEGASUS

Dédié aux 10 000 soldats de la 6e division aéroportée britannique, largués dans la nuit du 5 au 6 juin 1944 pour sécuriser le flanc Est de la zone de Débarquement allié, le Mémorial Pégasus présente une impressionnante collection d'objets et documents authentiques. Des témoignages sur le livre d'or viennent apporter leur pierre à la mémoire collective comme celui-ci, émouvant : *« Je ne savais pas que mon père était un héros. Je l'ai découvert aujourd'hui »*. Dans le parc, le vrai Pegasus Bridge et la réplique du planeur Horsa suscitent d'autres émotions.

PROMENADES ET RANDONNÉES

Amateurs de belles pierres, Ranville vous dévoile ses plus beaux atours : nombre de maisons datant du XVIIIe siècle et quelques châteaux. Un réseau de plus de 100 km de chemins pédestres, équestres et VTT, aux thèmes variés (« Au fil de l'eau », « Du calcaire aux fossiles », « Du plateau vers la plaine »...) sillonne la commune et ses environs. Ce réseau est cartographié dans un topo-guide « Entre l'Orne et la Dives » (disponible à l'OT de Merville-Franceville). De Ranville, vous pourrez rejoindre la baie de Sallenelles où se trouve la Maison de la Nature.

DE CAEN À THURY-HARCOURT

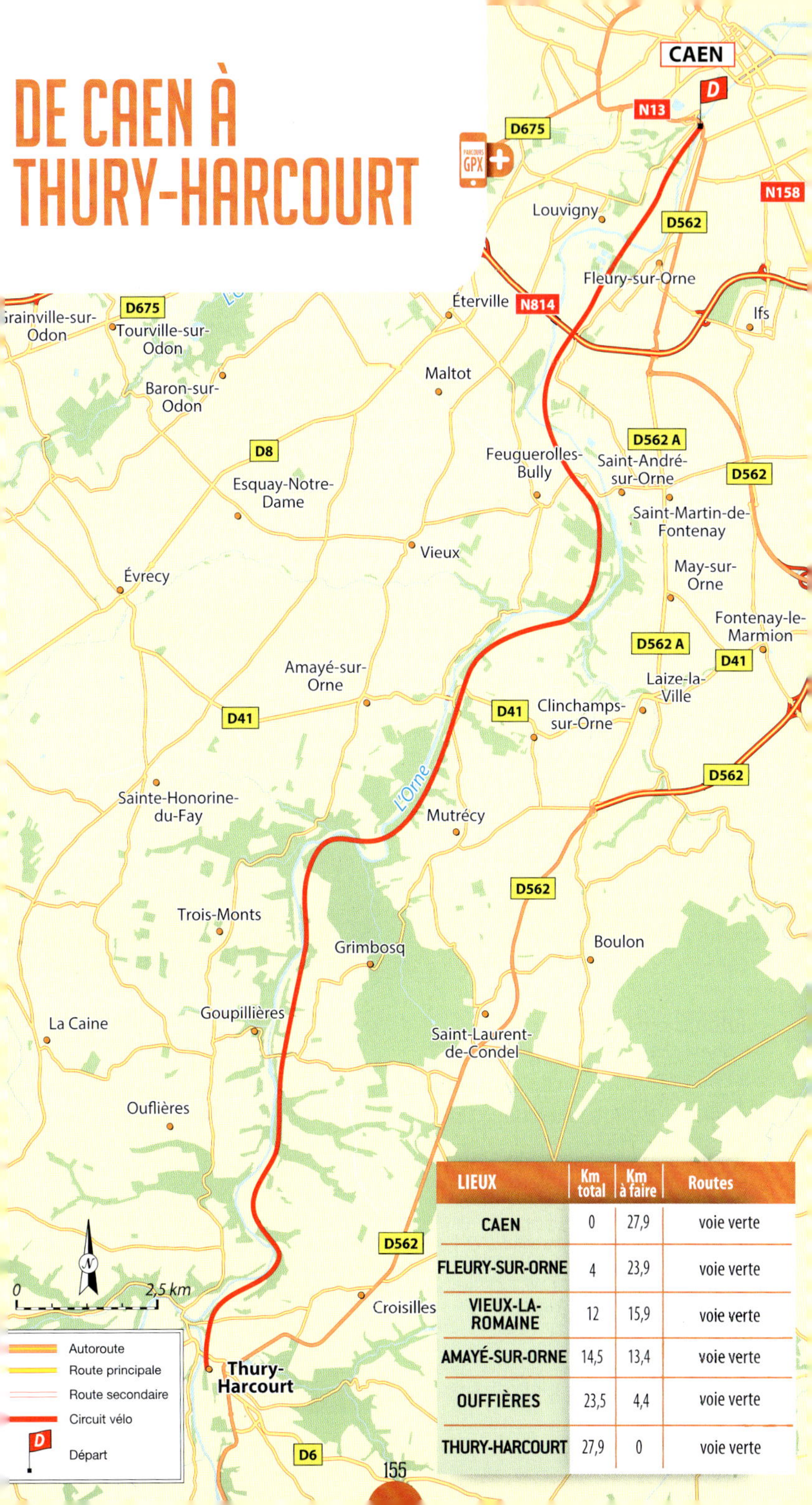

LIEUX	Km total	Km à faire	Routes
CAEN	0	27,9	voie verte
FLEURY-SUR-ORNE	4	23,9	voie verte
VIEUX-LA-ROMAINE	12	15,9	voie verte
AMAYÉ-SUR-ORNE	14,5	13,4	voie verte
OUFFIÈRES	23,5	4,4	voie verte
THURY-HARCOURT	27,9	0	voie verte

CAEN ★★★

Ville dynamique où les lieux à vocation culturelle comme la Bibliothèque Alexis de Tocqueville et les festivals foisonnent, ville étudiante diablement animée les jeudis soir, ville gastronomique aux innombrables restaurants, ville d'architecture où le Moyen Age et la Reconstruction se côtoient, ville d'histoire qui a vécu la conquête de la Normandie et les heures noires des bombardements et de l'Occupation, Caen est vraiment surprenante. Les visites culturelles ne manquent pas : deux somptueuses abbayes parmi les plus vastes de France, un château – le plus grand d'Europe septentrionale –, de nombreuses églises, et des musées dont le célèbre Mémorial.

Tourisme

Belles rues historiques et commerçantes : rue Saint-Pierre, rue Froide, rue Caponière, rue Saint-Jean..., places majestueuses : place Saint-Sauveur, place du Théâtre..., port de plaisance bordé de restaurants et de cafés, presqu'île qui se fait une beauté 2.0, immenses espaces verts : colline aux Oiseaux, jardin botanique, Prairie, jardin de la Luna Rossa... Caen est même le point de départ de nombreuses escapades. À pied, à vélo par la voie verte jusqu'à la Suisse normande, en bateau vers l'Angleterre au départ du port de Ouistreham-Riva-Bella ou de l'aéroport... Bon séjour dans la capitale du Calvados : vous verrez, vous ne vous ennuierez pas !

ABBAYE AUX HOMMES ★

Esplanade Jean-Marie-Louvel ✆ 02 31 30 42 81
caen.fr/abbaye-aux-hommes/
Haute saison : du lundi au vendredi 8h-18h30, week-end 9h30-18h30. Visite guidée : 5,50 €. Découverte autonome : 3 €.

Superbe abbaye, parmi les plus importants édifices de l'époque ducale en Normandie, fondée en 1063 par Guillaume le Conquérant, alors duc de Normandie. Composée de deux parties (les bâtiments conventuels et l'église Saint-Etienne), l'abbaye aux Hommes est un chef-d'œuvre architectural de l'art médiéval. L'Hôtel de Ville de Caen occupe aujourd'hui l'ensemble monastique, reconstruit au XVIIIe siècle, qui s'élève autour d'un cloître de style toscan. Consacrée en 1077, l'église abbatiale, au style gothique, abrite notamment le tombeau de Guillaume le Conquérant.

ABBAYE AUX DAMES ★★

Place Reine-Mathilde
✆ 02 31 06 98 98
www.caenlamer-tourisme.fr
En semaine 8h-12h30 et 13h30-18h, week-end 14h-18h. Entrée libre. Visite guidée à 14h30 et 16h tous les jours, 4 €.

Abbaye fondée vers 1060 par Mathilde, duchesse de Normandie et épouse de Guillaume le Conquérant. Son abbatiale, chef d'œuvre de l'art roman, abrite le tombeau de son illustre fondatrice. Le couvent, reconstruit au XVIIIe siècle et magnifiquement restauré en 1986, accueille aujourd'hui le siège de la Région Normandie. La visite guidée permet de découvrir la crypte romane Saint-Nicolas-sous-Terre, sans oublier les 950 ans d'Histoire de l'abbaye et de ses illustres dames ! Avec un parc de 5 ha, le site de l'Abbaye aux Dames est un havre de quiétude et de verdure.

© CELIA - FOTOLIA

© PACKSHOT - FOTOLIA

LES BALADES NORMANDES

GÎTES DE FRANCE - CALVADOS €€

9, rue Léopold-Sédar-Senghor - **COLOMBELLES**
✆ 02 31 82 71 65
www.gites-de-france-calvados.fr
Accueil téléphonique du lundi au vendredi de 9h à 18h, samedi de 9h30 à 18h. Paiement en ligne sécurisé.

Vous êtes un inconditionnel des gîtes ? Vous avez bien raison. À la mer, les pieds dans l'eau, à la campagne au milieu des vaches et sous les pommiers, en ville (avec les *citybreaks*), en chambre, en appartement ou en villa, vous trouverez forcément celui de vos envies. Pour vos vacances, week-ends ou courts séjours. Très tendance, les gîtes insolites se sont multipliés ces dernières années. Bref, un mot, un geste et les Gîtes de France® font le reste !

L'AROMATE €€

9, rue Gemare ✆ 02 31 85 30 30
laromate-caen.fr
Mardi soir et du mercredi au samedi, midi et soir. Menus à partir de 32 €. Formule du midi 17 €. Terrasse.

Un restaurant qui ne cesse de nous surprendre. Le produit y est roi, les herbes et aromates font le reste. Encore une fois, tout était parfait, de l'accueil aux plats. Ce midi, nous nous sommes régalés d'un effiloché de volaille au sésame et son houmous fumé en entrée. Suivi par des gnocchis de pomme de terre fumés et légumes grillés. Un praliné aux graines, ganache au chocolat blanc, crumble chocolat et glace aux graines de courge vient achever en beauté ce repas. A savoir, menu ou plat végétarien sur demande. Puis la note, tout à fait raisonnable le midi.

RIVA-BELLA THALAZUR €€

Boulevard du Commandant-Kieffer - **OUISTREHAM**
✆ 02 31 96 40 40
www.thalazur.fr/ouistreham/hotel/
Tous les jours, midi et soir. A midi, compter 30 € à la Table de la Plage. Le soir, 45 € au restaurant le Riva-Bella.

Osez pousser la porte du Thalazur de Ouistreham, qui promet un agréable accueil et une belle vue sur mer tout au long de l'année. La décoration, sobre, invite à la détente, les plats, parfois iodés et toujours maison, évoluent au fil des saisons. La cuisine s'orchestre autour des produits régionaux. Une option qui plaît : les formules rapides du midi à prix assez raisonnables. Que ce soit le midi ou le soir, le concept ici se définit en cinq S : une cuisine simple, saine, savoureuse, de saison et de situation géographique, en l'occurrence avec vue sur la mer.

À CONTRE SENS €€€

8-10, rue des Croisiers ✆ 02 31 97 44 48
www.acontresens.fr
Mardi soir, du mercredi au samedi midi et soir. Menus de 48 € à 78 €. Formule du midi 33 €. Réservation recommandée.

Depuis 2009, A Contre Sens, ce sont des mets maîtrisés à la perfection dans une ambiance chaleureuse et élégante. Anthony et Cindy Caillot ont à cœur de proposer une cuisine de saison, fraîche et variée. Le menu du midi est d'un rapport qualité-prix intéressant et les plats sont les mêmes pour vos enfants (portions et prix réduits), il n'est jamais trop tôt pour apprécier les bonnes choses ! Quant au service dit « décomplexé », bien loin du côté guindé habituel, on adore ! Osez y entrer sans complexe, simplicité et raffinement n'ont jamais fait aussi bon ménage.

AU GRENIER DES PAINS

7, rue Ecuyère
✆ 02 31 86 09 40
Du lundi au vendredi de 7h30 à 19h30, samedi de 8h à 19h.

Depuis 2012, ce grenier nous régale de recettes maison et artisanales, avec des pains en tout genre, des viennoiseries savoureuses et de bons petits gâteaux, comme leur spécialité bretonne le fameux kouign-amann. Ici l'ambiance est bon enfant, à l'image des deux acolytes Philippe et Stéphan, rictus aux lèvres et œil qui frise. Bon choix de sandwichs chauds ou froids mais aussi un bar à salades (vous payez au poids). Et comme si cela ne suffisait pas, ils vous concoctent chaque jour deux petits plats chauds maison, il y en a pour toutes les envies !

PASQUIER & CO

16, avenue Michel-Cabieu
OUISTREHAM
✆ 02 31 97 18 05
pasquierandco.com
Du vendredi au mardi et les jours fériés de 6h à 20h.

Ne passez pas à côté de Pasquier & Co, et de l'histoire d'amour d'Anaïs et Fabian ! Leur jeunesse et leur cohésion d'équipe se ressentent dans leurs pains, viennoiseries, gâteaux et bien sûr lors de leur accueil. Des gâteaux modernes, 100 % faits maison, que nous n'avons retrouvés nulle part ailleurs et sans sucre ajouté. Vous y trouverez notamment panettone (brioche italienne), pain vitamine, éclair au chocolat, flan, poire tatin, tarti'Brest à tomber par terre. N'hésitez pas à demander la nouveauté de la semaine. Quelle fraîcheur !

FLEURY-SUR-ORNE

Située à 5 kilomètres au sud de Caen, la commune est bordée par différents coteaux à proximité de l'Orne. Deux monuments historiques notables sont à observer : le clocher de l'église Notre-Dame de Basse-Allemagne (classé aux Monuments historiques) et la maison au n° 71 de la rue Saint-André (inscrite aux Monuments historiques). Un site archéologique a fait l'objet de fouilles en 2014, il a permis d'extraire plusieurs sépultures monumentales datant du néolithique (4500 av. J.-C.). Il est aujourd'hui occupé par des habitations.

LE HOM

Avec la réforme territoriale, Thury-Harcourt est devenue en 2016 une commune déléguée au sein de la commune nouvelle du Hom. Néanmoins, son cœur continue de battre comme avant, sauvegardant son cachet commerçant et traditionnellement convivial. La ville a beaucoup souffert en juin et juillet 1944, comme en témoigne l'architecture de la Reconstruction. Peu de monuments anciens mais peu importe, car blottie dans la vallée de l'Orne, Thury-Harcourt a été gâtée par dame nature et s'est tournée vers les activités de plein air. Ne manquez pas la Boucle du Hom, une curiosité naturelle belle et rarissime, il n'existe que deux « omégas » de ce type en France.

AUBERGE DE L'ÎLE ENCHANTÉE €€

1, rue Saint-André ✆ 02 31 52 15 52
www.ileenchantee.fr
Du mercredi au samedi, midi et soir, et dimanche midi. Menus à partir de 19 €. Réservation recommandée.

Nouvelle déco au RDC, plus chaleureuse, pour cet incontournable ! Située au départ de la voie verte, cette table rend hommage à la cuisine locale à travers des assiettes créatives et un prix doux. Le chef Frédéric Demenois travaille de concert avec sa femme Catherine et propose une cuisine à la fois traditionnelle et novatrice où le produit de saison est roi. Nous avons testé le menu Retour du Marché et c'est un régal ! Pensez à réserver à l'étage avec une superbe vue sur l'Orne.

LA CAVE DES TONTONS

22, rue du Quadrant
✆ 02 31 52 57 11
www.cavedestontons.com
Du lundi au samedi 10h-19h.

La Cave des Tontons, c'est un doublé gagnant : un restaurant mais aussi une boutique orientée vins et spiritueux. On n'y trouvera certes pas cette potion sans nom à la pomme et à la betterave (« y' en a ! ») qu'une certaine Polonaise buvait au p'tit déjeuner… mais on y a l'embarras du choix sur un grand nombre de bouteilles de vins, rhums, whiskies, champagnes, cognacs, armagnacs, calvados, gins et bières de toutes provenances. Et comme rien n'est plus agréable que de connaître le produit, La Cave des Tontons organise aussi des sessions de découverte des vins.

OFFICE DE TOURISME DE LA SUISSE NORMANDE

2, place Saint-Sauveur
✆ 02 31 79 70 45
www.suisse-normande-tourisme.com
Ouvert toute l'année. Horaires variables selon la saison.

La Suisse normande, territoire de sports nature par excellence et paysages à couper le souffle ! La région recèle de trésors et activités insoupçonnés. Parfait point de départ, cet office de tourisme est un précieux guide pour vous donner les meilleurs conseils et tuyaux futés. Randonnées, routes touristiques, patrimoine, manifestations culturelles, hébergement et restauration... Mini-guides et brochures sont gracieusement mis à disposition et permettent de bien préparer son séjour.

ÉMAILLERIE NORMANDE

10-12, impasse des Lavandières
✆ 02 31 79 70 15
www.emaillerie-normande.com
Ouvert du lundi au samedi de 10h à 12h et de 14h à 18h.

L'émail, une histoire de famille depuis 1840. Six générations plus tard, les Opderbeck contribuent à parfaire l'art de l'émaillage avec la même passion. Installés à Thury-Harcourt en 1952, ils sont aujourd'hui trois à travailler dans ce hangar qui semble désaffecté et où il faut sonner pour que l'on vienne vous ouvrir ! Dans la petite boutique, vous découvrez et admirez le fruit de leur travail : ustensiles de cuisine (l'émail possède d'insoupçonnables qualités en matière d'hygiène et de résistance), plats, objets décorés et plaques émaillées en tout genre.

BAYEUX ET LES PLAGES DU DÉBARQUEMENT

LIEUX	Km total	Km à faire	Routes
BAYEUX (CATHÉDRALE)	0	60	D104
LONGUES-SUR-MER	7	53	D514
PORT-EN-BESSIN	12	48	D514
COLLEVILLE-SUR-MER	18	42	D514
SAINT-LAURENT-SUR-MER	23	37	D517, D514
ENGLESQUEVILLE-LA-PERCÉE	31	29	D194
LOUVIÈRES	35	33	D194, D30
FORMIGNY	40	20	D208
SURRAIN	44	16	D208
ETRÉHAM	49	11	D206, D100, D153
MAISONS	54	6	D6
BAYEUX (CATHÉDRALE)	60	0	

BAYEUX ★★★

La capitale du Bessin est une fière cité médiévale aux portes des plages du Débarquement. Première ville de France continentale libérée en juin 1944, elle fut dans l'Antiquité un important centre gallo-romaine nommé *Augustodurum*. Aujourd'hui, forte d'un riche patrimoine, Bayeux ne cherche pas à être une ville-musée, même si certains (le musée de la Tapisserie en tête) et sa cathédrale sont des incontournables. L'atmosphère y est douce, subtile alliance de calme provincial et d'animations toute l'année. Enfin, ne manquez pas le marché, chaque samedi, place Saint-Patrice, où l'on rencontre tout ce que la région compte de producteurs et artisans alentour.

CATHÉDRALE NOTRE-DAME DE BAYEUX ✝ ★★

Rue du Bienvenu
✆ 02 31 51 28 28
www.bayeux.fr
Ouverte tous les jours au public en visite libre, hors offices religieux. Visite guidée sur réservation, 5 €.

Au cœur du Vieux Bayeux, la cathédrale Notre-Dame est sans nul doute l'un des édifices de style roman et gothique les plus exceptionnels de France. Les tours de la façade occidentale, fièrement dressées, et la crypte datent du XIe siècle, époque de la construction de la cathédrale par les évêques Hugues d'Ivry et Odon de Conteville, demi-frère de Guillaume le Conquérant. On dit que c'est pour orner la nef qu'Odon fit broder la Tapisserie de Bayeux, célèbre chef-d'œuvre du Moyen Age. Inaugurée par Odon et Mathilde en 1077, la cathédrale fut détruite trente ans après, lors de la guerre civile opposant les fils du duc de Normandie. De sa reconstruction en style roman, au début du XIIe siècle, il ne reste que les grandes arcades de la nef et leur décor. La fin du XIIe siècle et le siècle suivant – après de graves incendies – sont marqués par le style gothique, visible dans le chœur, les chapelles et la salle du Chapitre. Cette dernière, accessible uniquement lors des visites guidées tout comme la salle du trésor, abrite un rare labyrinthe de prière peint au sol, semblable à celui de la cathédrale de Chartres. La tour centrale fut commencée au XVe siècle sous l'évêque Louis d'Harcourt, puis achevée au XIXe suite aux travaux hors normes d'Eugène Flachat, entrepris afin d'éviter l'écroulement de la tour.

En bref, un chef-d'œuvre de l'art gothique normand, rendu à sa magnificence par une restauration magistrale, qui figure parmi les grandes cathédrales françaises à (re) découvrir.

CIMETIÈRE MILITAIRE BRITANNIQUE 📷 ★

Boulevard Fabian-Ware
✆ 03 21 21 77 00
www.cwgc.org
Accès libre.

Ce cimetière abrite près de 5 000 stèles, celles des soldats tombés au cours des combats pour la liberté. La majorité d'entre eux étaient membres des Forces du Commonwealth. Face au cimetière, un mémorial rend hommage aux 2 092 soldats du Commonwealth n'ayant pas reçu de sépulture. Sur le fronton de ce mémorial, une inscription en latin rappelle fort à propos que les Britanniques ont versé leur sang pour libérer le pays d'où était originaire Guillaume le Conquérant...

MUSÉE D'ART ET D'HISTOIRE BARON GÉRARD (MAHB) 🏛

37, rue du Bienvenu ✆ 02 31 92 14 21
www.bayeuxmuseum.com
De mai à septembre, tous les jours 9h30-18h. Le reste de l'année, 10h-12h30 et 14h-18h. Enfant 5 €. Adulte 7,50 €.

Au sein d'un prestigieux écrin, à savoir l'ancien palais épiscopal de Bayeux, le MAHB est un musée référence en Normandie. Il déploie une remarquable scénographie déclinée en 14 ambiances différentes. Le visiteur découvre à son rythme la richesse des collections présentées chronologiquement de la Préhistoire au XXe siècle. Parmi les moments forts, la dentelle de Bayeux dans le superbe salon des évêques, la chapelle Renaissance ou encore les porcelaines sous une verrière contemporaine.

MUSÉE MÉMORIAL DE LA BATAILLE DE NORMANDIE 🏛 ★

Boulevard Fabian-Ware ✆ 02 31 51 25 50
www.bayeuxmuseum.com
De mai à septembre, tous les jours 9h30-18h30. Le reste de l'année, 10h-12h30 et 14h-18h. Adulte 7,50 €. Enfant 5 €.

Au cœur de Liberty Alley, un musée qui offre une vibrante immersion dans la Bataille de Normandie. La visite, qui se déroule du 7 juin au 29 août 1944, permet d'approcher la vie des deux millions d'hommes qui se sont affrontés sur le territoire normand durant les 77 jours au cours desquels s'est joué le destin de l'Europe. Une à une, chaque opération militaire est décrite et illustrée avec uniformes et armes d'époque. Un incontournable avant d'aller sur les plages du Débarquement !

PETITE REINE NORMANDIE

✆ 06 80 87 87 37

www.petitereinenormandie.fr

A partir de 99 €/pers la demi-journée, 129 € la journée, 189 € la journée gourmande.

Suivez le guide ! Hugo, enfant du pays et amoureux de la région, vous emmène à vélo électrique entre Bessin et Mont-Saint-Michel, sur les chemins bucoliques de ce petit bout de Normandie. Sites emblématiques, historiques (plages du Débarquement, Arromanches, Bayeux...), panoramas spectaculaires, explications et anecdotes à l'appui. Sans trop d'effort, on profite bien mieux des paysages. La journée gourmande, avec dégustations, fait craquer les plus gourmands autour des spécialités locales. C'est vraiment chouette, sympa et à la portée de tous les mollets !

CAMPING DES BORDS DE L'AURE*** €

Boulevard d'Eindhoven ✆ 02 31 92 08 43

www.camping-bayeux.fr

Ouvert d'avril à novembre. Mobil-homes 2-4 personnes à partir de 330 €/semaine. Accès gratuit au Centre Aquatique Aureo.

En matière de camping, celui-ci fait exception. Premier avantage, sa situation, le long de la rivière l'Aure (idyllique) que vous longerez pour rejoindre le centre-ville en un saut de puce. La gare est à 2 km, le supermarché à 150 m et la piscine municipale gratuite à 10 m. Le site offre 140 emplacements spacieux et des mobil-homes dernier cri. Sur place, jeux pour enfants, ping-pong, pétanque, service de restauration ambulante, tournée de pain le matin... Bref une adresse à retenir !

LE CLOS DE LA CHAPELLE €€

36, Rue Saint-Jean

✆ 06 67 58 46 52

www.leclosdelachapelle.com

Prix selon les chambres variant de 150 € la nuit en basse saison pour 2 avec petit déjeuner à 300 € en haute saison.

Grégory et Selma, propriétaires du Selma Alabama voisin, viennent de reprendre ces chambres d'hôtes dans une bâtisse historique en plein cœur du centre-ville de Bayeux. Avec ses 4 suites à la décoration unique et soignée, vous pourrez vous détendre dans l'espace Spa avec bain à remous, ou sur la terrasse privée ! Coup de cœur pour la suite Marie-Antoinette donnant sur la rue piétonne et surtout la chapelle, pièce maîtresse de la demeure ! Petit à petit, des travaux d'amélioration seront envisagés, le lieu venant tout juste d'être repris.

LES VOLETS ROSES €€

2, rue des Chanoines

✆ 09 73 24 58 53

Du jeudi au mardi de 9h à 18h. Formule du midi 12,50 € (plat du jour + part de gâteau maison au choix). Brunch 25 €.

Un lieu atypique et plein de gourmandises, à la fois salon de thé et petite cantine. Salé ou sucré, tout le monde est ravi ! Cette charmante maison, en face de la cathédrale, est reconnaissable à... ses volets roses. Tartes, quiches, gratins, soupes : c'est Nathalie qui cuisine avec amour, et en famille. Salades, croque-monsieur ou madame, croque-normand, œufs au plat ou omelettes s'invitent aussi à la carte. On aime également le petit déjeuner, le goûter ou le brunch du week-end, sur réservation. On n'a pas envie de repartir de ce cocon, une bulle de bonheur.

Reproduction de la tapisserie de Bayeux.

MUSÉE DE LA TAPISSERIE DE BAYEUX ★★★

13 bis, rue de Nesmond ✆ 02 31 51 25 50
www.bayeuxmuseum.com
Tous les jours 9h-18h30 (19h de mai à août). Adulte 11 €, audioguide inclus. Enfant 5 €. Gratuit jusqu'à 10 ans.

Quand on évoque la ville de Bayeux, on pense « tapisserie », et c'est bien légitime. Classée au registre Mémoire du Monde par l'Unesco, cette captivante broderie est la star de la capitale du Bessin ! Agée de près de 1 000 ans, la Tapisserie de Bayeux fascine toujours autant. Ses mensurations forcent le respect : près de 70 mètres de long sur 50 centimètres de large. On reste coi devant l'ampleur de cette œuvre du XIe siècle qui, non seulement illustre l'histoire de la conquête de l'Angleterre par Guillaume le Conquérant en 1066, mais demeure également l'un des plus précieux témoignages de l'art de vivre au Moyen Age. Un parcours de visite en trois temps permet de bien comprendre la Tapisserie, composée de fils de laine brodés sur une toile de lin, et son contexte.

Initialement, la Tapisserie, commandée par l'évêque Odon, avait été brodée afin d'être exposée dans la nouvelle cathédrale de Bayeux. Admirablement préservée, elle se dévore dans son intégralité comme une gigantesque BD foisonnant de clins d'œil, ou comme un film d'aventures trépidant. Soulignons que l'audioguide (inclus dans le prix d'entrée) est génial, adapté aux différents âges, il décrit l'événement scène après scène. Les enfants sont la preuve que la vénérable broderie médiévale n'a pas pris une ride !

Après la découverte de l'œuvre, la visite se poursuit au premier étage du musée, où une vaste salle développe les secrets de sa réalisation, mais aussi les thèmes de la vie quotidienne au temps de Guillaume et d'Harold, illustrés par de splendides maquettes, d'impressionnants mannequins et de nombreux objets d'époque, dont un drakkar ! Clôturant la visite, le docu-fiction de 16 minutes sur la bataille d'Hastings remet les pendules à l'heure anglaise et réhabilite la figure d'Harold, hâtivement considéré comme le félon de l'Histoire… On en apprend des choses ! Par exemple, saviez-vous que Bayeux doit à Napoléon Bonaparte d'être gardienne du fabuleux ouvrage de la reine Mathilde ? On vous laisse découvrir tout cela !

La Tapisserie de Bayeux accessible aux personnes à déficience visuelle. L'association Valentin Haüy a réalisé trois scènes emblématiques en relief pour permettre aux malvoyants de la toucher et d'en ressentir l'émotion. Une première qui pourrait être poursuivie dans le cadre du nouveau musée prévu à l'horizon 2026. En effet, installé depuis 1983 dans l'ancien Grand Séminaire de Bayeux, le Musée de la Tapisserie de Bayeux va faire peau neuve.

BOULANGERIE CAPUCINE

75, rue Saint-Jean
✆ 02 31 21 31 86
www.boulangeriecapucine.fr
Ouvert du samedi au jeudi de 7h30 à 19h30, vendredi de 7h à 13h30. Petit déjeuner complet : 7,50 €.

Labellisée Boulanger de France pour son travail artisanal, la boulangerie Capucine défend une alimentation 100 % locale. Avant, Christophe Lepetit exerçait dans le transport industriel, puis il a voulu changer de vie. Pari réussi ! Sa vision du travail, maison bien sûr, et son goût pour le lien social lui ont permis de gravir les échelons, jusqu'à participer à l'émission *La meilleure boulangerie* sur M6. Et à l'heure où les hôtels augmentent de plus en plus le prix de leur petit déjeuner, on a remarqué aussi cette boulangerie pour son petit déj complet à prix doux.

LONGUES-SUR-MER

Longues-sur-Mer domine l'océan du haut d'une falaise, position idéale où les Allemands ont installé une batterie de quatre canons de 152 mm. Le 6 juin 1944, dès 5h30, plusieurs croiseurs et un cuirassé pilonnent la position. Mais quand la flotte de débarquement se présente au large, la batterie ouvre le feu à son tour. Le HMS Ajax réplique au large. Les canons allemands tirent jusqu'à 17h. La batterie de Longues-sur-Mer se rend aux Britanniques le lendemain avec les 184 hommes de la garnison. Entre mer et campagne, bocages et falaises, abbayes et productions cidricoles, Longues-sur-Mer, c'est aussi un condensé de Normandie qui vous attend.

ABBAYE SAINTE-MARIE DE LONGUES ★

17, rue de l'Abbaye ✆ 02 31 21 78 41
abbayedelongues.fr
Visite de mai à début août, du mardi au samedi 14h-18h. Gratuit - de 18 ans. Adulte 5 €. Possibilité d'hébergement.

A la sortie du village, cette imposante abbaye fut bâtie en 1168 par Hugues Wac, descendant d'un compagnon de Guillaume le Conquérant. La plupart des bâtiments aujourd'hui visibles datent des XIIIe et XIVe siècles. Dans le réfectoire, on découvre les pierres tombales des seigneurs d'Argouges et une belle collection de carreaux émaillés du Pré-d'Auge. Egalement un ravissant jardin monastique. En 2019, l'abbaye a reçu la visite de Stéphane Bern à l'occasion du loto du Patrimoine.

BATTERIE ALLEMANDE DE LONGUES-SUR-MER ★★

39, rue de la Mer
✆ 02 31 21 46 87
bayeux-bessin-tourisme.com
Visite guidée en semaine en juillet-août. Le week-end au printemps et en automne. Horaires variables. 5 €. Enfant 3 €.

Le charmant petit village de Longues-sur-Mer, perché sur de hautes falaises, était propice à recevoir des canons. Et les Allemands ne s'y sont pas trompés en y installant une redoutable batterie. Édifiée en 1943, elle ne fut, en fait, jamais achevée pour cause de bombardements alliés qui redoublèrent à l'approche du D-Day. Située entre les plages britanniques et américaines, cette batterie est composée de quatre casemates et d'un poste de direction de tir parmi les mieux conservés d'Europe. Il s'agit là de l'unique batterie du mur de l'Atlantique à avoir conservé ses canons. Les plus cinéphiles d'entre vous reconnaîtront certainement le poste de commandement où a été tournée une scène du *Jour le plus long* : lorsqu'un officier allemand découvre avec effroi l'immense flotte alliée sortant du brouillard. Aujourd'hui, sur ce site venteux et très sauvage, la promenade est saisissante. On distingue, à l'ouest, le port artificiel d'Arromanches et, à l'est, la plage d'Omaha Beach.

À noter que le site est en accès libre et gratuit tout au long de l'année. Les visites guidées sont, évidemment, très enrichissantes pour ajouter une pièce au puzzle. Et d'ici 2023, il est prévu que les chemins de visite autour de la batterie soient rénovés avec un circuit sur l'histoire et la biodiversité du site.

Enfin, pour prolonger la découverte, si vous continuez la route de la batterie, vous arriverez sur une petite plage de galets appelée Le Chaos, où l'eau est couleur lagon.

PORT-EN-BESSIN-HUPPAIN ★

Quel beau petit port de pêche, niché entre ses falaises, sortes de gardes du corps ! Toute l'année, ses quais s'animent de l'effervescence du retour des chalutiers. Ses petits restaurants de poissons et fruits de mer émaillent le port et les ruelles adjacentes. Lieu gourmand lors de la fête de la coquille Saint-Jacques, reine de novembre. Solennel lorsque les chalutiers ornés de fleurs célèbrent la bénédiction de la mer en août. Pittoresque du côté de la porte-écluse et du pont tournant, où le ballet des bateaux est un vrai spectacle. Émouvant enfin, au bout des jetées de l'avant-port, quand le regard embrasse la pointe du Hoc et le port d'Arromanches.

MUSÉE DES ÉPAVES SOUS-MARINES DU DÉBARQUEMENT ★

L'Epinette
✆ 02 31 21 17 06
De juin à septembre, tous les jours 10h-13h et 14h-19h. En mai, week-end et jours fériés. 7,50 €.

Près de Port-en-Bessin, voici un lieu pour les passionnés de plongée sous-marine et de l'histoire du Débarquement. Objets personnels, vestiges issus de grands navires de guerre coulés pendant ou après le 6 juin 1944, et remontés au gré de 25 ans d'exploration des fonds marins normands, reprennent vie. Leur histoire est reconstituée, expliquée, ce qui permet aux visiteurs d'établir une proximité avec les femmes et les hommes qui ont côtoyé ces objets et vécu ce conflit de l'intérieur.

CHÂTEAU LA CHENEVIÈRE***** €€€

Escures-Commes
✆ 02 31 51 25 25
www.lacheneviere.com
Ouvert de mars à novembre. Chambre double à partir de 220 €. Petit déjeuner 25 €. Restauration.

Luxe, calme et sérénité à La Chenevière, un château du XVIIIe reconverti en un superbe hôtel mêlant rigueur classique et confort moderne. Entièrement restauré, il abrite une table gastronomique, Le Botaniste, orchestrée par le chef Didier Robin, inconditionnel des produits fermiers normands qu'il travaille avec passion. Après dîner, le Zanzibar est un autre bel endroit pour siroter un cocktail. Que dire, sinon que rien ne manque, jusqu'aux promotions pour goûter à la vie de château.

LES BALADES NORMANDES

© TOM PEPEIRA - ICONOTEC

Bateau de pêche.

LE BISTROT D'À CÔTÉ €€

12, rue Michel-Lefournier
✆ 02 31 51 79 12
www.barque-bleue.fr

Fermeture décembre et janvier. Réservation recommandée. Menu unique à 29,90 €. Carte 35 € environ. Menu enfant 9,90 €.

Digeste et généreuse à la fois, la cuisine évolue, ici, au fil des saisons, nuancée de saveurs d'ailleurs (anis, curry, épices...) et de produits locaux (pommeau, calvados, beurre blanc…). Le jour de notre visite : une soupe de poisson maison, des tripes à mode de Caen au cidre et une terrine de pommes avec son caramel beurre salé. Que du bon, du frais, de l'authentique, fait maison ! A la carte, le lapin à la moutarde, le filet de saint-pierre à l'oseille ou la sole meunière prouvent que le chef maîtrise aussi bien la terre que la mer.

LE PETIT JARDIN €€

Château La Chenevière
✆ 02 31 51 25 22
www.restaurantlepetitjardin.com

Mars à octobre, ouvert midi et soir du jeudi au lundi.

Un écrin romantique où les heures s'écoulent paisiblement, à une demi-heure de Caen et à cinq minutes de Bayeux. Sous la verrière, ancienne orangerie du château La Chenevière, devant la piscine, on aimerait que le temps s'arrête dans ce décor idyllique, parfums de fleurs et chants d'oiseaux. Magique. Quel joli moment on passe dans ce Petit Jardin bistronomique ! La cuisine saine et parfumée du jeune chef Hugo Genty tourne autour des légumes locaux ou ceux du potager du domaine, cultivés en permaculture. Une cuisine raffinée et accessible.

LA COMPAGNIE ORDINAIRE DE LA MER

6, rue de Bayeux
✆ 07 77 22 24 70
www.compagnie-mer.com

Boutique : week-end et jours fériés de 11h à 19h. Restauration : brunch le dimanche à partir de 20 €, sur réservation.

Voici une caverne d'Ali Baba pleine de fraîcheur, tenue par les Filles du Bord de Mer® qui ont, décidément, plusieurs cordes à leur arc. Temple de la décoration où les deux acolytes, Astrid et Laurence, prodiguent conseils et suggestions à tous ceux qui ont envie d'égayer leur maison. Et ce n'est pas tout : la gourmandise a aussi sa place, ici, avec une sélection de produits locaux (d'ici ou d'ailleurs), caves et productions fermières. Le dimanche, c'est place au brunch.

MARCHÉ

Quai Philippe-Oblet

Le dimanche matin sur le port.

Toute l'année, chaque dimanche matin, grand marché traditionnel (produits alimentaires et prêt-à-porter) de 9h à 13h le long du quai Philippe-Oblet. En effet, le marché de Port-en-Bessin ne pouvait se tenir ailleurs que sur le port, animé en diable. Baladez-vous sur les quais, d'étal en étal, et débusquez homards bien vivants, étrilles, crabes, bars ou huîtres fraîchement pêchées, fort bon marché de surcroît. Continuez encore un peu et craquez sans remords pour les délices sucrées (confitures, teurgoule, sablés…) produites dans la région.

COLLEVILLE-SUR-MER

C'est à Colleville-sur-Mer, surplombant Omaha Beach, que se trouve le cimetière militaire américain et son centre d'interprétation. Le tourisme de mémoire fait partie intégrante de la vie quotidienne. Colleville, la tranquille, fut le théâtre de l'une des opérations les plus sanglantes du Débarquement, immortalisée dans le film *Il faut sauver le soldat Ryan* de Steven Spielberg. Seule une petite partie y fut effectivement tournée, mais pas la moindre, puisqu'il s'agit de la première et de la dernière scène qui se déroulent au cimetière américain, rendu plus impressionnant encore par le travelling découvrant petit à petit l'étendue sans fin des croix.

BIG RED ONE MUSEUM ★★

1459, route d'Omaha-Beach

✆ 02 31 21 53 81

Tous les jours, sauf mardi, 10h-12h et 14h-18h (tous les jours 10h-19h en été). Visite libre ou guidée, 5 €.

Certes, pas aussi grand et moderne que les autres connus du secteur, mais pour nous, c'est LE musée qu'il faut aller voir. On aime y revenir en quête d'une nouvelle anecdote, d'un petit morceau de la Grande Histoire que Pierre-Louis aura encore dénichés. Intarissable, ce passionné eut un coup de foudre pour la Big Red One (1st US Infantry Division) - l'une des premières à fouler le sable d'Omaha Beach le matin du 6 juin 1944 -, lors d'un voyage scolaire aux États-Unis. De cette idylle est né le Big Red One Museum en 2004, son musée à lui !

ÉGLISE NOTRE-DAME DE L'ASSOMPTION

Route d'Omaha Beach

Classée monument historique depuis 1840, l'église de Colleville est connue pour son remarquable clocher roman de six étages. Sur l'un des angles, on remarque une tourelle où se trouve l'escalier permettant de monter aux différents niveaux. L'édifice fut très endommagé lors des bombardements de 1944. La reconstruction de l'église sera menée de 1946 à 1951, ce qui lui permettra de retrouver son aspect d'avant-guerre. La nef et le chœur, quant à eux, datent du XIIe siècle.

CIMETIÈRE AMÉRICAIN DE NORMANDIE ★★★★

Omaha Beach

✆ 02 31 51 62 00

www.calvados-tourisme.com

Tous les jours 9h-17h (18h en été). Gratuit.

Avec un million de visiteurs par an, le cimetière américain de Colleville-sur-Mer figure parmi les lieux les plus fréquentés de France. Immense, il s'étend sur près de 70 hectares de pelouse impeccable et domine, depuis une falaise, l'une des plages les plus sanglantes du Débarquement, Omaha Beach, où les troupes américaines subirent les plus grandes pertes humaines.

Territoire autonome sous juridiction américaine inauguré en 1956, le cimetière de Colleville est l'œuvre de l'architecte paysagiste Markley Stevenson. Il est entretenu par l'American Battle Monuments Commission (ABMC), une agence indépendante fondée par le Congrès des États-Unis en 1923. Hymne à la nation américaine et à l'héroïsme de ses soldats, le cimetière abrite notamment une chapelle, un magnifique mémorial, un « Jardin des Disparus », et ne compte pas moins de 9 387 tombes en marbre blanc, croix latines et étoiles de David réunies. Vous remarquerez que les croix sont toutes orientées vers l'ouest, en direction du pays natal. Ce cimetière, comme un morceau des États-Unis en France pour l'éternité...

Un lieu de mémoire certes, mais aussi un lieu de promenade enchanteur, où règnent beauté et sérénité, le cimetière américain de Colleville invite à la contemplation. Bassins à nénuphars, fontaines aux jets harmonieux, douces pelouses, allées d'arbres aux essences rares et variées, tout évoque la paix. Jusqu'au sentier aménagé qui mène à la plage d'Omaha, si tranquille aujourd'hui...

CAMPING LE ROBINSON**** €

24, route d'Omaha-Beach

✆ 02 31 22 45 19

www.campinglerobinson.com

Ouvert d'avril à septembre. Mobil-homes 2 personnes à partir de 390 € la semaine. Restauration (snack-bar). Piscine.

Un îlot calme et verdoyant de trois hectares, où venir se réfugier en famille ou entre amis après avoir visité les nombreux lieux de mémoire des alentours, à forte charge émotionnelle. Le camping dispose d'ailleurs d'un accès direct à la plage d'Omaha Beach. 31 emplacements vous y attendent, d'avril à novembre, avec tout le confort nécessaire, et même quelques extras, comme une piscine couverte et chauffée et un toboggan aquatique. Les plus soucieux de leur confort pourront également louer un *mobil-home*, un chalet ou un *bungalow*.

OVERLORD MUSEUM - OMAHA BEACH ★★

Lotissement Omaha Center
✆ 02 31 22 00 55
www.overlordmuseum.com
En été, tous les jours 9h30-19h (10h-18h30 ou 17h30 le reste de l'année). 9 €. Enfant 7 €.

Situé à Colleville-sur-Mer, à Omaha Beach et face au rond-point d'accès du cimetière américain, le musée Overlord, ouvert le 5 juin 2013 (bientôt les 10 ans !), retrace la période du Débarquement allié en Normandie jusqu'à la libération de Paris, le 25 août 1944. Autant vous le dire, un musée comme celui-ci, il n'y en a aucun autre sur la côte. Au cœur de ces lieux de mémoire dévolus au Débarquement du 6 juin 1944 et à la Bataille de Normandie, il est exemplaire de pédagogie. C'est celui qu'a imaginé Nicolas Leloup pour honorer la mémoire de son père, Michel, et mettre en valeur sa collection, minutieusement constituée pendant près d'un demi-siècle sur les lieux des événements. On se sent tout petit au milieu de cet espace, face à ces engins à la taille démesurée, mais réelle (échelle 1), chars, tanks, canons... Les scènes civiles et militaires reconstituées, avec mannequins et objets de la vie quotidienne, sont autant de fils rouges qui nous prennent à témoin. Les fonds sonores restituent ceux de cette période douloureuse. On est impressionné par la collection (10 000 pièces et objets, plus de 35 véhicules, chars et canons pouvant peser jusqu'à 50 tonnes) et la mise en scène grandeur nature qui donne à réfléchir, surtout en ces périodes troublées. On s'attarde également volontiers devant les photos du photographe américain, Ian Patrick : 64 clichés réalisés entre 1984 et 2018, portraits et témoignages émouvants de vétérans, accrochés lors du 75e anniversaire du Débarquement.

© ANNE CROCHARD

DOMAINE DE L'HOSTRÉIÈRE*** €€

Route du Cimetière-Américain ✆ 02 31 51 64 64
www.domainehostreiere.com
Chambre double à partir de 89 €. Petit déjeuner buffet en supplément. Bar et restauration. Animaux acceptés.

L'atout de l'Hostréière, hôtel-restaurant simple et sans prétention, est sa situation, au cœur du Bessin, proche des célèbres lieux historiques et de mémoire de Colleville. En effet, le domaine se trouve près d'Omaha Beach, à seulement 5 petites minutes à pied des expositions sur le Débarquement en Normandie de l'Overlord Museum, et à une quinzaine de minutes de marche du cimetière et mémorial américain de Colleville-sur-Mer. Voilà pourquoi la clientèle est bien souvent internationale.

LA FERME DU CLOS TASSIN €€

498, route d'Omaha-Beach ✆ 02 31 22 41 51
www.clostassin.fr
Chambre double à partir de 75 €, petit déjeuner inclus. Accueil de camping-cars, 7 € la nuitée.

Une jolie ferme normande du XIXe siècle où Prune et Pascal vous accueillent chaleureusement. Les 5 chambres, sobrement thématiques, sont plutôt douillettes, et les salles de bains d'une propreté irréprochable. Tout pour vous sentir comme à la maison et dormir au calme. Le petit déjeuner est maison, de quoi se lever du bon pied. Les produits cidricoles de la maison (pommeau, calvados, cidre), mais aussi d'autres gourmandises (bonbons caramel fleur de sel, confitures de lait, gelées de pomme et calvados...) sont disponibles dans la petite boutique.

FERME DU LOUCEL*** €€

5, chemin des Croquets
✆ 06 73 57 54 36
www.fermeduloucel.com
Trois gîtes de 3 à 6 personnes : à partir de 55 € la nuit selon le gîte et la saison.

Non loin du cimetière américain de Colleville, Laurence Thomines vous ouvre les portes de cette ancienne ferme joliment restaurée du XVIIe siècle. Au choix, trois charmantes chambres d'hôtes, chacune avec entrée indépendante, ou trois gîtes, chacun avec jardinet clos. Situés sur le domaine, les deux premiers gîtes, pour 3 personnes maximum, occupent les dépendances. Le troisième, pour 6 personnes, est situé dans l'ancienne boulangerie de la ferme. Une bâtisse en pierre qui offre tout le confort attendu, avec en prime une belle cheminée. Il n'y a plus qu'à choisir.

SAINT-LAURENT-SUR-MER

Difficile d'imaginer quand on longe la plage de Saint-Laurent-sur-Mer, si animée l'été, qu'il s'agit de la même Omaha Beach, celle que l'on surnomma « Omaha la sanglante ». Pourtant c'est bien là que quelque 3 000 hommes périrent lors du Débarquement. Des milliers de pertes aujourd'hui commémorées par un musée, de nombreux monuments et vestiges, dont certains encore visibles sur la plage. Mais il ne s'agit là que de l'histoire récente de la commune, au passé aussi riche qu'insoupçonné. On peut en effet recenser une belle église du XIIIe siècle et les vestiges d'un château fort dont les éléments, épars, sont désormais intégrés à la demeure du Prieuré.

LES BRAVES

Omaha Beach

Sur le sable d'Omaha Beach, au pied des marches du monument Signal de Saint-Laurent-sur-Mer, l'ensemble monumental des Braves est une œuvre de l'artiste française Anilore Banon. Dressée vers le ciel, la sculpture centrale intitulée « Debout la liberté ! » est encadrée par deux autres ensembles, « Les ailes de l'espoir » et « Les ailes de la fraternité ». Au gré des marées, les trois sculptures sont baignées du flux et reflux des eaux. Un lieu commémoratif pour ne jamais oublier les 3 000 morts, disparus ou blessés au soir du 6 juin 1944, tombés sur cette plage.

LA MAISON DE LA LIBÉRATION

27, rue du Val ✆ 06 87 40 35 63

www.maisondelaliberation.fr

Ouvert du 1er mai au 30 septembre. Ouvert tous les jours de 14h à 19h et de 21h à 23h. Gratuit. Sur réservation.

Petit-fils de résistant, Sébastien Olard a baigné dans les souvenirs de celles et ceux qui ont vécu la guerre et le Débarquement. Pour rester fidèle à la promesse faite à son grand-père et accomplir son devoir de mémoire, il raconte le 6 Juin 1944. Surnommée la Maison de la Libération car elle fut la première maison libérée par les Américains le matin du 6 juin. La journée du D-Day s'y dévoile étape par étape, jusqu'à l'émouvante stèle dédiée aux parachutistes alliés perdus.

MUSÉE CIVIL AVANT PENDANT ET APRÈS GUERRE

8, rue Durant

✆ 02 31 10 05 42

www.cmlesvignets.com

De mars à septembre, tous les jours 14h30-18h. 5,50 €. Enfant de 8 à 16 ans : 4,50 €.

Nous avons tous plus ou moins récupéré des objets ayant appartenu à nos grands-parents. Mais au fil du temps, qui n'a pas dispersé ce patrimoine familial ? On peut dire merci à Magali et Christophe d'avoir précieusement conservé ces gardiens de la mémoire collective. Leur incroyable collection (objets de la vie quotidienne, pupitres d'écoliers, vêtements et couvre-chefs, chaussures et galoches, outils de travail de la ville et des champs) est une rétrospective mêlée de parfums d'antan.

PLAGE DE SAINT-LAURENT-SUR-MER

Rue Bernard-Anquetil

Plage surveillée tout l'été par la SNSM.

Cette plage fait partie d'Omaha Beach, qui s'étend sur 6 km de sable fin de Colleville-sur-Mer à l'est, à Vierville-sur-Mer à l'ouest. Une plage historique donc, théâtre du Débarquement en juin 44, mais qui, aujourd'hui, a aussi d'autres histoires à raconter. Comme probablement celles que vous vivrez cet été, entre bronzette et concours de châteaux de sable. Saint-Laurent-sur-Mer est une plage animée et fréquentée en été, où jeux pour enfants et baignade sont les maîtres-mots.

MAISON DE LA LIBÉRATION €

27, rue du Val

✆ 02 31 22 42 96

www.maisondelaliberation.fr

Gîte pour 4 à 6 personnes, de 350 € à 600 € la semaine selon saison.

Petit gîte, pour 4 à 6 personnes, et lieu historique. En effet, il s'agit de la première maison libérée par les Américains au matin du 6 juin 1944. Le propriétaire, issu d'une famille de résistants, a beaucoup à raconter sur le Débarquement. Le gîte, au goût du jour, est très fonctionnel : cuisine équipée, séjour, salon avec canapé convertible et 2 chambres à l'étage. Une cour et un petit jardin clos avec barbecue permettent de profiter des beaux jours. Enfin, les bâtiments jouxtant la maison évoquent les événements du 6 juin et sont ouverts à une visite insolite.

MUSÉE MÉMORIAL D'OMAHA BEACH ★★★

Avenue de la Libération ✆ 02 31 21 97 44
www.musee-memorial-omaha.com

Tous les jours 9h30-18h (jusqu'à 19h en été). Adulte : 7,50 €. Enfant (de 7 à 15 ans) : 4,50 €.

Un lieu commémoratif incontournable à Saint-Laurent-sur-Mer, situé entre la Pointe du Hoc et Arromanches. Dès l'extérieur, on est dans l'ambiance : un char Sherman amphibie sur le parking, ainsi qu'un canon américain de 155 mm « Long Tom », ayant participé à l'assaut du D-Day, gardent l'entrée du musée. Puis l'on pénètre dans un vaste hall d'exposition qu'ornent une barge du Débarquement et une embase de moteur Rhino, des pièces retrouvées lors de fouilles sur le site même d'Omaha. A droite de l'entrée, une petite pièce retrace avec force réalisme la vie des civils de l'époque (inspirée directement de la vie de la famille de l'ancienne conservatrice, mme Chartier).

Des scènes vivantes et remplies d'émotions vous attendent ici, le tout premier ouvert à Omaha Beach, l'une des cinq plages du Débarquement de Normandie du 6 juin 1944. Au gré de recherches approfondies, il se veut au plus près du réel, poussant ses concepteurs à revoir régulièrement la scénographie.

Durant la visite, on évolue d'une scène à l'autre : le 22 juin 1940, l'occupation allemande, la résistance, la répression, les restrictions, les munitions, ou encore un campement américain… Les divisions alors en présence étaient la 29e division d'infanterie américaine, la 1re division d'infanterie américaine (soit un total de 34 250 hommes, dont 1 000 tués, 2 000 blessés et disparus) et les 352e et 716e divisions d'infanteries allemandes (nombre des pertes inconnu). Les faits historiques, minute après minute, sont parfaitement illustrés grâce à une impressionnante collection de matériel d'époque et vestiges de combats. Les reconstitutions, fidèles et méticuleuses, à l'aide de mannequins, de photos, d'objets personnels, de vêtements et chaussures d'époque, d'armes, de véhicules et de campements militaires, renforcent l'impression « d'y être », et parlent à tous, même aux enfants et adolescents. Pour une immersion poignante au cœur des événements, assortie, en fin de visite, d'un film de 25 minutes très pédagogique sur le Débarquement du 6 juin 1944, sur Omaha Beach et la Pointe du Hoc. Egalement, il présente les témoignages de nombreux vétérans américains.

Situé à 200 mètres de la « sanglante » plage d'Omaha, théâtre des violents combats livrés par les soldats américains le 6 juin 1944, le Musée Mémorial d'Omaha Beach, d'une superficie de 1 400 m², est indispensable pour une totale appréhension et compréhension des événements. Tout parle à chacun.

L'OMAHA €€

Rue du 116e-Régiment-USA
✆ 02 31 22 41 46
omaha-restaurant.fr

De février à novembre, tous les jours 12h-18h (21h en été). Service continu. Menus de 22 € à 27 €. Brasserie et snack.

En dépit d'une carte relativement dense (tartines, salades, fruits de mer, soupe de poisson ou à l'oignon, poissons à la planche, viandes, burgers…) et de prix que les ronchons estiment élevés (mais pour eux, tout sera toujours trop cher !), la bonne surprise est au bout de la fourchette. C'est bon et frais. Le service est rapide et souriant, même en période d'affluence (et nous n'avions pas réservé !). Petits plus : le coin souvenir qui propose livres de mémoire et bouteilles du terroir, le jardin, la terrasse couverte et la vue sur mer.

LA SAPINIÈRE €€

100, rue de la 2ème-Infanterie-US
✆ 02 31 92 71 72
www.la-sapiniere.fr

Ouvert tous les jours, midi et soir, de mars à fin octobre. Carte : 30 € environ. Terrasse.

On dirait une maison de vacances, tout en bois et baies vitrées, avec son carré pétanque, sa terrasse pour l'apéro, ses chaises longues et sa table de ping-pong. Côté cuisine, les plats frais et savoureux sont inscrits à la craie sur une ardoise. Rapport qualité-prix pas donné, mais on se régale de poissons grillés, travers de porc et l'on finit par un dessert maison, comme la coupe nectarine. On accompagne le tout du cidre de la toute proche Ferme de la Sapinière, avant une balade digestive sur la plage en face, ou sur le sentier qui mène au cimetière américain.

FERME DE LA SAPINIÈRE

12, route de Port-en-Bessin
✆ 02 31 22 40 51
www.producteur-cidre.com

Du lundi au samedi 9h30 (10h30 basse saison) à 18h30. Visite guidée d'avril à mi-novembre à 10h45 et 15h30 : 3,50 €.

Chemin faisant, ne passez pas à côté de la Sapinière. La visite du domaine, des vergers aux chais, est une immersion passionnante au cœur d'une histoire familiale amoureusement perpétuée depuis six générations. Régulièrement couronnée de lauriers aux concours régionaux, la production offre quatre nectars : le cidre, fleuron de la maison, le pommeau, le calvados et le jus de pomme. A chaque palais son cidre, décliné en quatre cuvées : demi-sec, brut, « Verger du littoral » et, en haut de l'affiche, la cuvée spéciale « Rivage du Bessin », star de la Sapinière.

COTENTIN CÔTE EST

LIEUX	Km total	Km à faire	Routes
CARENTAN (PL. DE LA RÉPUBLIQUE)	0	68	D913
UTAH BEACH	9	59	D421
QUINÉVILLE	17	51	D42, D14
QUETTEHOU	24	44	D1
SAINT-VAAST-LA-HOUGUE	26	42	D1
BARFLEUR	32	36	D116, D10
POINTE DE BARFLEUR	34	34	D10, D25
LE VAST	40	28	D25
MONTEBOURG	49	19	D71, D14
RAVENOVILLE	54	14	D15
SAINTE-MÈRE-ÉGLISE	57	11	D67
AUDOUVILLE-LA-HUBERT	61	7	D524, D129, N13, D913
CARENTAN	68	0	

CARENTAN LES MARAIS ★★

Elle est surnommée à juste titre la capitale des marais : située à quelques kilomètres des plages du débarquement, très bien desservie par voies autoroutières vers Cherourg, Caen ou Saint-Lô, elle mérite bien un détour. Ses arcades médiévales, qui abritent des commerces, les hôtels de Ponthergé et Hervieu-de-Pontlouis, son église Notre-Dame, dont le clocher est visible à des kilomètres et son vaste hôtel de ville sont autant de lieux à découvrir. En hiver, la ville, cernée par l'eau qui recouvre les marais, semble totalement coupée du monde. Reliée à la mer par un canal, elle dispose également d'un joli port de plaisance au coeur de la ville.

ARCADES MÉDIÉVALES

Place de la République

Il est de ces petites prouesses architecturales que l'on ne voit pas forcément, mais qui, à bien y regarder, valent bien quelques minutes. Témoins d'un savoir-faire ancestral, elles sont en Normandie un vestige unique : quatre maisons se juxtaposent, accolées par dix piliers. On les soupçonne d'avoir hébergé au XVe siècle, un marché couvert, existant également au XIVe siècle dans la partie sud de la ville. Aujourd'hui les arcades médiévales, monuments historiques, abritent commerces, établissements de restauration, mais aussi l'office de tourisme local.

EGLISE GOTHIQUE NOTRE-DAME DE CARENTAN

1, place Guillaume de Cerisay

Sous l'occupation anglaise, l'église gothique tombe en ruine, et le monument doit sa renaissance à Guillaume de Cerisay, chevalier, bailli du Cotentin. Quelques siècles plus tard, en juin 1944, la flèche, le grand portail ouest et le chœur subissent de lourds dégâts, la ville étant alors sous le feu des bombardements américains. Rapidement, la restauration de l'église gothique recommence, lui rendant sa splendeur, et elle se signale de nouveau de très loin !

D-DAY EXPERIENCE ★★★

2, village de l'Amont

✆ 02 33 23 61 95

www.dday-experience.com

Ouvert tous les jours. Adulte : de 9 à 19,90 €. Enfant (6-17 ans) : de 7 à 15,90 €. Pass famille : entre 45 et 65 €.

Le musée D-Day Experience vous propose un formidable parcours immersif et interactif sur les traces des parachutistes. Votre visite se découpe en 3 étapes : tout d'abord le musée D-Day Experience avec ses 1 500 m² d'exposition sur les parachutistes américains ainsi que son briefing et son simulateur de vol unique au monde qui vous permet de revivre leur traversée de la Manche dans la nuit du 5 au 6 juin 1944 : émotions garanties tant au niveau des sensations, que de la perception incroyablement réaliste de ce qu'ont pu ressentir les libérateurs avant de sauter depuis leurs avions, au risque de leurs vies ! Ensuite, vous découvrez le cinéma 3D sur écran géant qui vous explique le Débarquement et la Bataille de Carentan. Ainsi, un documentaire de 36 minutes est projeté sur un écran de 15 mètres par 8, avec son spatialisé, décuplant vos sensations dans un espace incroyable. Et enfin la maison historique du Dead Man's Corner vous fait découvrir le point de vue des troupes allemandes. Une véritable plongée en famille dans la peau de ceux qui ont vécu le Jour-J ! Ici, les combats durèrent pas moins de 3 jours entiers, et la maison, et son exposition, vous invite à découvrir ces jours du point de vue des soldats allemands, avec une muséographie incroyable. Pour vous rendre sur ces lieux, en venant de Paris ou de Cherbourg, il vous faudra sortir de la RN13 au niveau de Carentan, puis suivre la direction de Saint-Côme du Mont. De là, D-Day Expérience est bien indiqué, et facile à trouver ! Assurément un immanquable dans votre circuit.

NORMANDY VICTORY MUSEUM

✆ 02 33 71 74 94

www.normandy-victory-museum.fr

Horaires variables selon la période : consulter le site internet.

Le Normandy Victory Museum raconte l'histoire de la bataille des haies qui eut lieu juste après le débarquement, dans la Manche. A travers une scénographie émouvante et axée sur le quotidien des soldats mais aussi des civils, le visiteur est invité à découvrir cette période parfois méconnue de l'histoire. Les décors, sons, images d'archives, la possibilité de toucher les objets, les témoignages, tout est là pour vous plonger dans l'univers de l'époque et comprendre leur vécu. Également, balades en véhicules d'époque. Visite d'environ 1h30 adaptée aux enfants.

CIRCUIT HISTORIQUE 1944 ★★

2, village de l'Amont
www.carentan-circuit-44.com
Informations au centre historique des parachutistes du Jour J ou à l'office de tourisme.

Le 6 juin 1944, 20 000 parachutistes américains sautent sur Carentan, Sainte-Mère-Église et Utah Beach. Leur mission principale : protéger les troupes débarquées sur la plage et s'emparer au plus vite de Carentan afin d'unir le front entre les plages d'Utah et d'Omaha. Il leur faudra 6 jours de batailles meurtrières pour atteindre cet objectif. Le Circuit Historique 1944 est un chemin de mémoire de 40 km. 13 sites phares des événements du débarquement sont intégrés à un parcours guidé par GPS : le carrefour de l'homme mort à Saint-Côme-du-Mont, la « drop zone » maudite d'Angoville-au-Plain, le coin de l'enfer de la barquette ou encore la colline 30 à Méautis. Vous suivez l'itinéraire dans votre propre véhicule et revivez l'histoire à votre rythme au cœur des marais de Carentan. Cette visite originale et historique est encore l'occasion de découvrir les richesses patrimoniales et naturelles du parc naturel régional des marais du Cotentin et du Bessin. Prévoyez un après-midi, il faut environ 3 heures pour suivre l'intégralité du circuit. La visite peut également se faire *via* l'application mobile, culturelle et touristique Kit m dont l'autre offre permet d'effectuer le parcours « 15 ans en 1944 » entre Saint-Lô et Hambye. Voici un moyen de découvrir le débarquement à votre rythme, sans stress, et avec la sensation de revivre pas après pas les étapes de ces jours décisifs pour la libération de l'Europe. Pour vous renseigner, l'office de tourisme de Carentant ou le centre des parachutistes du Jour J sont à votre disposition.

PARC NATUREL RÉGIONAL DES MARAIS DU COTENTIN

3, village Ponts-d'Ouve (Maison du Parc)
✆ 02 33 71 65 30
www.parc-cotentin-bessin.fr
Maison du parc fermée entre Noël et le jour de l'an.

Créé en 1991, le parc naturel régional des Marais du Cotentin et du Bessin est à cheval entre la Manche et le Calvados, traversant le Cotentin d'est en ouest. Son origine remonte à plus de huit mille années, lorsque les marais étaient des vallées, progressivement comblées par la fonte de la calotte glaciaire. Chaque marée amenant son lot de dépôts argileux et sablonneux, la mer entrant dans ces territoires de plus en plus difficilement, les marais se sont progressivement constitués. Douve, Taute, Vire et Sèves sont les quatre cours d'eau qui convergent vers la baie des Veys, au cœur du parc, et alimentent cet immense espace. Le marais, progressivement domestiqué par l'homme, abrite cependant une faune et une flore incroyablement riches d'oiseaux nicheurs et de plantes rares. Le parc prend deux visages bien différents selon les saisons : vert en été et majoritairement recouvert d'eau l'hiver, sur des centaines d'hectares, créant un paysage splendide. Point de ralliement ou passage obligé avant d'entamer votre visite, la maison du parc, située à Saint-Côme-du-Mont (elle est très facile d'accès depuis la voie rapide Caen-Cherbourg), propose informations, expositions thématiques et même une boutique : on peut passer ici un bon bout de temps à s'informer et faire le plein de connaissances, avant de découvrir les lieux. Et puis, en plus de la faune, de la flore et des multiples paysages, savourez le silence : absolu, entier, si rare, absolument sans égal.

LES BALADES NORMANDES

Carentan les Marais.

OFFICE DE TOURISME BAIE DU COTENTIN - CARENTAN

24, place de la République © 02 33 71 23 50
www.ot-baieducotentin.fr

Basse saison : ouvert du lundi au vendredi. Haute saison : du lundi au samedi. Juillet et août : tous les jours.

L'office est un passage obligé : on y trouve en effet une disponibilité réelle – Aurore et Carole connaissent les environs par cœur – et rien ne vous manquera des opportunités de découverte, de l'histoire à l'animation de la ville en passant par les diverses activités possibles et les possibilités d'hébergement. Les horaires sont larges, l'office étant même ouvert du lundi au dimanche en juillet et août. Vous pourrez enfin acquérir ici les billets pour de nombreuses activités.

BELLE DE CARENTAN

© 02 33 71 23 50
www.ot-baieducotentin.fr

Horaires : se renseigner sur le site. Tarif variable selon le lieu de promenade.

Joliment appelé *Belle de Carentan*, le bateau mesure 16,40 mètres, et est solidement basé dans la cité dont elle porte le nom. Désormais géré par l'office de tourisme, vous le trouverez près de la piscine. Ainsi, vous est proposée toute une palette d'activités : au programme, des visites, des parties de pêche à la demi-journée ou à la journée entière, la découverte de Saint-Marcouf, la pointe du Hoc, mais aussi Saint Vaast et Tatihou. Pour en savoir davantage, n'hésitez pas à contacter ou appeler l'office : toutes les informations y sont.

LE MANOIR DE BEAUCRON €€

1, rue de l'église
© 02 33 42 40 25
www.manoirdebeaucron.com

Chambre double à partir de 78 €. Gîte (6 personnes) : de 450 à 680 € la semaine.

Elles répondent aux doux noms de Bergeronnette, Héron, Cigogne ou Alouette : ce sont les chambres d'hôtes du Manoir de Beaucron, une belle et vaste demeure en pleine campagne, et pourtant très facile d'accès. Ici, l'accent est mis – avec réussite – sur le confort proposé, et chacune apparaît comme un véritable petit cocon, auquel on accède par un vaste escalier de pierre. En parallèle, l'espace compte un vaste gîte pour 6 personnes. L'accueil ici est adorable et discret, et vous êtes à proximité de nombreux lieux touristiques du coin.

CIRCUIT HISTORIQUE 1944 ★★

2, village de l'Amont
www.carentan-circuit-44.com

Informations au centre historique des parachutistes du Jour J ou à l'office de tourisme.

Le 6 juin 1944, 20 000 parachutistes américains sautent sur Carentan, Sainte-Mère-Église et Utah Beach. Leur mission principale : protéger les troupes débarquées sur la plage et s'emparer au plus vite de Carentan afin d'unir le front entre les plages d'Utah et d'Omaha. Il leur faudra 6 jours de batailles meurtrières pour atteindre cet objectif. Le Circuit Historique 1944 est un chemin de mémoire de 40 km. 13 sites phares des événements du débarquement sont intégrés à un parcours guidé par GPS : le carrefour de l'homme mort à Saint-Côme-du-Mont, la « drop zone » maudite d'Angoville-au-Plain, le coin de l'enfer de la barquette ou encore la colline 30 à Méautis. Vous suivez l'itinéraire dans votre propre véhicule et revivez l'histoire à votre rythme au cœur des marais de Carentan. Cette visite originale et historique est encore l'occasion de découvrir les richesses patrimoniales et naturelles du parc naturel régional des marais du Cotentin et du Bessin. Prévoyez un après-midi, il faut environ 3 heures pour suivre l'intégralité du circuit. La visite peut également se faire *via* l'application mobile, culturelle et touristique Kit m dont l'autre offre permet d'effectuer le parcours « 15 ans en 1944 » entre Saint-Lô et Hambye. Voici un moyen de découvrir le débarquement à votre rythme, sans stress, et avec la sensation de revivre pas après pas les étapes de ces jours décisifs pour la libération de l'Europe. Pour vous renseigner, l'office de tourisme de Carentant ou le centre des parachutistes du Jour J sont à votre disposition.

HARAS DU VIEUX CHÂTEAU €€€

© 02 33 71 00 38

Gîte pour 2 personnes : 360 à 480 € / semaine. Pour 4 personnes : de 560 à 750 € / semaine.

Quel lieu ! On traverse en effet les allées impeccables du Haras sans quitter des yeux, dans l'ouverture lumineuse du sommet des grands arbres, la grande et chaleureuse demeure du XVIe siècle. Le simple intitulé de ces logements de haut standing est inspirant : Divine, Harmonie, Mélodie, Céleste, Exquise... Au petit déjeuner, le buffet est généreux, la salle de repas équipée d'une kitchenette vous permet de préparer votre propre repas. Les deux gîtes comptent 160 m² habitables, 4 chambres, salon spacieux avec cheminée et accès direct à la piscine chauffée.

L'ESCALE DES SENS €€

10, rue Jean Loret
✆ 02 33 42 08 87
www.escaledessens.wix.com/carentan

Ouvert du mercredi au samedi le midi et le soir ; dimanche midi. Menus de 28,50 € à 47 €. Plat du jour : 20 €.

C'est sous la houlette de Valentin Doraphé que L'Escale des Sens développe ici le concept de « bistrot chic ». Visuellement, c'est épuré, sobre, et les tables sont bien dressées. Mais c'est bien du côté des assiettes que l'on se penchera. Déclinées en plusieurs formules allant de 2 à 5 plats, elles sont excellentes, ces propositions étant renouvelées chaque mois. Des saveurs inattendues, parfois inconnues : la viande et le poisson sont réinventées au fil des saisons. On pensera à bien réserver en amont, surtout le week-end, tant le lieu est prisé.

WORLD WAR II MUSEUM ★★

18, avenue de la Plage
✆ 02 33 95 95 95
www.worldwar2-museum.com

Ouvert tous les jours de mars à août de 10h à 19h. Septembre/ octobre : fermeture 18h. Adulte : 9 €. Enfant : 6 €.

Ce très chouette musée recèle bon nombre de trésors. Grâce à une scénographie innovante, vous parcourez les grandes étapes du conflit : sur 1 000 m² d'exposition, le long d'une rue des années 40 avec ses boutiques et ses véhicules, vous découvrirez une très belle collection d'objets du quotidien et de photographies, notamment. Tout aussi impressionnante est la collection de figurines à l'échelle 1/6e. Pour terminer cette visite en beauté, vous admirerez le film d'époque « Du Débarquement à la prise de Cherbourg ». La vue sur la plage est imprenable.

QUINÉVILLE

Bordée par la Manche et située à 35 kilomètres de Cherbourg, la petite ville de Quinéville (270 habitants) est surtout connue pour son musée de la Seconde Guerre mondiale. La bourgade abrite également l'église Notre-Dame, édifice au XIe siècle, ainsi que le Château de Quinéville, construit au XVIIIe siècle. Citons également la Grande Cheminée en pierre classée au titre des monuments historiques. Enfin, pendant votre balade dans la commune, passez par le parc du château pour admirer un vestige d'origine gallo-romaine, qui aurait été érigé au IIe siècle. Une jolie petite commune qui séduit également par sa splendide plage de sable fin.

QUETTEHOU

Situé à environ deux kilomètres seulement de Saint-Vaast-la-Hougue, commune avec laquelle elle entretient une quasi-continuité urbaine, Quettehou compte quelques jolis joyaux architecturaux, comme l'église Saint-Vigor, classé patrimoine historique, ou de Notre-Dame de Morsaline, elle aussi classée, du nom de la commune déléguée ayant fusionné avec Quettehou il y a deux ans. Comptant près de 1 800 habitants, la petite cité est idéalement placée entre mer et campagne, et compte de nombreux commerces, qui en font un lieu de rendez-vous pour de nombreux habitants du Val-de-Saire. Une petite étape ici est conseillée, avant de rejoindre la mer, si proche.

PLAGE DE QUINEVILLE

C'est la plus fréquentée des plages de l'est du Cotentin, et on comprend pourquoi : elle est splendide ! Sur plusieurs kilomètres s'étend ici une très belle plage de sable fin. Au nord, on aperçoit Saint-Vaast-la-Hougue et la tour Vauban de l'île Tatihou, au sud, le littoral qui s'étend jusqu'à Utah-Beach, et face à vous l'immensité de la mer. La plage est surveillée, et la petite station balnéaire ne manque pas de petits bars et restaurants pour passer un chouette moment. Dernier point : on se gare - relativement - facilement ici.

LA CHAUMIÈRE HÔTEL RESTAURANT €

6, place du Général-de-Gaulle ✆ 02 33 54 14 94
www.chaumiere-normandie.com

Ouvert toute l'année. Chambre double de 43 à 54 € ; chambre triple à partir de 60 €. Petit déjeuner : 6,50 €.

Un excellent rapport qualité-prix pour cet hôtel situé à Quettehou, bénéficiant d'un bel emplacement, proche des commerces et à trois petites minutes en voiture du port de Saint-Vaast. Cinq chambres composent cet ensemble aux tons colorés et chaleureux (des noms de fruits sont donnés aux chambres, expliquant ainsi les couleurs aux murs !), avec des espaces bien entretenus et même un savoureux restaurant que vous trouverez au rez-de-chaussée. On recommande !

LES BALADES NORMANDES

BARFLEUR ★★

Souvent dans le haut du classement du plus beau village de France, Barfleur est un incontournable de la presqu'île. Son port, orienté plein est, est en effet un petit joyau, cerné de hautes maisons et fermé par les digues et la perspective de la massive église Saint-Nicolas. Port de pêche de premier rang, Barfleur est le fruit d'une histoire millénaire, puisque Guillaume Le Conquérant y est passé en 1066, en pleine bataille contre l'Angleterre. Une déambulation sur le port, en été et sous le soleil, n'a rien à envier aux ports de la Méditerranée : les terrasses sont pleines, et les promeneurs sont nombreux dans ce cadre enchanteur.

LE PHARE DE GATTEVILLE

GATTEVILLE-LE-PHARE
✆ 02 33 23 17 97
www.phare-de-gatteville.fr
Fermeture de mi-novembre à mi-décembre et en janvier. Gratuit jusqu'à 5 ans. Adulte : 3 €. Enfant : 1 €.

75 mètres de hauteur, 356 marches, 7 400 tonnes de granit… N'hésitez pas : tentez l'ascension de cette vigie du Cotentin. De palier en palier, les 52 fenêtres vous distribuent un éclairage tout particulier, vous offrent petit à petit la vue imprenable sur les terres et au-dessus des mers. Chaque année, 30 000 courageux partent à l'ascension du lieu. Depuis 1984, le phare est automatisé. Par temps d'orage ou dès que le vent souffle à 50 km/h, le phare est fermé, normal étant donné l'altitude. L'accès au phare est payant, mais son prix est résolument modeste.

LA CHAPELLE DE LA BRETONNE ✝ ★

Rue du Lavoir
Ouvert toute l'année. Gratuit.

Du nom de la communauté fondée par Julie Postel devenue Mère Marie Madeleine, la Chapelle de la Bretonne est un vibrant hommage à la religieuse canonisée en 1926. Les Barfleurais, qui la reconnaissent un peu comme leur sainte patronne, lui ont dédié une chapelle. L'édifice, érigé en 1893, se visite notamment pour ses remarquables vitraux. Classés aux monuments historiques, ils retracent en une véritable œuvre d'art la vie de la sainte, et méritent bien un détour.

PORT DE BARFLEUR

Quai Henri Chardon
✆ 02 33 23 43 00

C'est un petit joyau du Cotentin, qui vaut à Barfleur de se voir régulièrement primé parmi les plus beaux villages de France. C'est aussi, et surtout pour certains, un port de mouillage bien pratique, dans une zone certes moins remuante que le Raz-Blanchard, de l'autre côté de la presqu'île, mais pas toujours évident à appréhender. Ici, on accueille, uniquement au mouillage, des bateaux de 15 mètres maximum, à hauteur de 125 places. Une cale de mise à l'eau et des toilettes sont disponibles pour les plaisanciers, et l'ensemble est splendide.

LES BALADES NORMANDES

Barfleur.

LE CONQUÉRANT** €€

16 et 18, rue Saint-Thomas-Beckett
✆ 02 33 54 00 82
www.hotel-leconquerant.com

Qualité Tourisme. Fermé l'hiver. Chambre double de 105 € à 145 €. Petit déjeuner inclus.

Cette maison d'hôtes de charme impose par sa façade de granit, splendide, en plein cœur du village qui ne l'est pas moins. Son architecture est chargée de l'histoire de ce manoir de ville, datant du XVIIe siècle, qui profite d'un joli jardin à la française. Du belvédère au fond du jardin, on admire… la mer. Les chambres sont sobres et confortables. Certaines disposent d'agréables balcons ou terrasses, d'autres de coins salon. Le petit déjeuner peut être pris dans le grand salon ou sur la magnifique terrasse qui donne directement sur le jardin.

INDIANA*** €€

Route de Saint-Vaast-la-Hougue
✆ 02 33 23 95 61
www.camping-indiana.com

Emplacement + véhicule + 2 personnes de 15 € à 18,50 €. Mobil-homes (2 à 6 personnes) de 300 € à 710 €/semaine

Comptant 44 emplacements, l'Indiana est idéalement placé, à une centaine de mètres seulement de la plage, et à quelques pas du superbe port de pêche de Barfleur. Plusieurs formules sont à votre disposition, que vous soyez campeur, amateur de camping-car ou désireux de louer un mobil-home. Niveau confort, rien à reprocher : du pain frais le matin, des animations à plusieurs reprises chaque semaine, des locations de vélos... Bref, ce qu'il faut pour passer des vacances réussies ! Un bon point enfin : les tarifs ne bougent pas d'une année sur l'autre.

LA BOHÈME €€

1, rue Saint-Thomas
✆ 02 14 14 43 18

Ouvert du jeudi au lundi le midi ; du vendredi au dimanche le soir. Carte : 20 € environ.

Un chouette endroit sur le port de Barfleur, et qui mérite largement un passage. Et cette bohème-là, croyez-nous, vaut bien le détour. En effet, c'est bon et efficace, avec quelques pointes d'originalité et des galettes parfois surprenantes - l'une des meilleures restant tout de même celle qui vous commanderez en choisissant vos propres ingrédients, lesquels sont frais et nombreux. Le cadre est cosy, la décoration splendide, et vous pourrez prendre un thé à l'étage l'après-midi. Régulièrement, vous pourrez venir chercher des huîtres ici.

BRASSERIE LA MARÉE €€

25, Quai Henri Chardon
✆ 02 33 20 81 88

Ouvert 7 jours sur 7 en saison. Carte : 25 € environ.

Avec un nom pareil, pas de surprise possible : la Marée fait bien face au port de Barfleur, et propose d'abord des spécialités de la mer ! Ouvert chaque jour en saison, l'endroit dispose d'une vaste terrasse bien agréable l'été. C'est simple et bon, et on penchera assez facilement sur les moules-frites, la spécialité du lieu (c'est d'ailleurs inscrit en gros sur la devanture !) bien faites et plutôt d'un bon rapport qualité-prix. A l'heure où nous écrivons ce guide, on nous dit que le lieu pourrait bientôt proposer des tapas : affaire à suivre !

CAFÉ DE FRANCE €€

12, quai Henri-Chardon
✆ 02 33 54 00 38

Ouvert toute l'année. Haute saison : ouvert tous les jours, basse saison fermé le mercredi. Carte : 15 € environ.

Le Café de France est immanquable, car situé sur le port, avec sa devanture blanche et rouge ! Aux beaux jours, une terrasse avec vue sur le port vous permet de passer des moments agréables. L'accueil y est pour beaucoup. À la carte, chaque saison a son petit plat. De l'aube à la nuit, l'endroit offre toujours à se restaurer, mais aussi à partager un apéritif, un café. Avis aux lève-tôt, le retour de pêche au petit matin dans le petit port de Barfleur est un véritable spectacle. Si vous voulez manger ici, n'oubliez pas de réserver, surtout en période estivale !

LES DÉLICES DU PHARE

42, rue Saint-Thomas
✆ 02 33 54 10 33

Ouvert le mardi et du jeudi au samedi de 10h à 19h ; le mercredi et le dimanche de 10h à 15h.

Si le cadre dans lequel se trouve cette épicerie est sublime (Barfleur compte parmi les Plus Beaux Villages de France), le lieu en lui-même est tout aussi agréable ! Ici, toute la Normandie gastronomique – mais pas seulement (le choix de vin est tout aussi vaste) – est représentée, proposée, sublimée ! Mis en valeur avec goût, les produits (cidre, confitures, whiskys, chocolats, etc...) sont autant de promesses face auxquelles vous aurez bien du mal à résister ! Et si vous êtes mis en appétit, notez que vous disposez juste à côté du restaurant Le Phare.

LE VAST

Enfouie au fond d'une vallée, là où le Val-de-Saire se fait verdoyant et escarpé, la commune du Vast est connue pour deux particularités : ses cascades et ses brioches. Ainsi les premières sont le fruit des pérégrinations de la Saire, qui donne ici un spectacle magnifique, que vous pourrez prendre en photo depuis un petit pont bucolique. Les secondes ont une histoire bien singulière : ainsi au début du XXe siècle, la famille Roupsard créée la recette d'une brioche aérienne, légère, unique. Depuis, les différents propriétaires se sont donnés sous le sceau du secret la recette, et dont l'appellation est déposée : c'est la Brioche du Vast.

EGLISE NOTRE-DAME DU VAST ✝

Le chœur actuel date de la fin du XIVe siècle et son vitrail du XVe siècle est classé par les Beaux-Arts. La tourmente révolutionnaire est désastreuse pour l'intérieur de l'église. Après 1863, un clocher est rebâti. Quatre cloches y prennent place en 1926 : deux au niveau du plancher et deux autres au-dessus. Mise à part la verrière, tous les vitraux sont du XXe siècle. Dans le fond de l'église, un grand tableau représente une mère présentant son enfant. L'orgue date de 1876.

BOULANGERIE DU VAST

Hameau des Fours

✆ 02 33 54 13 56

www.boulangerie-du-vast.com

Ouvert du mercredi au lundi de 7h à 20h.

Créée au début du XXe siècle par le couple Griffon, la boulangerie a été rachetée par Nathalie et Stéphane Revelle reprennent la boulangerie du Vast et ses spécialités qui en ont fait sa renommée ! Vous seront proposés de nombreux produits dont les fameuses spécialités cuites au feu de bois : le pain plié aussi, la gâche et surtout, les célèbres brioches ! Pour celles et ceux qui préfèrent les biscuits, vos envies seront comblées avec les financiers, les croquants aux amandes ou aux noisettes, les sablés, les cookies au pépites de chocolat...

MONTEBOURG

Petite ville située entre Cherbourg et Carentan, le long de la voie rapide, Montebourg mérite bien une étape, d'abord pour son patrimoine : l'église Saint-Jacques, en partie détruite lors du débarquement, mais aussi son abbaye, dans laquelle prend place un établissement scolaire, méritent le coup d'œil. Les jours de marché, mais surtout pendant la foire annuelle de la chandeleur, Montebourg s'anime et offre un autre visage. La côte est du Cotentin, et notamment la petite cité balnéaire de Quinéville, n'est située qu'à une dizaine de kilomètres. Quelques restaurants, commerces et lieux d'hébergements font de la ville une intéressante base de départ.

ABBAYE NOTRE-DAME-DE-L'ÉTOILE ✝

Route de Quinéville

✆ 02 33 41 10 05

La légende raconte que l'abbaye vit le jour en 1060 après le rêve du frère Roger, parti à la recherche d'un compagnon de route emporté par la marée. Au gré de ses pérégrinations, se reposant au pied d'une colline, dans un songe, il aperçoit une étoile lui désignant le lieu d'érection d'une abbaye. Détruits, pillés au fil des siècles, les bâtiments sont reconstruits lentement jusque dans la première moitié du XXe siècle. Aujourd'hui, c'est un lieu d'enseignement confessionnel.

SAINTE-MÈRE-EGLISE ★★

C'est une cité mondialement connue depuis 1944, et la petite commune compte parmi les grands sites de l'Histoire contemporaine. C'est en effet à Sainte-Mère-Église, dans la nuit du 5 au 6 juin 1944, que la libération de l'Europe commence avec le parachutage de la 82e division aéroportée qui prend la ville par surprise. Aux commémorations traditionnelles s'ajoutent plusieurs événements qui font de la petite cité le point de ralliement des derniers anciens combattants, d'officiels ou de personnes souhaitant leur rendre hommage. Aujourd'hui, les boutiques de souvenirs fleurissent et on y entend parler plus souvent anglais que français !

AIRBORNE MUSEUM ★★★

14, rue Eisenhower
✆ 02 33 41 41 35
www.airborne-museum.org

De mai à août : 9h/19h. D'avril à septembre : 10h/18h30. D'octobre à mars : 10h/18h. Adulte : 9,90 €. Enfant : 6 €.

C'est l'un des plus connus des musées consacrés au Débarquement : à quelques kilomètres de la plage d'Utah Beach, l'Airborne Museum de Sainte-Mère-Eglise est situé sur la place de l'église sur laquelle le parachutiste John Steele est resté accroché pendant des heures (un mannequin, présent sur le clocher, permet de s'en souvenir). A travers ses 4 bâtiments à la scénographie moderne, interactive et spectaculaire, le musée vous guide sur les pas des parachutistes américains du Jour-J.

A l'Airborne Museum, vous embarquez dans un véritable planeur Waco, unique en France dans cet état de reconstitution ou encore dans un avion C-47 comme les paras des 82ème et 101ème divisions aéroportées ont pu le faire pour la Bataille de Normandie. L'un des avantages, de ce musée, qui en compte beaucoup, ce sont les objets qui prennent vie grâce aux scènes de reconstitutions hyperréalistes. Aussi, vous aurez la sensation de sauter d'un avion C-47 en plein vol pour atterrir au cœur du village de Sainte-Mère-Eglise, ou de combattre dans les marais inondés pendant la bataille de la Fière ou de vous perdre dans le bocage normand pendant la Bataille des Haies… Le film du musée, appelé « Les chemins de la Liberté » projeté dans la grande salle de cinéma vous explique avec émotion les destins des hommes venus à Utah Beach, Omaha Beach, Gold beach, Juno Beach et Sword Beach ainsi que les temps forts du Débarquement aérien et maritime. De même, le musée propose un parcours de visite mettant le légendaire avion C-47 en majesté ! Ce parcours conçu autour de cet avion, véritable vétéran du Débarquement en Normandie, vous plonge dans l'univers des parachutistes américains depuis leur création jusqu'à leur embarquement pour la Normandie : des parachutes déployés vous accueillent, dans la salle de briefing à l'hologramme plus vrai que nature vous connaissez vos objectifs, un film sur grand écran vous explique l'Opération Overlord, des statues réalistes vous racontent l'histoire de ces hommes qui ont fait le Jour-J : une visite au cours de laquelle vous serez tour à tour intéressé, surpris, acteur, ému. Enfin, pour vous accompagner tout au long de votre visite, la tablette HistoPad vous fera remonter le temps. Grâce à son graphisme 3D hyperréaliste, avions et objets du musée prennent vie : vous vivez les sauts des parachutistes ayant atterri sur la place de l'église et êtes les témoins de batailles décisives qui ont marqué l'histoire. Cette année 2023 a débuté la construction d'un nouveau bâtiment, dédié aux planeurs : on a hâte d'y être !

ÉGLISE DE SAINTE-MÈRE-ÉGLISE ✞ ★

16, rue Eisenhower
www.ot-baieducotentin.fr

Commencée au XIe siècle en roman, elle fut achevée au XVe siècle, et est devenue surtout un symbole de mémoire de la libération de 1944. Car c'est bien pour cela que la majeure partie des personnes admirent l'église : on peut voir suspendu au clocher le corps du parachutiste américain John Steel. Il ne s'agit évidemment que d'un mannequin soigneusement placé. Ce dernier fit en effet semblant d'être mort, son parachute accroché au clocher, et ceci le temps que la bataille se calme…

FERME MUSÉE DU COTENTIN ★

Chemin de Beauvais
✆ 02 33 95 40 20

Haute saison du dimanche au vendredi de 11h à 19h. Adulte : 5 €. Enfant de 7 à 18 ans : 2,50 €.

Au cœur du Plain, pays de la vache et du cheval. C'est un écomusée vivant dans une ancienne ferme-manoir des XVIIe et XVIIIe siècles. Espace à la fois ludique et muséographique, avec la visite virtuelle d'une ferme sous l'occupation allemande avec tablette tactile. Des expositions racontent l'histoire agricole de la région et la présentation des machines hippomobiles ayant révolutionné l'agriculture. A voir aussi la basse-cour normande avec ses poules cotentines, lapins blancs de Hotot, oies et ânes du Cotentin. Le potager et le rucher complètent bien la visite.

OFFICE TOURISME BAIE DU COTENTIN - STE-MÈRE-EGLISE

6, rue Eisenhower
✆ 02 33 21 00 33
www.ot-baieducotentin.fr

Ouvert tous les jours d'avril à septembre.
Ouvert du lundi au vendredi d'octobre à mars.

L'office de tourisme offre des services complets aux nombreux touristes qui sillonnent la région et associe accueil souriant et efficacité des informations. Le bureau de Sainte-Mère-Église, situé dans le centre de la petite cité, sera évidemment au cœur des festivités qui marqueront le 79e anniversaire du débarquement, en juin prochain. Notez que vous bénéficiez également ici d'un service de billetterie pour les immanquables de la région, de la Cité de la Mer aux promenades en mer.

MUSÉE DU DÉBARQUEMENT UTAH BEACH ★★★

Utah-Beach - **SAINTE-MARIE-DU-MONT**
✆ 02 33 71 53 35
www.utah-beach.com
Basse saison : ouvert de 9h30 à 19h. Haute saison : tous les jours de 10h à 18h. Adulte : 8 €. Enfant (6/15 ans) : 5 €.

Ce musée est implanté sur les lieux mêmes du débarquement sur le secteur confié aux Américains devant prendre Cherbourg. Au soir du 6 juin, 23 000 hommes, 1 720 véhicules et 1 695 tonnes d'approvisionnement furent débarqués sur cette terre. Comparé à d'autres plages du débarquement, ce secteur fut relativement épargné : le bilan humain ne fait état « que » de 197 soldats tués au combat ainsi que de 60 disparus. Cette opération fut donc un succès total : Utah Beach fut transformée en port artificiel géré par 70 000 hommes de l'Armée et de la Marine américaines. Le musée éponyme possède deux pièces maîtresses : la barge d'assaut et le Water Buffalo, un véhicule unique en Europe de huit mètres sur trois entièrement restauré. Dans un hangar de 800 m² construit à cet effet, les visiteurs peuvent voir une réplique grandeur nature d'un B26 Marauder utilisé lors de l'opération Overlord (il n'en reste que cinq exemplaires au monde) ainsi qu'un simulateur de vol. Le musée d'Utah Beach a toujours montré son attachement à la transmission de la mémoire et à la compréhension des événements de juin 1944. En sortant, le visiteur comprend pourquoi cette plage fut choisie et en quoi le débarquement fut un succès à la fois militaire et technologique.

▶ **Les espaces d'expositions suivent différentes thématiques.** Tout commence autour des défenses allemandes et de l'occupation ennemie. Le musée se trouve d'ailleurs à proximité d'un des blockhaus construits par les Allemands. La projection du film de nombreuses fois primé « La Plage de la Victoire » aide à la chronologie et permet de se plonger dans le quotidien des populations et de suivre heure par heure les préparatifs du D-Day. Suivent des espaces consacrés à la stratégie alliée et aux forces militaires en présence (navales, aériennes et terrestres). Puis, on passe dans la salle panoramique pour découvrir la chronologie exacte de cette journée historique sur cette plage. L'exposition se poursuit sur la jonction faite entre les parachutistes et les fantassins et leur avancée périlleuse jusqu'à Cherbourg. Le musée présente ensuite le Port artificiel d'Utah Beach, construit pour pallier la destruction de celui de Cherbourg. La nature des objets présentés (photos, témoignages, lettres, journaux intimes, matériels, effets personnels...) nous fait revivre ces événements sur le plan humain, auprès des soldats et des populations. Des documents émouvants au service de la mémoire et de l'histoire.

CAMPING DE SAINTE-MÈRE-EGLISE*** €€

6, Rue du 505ᵉ Airborne ✆ 02 33 41 35 22
www.camping-sainte-mere.fr
Tarifs indicatifs 2022 : Emplacement/véhicule/2 pers : 10,80 € à 15,80 €. Bungalows 2 à 3 personnes 343 à 539 €/semaine.

C'est un camping très convivial, proposant diverses formules, de l'emplacement classique à la caravane et au bungalow, l'endroit est parfaitement situé, à quelques pas du centre de Sainte-Mère. Parmi les originalités, vous avez même ici la possibilité de dormir dans un camion militaire ! Le camping compte également une petite boutique de produits locaux ainsi qu'un service de location de vélos. Notez enfin l'excellent rapport qualité/prix d'un ensemble très demandé.

GÎTES DE MER €€

13, boulevard des Gougins - **SAINT-MARCOUF**
✆ 02 33 21 43 20
www.gitedemer.net
Tarifs variables selon les gîtes, dégressifs selon la durée. Wifi gratuit. Salon de jardin. À proximité de la mer.

C'est sur la côte est du Cotentin que vous trouverez ces deux beaux ensembles, chacun regroupant plusieurs gîtes. Le premier, qui a été rénové récemment, porte le nom de Relais des Isles. Ici, vous êtes face à l'immensité de la mer, qui est à 2 m de vous seulement ! Chacun des quatre gîtes de la bâtisse compte une terrasse face à la Manche et un niveau de confort hors pair. Seconde possibilité, le gîte appelé « La Perrele » est constitué de trois appartements distincts (Bigorneau, Crevette, Etoile), au premier étage d'une maison. La mer est là aussi très proche !

CHEZ JEANNE €

1, rue de la Division-Leclerc
✆ 02 14 14 13 60
www.chezjeannecreperie.com
Basse saison : ouvert du jeudi au lundi midi et soir. Haute saison : mercredi au lundi midi et soir. Carte : 20 € env.

C'est une crêperie comme on les aime ! Outre les traditionnelles propositions en la matière, le lieu propose de nombreuses créations, comme la Cotentin ou la Saint-Jacques en saison. Ouverte à tous, vous trouverez ici salades, viandes ou omelettes. On apprécie la démarche en circuit court : ici, les fournisseurs sont locaux. Et la garantie de la qualité ne se discute pas : trappe de Bricquebec pour la charcuterie, William et James pour le saumon fumé ou les maîtres laitiers du Cotentin. Ainsi les assortiments appelés « cochon » ou « terroir » sont à tomber.

LA ROUTE DES CAPS AUTOUR DE CHERBOURG

LIEUX	Km total	Km à faire	Routes
CHERBOURG (PORT, STATUE DE NAPOLÉON)	0	73	D901, D45
QUERQUEVILLE	9	64	D45
URVILLE-NACQUEVILLE	13	60	D45
GRÉVILLE-HAGUE	20	53	D45
OMONVILLE-LA-ROGUE	28	45	D45
OMONVILLE-LA-PETITE	28	45	D45
GOURY	33	40	D901
AUDERVILLE	41	32	D901
JOBOURG	45	28	D901
BEAUMONT-HAGUE	54	19	D901
EQUEURDREVILLE-HAINNEVILLE	67	6	D901
CHERBOURG (PORT, STATUE DE NAPOLÉON)	73	0	

CHERBOURG-EN-COTENTIN ★★

C'est la capitale du Cotentin et, de loin, la plus importante ville de la Manche. Forte de ses 80 000 habitants, Cherbourg-en-Cotentin, mondialement connue pour son rôle dans la libération alliée et pour ses parapluies, mérite une découverte, et même davantage. Fille de la mer, très prisée depuis quelques années, la ville aux multiples ports vaut mieux que la réputation fraîche que certains lui collent. Les multiples ruelles commerçantes de son vieux centre, son patrimoine architectural et sa vie culturelle intense en font une destination de premier plan. Et puis d'ici, les ferries vous mènent chaque jour outre-Manche, au Royaume-Uni ou en Irlande.

ABBAYE DU VŒU

Rue de l'Abbaye
✆ 02 33 87 89 13
www.ville-cherbourg.fr
Parking à proximité.

L'histoire raconte qu'en 1145 l'impératrice Mathilde, petite-fille de Guillaume le Conquérant, affronte une terrible tempête en mer. Dans ses prières, elle demande l'aide de la Vierge. Elle formule le vœu de faire construire, en échange de la vie sauve, une chapelle. Mathilde débarque à Chantereyne et fait ériger la chapelle de Notre-Dame-du-Vœu. La Seconde Guerre mondiale a malheureusement laissé de terribles traces, détruisant une large partie de l'abbaye qui, depuis, a été un peu restaurée. Aujourd'hui, c'est un lieu de promenade très apprécié.

BATTERIE DU ROULE ★★

Montée des Résistants
✆ 06 31 45 25 80
www.exspen.com
Horaires : se renseigner sur le site. Adulte : 12 €. Enfant : 6 €. - de 18 ans : 9 €. - de 10 ans : 6 €.

Depuis quelques années, l'association Exspen permet l'exploration des entrailles de la Batterie du Roule, un site classé aux Monuments historiques depuis 1995. Muni d'un casque et d'une lampe frontale, vous partirez à la découverte d'une partie des fortifications creusée pendant la Seconde Guerre mondiale, et vous découvrirez un patrimoine incroyable à la manière des explorateurs, sans muséologie particulière. Vous vous replongerez alors au temps où ces souterrains, équipés de canons, étaient destinés à la protection de la grande rade artificielle de Cherbourg.

LA CITÉ DE LA MER ★★★★

Gare maritime transatlantique
✆ 02 33 20 26 69
www.citedelamer.com
Tarifs : adulte 19 €, junior 14 € (5 à 17 ans), gratuit -5 ans. Horaires : 10h-18h et 9h30-19h en juillet et août.

Quelle reconnaissance ! Deux des éléments principaux de la Cité de la Mer, à savoir la Gare Maritime Transatlantique et le sous-marin *Le Redoutable* ont été désignés monuments préférés des Français ! Site familial, ludique, dédié à l'aventure de l'homme et de la mer, la Cité de la Mer est en effet logée dans l'ancienne gare maritime, chef-d'œuvre Art déco, et s'organise en plusieurs parcours consacrés à la vie sous-marine : tout d'abord une grande galerie des engins et des hommes et la visite du sous-marin *Le Redoutable* (à partir de 5 ans). Ce dernier, lancé en 1967 à Cherbourg par le Général de Gaulle, est le plus grand submersible visitable au monde. Totalement inédite, cette visite peut se faire avec l'aide d'un audioguide : guidés par le commandant de bord, appelé ici « Pacha », vous ne manquerez rien des arcanes de ce géant, qui mesure 128 mètres. Vous découvrez ensuite « L'Océan du Futur » avec ses 17 aquariums dont l'Abyssal de 10,70 m de haut : dans un bâtiment dédié, sur 3 étages, les espaces multimédias spectaculaires renforcent cette incroyable sensation d'immersion dans les profondeurs. Port d'escale du seul voyage du mythique Titanic, Cherbourg dispose d'une place bien particulière dans l'histoire du géant disparu en 1912. « Titanic, retour à Cherbourg » vous propose ainsi, dans un parcours scénographique incroyable, de revivre sa traversée tragique. Difficile, pour ne pas dire impossible, d'envisager une visite à Cherbourg sans venir à la Cité de la Mer, devenue en 20 ans l'incontournable de la ville.

FORTS DE LA RADE DE CHERBOURG ★★

✆ 02 33 93 52 02
www.encotentin.fr
Renseignements de visite auprès de l'office de tourisme de Cherbourg au 02 33 93 52 02 ou sur www.encotentin.fr.

Les travaux ont duré plus de 70 ans, faisant de l'ensemble ainsi formé la plus grande rade artificielle du monde. Et la rade cherbourgeoise est logiquement parsemée de forts. Ils sont immenses et ainsi nommés : fort de l'ouest, fort central, fort de l'est et fort Chavagnac. Malheureusement, ces prouesses architecturales ne sont pas visitables. On se contentera de s'en rapprocher en bateau, avec diverses possibilités au départ du port cherbourgeois, à quelques miles seulement !

MUSÉE DE LA LIBÉRATION ★

Fort du Roule
✆ 02 33 20 14 12
www.cherbourg.fr
Fermé l'hiver. Ouvert du mardi au vendredi 10h/12h30 et 14h/18h ; le week-end 13h/18h. Adulte : 4 € (gratuit -26 ans).

Situé sur la Montagne du Roule, à 117 m d'altitude, ce musée est aménagé dans un ancien fort du Second Empire, occupé par l'armée allemande au cours de la Seconde Guerre mondiale. Sa reprise par les troupes alliées, le 25 juin 1944, est l'un des symboles de la libération de Cherbourg. Le parcours propose la scénographie de l'invasion à la reconstruction. C'est bien fait, et l'on prend conscience du rôle déterminant de la ville dans la libération de l'Europe. Enfin, la vue est époustouflante : la totalité de la ville, mais aussi l'ensemble de la rade.

PROMENADE EN MER À BORD DE L'ADÈLE-HAGUE A PART

✆ 02 33 93 52 02
www.hagueapart.com
Tarifs sur le site.

C'est une histoire incroyable qui vous sera contée, et montrée, depuis l'*Adèle* : celle de la rade de Cherbourg ! Lors de votre visite, vous approcherez des monuments situés en pleine mer dont la magie n'a d'égal que le gigantisme. En parallèle, des sorties vous sont aussi proposées au large de la Hague (de Cherbourg à la Hague, où le long des côtes à Omonville). Particuliers ou professionnels, voici une incroyable manière de surprendre vos invités, proches, clients, ou salariés.

AMBASSADEUR HÔTEL*** €€

22, quai de Caligny
✆ 02 33 43 10 00
www.ambassadeurhotel.com
Chambre simple à partir de 48 €, chambre double de 58 € à 68 €. Petit déjeuner buffet : 9,90 €.

Si vous aimez les chambres avec vue, vous allez apprécier cet hôtel. Aménagées de façon confortable dans un style chaleureux, elles sont pour certaines communicantes, et même deux sont aménagées pour les personnes à mobilité réduite. Ajoutez l'excellent petit déjeuner buffet (à volonté !), et l'accueil très professionnel auprès duquel vous ne manquerez jamais de bons conseils pour visiter la ville et le Cotentin. Enfin, l'endroit dispose de jolis équipements, à l'image de cette salle de sport, d'un excellent niveau. Une valeur sûre.

CASTEL CAMPING L'ANSE DU BRICK***** €€

18, route du Val-de-Saire
MAUPERTUS-SUR-MER
✆ 02 33 54 33 57
www.anse-du-brick.com
Ouvert du 12 mai au 24 septembre 2023.

Ce camping n'a pas volé ses cinq étoiles ! Avec sa vue panoramique sur la mer, le parc de 17 ha ouvre sur un accès direct à la plage et à la forêt. Vacances, week-end ou court séjour... Toutes les formules vous sont permises dans un cadre exceptionnel. Une piscine couverte avec vue dotée d'un espace balnéo et d'une terrasse solarium pour le plaisir de tous. A quelques kilomètres de Cherbourg, ne vous y trompez pas : c'est bien d'un établissement très haut de gamme qu'il s'agit.

© GINETTE CREUSSON

Le port de Cherbourg

© CHERBOURG TOURISME

PARC DU CHÂTEAU DES RAVALETS

Avenue du Château ✆ 02 33 22 01 35
www.cherbourg.fr

Ouvert toute l'année. Le parc du château est ouvert tous les jours selon des horaires variables selon les saisons.

C'est l'un des incontournables de Cherbourg. Au cœur d'un parc de 17 hectares, les allées des jardins à la française, invitent à la promenade vous emmènent de parterres de fleurs en cascade, de bassins en grotte aménagée, des douves jusqu'à la serre abritant palmiers et plantes grasses. Le château que vous aurez peut-être la chance de visiter est bordé de douves en eau. Restauré, il est classé monument historique en 1995. Le parc est également le lieu de différentes manifestations.

L'ANTIDOTE €€

41, rue au Blé
✆ 02 33 78 01 28
www.restaurant-cherbourg.fr
Ouvert du mardi au samedi midi et soir. Menus de 24,90 € à 34,90 €. Menu enfant : 10,50 €. Formule du midi : 15,40 €.

Pour trouver l'établissement, vous devrez prendre, si vous venez des Halles, un petit passage couvert plein de charme, et après quelques mètres, l'Antidote est face à vous ! L'endroit est un restaurant, mais aussi un bar. Le choix de menus est vaste, que vous soyez seul, à deux ou en groupe, et développe toujours une cuisine inventive, avec de bons produits. Les menus sont nombreux, et le rapport qualité-prix est excellent, surtout pour la proposition du midi. Mention spéciale à la terrasse, hyper calme au cœur du vieux Cherbourg, même en plein été.

AU PAVE DE SAINTE ANNE €€

37, rue du fort
✆ 02 33 93 87 03
Ouvert du lundi au jeudi le midi ; le vendredi & le samedi midi & soir. Carte : 20 € environ.

Repris au début de l'année 2020 par Dylann Leparquier, le Pavé de Sainte-Anne a opéré un changement, mais dans la continuité ! Bénéficiant toujours de cette magnifique vue sur la rade, le principe reste le même : une cuisine conviviale, élaborée sur place et pleine de saveurs. Le midi, un menu dont le rapport qualité-prix tient la route est proposé, et le soir, une carte plus élaborée prend place – cette dernière change régulièrement. C'est fin et évidemment très frais. Mention spéciale au couscous maison : là aussi excellent !

BRASSERIE LE COMMERCE €€

42, rue François-la-Vieille
✆ 02 33 53 18 20
Ouvert tous les jours de 8h à 1h. Service continu de 11h à minuit.

Cette brasserie compte parmi les plus connues de la ville ! Dans une ambiance typique d'une brasserie à la française, le lieu est souvent très animé et les plats traditionnels s'enchaînent : la spécialité ici, ce sont les hachés, que vous trouverez selon plusieurs possibilités, mais la carte est vaste et développe toutes les palettes d'une brasserie digne de ce nom. Ainsi le jarret à la bière, par exemple, est excellent, et très demandé. Les menus sont nombreux, et le poisson de la semaine vous rappelle que vous êtes dans une ville portuaire.

BOULANGERIE MAISON TOULORGE TOURLAVILLE

Boulevard de l'Est
✆ 02 33 20 37 84
www.maison-toulorge.com
Ouvert du lundi au samedi de 7h à 19h30.

La boulangerie, de l'enseigne bien connue ici, se situe dans la zone commerciale de Tourlaville, dont l'accès est facile. Un grand parking est à votre disposition. Vous trouverez ici toute la gamme des produits Toulorge ainsi qu'un large choix de sandwiches pour satisfaire toutes vos envies. Enfin, vous trouverez ici un salon de thé, et même la possibilité d'emporter des pizzas, aussi savoureuses que les pains et viennoiseries sont excellents – c'est dire !

L'ÉQUIPAGE BAR-LOUNGE-RESTAURANT €€

Port Chantereyne
✆ 02 33 53 02 83
www.restaurant-equipage.com
Ouvert 7j/7. Menus de 26,90 € à 32 €. Formule du midi : 17,90 € (autre menu midi à 22,90 €).

Si le lieu est un bar tout au long de la journée, c'est aussi un restaurant avec une belle et grande terrasse avec vue. Les produits sont frais, de qualité, les poissons viennent directement de l'armement cherbourgeois, le service rapide et efficace. Le gril et les cuisines sont ouverts sur le restaurant. Différents menus sont proposés, faisant la part belle aux produits locaux : la choucroute de la mer, le jour de notre dernier passage était excellente et les desserts également.

L'ARMOIRE À DÉLICES

2, place Chantereyne
✆ 02 33 95 23 02
www.larmoireadelices.fr
Ouvert du mardi au samedi de 8h à 19h30.

Fort connue pour son service de restauration apprécié des Cherbourgeois, L'Armoire à Délices est aussi une épicerie fine hors pair, prisée des touristes, des plaisanciers et des locaux. Des épices aux biscuits en passant par les alcools – dont certains locaux – ce sont des centaines de références qui s'offrent ici à vous. Notez que vous trouvez ici d'excellentes idées de cadeau. Ouverte à tous, et bien évidemment pas seulement aux clients du restaurant, l'épicerie peut également faire office d'excellente idée cadeau pour les plus fins des gourmets.

A VÉLO À SAINT-LÔ

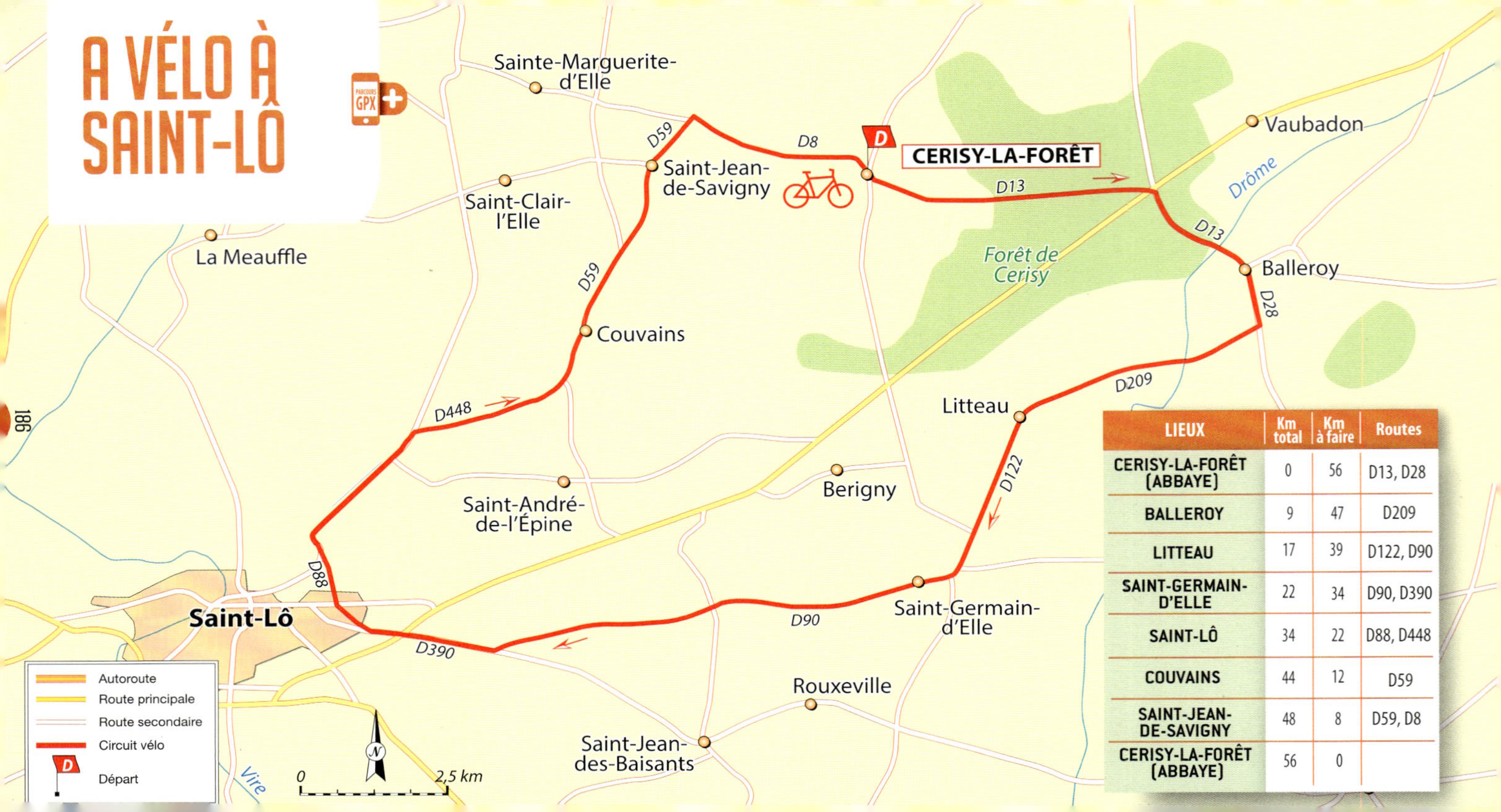

LIEUX	Km total	Km à faire	Routes
CERISY-LA-FORÊT (ABBAYE)	0	56	D13, D28
BALLEROY	9	47	D209
LITTEAU	17	39	D122, D90
SAINT-GERMAIN-D'ELLE	22	34	D90, D390
SAINT-LÔ	34	22	D88, D448
COUVAINS	44	12	D59
SAINT-JEAN-DE-SAVIGNY	48	8	D59, D8
CERISY-LA-FORÊT (ABBAYE)	56	0	

CERISY-LA-FORÊT

Cerisy-la-Forêt, qui compte un bon millier d'habitants, est évidemment connue pour sa splendide église abbatiale, classée monument historique, et dont elle est l'emblème. Véritable joyau, le lieu mérite une visite, et bien davantage, puisque ses environs directs sont propices à la promenade, notamment du côté du parc des sculptures, regroupant plusieurs œuvres contemporaines. Traversée par l'Elle, Cerisy a également été le cadre d'âpres combats en 1944, et son patrimoine naturel est classé. Accessible facilement en train ou par les voies autoroutières environnantes, vous auriez tort de tirer un trait sur cette commune pleine de charme.

BALLEROY-SUR-DRÔME

Blottie dans la vallée de la Drôme (un affluent de la Vire), Balleroy – devenue Balleroy-sur-Drôme en 2016 – est une riante commune du cœur du Bessin, située à une quinzaine de kilomètres au sud-ouest de Bayeux et à deux pas de la forêt de Cerisy. Célèbre, essentiellement, pour son château du XVIIe siècle, conçu par l'architecte François Mansart (1598-1666), elle s'enorgueillit également d'une belle église, construite en 1650. En 1970, le magnat américain de la presse, Malcolm Forbes, acquiert le château de Balleroy et y installe un insolite musée des ballons et des montgolfières... A visiter avant ou après le château et son parc.

ABBAYE BÉNÉDICTINE SAINT-VIGOR ✝ ★

✆ 02 33 57 34 63

Visite de l'église de 9h à 18h30. Visites guidées tous les jours de Pâques au 1er octobre, samedi/dimanche en octobre.

Perle de l'art roman, cette magnifique abbaye fut fondée en 1032 par Robert le Magnifique, père de Guillaume le Conquérant. Elle est dédiée à saint Vigor. L'abside fut achevée en 1110. Avec ses trois étages de fenêtres, c'est un exemplaire unique en Basse-Normandie. La chapelle de l'abbé, construite en 1260 en pur style gothique, est remarquable. Cette abbaye eut malheureusement à subir de nombreuses destructions et déclina peu à peu, avant de lourds travaux de restauration.

PARC DE SCULPTURES

Rue de l'Église

✆ 02 33 56 10 01

Ouvert toute l'année. Tous les jours. Gratuit.

Voilà une riche idée : profiter du symposium de sculpture organisé tous les deux ans pour exposer les œuvres réalisées lors de l'événement. Contemporaines, elles tranchent avec la majesté des lieux de Cerisy, et notamment avec la splendide Abbaye. Les sculpteurs venus des quatre coins du monde laissent ici la trace de leur passage, donnant à voir, et à comprendre (car les panneaux explicatifs sont nombreux et bien pensés) la genèse de chacune des œuvres, et l'identité de leurs auteurs. Un bel endroit que les enfants aimeront aussi grâce à l'aire de jeu dédiée.

CHÂTEAU DE BALLEROY ★

Rue du Sapin ✆ 02 31 21 06 76

www.chateau-balleroy.fr

Ouvert d'avril à la Toussaint. Du mercredi au dimanche 10h45-18h (tous les jours en été). Visite guidée du château 7 €.

© PEDROSALA - SHUTTERSTOCK.COM

Superbe château construit en 1631 par François Mansart et classé Monument historique depuis 1981. Déjà Baudelaire, ami du marquis de Balleroy, le disait : « *Là, tout n'est qu'ordre et beauté, luxe, calme et volupté* ». Du monumental escalier aux salons ornés de toiles de maîtres, de la salle à manger décorée de boiseries Régence à la chambre de la reine Victoria meublée dans le style Louis XVI, la visite est un voyage dans la France de l'Ancien Régime. Elle se poursuit par une balade dans de splendides jardins d'inspiration Le Nôtre et l'insolite musée des Ballons.

SAINT-LÔ ★★

Cité préfectorale de petite taille, comptant environ 20 000 habitants, elle fut surnommée « capitale des ruines » après les rudes batailles de juillet 1944 qui la laissèrent presque entièrement détruite. Saint-Lô a su reprendre pied et se redresser fièrement sur son rocher. Ville administrative, ses remparts, sa douceur de vivre et son cadre méritent une étape. La ville est bien desservie et est située en plein cœur du département. Ces dernières années, les initiatives pour rendre la ville plus vivante et attractive se sont multipliées, avec succès. Outre le centre-ville, commerçant, la ville a aménagé les berges de la Vire qui la traversent.

CIMETIÈRE MILITAIRE ALLEMAND DE MARIGNY ★★

1, rue du Cimetière-Allemand
THÈREVAL
✆ 02 33 56 22 88
Ouvert toute l'année. Accès libre.

Dès 1944, les soldats allemands et alliés sont inhumés dans le cimetière, mais en 1945 et 1946, les autorités américaines transfèrent les corps américains vers le cimetière de Saint-Laurent-sur-Mer dans le Calvados, tandis qu'en 1957, le gouvernement allemand rassemble ici les corps initialement enterrés dans d'autres petits cimetières. Onze mille soldats allemands reposent au cimetière militaire de la Chapelle-en-Juger, dont la taille et l'entretien en font un lieu impressionnant.

REMPARTS

Promontoire naturel de schiste découpé par les vallées du Torteron, de la Dollée et de la Vire, le rocher permet de contrôler ce point de rencontres stratégique de plusieurs routes et d'une rivière navigable. La promenade des Remparts mène au joli jardin public du haut duquel on peut contempler la Vire et, pour avoir un point de vue encore plus remarquable, on peut gravir la tour des Beaux Regards qui témoigne du passé fortifié de la cité. La tour de la Poudrière, seul vestige subsistant de la citadelle, présente l'amorce du mur très épais qui fermait l'enclos.

LE CHATEAU DE LA ROQUE €€€

THÈREVAL
✆ 02 33 57 33 20
www.chateau-de-la-roque.fr
18 chambres. Chambre double à partir de 118 €.

Un merveilleux écrin : en pleine campagne, ce splendide château des XVIe et XVIIe siècles vous accueille pour des prestations haut de gamme. Le cadre est enchanteur, avec un parc magnifique et les chambres sont douillettes, décorées avec goût. Elles se déclinent selon plusieurs tailles : pour deux personnes ou familiales, avec une offre pour les personnes à mobilité réduite. Autre atout de taille : l'espace bien-être, avec spa, hammam et bain à remous, agrémenté de soins personnels et d'une tisanerie. La salle de réception peut accueillir jusqu'à 300 personnes.

LA TABLE DE FUMICHON €€

40, route du Fumichon
✆ 02 33 74 92 03
www.latabledefumichon.com
Ouvert tous les jours le midi, du jeudi au samedi le soir. Menus de 18,50 à 29,50 €. Carte : 25 € env.

Un très bon restaurant, simple et efficace, situé à la sortie de la ville lorsque vous filez vers Torigny. Si la table de Fumichon est connue pour ses pizzas (excellentes, généreuses et proposées selon de nombreuses déclinaisons), on ne s'arrête pas à elles car vous trouverez également pas mal de petits plats, souvent simples et efficaces, avec quelques touches d'originalité façon bistronomique souvent bien pensées. Les produits sont frais, l'accueil est efficace et le rapport qualité-prix également. Un grand parking pour stationner !

LA FERME DE L'ISLE

5261, route de l'Isle
MOYON VILLAGES
✆ 02 33 50 30 91
www.confituredelait.eu
Du mardi au vendredi de 15h à 18h30. Sur le marché de Saint-Lô le vendredi et le samedi.

A l'origine, en 1981, les parents se sont installés à Moyon, et en 2012 les deux filles, Anne-Sophie et Emilie, décident de rejoindre l'entreprise. L'union faisant la force, la structure prenant de l'ampleur, la Ferme de l'Isle produit aujourd'hui près d'un million de litres de lait par an, et développe une bonne quinzaine de produit laitiers, du fromage frais, de la crème fraîche, de la confiture de lait. Vous pouvez même découvrir la traite pendant l'ouverture de la boutique. Régulièrement primés, les produits sont exceptionnels.

BALADE DANS LE BOCAGE NORMAND

LIEUX	Km total	Km à faire	Routes
GRANVILLE (PORT)	0	112	D911
SAINT-PAIR-SUR-MER	4	108	D911
JULLOUVILLE	9	103	D911
SAINT-JEAN-LE-THOMAS	16	96	D911
AVRANCHES	33	79	D911
BRÉCEY	47	65	D999
VILLEDIEU-LES-POÊLES	61	51	D999
PERCY	70	42	D258
ABBAYE DE HAMBYE	77	35	D198
GAVRAY	84	28	D7
BEAUCHAMPS	94	18	D924
GRANVILLE (PORT)	112	0	

GRANVILLE ★★★

Sa haute ville, qui s'avance dans la mer, est le symbole de Granville, vaste port du sud-Manche. Originalité de la cité, l'existence d'un véritable quartier insulaire, qui n'est autre que les îles Chausey : l'archipel de 6,5 kilomètres sur 12, comptant pas moins de 52 îles à marée haute est habité par quelques dizaines de Granvillais à l'année. Ville animée été comme hiver, accessible par train depuis Paris, labellisée « Ville européenne du sport en 2023 », sa vie est rythmée autour de plusieurs grands événements, dont son carnaval, en février, le plus important du département, et le centenaire du splendide gréement « Marité ». Une ville à découvrir.

L'AQUARIUM DU ROC DES CURIOSITES

1, boulevard de Vaufleury
✆ 02 33 50 19 83
www.lerocdescuriosites.com
Haute saison ouvert tous les jours de 10h à 19h. Gratuit jusqu'à 4 ans. Adulte : 9 €. Enfant de 4 à 14 ans : 6 €.

Unique, le Roc des Curiosités expose aujourd'hui plus de 2 000 spécimens et objets. Proposant quatre univers différents vous serez accompagné dans votre visite par un parcours et un livret d'accueil qui vous aideront à parcourir ces 20 étapes de découverte. Ce « parcours de curiosités » permet une meilleure mise en valeur des collections. Un jardin des papillons vous propose ainsi de très nombreuses espèces, provenant de l'ensemble des continents. Ses murs sont le cadre de peintures de Guillaume Masson, et valent de coup d'œil. Ensuite, vous faites un passage par le palais minéral, véritable chef-d'œuvre où diverses représentations sont représentées sous cette forme. La féerie des coquillages, ensuite, vous en mettra plein les yeux en vous proposant des sculptures et créations au moyen de 3 tonnes de coraux ! L'aquarium enfin, qui reste bien la pièce maîtresse du lieu, avec ses poissons multicolores, ses poissons et crustacés de nos côtes, dont le repas, trois fois par jour est un spectacle à lui seul. Enfin l'endroit propose également divers événements ponctuels, des expositions, des ateliers à destination des plus ou moins jeunes. Un salon de thé et petit lieu de restauration en terrasse, surplombant la baie de Granville, permettra de finir cette visite avec plaisir. Bilan : les enfants adorent, et chacun appréciera le cadre, l'originalité et la pluralité des propositions faites ici. La boutique est très chouette, et couronne une visite qui l'est tout autant.

ABBAYE DE LA LUCERNE D'OUTREMER ★

D 105
LA LUCERNE-D'OUTREMER
✆ 02 33 60 58 98
www.abbaye-lucerne.fr
Ouvert d'avril à octobre, pendant les vacances de la Toussaint et de Noël. Adulte : 8 €. Enfant (7 à 17 ans) : 5 €.

Fondée au XIIe siècle par des chanoines prémontrés, l'abbaye le surnom d'Outremer pour son attachement aux rois d'Angleterre lors de la guerre de Cent Ans. L'église abbatiale, dont la plus ancienne partie date de 1164, est dotée de fenêtres romanes au premier niveau et d'une voûte gothique à l'étage. Aujourd'hui l'abbaye offre l'un des exemples les plus complets d'une architecture prémontrée médiévale, suite au travail de restauration remarquable dont elle bénéficie depuis 1959.

© ABBAYE DE LA LUCERNE

© ABBAYE DE LA LUCERNE

ÉGLISE NOTRE-DAME ★

Haute-Ville

Visites le mardi en haute saison, se renseigner à l'office de tourisme.

L'histoire de cette église n'est pas banale : en 1440, les Anglais commencèrent l'édification de l'église actuelle en granit de Chausey, apporté sur des gabares. Sa construction se prolongea sur trois siècles, jusqu'en 1771. Parmi les curiosités, les pierres tombales qui recouvrent le sol de l'église : il s'agit pour la plupart de tombeaux d'anciennes familles granvillaises qui avaient acheté le droit de sépulture sous les bancs qui leur étaient réservés. Aujourd'hui, la silhouette particulière de cette église en fait l'un des emblèmes de la ville !

PORT DE PÊCHE DE GRANVILLE

✆ 02 33 91 40 70

www.granville.cci.fr

Situé en plein cœur de la ville, le port de pêche de Granville est l'un des premiers, en tonnage, de Normandie. Si la pêche existe ici depuis des siècles, c'est bien celle à la morue qui a marqué le plus le port, notamment à l'orée du XIXe siècle, lorsque des dizaines de bateaux partaient plusieurs semaines au large de Terre-Neuve. Aujourd'hui, une cinquantaine de navires sont rattachés à Granville, dont la pêche principale est aujourd'hui celle de coquillages.

LA HAUTE-VILLE ★

www.ville-granville.fr

Pour les visites, se renseigner à l'office de tourisme.

Si la visite de la Haute-Ville se mérite, vous ne pouvez passer par Granville sans y échapper, et pour cause : le lieu est magique. À pied, l'ascension permet une vue imprenable sur le port, et ce n'est qu'arrivé en haut que l'archipel de Chausey se présentera à vos yeux, ainsi que l'immensité de la Manche, alors qu'à vos pieds vous verrez le casino délicieusement années 1930. La Haute-Ville toute bâtie de pierre granit est riche d'histoires dont ces fortifications gardent les traces : à angle droit des rues Saint-Jean et Notre-Dame, les venelles permettaient aux défenseurs de passer rapidement d'un côté à l'autre de la ville. Mais avant cela, il faut passer sous le pont-levis et la Grande porte, édifiée vers 1630. En flânant de la rue du Marché au Pain à celle du Marché au Cuir, on comprendra la vitalité économique de cette petite ville fortifiée. Si le musée du Vieux Granville a pris place en l'ancien Logis du roi, on ne manquera pas de s'arrêter au 45 rue Saint-Jean et d'admirer la belle façade fin XVIIe siècle en granit de l'hôtel Ganne-Destouches, dont Barbey d'Aurevilly immortalisera le célèbre chouan arrêté ici même, dans son roman *Le Chevalier Destouches*. Histoire, panorama, littérature : c'est plus qu'une promenade qui vous attend ici, et vous comprendrez en grimpant sur la Haute-Ville son surnom de Monaco du nord. Non pas pour la présence de gratte-ciel bien évidemment, mais en raison de cette vieille ville, difficilement accessible et juchée sur son promontoire. Difficile de ne pas y succomber !

Vue sur l'église Notre-Dame et une partie des remparts de la vieille ville.

MUSÉE ET JARDIN CHRISTIAN-DIOR ★★

1, rue d'Estouville
✆ 02 33 61 48 21
www.musee-dior-granville.com
Basse saison : du mardi au dimanche 10h-12h30 et 14h-18h. Haute saison : tous les jours 10h-18h30. Adulte : 9 €.

Le musée est ouvert uniquement pendant ses sublimes expositions temporaires. Après les trésors de la collection, et qui recensait 30 ans d'acquisition, une exposition qui a connu un immense succès avec des milliers de visites, après l'événement intitulé « Chapeaux Dior » en 2022, le musée devrait de nouveau nous enchanter dès l'approche de l'été, avec 3 nouvelles robes à venir. Celui-ci se situe dans la maison d'enfance du couturier, acquis par ses parents en 1906 puis par la ville en 1932, aujourd'hui dédiée à célébrer l'enfant du pays, sur les hauteurs de la ville. Appelée « Villa Les Rhumbs », celle-ci, de couleur rose vif, est sublime. De son côté, le magnifique jardin, œuvre de la mère de Christian Dior, est restauré à l'identique. Des bornes olfactives permettent de découvrir les différents parfums de la maison Dior. Le salon de thé éphémère, aux meubles de jardin dessinés par l'artiste, est une invitation supplémentaire à la contemplation. Régulièrement, des visites commentées, des expositions et des lectures font de ce lieu un espace culturel incontournable de Granville. Un salon de thé permet de se détendre. Notez enfin que le lieu est labellisé Musée de France, et que la vue depuis les lieux est exceptionnelle. Il s'agit bel et bien ici d'un incontournable de la ville, qui mérite davantage qu'un détour : une visite bien préparée, prévue et avec, si possible, vous billets réservés en avance, afin de ne pas être pris au dépourvu en haute saison.

CAMPING DE L'ERMITAGE*** €€

Rue de l'Ermitage - **DONVILLE-LES-BAINS**
✆ 02 33 50 09 01
www.camping-ermitage.com
Ouvert d'avril à la toussaint. Mobil-homes de 450 € à 900 €/sem. Forfait une personne/électricité/véhicule : 15 €/j.

Misant sur des activités variées sur place (ping-pong, pétanque) comme sur celles accessibles aux alentours (golf, tennis…), le camping de bord de mer propose de nombreux emplacements et la location de lodges *cosy* et d'excellente qualité, qui sont louables selon plusieurs formules tarifaires et durées possibles. Les prestations sont excellentes, le rapport qualité-prix franchement bon. En haute saison, bar, épicerie et restaurant sont à votre disposition. Dernière nouveauté, un mobil-home est disponible à la location : on ne manque décidément de rien ici !

DOMAINE DE LA CARPERIE €€

Le village Trottin - **BRÉHAL** ✆ 06 68 22 91 92
www.domainedelacarperie.fr
Chambre double de 69 € à 109 €. Petit déjeuner : 10 € (enfant : 5 €). Chambre familiale : de 99 à 149 € par nuit.

C'est dans le cadre du domaine bien connu de la Carperie que vous trouverez plusieurs possibilités d'hébergement, aussi douillettes que le lieu est accueillant. Dans la jolie maison située dans le parc, vous trouverez ainsi une chambre pour deux personnes et une seconde, familiale, permettant d'accueillir petits et grands. Notez que vous avez également la possibilité de privatiser l'ensemble de la maison. Le confort est garanti, l'ensemble est moderne et confortable, et le petit-déjeuner, à ne surtout pas manquer, est très copieux.

GRAINE DE RÊVES €€

1, route de l'Église
SAINT-SAUVEUR-LA-POMMERAYE
✆ 06 12 30 77 24
www.grainedereves.fr
4 chambres. Chambre double : 85 € à 110 €. Table d'hôtes sur demande 29 €.

Un petit écrin dans un calme absolu : Graine de Rêves, c'est une splendide maison à proximité de la baie du Mont-Saint-Michel. Les 4 chambres proposées, dont l'une peut accueillir jusqu'à 6 personnes, répondent aux doux noms de Fleur des Champs, Glycine, Hortensia et Pivoine. Elles sont confortables et décorées avec goût. Carine et Mickaël, les maîtres des lieux, sont aux petits soins, et le petit déjeuner est copieux et délicieux. Un espace bien-être avec bain nordique et sauna est également proposé hors saison et est privatisé sur deux jours.

LES ROULOTTES DE L'AIROU €€

La Bougourderie
BEAUCHAMPS
✆ 06 11 91 08 07
De 60 à 80 € par nuit.

C'est original, et il faut parfois faire le tri dans les offres, mais celle-là, croyez-nous, elle vaut le coup ! Car Les Roulottes de l'Airou, au nombre de trois, vous proposent des hébergements cosy en plein cœur de la nature. Vous l'aurez compris, la tranquillité est garantie. Ici, le sommeil est assuré, et les commodités, modernes, sont à prendre en commun. Disposées face à un joli jardin, elles donnent sur un espace naturel qui vous permet vous adonner aux joies du barbecue ou tout simplement du farniente. Mention spéciale pour l'accueil, très sympa.

LA VILLA SAINT-JEAN €€

14, rue de la Cocardière
✆ 02 14 13 18 89
www.villasaintjean.com
3 chambres. Ouvert toute l'année. Arrivée à partir de 17h30. Chambre double de 110 € à 140 €. Petit déjeuner inclus.

Beaucoup de charme et des prestations supérieures pour ces chambres d'hôtes rudement bien pensées. La Villa Saint-Jean, en plein cœur de la cité, ce sont trois possibilités d'hébergement dans un environnement magique. Destination Mer, Retour de Pêche ou Cabine numéro 7 : tels sont les noms des chambres, aux tons gris, blanc et bleu, dignes d'un magazine de décoration et ce n'est pas pour rien que nombre d'entre eux ont diffusé des papiers sur le lieu. On bénéficie aussi d'une piscine, et d'un accueil d'une immense gentillesse.

LES CHATEAUX DE LA LUCERNE D'OUTREMER €€€

1, rue du télégraphe Chappe
LA LUCERNE-D'OUTREMER ✆ 02 33 69 39 17
www.auchateau.fr
Gîtes de France (4 épis). Ouvert toute l'année. 5 chambres. Chambre double de 170 € à 260 €. Petit déjeuner inclus.

C'est un lieu magnifique, cerné d'un parc qui l'est tout autant : les châteaux de la Lucerne d'Outremer vous feront passer de belles nuits. Et pour cause : Sylvie et Frédéric, les propriétaires des lieux, ont créé ici un lieu magique, bourré de charme, de vieilles pierres, et offrant cinq chambres douillettes et luxueuses à leurs hôtes. Celles-ci, qui répondent aux noms de Prune, Joséphine, Azur ou Iris - ainsi qu'une suite nommée Eva -, rivalisent de charme.

AU BOUT D'LA PLAGE €

2, avenue de Saint-Martin
BRÉHAL
✆ 02 33 51 53 83
7/7 juillet et août. Carte : 10 € environ. Terrasse.

On ne vous fera pas l'insulte de vous détailler où se situe l'établissement, son nom se suffit à lui même ! Ici, vous trouverez un joli endroit ouvert en période estivale, l'idéal pour combler des petits (ou grands) creux, et animé par une équipe jeune, dynamique et sympa ! Des glaces, des sandwichs, des frites maison, des boissons et des burgers – dont certains très originaux – vous attendent ici. Cerise sur le gâteau : des concerts sont parfois organisés, permettant de clore, plus rarement d'entamer, une chouette journée sur le sable.

LE BISTRO'NOMIK €€

12, rue du Port
✆ 02 33 59 60 37
www.lebistronomik-granville.fr
Ouvert lundi, mardi, vendredi et samedi midi et soir, le mercredi et dimanche midi. Menus de 26 € à 33 €.

Tout est dans le nom ! C'est bien plus qu'un bistrot, mais ça n'atteint pas les prix d'un gastro ! Qu'il s'agisse de la terrasse (avec vue imprenable sur le port) ou de la salle, la place ne manque pas. Côté plat, le chef ne ménage pas sa peine. On est ici inventif, on fait le choix de chouettes produits locaux, et la liste des propositions ne manque pas d'inventivité ! On prend le pari de vous laisser découvrir la suite, et vous serez sans aucun doute surpris : assurément l'un des meilleurs plans niveau restauration de Granville.

YVER GLACIER LECAMPION

26, rue Lecampion
✆ 02 33 50 05 24
www.yverchocolatier.com
Ouvert le lundi 10h/12h30 et 14h/19h30 ; mardi au vendredi 9h/13h et 14h/19h30 ; le week-end 8h/19h30.

Le lieu a connu de gros travaux récemment, et la boutique arbore désormais un nouveau visage, très moderne et épuré. La maison, bien connue pour ses chocolats, propose éagalement ici des glaces artisanales faites maison. Il faudra choisir parmi le choix de parfums proposés mais une fois tous goûtés, il y en aura d'autres, la maison en a élaboré tout au long des saisons. On peut déguster glaces, crêpes et gaufres, avec une jolie terrasse qui vous attend juste devant le magasin. On ne peut que recommander cette véritable institution de la ville.

DELICES D'AUTREFOIS

34, rue Paul Poirier
✆ 02 33 49 58 90
Basse saison : ouvert du mardi au samedi de 10h à 19h. Haute saison : tous les jours.

Il produit sa propre farine avec le blé qu'il cultive et, depuis quelques mois, Thomas Leconte, « paysan biscuitier », a franchi une étape supplémentaire en ouvrant à Granville sa propre échoppe, appelée Les Délices d'autrefois. Un nom particulièrement bien trouvé puisque les saveurs d'antan remontent à vos papilles selon que vous dégustez l'un de ses sablés, gaufres, crêpes et pains. La raison ? Au-delà des produits de fabrication, évidemment bio, les recettes utilisées sont exactement les mêmes que celles d'autrefois. A découvrir impérativement !

SAINT-PAIR-SUR-MER ★

Station balnéaire située à quelques kilomètres au sud de Granville, et au nord de la baie du Mont-Saint-Michel. Face aux îles Chausey, Saint-Pair est le cadre d'une magnifique plage, ce qui explique la forte augmentation de sa population en été. Comptant de nombreux lieux de villégiature, la commune est très commerçante, et propose de nombreuses animations en été. Son église, et sa petite chapelle Sainte-Anne, méritent le coup d'œil. Si vous souhaitez éviter la foule qui peut envahir Granville en été, Saint-Pair est le lieu dédié. Un détour par cette charmante station reste un joli moment, y compris l'hiver, lorsque la plage est à vous seul !

FAIENCERIE DE LA BAIE DU MONT-SAINT-MICHEL

Route de Jullouville
✆ 02 33 50 61 58
www.faienceriedelabaie.fr
Ouvert du lundi au vendredi de 9h à 12h et de 14h à 17h.

A quelques kilomètres de Granville, la faïencerie d'Art de Saint-Pair-sur-Mer fabrique de nombreux objets, depuis 1953 ! Les décors sont inspirés de l'histoire de la Normandie et entièrement réalisés à la main. Cet endroit hors du commun fait profiter de son savoir-faire lors de la visite guidée. Du tournage au séchage, en passant par le calibrage et le pressage, on assiste ici aux principales étapes de la fabrication d'une pièce : les enfants adorent !

CAMPING DU CHÂTEAU DE LEZ-EAUX***** €€€

240, avenue de lez-Eaux ✆ 02 33 51 66 09
www.lez-eaux.com
Ouvert d'avril à septembre. Terrain de 15 ha. 229 emplacements (emplacements caravanes : 100). Tarifs sur le site.

Le Château de Lez-Eaux, comme son nom ne l'indique pas, est un camping haut de gamme dans un endroit exceptionnel. Membre du réseau Les Castels, ce camping grand standing vous promet calme et verdure. Proche de la baie du Mont-Saint-Michel, vous profiterez des paysages à pied ou à vélo mais aussi du beau parc aquatique couvert de 1 300 m². Situé au bord de mer et en campagne, ce camping Château de Lez-Eaux saura faire de vos vacances un moment de dépaysement sur son site de qualité.

LA FAIENCERIE DE LA MER €€

325, rue du Golf ✆ 02 33 69 64 58
Haute saison : ouvert tous les jours de 11h30 à 23h30. Accueil des groupes (grand parking). Terrasse.

Les anciens locaux de la faïencerie ont tout naturellement donné le nom à cet endroit plutôt original. Ici, face à la mer, vous bénéficiez d'une terrasse sur le toit absolument immanquable, et baignée de soleil aux beaux jours et c'est bien cette dernière qui représente l'intérêt principal du lieu. Pour quoi y faire nous direz-vous ? Y boire un verre principalement, ou déguster des offres de snacking élaborées : c'est simple, sans fioriture et abordable. Les amateurs de retransmissions sportives seront aux anges, car ici elles sont nombreuses et régulières.

O FEU DE BOIS €€

22 bis, rue de la Mairie
✆ 02 33 69 10 90
Ouvert tous les jours. Prix moyen des pizzas : 12 €.

Cette petite échoppe située dans le cœur de Saint-Pair vous propose des dizaines de références de pizzas que vous allez pouvoir commander, venir chercher sur place à emporter à votre domicile. Pratique, rapide, O Feu de Bois dispose d'un magnifique four à pizzas qui fait les délices de locaux et des touristes. Difficile de ne pas évoquer la version Saint-Pairaise, avec andouille, salami et jambon de pays. Parmi les dernières déclinaisons proposées, vous pouvez désormais venir ici chercher votre kebab : les amateurs du genre adorent.

L'HIPPOCAMPE €€

85, rue de Granville
✆ 02 33 50 44 49
Ouvert du mercredi au lundi le midi et le soir. Carte : 20 € environ.

Nouvelle déco cette saison, de belles tables et chaises dans une ambiance chaleureuse aux couleurs neutres. Un beau vert rehaussant le tout, c'est contemporain, c'est réussi ! Le principe ici : des galettes de sarrasin, des salades, quelques viandes, des crêpes de froment et des glaces artisanales élaborées à partir de produits locaux de saison ! Le rapport qualité-prix est excellent. Dès les beaux jours vous pourrez profiter de la terrasse. L'ambiance y est conviviale ! Arnaud et Fabrice, les charmants propriétaires, ont bien fait les choses. Nous, on valide !

JULLOUVILLE ★

Petite ville très touristique, toute proche de Granville, à une petite encablure des îles Chausey et du Mont-Saint-Michel. A cheval entre la mer et la campagne, Jullouville s'étend derrière de superbes falaises aux tonalités changeantes selon les saisons. Son climat plutôt clément a permis l'acclimatation de palmiers, mimosas et autres plantes exotiques qui embellissent parcs et jardins. La petite commune est réputée pour son immense plage où l'on pratique toute la palette des activités nautiques. En été, la population quintuple, et il est parfois difficile de trouver une place de stationnement ou une chambre d'hôtel : vous êtes désormais prévenus !

SAINT-JEAN-LE-THOMAS ★

Très belle commune du département, plus connue sous le nom de Petit Nice de la Manche. Ici, les mimosas, les magnolias, les camélias, fleurissent même en février. C'est pour dire le microclimat qui y règne ! Le général Eisenhower établit son QG dans l'une des demeures de Saint-Jean-le-Thomas. C'est aussi ici qu'on voit les plus grandes marées d'Europe. Mis à part ça, c'est certainement l'un des plus beaux villages du département ! D'ailleurs, sa vue imprenable sur la baie du Mont-Saint-Michel fait beaucoup d'envieux dans les communes avoisinantes !

JARDIN DU CLOS FLEURI-LE TONNEAU DES AMOUREUX €

186, route du Mesnil-Grimeult ✆ 02 33 61 89 85
www.jardin-du-clos-fleuri.com

Chambre double à partir de 115 €. Petit déjeuner inclus. Restauration (se renseigner sur place).

C'est ici Virginie, la maîtresse des lieux, qui vous reçoit dans son « petit paradis », qui est pour le moins surprenant : un tonneau ! Alors évidemment, il est vaste, sacrément bien agencé, et vous pourrez dire que vous avez dormi réellement dans un tonneau. Bien sûr c'est rond, tout en bois, un peu exigu mais bourré de charme. A l'intérieur, un lit au fond, 2 banquettes de chaque côté qui accueillent les enfants ou servent de bancs si vous prenez le déjeuner a l'intérieur.

LA PROMENADE

Place du Casino
✆ 02 33 90 80 20

Horaires variables selon les saisons, et tous les jours en été.

Situé dans l'ancien casino, le restaurant garde côté plage le charme 1930 des premiers bains de mer. La grande salle panoramique et sa terrasse s'ouvrent sur la promenade qui longe la mer - avec une telle situation, l'établissement bénéficie d'un emplacement de choix. Vous y trouverez une très grande salle : on peut prendre ses aises, s'installer confortablement, pour retrouver le bon goût des choses anciennes et des produits frais qui proviennent du marché. Ici, on appréciera principalement les produits de la mer et, de manière générale, les plats traditionnels.

ÉGLISE DE SAINT-JEAN-LE-THOMAS ✝

www.saintjeanlethomas.com

L'église de Saint-Jean-Le-Thomas est l'une des plus anciennes églises de la Manche puisqu'elle remonte au Xe siècle, et un petit détour pour l'admirer ne manquera pas de vous ravir. Les siècles se suivent jusqu'au XXe, marquant tour après tour l'architecture de l'édifice. Remarquez les éléments pré-romans du chœur, le porche du XVIe siècle, la pietà du XVe et les fresques du XIe, qui nous racontent l'histoire des fils d'Adam et Eve, Caïn et Abel.

LA BERTICHÈRE €€

10, avenue de la Libération
✆ 02 33 48 52 37
www.lafeuilleraie.com

Accueil entre 17h et 20h. Nuit pour 2 personnes : 135 €. Tarif dégressif. Wifi gratuit.

Faisant partie du domaine de la Feuilleraie, La Bertichère est un très joli gîte, à la fois moderne et rustique mêlant murs blancs et bois. Idéal pour 4 ou 5 personnes, c'est véritable havre de paix. Du balcon s'offre une vue à couper le souffle sur la baie du Mont-Saint-Michel. L'un des plus beaux panoramas du monde, n'ayons pas peur des mots ! Christiane et Olivier Clapin nous accueillent entre mer et campagne. Tout autour du gîte La Bertichère, une forêt vous permettra de vous ressourcer. Et, à quelques pas, on arrive à la plage Saint-Michel.

VILLA LES DUNES €€

5, Boulevard Stanislas

✆ 06 37 82 65 50

www.villa-les-dunes.com

4 chambres (et une suite). Chambre double 60 €.

Un vrai coup de cœur ! On ne peut être plus proche de la mer que dans cet endroit magnifique ! Cette maison, qui est bel et bien une villa de famille, dans le style caractéristique du XIXe siècle, propose de mars à septembre la location de l'une, ou de plusieurs, de ses chambres. Et quelles chambres ! Chacune dispose d'un balcon ou d'une terrasse, les plus conseillées sont évidemment celles avec la vue sur la mer ! Elles sont toutes confortables, et vous donnent l'impression d'être ici comme chez vous ! Mention spéciale pour le petit déjeuner pris sous la véranda.

LES HAUTS DE LA BAIE €€€

✆ 02 33 60 10 02

www.chateau-les-hauts.com

Ouvert toute l'année. 5 chambres. Chambre double de 140 € à 145 €.

Une superbe demeure située sur la route de la côte. Lorsqu'on comprend qu'il s'agit d'un hôtel, on imagine des prix démesurés, or non. Aux Hauts de la Baie, dans ce lieu du XIXe siècle, on peut se targuer de voir le Mont depuis chaque chambre. Et quelles chambres ! Des suites, dont certaines comprennent un balcon, décorées avec un goût exquis, les propriétaires ayant manifestement le don pour la décoration. Ajoutez-y un parc splendide, une piscine chauffée, un petit déjeuner compris dans le tarif et un accueil professionnel : tout y est.

LE SAINT-JEANNAIS

Plage Saint-Michel

✆ 02 33 58 87 17

Ouvert en saison, de 10h à 23h.

C'est un haut lieu de la plage de Saint-Jean-le-Thomas et qui, lorsqu'il est ouvert, ne désemplit pas ! Le Saint-Jeannais, c'est en effet un restaurant de plage, tendance paillote (avec une décoration revue à l'été 2022) qui vous propose des plats simples et efficaces, comme des moules-frites ou des burgers, bien réalisés et copieux. En journée, on peut venir ici s'installer, les pieds presque dans l'eau, se désaltérer ou prendre une glace. À proximité, la mer bien évidemment, mais aussi des terrains de jeux pour les plus jeunes.

AVRANCHES ★★

Sous-préfecture de la Manche, généralement considérée comme la porte d'entrée de la Normandie pour ceux en provenance de Bretagne, Avranches est fièrement posée sur son promontoire granitique. Ville royale, détruite pendant les guerres de Religion du Moyen Âge, elle fut fortement disputée pendant la guerre de Vendée, puis lourdement bombardée lors de la libération alliée. Remise de ses plaies, Avranches est aujourd'hui une ville commerçante, dont le patrimoine religieux est remarquable : basilique Saint-Gervais, église Saint-Saturnin ou église Notre-Dame-des-Champs, par exemple. Avranches, ce sont aussi de jolies petites ruelles et de beaux parcs.

CHÂTEAU DE CHANTORE

Lieu-dit Chantore - **BACILLY**

✆ 09 60 52 82 73

www.chateaudechantore.com

Octobre à juin : visite sur réservation. Juillet et août : tous les jours à 15h. Tarif : 10 €/personne.

Ce magnifique parc paysager, labellisé Jardin remarquable et inscrit aux Monuments historiques, est un écrin de 18 hectares au cœur duquel se niche un château du XVIIIe siècle. Visiter le parc, c'est faire un voyage romantique qui vous conduira au travers d'arbres exotiques et séculaires (séquoias, ginkgos biloba, cyprès chauves de Louisiane, cèdres du Liban…), au bord de la rivière anglaise, des lacs, de 14 cascades, de fabriques de jardins, de jungles de bambous et des massifs de rhododendrons et de camélias. Les intérieurs du château se visitent également.

LE JARDIN DES PLANTES ET SON BELVÉDÈRE

Place Carnot

Ouvert toute l'année.

Joliment installé sur l'éperon rocheux qui domine la baie du Mont-Saint-Michel, ce jardin bénéficie d'un panorama exceptionnel ! À l'origine ce sont les capucins qui l'ont créé. Il deviendra officiellement Jardin des plantes en 1895. Les richesses accumulées par les botanistes seront détruites par les guerres et les tempêtes, y compris celle de 1999, mais le parc a retrouvé son lustre depuis. On s'y balade parmi les mosaïques de fleurs, les héliotropes et les cèdres du Liban.

LE MUSÉE D'ART ET D'HISTOIRE ★

Place Jean-de-Saint-Avit
✆ 02 33 58 25 15
www.avranches.fr

Ouvert du 1er juin au 30 septembre du mercredi au dimanche. Gratuit jusqu'à 18 ans. Adulte : 3 €

Ouvert en 1967, ce musée propose de nombreuses peintures d'artistes locaux (avec de très belles découvertes à la clé), diverses collections archéologiques, et enfin deux salles spécifiquement dédiées aux arts et traditions populaires de Normandie. Ainsi, un intérieur normand d'autrefois est entièrement reconstitué, et se replonger dans une époque lointaine mais finalement pas si éloignée a toujours quelque chose de bluffant. Une chouette étape en perspective !

SCRIPTORIAL D'AVRANCHES - MUSEE DES MANUSCRITS ★★★

Place Estouteville ✆ 02 33 79 57 00
www.scriptorial.fr

Ouvert de 10h à 13h et 14h à 19h en été, 18h les autres mois. Adulte : 8 €. Enfant (de 10 à 18 ans) : 3 €.

C'est un lieu inattendu, qui devrait vous surprendre ! Moderne, le Scriptorial bénéficie d'une muséographie magnifique. Le visiteur traverse l'histoire d'Avranches et du Mont de l'époque gallo-romaine, puis au Moyen Âge et à la découverte des manuscrits. Ce cheminement passe par un corpus d'environ 700 images numérisées permettant la manipulation virtuelle des manuscrits, à la salle du trésor où sont exposés des volumes de la bibliothèque du monastère du Mont, et enfin, l'imprimerie.

PLACE DU MARCHÉ D'AVRANCHES

Elle est appréciée pour le marché qui s'y tient chaque samedi matin ainsi que dans les rues environnantes. On peut également voir l'hôtel de Longraye, les nouvelles halles, et surtout la maison dite des « Trois Marchands », du XVe siècle, l'un des rares édifices à pans de bois subsistant à Avranches. Très animée, la place est un lieu de déambulation, et compte plusieurs belles terrasses d'où vous pourrez admirer le spectacle vivant de la cité en été.

LES TROIS CROIX ★★

LE PETIT-CELLAND

Visite libre toute l'année.

Culminant à 172 mètres, dans le bocage, elles furent d'abord érigées en bois, puis le granit vint les fixer pour l'éternité. Elles perpétuent le souvenir des combats qui eurent lieu entre les tenants de la monarchie et ceux de la République. En effet, le 2 mai 1796, une fusillade dura près de 3 heures ici : les chouans finirent par se disperser, mais le lourd bilan est marquant. Elles restent régulièrement honorées par les férus d'histoire et les amis des chouans. L'alignement des croix et la taille de ces dernières sont un petit morceau d'histoire.

Le château d'Avranches.

CHEMINS DE LA BAIE DU MONT-SAINT-MICHEL

34, rue de l'Ortillon - **GENÊTS**
✆ 02 33 89 80 88
www.cheminsdelabaie.com
Tarif à partir de 15 €. Enfants jusqu'à 14. 9 € groupe sur réservation. Ouvert toute l'année.

Traverser la Baie avec l'équipe des Chemins de la Baie, c'est toute une expérience ! Moment fort, vous le vivrez ici en toute sécurité, juste en écoutant les nombreuses explications et histoires locales. Ici le choix des traversées est vaste et s'adresse à tous les publics et à toutes vos envies : petite balade ou grande traversée. On vous propose aussi des traversées insolites : au petit matin, en nocturne ou aux flambeaux... Attention : les groupes doivent impérativement réserver.

CAMPING LES COGNETS*** €€

3, route de la Côte - **DRAGEY-RONTHON**
✆ 02 33 48 86 98
www.camping-lescognets.fr
Ouvert d'avril à fin octobre. Emplacement/véhicule/ 2 personnes de 13 € à 15 €. Mobil-homes (4 pers) de 320 € à 480 €.

Un chouette camping, à seulement 1,5 km de la plage, en plein cœur de la baie du Mont-Saint-Michel ! Ici, pas moins de 176 emplacements vous accueillent avec votre tente ou camping-car, ou pour disposer d'un mobil-home. Vous profitez des salons de jardins et barbecue et de l'emplacement clos, et les plus jeunes aiment l'aire de jeu, récemment agrandie. Camping oblige, l'accueil et l'ambiance sont très décontractés. Toujours sur le site du camping, l'esprit vacances est privilégié. On accueille ici les randonneurs, et un chouette espace restauration vous attend.

VILLA LES DUNES €€

5, Boulevard Stanislas
SAINT-JEAN-LE-THOMAS
✆ 06 37 82 65 50
www.villa-les-dunes.com
4 chambres (et une suite). Chambre double 60 €.

Un vrai coup de cœur ! On ne peut être plus proche de la mer que dans cet endroit magnifique ! Cette maison, qui est bel et bien une villa de famille, dans le style caractéristique du XIXe siècle, propose de mars à septembre la location de l'une, ou de plusieurs, de ses chambres. Et quelles chambres ! Chacune dispose d'un balcon ou d'une terrasse, les plus conseillées sont évidemment celles avec la vue sur la mer ! Elles sont toutes confortables, et vous donnent l'impression d'être ici comme chez vous ! Mention spéciale pour le petit déjeuner pris sous la véranda.

LE GRAND CAFÉ DE L'UNION €

Place Littré
✆ 02 33 58 00 44
Basse saison : du lundi au samedi de 7h45 à 19h. Haute saison : du lundi au samedi de 8h à 23h. Carte : 15 € environ.

Une institution de la ville et une équipe au « top » ! Nouvelle déco pour cette saison, c'est sobre, ça donne un sacré cachet, les tables et chaises semblent sorties d'un atelier de design, et l'ambiance est feutrée. Les propositions sur le set de table devant vous sont alléchantes. Fish and shopping le vendredi, les moules frites (maison) en saison mais aussi des pizzas, des produits du terroir et même des plats « végés ». Les formules du midi proposent un bon rapport qualité-prix et un large choix. En été service aussi le soir. Belle terrasse ensoleillée !

CHEZ FRANÇOIS €€

2, rue Jérémie - **GENÊTS**
✆ 02 33 70 83 98
www.chezfrancois.fr
Du vendredi au mardi midi et soir. Entrées et desserts : 5,90 €. Viandes à partir de 9,90 €. 5 chambres : 50 €.

On vient de loin pour manger le cochon de François, dont il est un spécialiste reconnu. En résumé, ici, c'est une table au chaud et à la traditionnelle où il faut découvrir notamment le groin de cochon farci au boudin noir : amateurs d'expériences, en voilà une qu'il faudra tenter sans réserve ! Ici, vous trouvez aussi un drôle de faitout façon grand-mère où mijote parfois un bourguignon de joues de bœuf, et où l'on propose de chouettes desserts et entrées ! Notez également qu'il y a encore cinq chambres, simples et efficaces !

LES ÉTANGS DU VAL DE SÉE €€

Le Moulin de Saint-Georges
SAINT-GEORGES-DE-LIVOYE
✆ 02 33 60 91 74
www.etangs-valdesee.com
Restaurant ouvert toute l'année du lundi au vendredi le midi.

A proximité d'Avranches dans un cadre enchanteur loin du stress venez déguster truites fumées et rillettes de truites transformées sur place par Fred. Le restaurant ouvert le midi en semaine propose des formules à l'ardoise avec des produits frais de saison. Le reste de la journée snacking et autres douceurs sont proposés. Sur place 2 étangs : l'un pour la pêche familiale et l'autre pour les passionnés. Tout est mis en place pour passer une journée bien remplie dans ce lieu de détente et de sérénité. Vous pourrez aussi repartir avec les spécialités de la maison.

HÔTEL RESTAURANT DE LA CROIX D'OR €€

83, rue de la Constitution
© 02 33 58 04 88
Ouvert tous les jours midi et soir. Menus de 29 € à 67,50 €. Formules du midi : 16,60 € et 19,90 €.

Cette année encore, l'équipe du *Petit Futé* n'a pas regretté cette étape gastronomique fort prisée, probablement la meilleure de la cité. Dans ce cadre rustique et chaleureux, Eric Bertheaume continue à mettre tout son talent au service d'une cuisine normande, élaborée et souvent originale, et qui se décline selon une belle carte et plusieurs menus. Le midi, deux formules malines, et dont le rapport qualité-prix est là aussi excellent, sont logiquement très prisées.

LA PAUSE DES GENÊTS AUBERGE-RESTAURANT €€

11, rue de l'Entrepont - **GENÊTS**
© 02 33 89 72 38
www.lapausedesgenets.fr
Ouvert du mardi au dimanche en saison, et du jeudi au dimanche hors saison. Menu à 23 €. Carte : 30 € environ.

Voilà un lieu qui ne manque pas d'amateurs ! Et pour cause, la Pause des Genêts vous invite dans un lieu à la décoration unique, chargée de beaux objets, mais qui bénéficie également d'un immense jardin très apprécié. Une cuisine créative excellente, avec des petits légumes qui croquent, des poissons préparés comme il se doit, et quelques viandes bien pensées. Très prisé de ceux qui vont traverser la baie, le lieu peut également être privatisé pour vos événements personnels.

L'AIL NOIR DE LA BAIE DU MONT-SAINT-MICHEL

VAINS
© 06 83 22 56 72
www.ailnoirdelabaie.fr
L'ail noir est commercialisé dans différentes boutiques, comme celle de la ferme des Cara-Meuh.

C'est à la faveur de moments de réflexion que Catherine Lemarquand, conseillère médicinale et en phytothérapie, a réalisé ses premières moutures d'ail noir – fruit d'une très longue cuisson. Cet ail, très utilisé dans la cuisine japonaise, est encore peu connu ici, mais ne devrait pas le rester très longtemps : la marque l'Ail Noir de la Baie a été créée pour permettre à tous de le découvrir. Vous pouvez en acquérir à la Ferme des Cara-Meuh, juste à côté.

BRÉCEY

A moins de deux ou trois encablures du Mont-Saint-Michel, Brécey est une perle verte aux confins du Mortainais et de l'Avranchin. Traversé par la Sée, ce bourg fait le bonheur des promeneurs et autres randonneurs. Mais aussi des casse-cous à deux roues grâce au nouvel espace VTT-FFC de la vallée de la Sée et ses 270 kilomètres balisés. Pour ceux qui recherchent plus de quiétude, les cours d'eau et étangs feront le bonheur des pêcheurs. On pourra également admirer un beau château, le château de Vassy, édifié au XVIIe siècle. Il a notamment servi lors de la conquête de l'Angleterre. La ville est aussi dotée d'une petite église datant du XVIe siècle.

ÉGLISE DE SAINTE-EUGIENNE

© 02 33 48 15 55

C'est une toute petite mais très belle église, dont les premières fondations datent du XIIe siècle, mais qui a été modifiée à trois reprises, aux XIVe, XVe et XVIIIe siècles, octroyant à ce lieu de culte plusieurs styles. D'intéressantes statues, un autel et un retable méritent le détour. Vous l'aurez compris, ce petit édifice est une fierté des habitants de Brécey. Ouverte chaque jour, elle mérite bien un détour lorsque vous passez à proximité des lieux !

LE CHÂTEAU DE LA SEMONDIERE €€

Route de la Chaise-Baudouin
© 02 33 68 19 10
www.lasemondiere.com
Chambre d'hôte : de 80 à 110 € la nuit.

C'est dans cette splendide demeure du XVIIe siècle que se trouvent de splendides chambres d'hôte. Vous vivez ici la vie de château le temps d'une nuit ou davantage, elles répondent à des noms simples mais qui donnent une idée des tons que vous y trouverez, de bleu à fuchsia. Les poutres, le mobilier et l'atmosphère sont autant de belles évocations de l'époque. Notez également que l'accueil est très bon et le petit déjeuner très copieux. Rapport qualité/prix excellent.

VILLEDIEU-LES-POÊLES-ROUFFIGNY ★

Une étape indispensable, surnommée la capitale du cuivre à juste titre, et qui compte encore plusieurs ateliers. Les vieilles rues de ce bourg renferment de nombreuses maisons anciennes, notamment dans les petites cours intérieures non visibles de la rue, dont certaines sont classées, telle la Cour du Foyer, la Cour des Trois Rois, la Cour du Dauphin… certaines, datant du XVe siècle, étaient le cadre de la vie quotidienne des ateliers de dinandiers, et se visitent aujourd'hui. Commerçante, la cité a fusionné avec la petite bourgade voisine de Rouffigny, donnant ce nom à rallonge, mais qui reste dans l'esprit de tous celui de Villedieu.

ABBAYE DE HAMBYE ★★

Route de l'Abbaye
HAMBYE
✆ 02 33 61 76 92
www.patrimoine.manche.fr
Ouvert d'avril à septembre. Adulte : 5,5 €. Enfant (de 7 à 18 ans) : 2,5 €.

C'est l'un des immanquables du département ! Si vous passez dans le coin, vous ne pouvez pas ne pas faire une longue halte ici. Notre-Dame de Hambye est fondée vers 1145 sur les terres du seigneur du lieu, Guillaume Paynel. Des moines bénédictins de la congrégation de Tiron se sont installés dans ce vallon isolé de la Sienne et y ont aménagé un ensemble monastique caractéristique du gothique normand. L'abbaye vit une époque prospère au XIVe siècle puis s'éteint petit à petit jusqu'au XVIIIe siècle. En 1810, l'abbaye devient une carrière de pierres. Aujourd'hui, l'abbatiale privée de sa voûte surplombe encore les bâtiments conventuels qui abritent notamment une remarquable salle capitulaire du XIIIe siècle. Dans le chœur de l'église repose le corps de Louis d'Estouville, défenseur du Mont-Saint-Michel. L'exposition « Histoires de l'abbaye » raconte les deux derniers siècles de l'histoire de l'abbaye, de son démantèlement partiel à l'époque révolutionnaire jusqu'à la restauration actuelle du monument. Celle consacrée aux toiles peintes de Hambye permet de comprendre leur rôle comme décor et protection des lits alcôves. L'endroit est enfin un lieu d'expositions temporaires ou permanentes, qui sont souvent et légitimement très prisées. Remontez le temps en compagnie d'un guide pour une visite approfondie. Ces visites guidées ont lieu en saison, et le lieu permet également de disposer de tablettes numériques, permettant de parachever de manière moderne votre immersion dans de lointaines époques.

ATELIER DU CUIVRE ★

54, rue du Général-Huard
✆ 02 33 51 31 85
www.atelierducuivre.fr
Ouvert du lundi au vendredi 9h-12h et 13h30-17h30, samedi pour groupes (réservation). Adulte : 8,60 €. Enfant : 7,20 €.

L'Atelier du Cuivre est l'un des plus anciens ateliers encore en activité de fabrication artisanale de pièces en cuivre, situé à Villedieu et labellisé « Entreprise du Patrimoine Vivant ». Démarrez la visite par un film ludique en diverses langues puis admirez les gestes des artisans, meilleurs ouvriers de France : repousseur, étameur, polisseur et dinandier, selon un savoir-faire d'antan. Vous assisterez à la fabrication de pièces culinaires, mais aussi de pièces sur mesure uniques en cuivre ou autres matériaux. Une boutique est disponible.

L'AUBERGE DE L'ABBAYE €€

5, route de l'Abbaye - **HAMBYE** ✆ 02 33 61 42 19
www.aubergedelabbayehambye.com
7 chambres. Chambre double à partir de 63 €. Chambre familiale à partir de 98 € par nuit. Wifi gratuit. Restauration.

Outre un très beau restaurant, l'auberge de l'Abbaye vous offre pas moins de 7 chambres pour passer ici de belles nuits au calme. En pleine campagne, à une petite demi-heure des plages et de l'animation estivale, l'endroit est le lieu tout dédié pour se retrouver dans un cocon calme et confortable. Les chambres sont bien pensées, joliment décorées et le service est d'une grande gentillesse. Dans une extension récente du bâtiment, et qui est faite de bois, vous trouverez une chambre familiale également disponible aux personnes à mobilité réduite.

MANOIR DE L'ACHERIE HÔTEL-RESTAURANT** €€

37, rue Michel-de-l'Épinay
SAINTE-CÉCILE
✆ 02 33 51 13 87
www.manoir-acherie.fr
Tarifs : se renseigner sur le site.

Le Manoir dispose de 18 grandes chambres situées, pour les unes dans le Manoir, pour les autres dans une aile et trois autres dans une ancienne chapelle. Toutes sont bien équipées et confortables à souhait ! Le Manoir compte également un très bon restaurant traditionnel. Les chambres, avec leurs belles poutres au plafond, conjuguées à un environnement paisible, ne peuvent que vous apporter le calme nécessaire avant d'arpenter les merveilles de la région.

LE DOMAINE DES CHEVALIERS DE MALTE €€€

3, chemin de la Grange
✆ 02 50 71 10 50
www.ledomainedeschevaliers.com
3 chambres. Suite de 124 € à 144 €.
Lit supplémentaire : 20 €.

Voici un lieu de prestations haut de gamme : immense bâtisse contemporaine de plusieurs centaines de mètres carrés, avec de nombreuses baies vitrées donnant sur un superbe jardin entretenu au cordeau, c'est le *must* en la matière ici. Chaque suite, unique, a été pensée comme un endroit à part. La plus petite ne mesure pas moins de 27 mètres carrés et compte sa propre balnéothérapie. Vous trouverez sauna, hammam et même une superbe piscine intérieure avec vue sur la campagne verdoyante.

LA FLAMBÉE DES CUIVRES €€

65, rue du Général Huard ✆ 02 33 61 02 26
Ouvert tous les jours en haute saison, fermé mardi soir et mercredi le reste de l'année.
Carte : 20 € environ.

Sous la houlette de Julien Robert, l'enseigne développe une offre complète, chaleureuse, bien pensée, avec des produits locaux le plus souvent. Ici, on parle de crêpes, de galettes, de glaces. Les deux premières sont le plus souvent revisitées, se font tantôt fines et savoureuses, parfois gourmandes et roboratives. Le choix est vaste, le service sans faute et le rapport qualité-prix excellent. Un mot enfin sur le lieu : simple et agréable, avec une décoration chaleureuse récemment entièrement refaite. Une belle terrasse vous accueille en été.

LE JARDIN SAMOVAR - SALON DE THÉ- RESTAURANT

93, rue du Docteur-Havard
✆ 09 81 87 47 95
Ouvert toute l'année. Du mardi au samedi de 10h à 18h30. Restauration.

Voici un salon de thé-bar-restaurant où l'on resterait bien toute la journée. Le décor est cosy et un petit poêle réchauffera les après-midi d'hiver. Pendant ce temps, notre esprit se nourrit également en piochant dans les nombreux livres mis à notre disposition. Des artistes s'exposent, des musiciens se produisent régulièrement et le lieu est également un endroit où l'on se restaure, avec une cuisine faite de produits frais de qualité et bio : de belles découvertes !

LA FERME DE GRÉMI

10, rue Auguste Chardin - **SAINTE-CÉCILE**
✆ 07 69 90 22 78
www.lafermedegremi.fr
Vente directe à la ferme le 2e samedi du mois 10h/18h. Livraison. Visite : 4 € par personne, gratuit moins de 2 ans.

Cette chouette ferme, située à quelques kilomètres de Villedieu, est le résultat de l'enthousiasme de Grégory et Emilie, qui ont opéré ici une belle reconversion professionnelle. Ici, les animaux sont élevés en pleine liberté, et sont nourris de bons produits. Résultats : des viandes excellentes, des terrines qui le sont tout autant et bien d'autres produits de qualité. La ferme se visite régulièrement, et vous pourrez même nourrir les animaux. L'achat des produits peut se faire via le site internet, très bien fait, ou sur place, le deuxième samedi de chaque mois.

PERCY EN NORMANDIE

Située à 30 kilomètres de Saint-Lô, voici une charmante commune absorbée par la commune nouvelle de Percy-en-Normandie. Percy, peuplée de 2 588 habitants, abrite plusieurs manoirs dont le plus ancien date du XVIe siècle. Ne pas manquer non plus la visite du cimetière, qui abrite un temple protestant, resté inachevé, mais classé aux monuments historiques. Il est d'un grand intérêt sur le plan artistique et historique. Pour une pause nature, on pourra se rendre aussi au plan d'eau du Mesnil-Céron, ou au jardin de Vaudinet, création d'un particulier passionné, Marcel Vanhove. Un petit havre de paix parmi les rosiers et cerisiers du Japon.

RESTAURANT DE LA GARE DE PERCY €€

4, rue de l'Ancienne-Gare
✆ 09 83 82 22 82
www.restaurant-gare-percy.fr
Ouvert du jeudi au lundi midi et soir. Menus de 25 € à 30 €. Formule du midi : 13 € (et 16 €).

Cette maison en pierres meulières donne tout de suite envie d'y aller ! Bien vous en prend, puisque ce restaurant de la Gare compte parmi les meilleures tables de la région. Ici, le chef décline un savoir-faire qui s'exprime au travers des plats de gastronomie française, les produits sont bons et les cuissons excellentes, avec une pointe d'inventivité. Un petit tour du côté des desserts achèvera en beauté votre repas. La carte est saisonnière, elle suit la saison et le marché.

GAVRAY

Située au creux d'une vallée, Gavray peut constituer une jolie halte entre Coutances et Avranches. Rurale, la ville s'anime lors des marchés et foires, qui peuvent constituer une idée de sortie originale. Ici, vous êtes dans la Manche verte, et votre séjour est la garantie d'un repos optimal, au calme. Les adresses gourmandes sont nombreuses, et d'ici, vous rayonnez aisément vers le sud du département. Un détour agréable. La ville de Gavray a accueilli jadis un château ducal d'importance, tombé en ruine (il ne subsiste que les fondations). Ne pas manquer de visiter la petite chapelle Saint-Jean-Baptiste. Bonne découverte de Gavray !

BEAUCHAMPS

Située à 17 kilomètres de Granville, Beauchamps est une petite commune de 400 âmes. Au milieu du bourg, vous y verrez une nouvelle église, de style néo-gothique, dotée d'un clocher à toit plat. Son ancienne église a été démolie au XIXe siècle et il n'en reste que sa chapelle sud, à voir dans le cimetière. De même, il ne reste que peu de vestiges du château de Beauchamps, ancien berceau des seigneurs de la famille des Beauchamp. Jadis, il dominait l'Airou. Dans les environs, on pourra s'adonner à de belles balades à vélo sur le circuit pédestre « La Beauchanaise ».

CHÂTEAU DE GAVRAY

Vestiges du château fort médiéval du XIIIe siècle qui joua un rôle important dans l'histoire de la région. Les ducs de Normandie choisirent Gavray comme siège d'une vicomté et y implantèrent un château à vocation militaire. On sait qu'en 1091, Henri, troisième fils de Guillaume le Conquérant, en lutte contre ses deux frères, fortifia Gavray. Son rôle fut important pendant la guerre de Cent Ans où il fut assiégé deux fois par les troupes françaises. On lui connaît un capitaine jusqu'à la fin du XVIe siècle, puis il fut démantelé et l'on vint s'y servir en matériau.

LES ROULOTTES DE L'AIROU €€

La Bougourderie

✆ 06 11 91 08 07

De 60 à 80 € par nuit.

C'est original, et il faut parfois faire le tri dans les offres, mais celle-là, croyez-nous, elle vaut le coup ! Car Les Roulottes de l'Airou, au nombre de trois, vous proposent des hébergements cosy en plein cœur de la nature. Vous l'aurez compris, la tranquillité est garantie. Ici, le sommeil est assuré, et les commodités, modernes, sont à prendre en commun. Disposées face à un joli jardin, elles donnent sur un espace naturel qui vous permet vous adonner aux joies du barbecue ou tout simplement du farniente. Mention spéciale pour l'accueil, très sympa.

HÔTEL-RESTAURANT DE LA GARE €

23, place de la Mairie

✆ 02 33 61 40 55

www.hotel-restaurant-gavray.fr

Chambre simple à partir de 35 € ; chambre double à partir de 42 € ; chambre triple à partir de 55 €.

Même recette que pour le restaurant de l'établissement : des prix petits, une prestation sympa et sans fioritures (on apprécie quand même grandement le wifi gratuit, pas si fréquent dans le coin), pas mal de flexibilité et une situation géographique permettant de rayonner dans le département. Les chambres sont lumineuses et calmes. C'est l'un des avantages de la ville, ici on est au vert et on le ressent. Vous aurez également ici la pension ou la demi-pension !

LA TABLE DU SCION €€

8, Le Scion

✆ 02 33 68 91 04

Ouvert du vendredi au mardi. Menus de 25 € à 31 €.

On aime fort cette jolie table : déjà le décor, fait de pierres avec quelques touches de bois et de modernité. Et puis évidemment le repas. Car la Table du Scion, c'est une cuisine traditionnelle, avec de jolis menus qui oscillent entre tradition et modernité. L'été passé, le menu de saison oscillait entre médaillon de lotte et concassé de tomates et picanta de veau et sa sauce champignon… excellent ! Notez enfin que la Table du Scion est très réputée pour son foie gras, absolument délicieux ! En été, une terrasse agrémente l'ensemble.

ALENTOURS DU MONT-SAINT-MICHEL

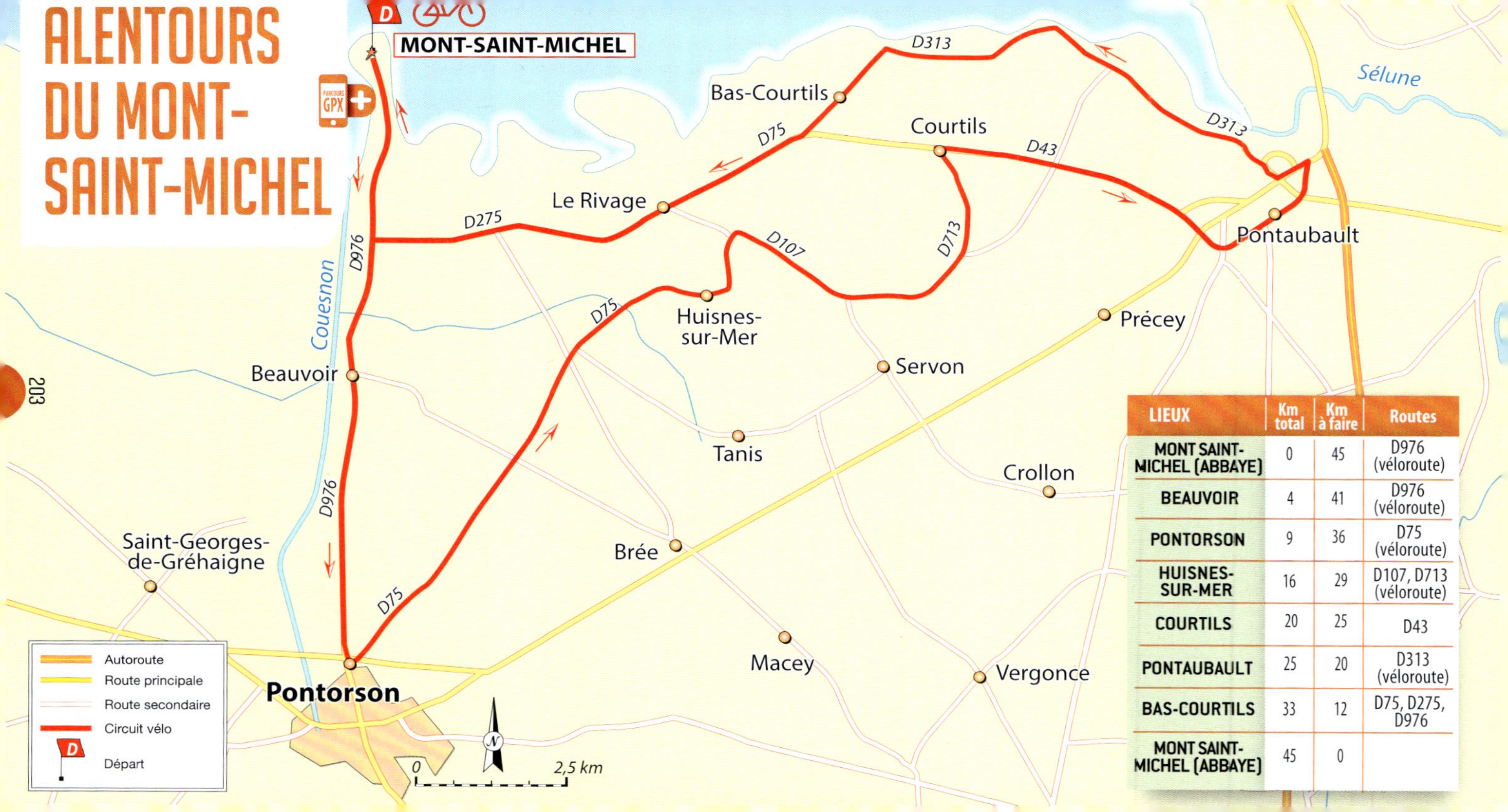

LIEUX	Km total	Km à faire	Routes
MONT SAINT-MICHEL (ABBAYE)	0	45	D976 (véloroute)
BEAUVOIR	4	41	D976 (véloroute)
PONTORSON	9	36	D75 (véloroute)
HUISNES-SUR-MER	16	29	D107, D713 (véloroute)
COURTILS	20	25	D43
PONTAUBAULT	25	20	D313 (véloroute)
BAS-COURTILS	33	12	D75, D275, D976
MONT SAINT-MICHEL (ABBAYE)	45	0	

LE MONT-SAINT-MICHEL ★★★★

Classé patrimoine mondial de l'Unesco, le Mont-Saint-Michel est somptueux et incontournable, avec des millions de visiteurs chaque année. La légende raconte qu'il apparut à la suite d'un immense raz-de-marée qui enfouit sous les eaux les terres alentour. Après avoir uniquement connu le vie tranquille d'un village blotti au pied de son Abbaye, le Mont s'ouvre au tourisme au début du XXe siècle, la digue construite provoquant un lent ensablement. Après dix ans de travaux, une passerelle sur pilotis rejoint le Mont, lui redonnant son caractère maritime. Enfin, pas de gaffe : le Mont-Saint-Michel est bien normand, quoi qu'en pense le voisin breton !

MUSÉE DE LA MER ET DE L'ÉCOLOGIE ★

Grande-Rue ✆ 02 33 60 85 12
www.lemontsaintmichel.info
Ouvert tous les jours de 9h à 18h. Adulte : 9 €. « Pass » 4 musées : 18 €/adulte, 12 € pour les 18-25 ans.

Cette succession de petites salles vieillottes ne présente que des maquettes très anciennes et pas entretenues. A un moment, un film vous est diffusé sur le rétablissement du caractère maritime du Mont, mais, manque le vieil écran semblait a rendu l'âme. Ce n'était pas le cas des autres écrans, situés à la sortie, qui vous donnent le détail des promotions des boîtes de biscuits vendues à côté. On ressort de l'endroit par une boutique. Au final, on peut passer son chemin.

ABBAYE DU MONT-SAINT-MICHEL ★★★★

✆ 02 33 89 80 00
www.abbaye-mont-saint-michel.fr
Ouvert toute l'année : de 9h30 à 18h en basse saison, de 9h à 19h en haute saison. Entrée : 11 € par adulte.

Vous le savez, car ce Carnet de Voyage y fait référence souvent, impossible de ne pas visiter ce lieu. Au sommet du rocher du Mont-Saint-Michel, l'abbaye hisse à plus de 150 m d'altitude la flèche de son église abbatiale, laquelle est surplombée par l'archange saint Michel, véritable symbole du Mont. Elle fut fondée dans le haut Moyen Age quand l'évêque Aubert eut trois apparitions de l'archange. D'une richesse architecturale incomparable, elle présente un panorama complet des merveilles architecturales du Xe au XVe siècle, les bâtisseurs réalisant des édifices de style carolingien, roman, gothique et flamboyant selon la période. Elle comprend tout un ensemble de cryptes et bâtiments exceptionnels qui vous seront présentés selon un circuit de visite parcourant près d'une vingtaine de salles – que l'on vous décrit dans ce guide : réfectoire, église, merveille, escalier abbatial, aumônerie, salle des gardes, salle des chevaliers, jardins, salles des hôtes, crypte des gros piliers. Également immanquable, le cloître, véritable écrin de verdure entre ciel et mer permettant d'admirer la vue sur la baie. Après une année de travaux de restauration en 2018, le cloître, ses colonnes et vitraux ont retrouvé leur éclat. En juillet et août, l'abbaye se pare de toutes les lumières pour une promenade nocturne loin de la foule. Sachez enfin que diverses formules de visites existent : visite-conférence, visite libre, visite commentée, visite audioguidée et visite thématique.

Le Mont-Saint-Michel.

LES BALADES NORMANDES

LA FERME SAINT-MICHEL €€

Le Bas Pays
✆ 02 33 58 46 79
www.restaurantfermesaintmichel.com
Ouvert toute l'année, du lundi au samedi midi et soir ; le dimanche midi. Menus : 27 € à 45 €. Menu enfant : 12 €.

Une vraie bonne adresse à quelques encablures du Mont. Dans cette ancienne ferme des polders les pierres et la décoration donnent l'ambiance. Les offres se déclinent ici selon deux menus – sans compter celui pour les enfants – et développent des plats bien sentis : agneau de prés salés, festival de grillades au feu de bois cuites dans la belle cheminée, produits locaux et légumes bio, rien ne manque ! Un menu végétarien, et la possibilité d'emporter votre repas sont également proposés. Ensuite, vous pourrez visiter le Mont-Saint-Michel !

LE BEAUVOIR HÔTEL-RESTAURANT** €€

9, route du Mont-Saint-Michel ✆ 02 33 60 09 39
www.hotel-lebeauvoir.com
Ouvert toute l'année. 18 chambres. Chambre double de 85 € à 98 € ; chambre triple de 98 € à 115 €.

C'est une demeure cossue avec une façade en pierre, authentique, et qui vous accueille pour un séjour au cœur du pays de la baie. 18 chambres spacieuses, aménagées dans un souci d'efficacité : une literie confortable, peu de fioritures, une propreté irréprochable. Certaines ont même vue sur le Couesnon, tout proche. A votre disposition un bar, un petit salon, et surtout un chouette restaurant. Bref, un très bon rapport qualité-prix pour cet établissement chaudement recommandé !

LA BAIE DES GOURMANDISES

20, rue du Docteur Tizon - **PONTORSON**
✆ 06 76 58 45 47
www.labaiedesgourmandises.fr
Ouvert le mardi, le mercredi, le vendredi et le samedi de 10h à 12h30 et de 15h à 19h30 ; le dimanche de 10h à 12h30.

Le nom de cette échoppe en dit long, mais y aller, c'est en voir encore davantage ! Car la Baie des Gourmandises, c'est un concept regroupant un salon de thé, un café, mais aussi une chouette boutique ! Dans cette dernière, des chocolats, des cidres, des thés. Pour boire un café en journée, c'est aussi excellent : il arrive même que vous puissiez le déguster dans des tasses comestibles nappées de chocolat ! Enfin, le salon de thé vous accueille pour une pause sucrée, et même plus, puisqu'ici, on vous propose d'autres produits, comme les huîtres et les tartines !

L'ANTRE TERRE ET BAIE €€

39, route du Mont-Saint-Michel
✆ 02 33 68 84 59
www.lantreterreetbaie.eatbu.com
Ouvert du mardi au dimanche le midi et le soir. Carte : 25 € environ.

Vous ne pouvez pas le manquer, puisque ce restaurant est situé sur la route d'accès au Mont-Saint-Michel, à quelques hectomètres du vaste parking de stationnement. Ici, on vous propose une cuisine locale avec, bien évidemment, l'agneau de pré-salé, qui ne manque pas de saveur, mais aussi d'autres propositions du coin, comme ces moules marinières déclinées selon plusieurs possibilités, ou des plateaux de fruits de mer. La vue, à l'étage, est immanquable sur la merveille, et le service est efficace, attentif, et très professionnel.

BEAUVOIR

Commune de 423 habitants, Beauvoir est la porte d'entrée vers le Mont, si vous arrivez de Pontorson - ce qui est le cas le plus fréquent. Outre la présence de son église paroissiale Saint-Michel, Beauvoir est devenu, au cours des dernières décennies, constellé de commerces, de campings, d'endroits ludiques à l'image d'Alligator Bay, un parc animalier insolite situé au pied du Mont Saint Michel. Faites une halte dans votre circuit pour rendre visite aux quelques 200 alligators et autres espèces de la faune reptilienne qui peuplent ce zoo. La cité de Beauvoir profite également pleinement de sa situation géographique avec de jolies balades alentour.

PONTORSON

C'est une histoire de famille. Je demande le père, Robert le Diable, qui ordonna au capitaine Orson de construire en 1030 un pont sur le Couesnon, frontière entre la Bretagne et la Normandie. Puis le fils, Guillaume le Conquérant, qui souhaita qu'une cité y fut construite. De cette période, il reste peu de vestiges à l'exception de l'église Notre-Dame de la Paix. Autre personnage célèbre, Bertrand Duguesclin qui fut capitaine de Pontorson et fit de cette dernière la capitale des joutes et des tournois. C'est d'ailleurs lors d'un tournoi que Gabriel de Montgomery, autre habitant, planta malencontreusement sa lance dans l'œil droit d'Henri II en 1559.

LE RELAIS DE MOIDREY CHAMBRES D'HÔTES €

17, route de la Grève
✆ 02 33 58 70 74
www.moidrey.com
Chambre simple à partir de 45 € ; chambre double de 50 € à 60 €. Petit déjeuner inclus.

Dans cet ancien relais du XIXe siècle, cinq chambres d'hôtes avec salle d'eau et w.c. privés, dans lesquelles vous trouverez confort et calme, sont proposées. La literie est excellente ! Au rez-de-chaussée, une chambre pour personnes à mobilité réduite permet à tous de profiter de ce lieu décidément bien pensé. La vue est sublime depuis les fenêtres desquelles on admire les couchers de soleil. A l'intérieur, l'ambiance est chaleureuse, juste comme il faut.

LA BASTIDE DU MOULIN €€

9, route de la grève
✆ 02 33 58 77 16
www.labastidedumoulin.fr
Chambre double de 51 € à 56 €. Gîtes : de 340 à 660 € par semaine.

Cette très vaste et belle bastide, à quelques kilomètres du Mont seulement, propose de très nombreuses possibilités d'hébergement. Premièrement, les chambres d'hôtes, qui sont au nombre de quatre, sont réparties au rez-de-chaussée et à l'étage : cadre cosy et pierres apparentes vous permettront de passer de chouettes moments de repos. La Bastide du Moulin, ce sont aussi de très jolis gîtes : appelés « Le Moulin » et « Mont-Saint-Michel », ils accueillent chacun jusqu'à 7 personnes. Le rapport qualité-prix est excellent, et le niveau de confort très élevé.

CHAMBRE D'HÔTES LES BELLES DE MAI €€€

35, rue Saint-Michel
✆ 02 33 58 47 79
www.bellesdemai.com
Gîte étape 3 personnes : 100 € la nuit/ 3 nuits minimum. Chambre double 95 € ; chambre triple à partir de 115 €.

Sabine et Pierre vous reçoivent comme si vous étiez des amis ! Ils proposent un gîte pour trois personnes, annexe indépendante de la maison principale, qui s'ouvre sur un grand jardin et une terrasse de 60 m². Quatre chambres sont aussi disponibles, décorées dans des tons pastel délicats et bien équipées, indépendantes avec w.c. privés et douches ou baignoires. Le salon-bibliothèque, dans lequel on prend le petit déjeuner devant la cheminée, est à disposition.

BRASSERIE DE LA BAIE

5, La rencontre
✆ 06 09 81 53 95
www.brasseriedelabaie.com
Ouvert toute l'année.

Elle est devenue en peu de temps une solide référence, cette Brasserie de la Baie ! En effet, c'est depuis de nombreuses années maintenant que, sous la houlette de Christophe, des dizaines d'hectolitres sont produits. Il y en a pour chaque goût : de la brune à la blonde en passant par l'ambrée ou la fameuse « Thörgoule », le savoir-faire et la sélection de bons produits en font de petites merveilles. De nombreux revendeurs, en Normandie et Bretagne, vous donnent l'occasion de vous en procurer dans la région : difficile de ne pas succomber.

HUISNES-SUR-MER

Le petit village de Huisnes-sur-Mer, qui compte un peu moins de 200 habitants, est tout proche du Mont-Saint-Michel. En effet, le site touristique est à seulement 10 kilomètres, ce qui fait de la commune une halte de choix pendant votre périple à vélo. D'ici, on peut d'ailleurs admirer l'îlot rocheux par temps clair. Huisnes-sur-Mer abrite en outre quelques édifices intéressants qu'il convient de visiter, notamment l'église Saint-Pierre, construite au XVIIe siècle et abritant trois statues classées aux monuments historiques, et le mausolée du Mont d'Huisnes, qui comprend plusieurs cryptes où reposent près de 12 000 morts de guerre allemands.

MAUSOLÉE DU MONT D'HUISNES ★

1, rue Mont-d'Huisnes
www.ot-montsaintmichel.com
Basse saison : ouvert tous les jours de 9h à 16h30. Haute saison : tous les jours de 8h à 18h.

Inauguré en 1963, ce mausolée rassemble 11 956 corps de soldats allemands tombés au cours de la Seconde Guerre mondiale. Ils viennent de plusieurs champs de bataille. L'atmosphère du lieu est particulièrement poignante, Dans les 68 cryptes réparties sur les deux étages, les noms des victimes s'égrènent sur des plaques de bronze. Parfois il n'est gravé que « Ein deutcher soldat » (un soldat allemand). C'est l'unique ossuaire allemand de France, situé à 5 kilomètres du Mont-Saint-Michel.

AUX CHAMBRES DU MONT €€

8, rue de la Grange à Dîme
✆ 02 33 60 33 40
www.auxchambresdumont.fr

Chambre double à partir de 60 €. Buffet. Possibilité de table d'hôtes.

Ici, vous êtes dans la petite commune de Huisnes-sur-mer, c'est à dire à 5 minutes en voiture seulement du Mont : quel meilleur emplacement que celui-ci ? A l'écart des zones touristiques, cette jolie maison d'hôtes (qui vous propose également une jolie table) vous invite à partager le calme des lieux. Ici, de jolies chambres d'hôtes vous accueillent : lit simple ou double, décoration classique, lieu impeccablement tenu, et accueil très souriant. Attention, le lieu est très demandé, et notamment en été, donc anticipez autant que possible votre venue ici !

COURTILS

Petite commune faisant partie de celles qui sont les plus proches du Mont-Saint-Michel, Courtils se situe sur la route reliant Avranches et le Mont. Si son église mérite bien un petit coup d'œil, c'est bien la proximité avec le premier site touristique normand qui en est le principal intérêt. Ici, vous trouverez plusieurs établissements de restauration et d'hébergement, dans des proportions toutefois moindres qu'à Beauvoir, à quelques kilomètres, par exemple. Notez également que, d'ici, vous bénéficiez d'un joli panorama sur ce même Mont-Saint-Michel, et les points de vue sont multiples - les photographes amateurs sont nombreux par ici.

CAMPING SAINT-MICHEL €€

35, route du Mont-Saint-Michel
✆ 02 33 70 96 90
www.campingsaintmichel.com

Camping ouvert de mars à novembre. Différentes formules tarifaires en camping et en mobil-home.

A 8 km du Mont-Saint-Michel, et à 5 km du site de départ des navettes, cet établissement propose de multiples formules en mobile-home ou camping. Les premiers sont équipés en petit électroménager, télévision, terrasse et salon de jardin. Le camping accueille vos enfants pour de multiples activités, vous ouvre sa piscine, chauffée de mai à septembre, son restaurant (demi-pension et plats à emporter), son bar, son épicerie terroir. Au total, plusieurs dizaines d'emplacements de camping et environ une cinquantaine de mobile-homes. Bon rapport qualité-prix.

LES DEMOISELLES DE COURTILS €€

32, rue du Mont-Saint-Michel
✆ 06 83 33 99 82

Ouvert toute l'année, tarif variable selon le gîte et la saison.

C'est à quelques minutes du Mont-Saint-Michel que vous trouverez cette magnifique demeure, qui cache deux gîtes comme autant de pépites calmes et décorées avec un goût certain. Ces Demoiselles de Courtils, ce sont deux gîtes (auxquels vous accédez par des portes séparées) pour 6 à 8 personnes chacun, appelés « Le Grenier de Léonie » et « Le Boudoir de Garance ». Des terrasses privatives vous permettent de prendre le soleil, et l'ensemble propose un rapport qualité-prix rare dans le coin.

LA BARAKA €

8, route du Mont-Saint-Michel
✆ 02 33 60 37 03

Horaires selon la saison.

Ce vaste endroit, convivial à souhait, est ouvert en saison, et même chaque jour en juillet et août. Beaucoup de simplicité doublée d'un excellent rapport qualité-prix à proximité du Mont. Ici, vous aurez le choix : des galettes, des crêpes, des pizzas, que vous pourrez emporter ou savourer sur l'immense terrasse chauffée. En saison, les moules de Bouchot sont les stars du lieu, et le lieu propose de servir en continu pendant cette période. L'endroit dédié pour une pause rapide et pratique avant, où après une visite de la merveille toute proche.

LA PARENTHÈSE DE LA BAIE €€

42, route du Mont Saint Michel
✆ 09 53 40 67 72

Ouvert en saison, du mercredi au dimanche le midi et le soir. Carte : 20 € environ.

Si on est souvent perplexe face aux restaurants proposant un nombre de références culinaires trop important, on a bien cherché, et ici tout est bon ! Disposant d'une t vaste terrasse, le lieu tenu par un jeune et dynamique couple propose du frais, du local, du bon ! Les crêpes sont légères et fines, les burgers généreux, et surtout les petits plats proposés, notamment via un menu aux forts accents bistronomiques qui est un excellent exemple du savoir-faire de la maison. Si vous venez avec les enfants, soyez tranquilles : un joli petit coin leur est dédié.

VÉLOMARITIME EN NORMANDIE

LIEUX	Km total	Km à faire	Routes
Le Mont-Saint-Michel	0	784	D104
Saint-Lô	162	622	D514
Cherbourg	120	502	D514
Carentan	104	398	D514
Cabourg	128	270	D517, D514
Le Havre	88	182	D194
Etretat	43	139	D194, D30
Le Tréport	139	0	D208

LE MONT-SAINT-MICHEL ★★★★

Classé patrimoine mondial de l'Unesco, le Mont-Saint-Michel est somptueux et incontournable, avec des millions de visiteurs chaque année. La légende raconte qu'il apparut à la suite d'un immense raz-de-marée qui enfouit sous les eaux les terres alentour. Après avoir uniquement connu le vie tranquille d'un village blotti au pied de son Abbaye, le Mont s'ouvre au tourisme au début du XXe siècle, la digue construite provoquant un lent ensablement. Après dix ans de travaux, une passerelle sur pilotis rejoint le Mont, lui redonnant son caractère maritime. Enfin, pas de gaffe : le Mont-Saint-Michel est bien normand, quoi qu'en pense le voisin breton !

MAUSOLÉE DU MONT D'HUISNES ★

1, rue Mont-d'Huisnes - **HUISNES-SUR-MER**
www.ot-montsaintmichel.com
Basse saison : ouvert tous les jours de 9h à 16h30. Haute saison : tous les jours de 8h à 18h.

Inauguré en 1963, ce mausolée rassemble 11 956 corps de soldats allemands tombés au cours de la Seconde Guerre mondiale. Ils viennent de plusieurs champs de bataille. L'atmosphère du lieu est particulièrement poignante, Dans les 68 cryptes réparties sur les deux étages, les noms des victimes s'égrènent sur des plaques de bronze. Parfois il n'est gravé que « Ein deutcher soldat » (un soldat allemand). C'est l'unique ossuaire allemand de France, situé à 5 kilomètres du Mont-Saint-Michel.

MUSÉE DE LA MER ET DE L'ÉCOLOGIE ★

Grande-Rue ✆ 02 33 60 85 12
www.lemontsaintmichel.info
Ouvert tous les jours de 9h à 18h. Adulte : 9 €. « Pass » 4 musées : 18 €/adulte, 12 € pour les 18-25 ans.

Cette succession de petites salles vieillottes ne présente que des maquettes très anciennes et pas entretenues. A un moment, un film vous est diffusé sur le rétablissement du caractère maritime du Mont, mais, manque le vieil écran semblait a rendu l'âme. Ce n'était pas le cas des autres écrans, situés à la sortie, qui vous donnent le détail des promotions des boîtes de biscuits vendues à côté. On ressort de l'endroit par une boutique. Au final, on peut passer son chemin.

ABBAYE DU MONT-SAINT-MICHEL ★★★★

✆ 02 33 89 80 00
www.abbaye-mont-saint-michel.fr
Ouvert toute l'année : de 9h30 à 18h en basse saison, de 9h à 19h en haute saison. Entrée : 11 € par adulte.

Vous le savez, car ce Carnet de Voyage y fait référence souvent, impossible de ne pas visiter ce lieu. Au sommet du rocher du Mont-Saint-Michel, l'abbaye hisse à plus de 150 m d'altitude la flèche de son église abbatiale, laquelle est surplombée par l'archange saint Michel, véritable symbole du Mont. Elle fut fondée dans le haut Moyen Age quand l'évêque Aubert eut trois apparitions de l'archange. D'une richesse architecturale incomparable, elle présente un panorama complet des merveilles architecturales du Xe au XVe siècle, les bâtisseurs réalisant des édifices de style carolingien, roman, gothique et flamboyant selon la période. Elle comprend tout un ensemble de cryptes et bâtiments exceptionnels qui vous seront présentés selon un circuit de visite parcourant près d'une vingtaine de salles – que l'on vous décrit dans ce guide : réfectoire, église, merveille, escalier abbatial, aumônerie, salle des gardes, salle des chevaliers, jardins, salles des hôtes, crypte des gros piliers. Également immanquable, le cloître, véritable écrin de verdure entre ciel et mer permettant d'admirer la vue sur la baie. Après une année de travaux de restauration en 2018, le cloître, ses colonnes et vitraux ont retrouvé leur éclat. En juillet et août, l'abbaye se pare de toutes les lumières pour une promenade nocturne loin de la foule. Sachez enfin que diverses formules de visites existent : visite-conférence, visite libre, visite commentée, visite audioguidée et visite thématique.

LES BALADES NORMANDES

LA BASTIDE DU MOULIN €€

9, route de la grève - **PONTORSON**
✆ 02 33 58 77 16
www.labastidedumoulin.fr
Chambre double de 51 € à 56 €. Gîtes : de 340 à 660 € par semaine.

Cette très vaste et belle bastide, à quelques kilomètres du Mont seulement, propose de très nombreuses possibilités d'hébergement. Premièrement, les chambres d'hôtes, qui sont au nombre de quatre, sont réparties au rez-de-chaussée et à l'étage : cadre cosy et pierres apparentes vous permettront de passer de chouettes moments de repos. La Bastide du Moulin, ce sont aussi de très jolis gîtes : appelés « Le Moulin » et « Mont-Saint-Michel », ils accueillent chacun jusqu'à 7 personnes. Le rapport qualité-prix est excellent, et le niveau de confort très élevé.

CHAMBRE D'HÔTES LES BELLES DE MAI €€€

35, rue Saint-Michel - **PONTORSON**
✆ 02 33 58 47 79
www.bellesdemai.com
Gîte étape 3 personnes : 100 € la nuit/ 3 nuits minimum. Chambre double 95 € ; chambre triple à partir de 115 €.

Sabine et Pierre vous reçoivent comme si vous étiez des amis ! Ils proposent un gîte pour trois personnes, annexe indépendante de la maison principale, qui s'ouvre sur un grand jardin et une terrasse de 60 m². Quatre chambres sont aussi disponibles, décorées dans des tons pastel délicats et bien équipées, indépendantes avec w.c. privés et douches ou baignoires. Le salon-bibliothèque, dans lequel on prend le petit déjeuner devant la cheminée, est à disposition.

L'ÉPICERIE DE LA BAIE

13, route du Mont Saint Michel
BEAUVOIR
✆ 02 33 60 29 98
www.lepiceriedelabaie.fr
Ouvert tous les jours de 9h à 19h.

Depuis quelques années, ce joli condensé de ce qu'il se fait de mieux en Normandie se retrouve dans l'épicerie de la baie. Vous la trouverez sur votre trajet vous menant au Mont, et elle est très bien indiquée. Cette véritable petite caverne d'Ali Baba vous propose bien évidemment des souvenirs, des cartes postales et des idées cadeaux, mais aussi beaucoup de spécialités sucrées, salées et alcoolisées. Des dégustations, de cidre notamment, sont régulièrement proposées. L'accueil est excellent, et le lieu est ouvert chaque jour, non-stop !

SAINT-LÔ ★★

Cité préfectorale de petite taille, comptant environ 20 000 habitants, elle fut surnommée « capitale des ruines » après les rudes batailles de juillet 1944 qui la laissèrent presque entièrement détruite. Saint-Lô a su reprendre pied et se redresser fièrement sur son rocher. Ville administrative, ses remparts, sa douceur de vivre et son cadre méritent une étape. La ville est bien desservie et est située en plein cœur du département. Ces dernières années, les initiatives pour rendre la ville plus vivante et attractive se sont multipliées, avec succès. Outre le centre-ville, commerçant, la ville a aménagé les berges de la Vire qui la traversent.

CIMETIÈRE MILITAIRE ALLEMAND DE MARIGNY ★★

1, rue du Cimetière-Allemand
THÈREVAL
✆ 02 33 56 22 88
Ouvert toute l'année. Accès libre.

Dès 1944, les soldats allemands et alliés sont inhumés dans le cimetière, mais en 1945 et 1946, les autorités américaines transfèrent les corps américains vers le cimetière de Saint-Laurent-sur-Mer dans le Calvados, tandis qu'en 1957, le gouvernement allemand rassemble ici les corps initialement enterrés dans d'autres petits cimetières. Onze mille soldats allemands reposent au cimetière militaire de la Chapelle-en-Juger, dont la taille et l'entretien en font un lieu impressionnant.

ÉGLISE ABBATIALE SAINTE-CROIX

Place Sainte-Croix
✆ 02 33 77 60 35
Ouvert tous les jours de 8h30 à 19h.

Consacré en 1204, cet édifice roman, le plus ancien de Saint-Lô, subit au cours des siècles de nombreux remaniements. Au début du XIXe siècle, les bâtiments conventuels sont transformés en haras. Seuls subsistent de l'époque romane le portail et les premières travées. Le clocher, reconstruit en 1860, est abattu en 1944 et remplacé par un campanile de béton. Une plaque posée sur le mur du clocher rappelle le souvenir du major américain T.-D. Howie, mort d'un éclat de mortier.

EGLISE NOTRE-DAME ★

✆ 02 33 05 51 87

Ouvert toute l'année. Visite guidée.

Profondément marqué par les bombardements de juin 1944, l'édifice, de style gothique flamboyant, conserve dans sa restauration les stigmates de la guerre. Sa façade ne fut pas restaurée, et à sa place un mur de schiste vert clôt la nef. A remarquer : la curieuse chaire extérieure très ouvragée qui flanque le mur nord du chœur, un obus de la Seconde Guerre mondiale fiché dans la pierre, ainsi que des vitraux des XVe et XVIe siècles miraculeusement sauvés du désastre. Son apparence si particulière en fait l'une des curiosités de la ville.

PORTE DE LA PRISON ★★

Place de la Mairie

Visite libre toute l'année.

Construite en 1824, la prison de Saint-Lô fut détruite par les bombardements dans la nuit du 6 au 7 juin 1944. Les Allemands y avaient enfermé cent cinquante personnes dont de nombreux résistants de la région qui périrent cette nuit-là sous les bombes… Seule la porte de l'édifice subsiste. Le conseil municipal décida de la conserver en souvenir des victimes. Elle est devenue le monument à la mémoire de la résistance du département et des victimes de la répression nazie. Une urne contenant les cendres des déportés fut placée à proximité.

LA FERME DE L'ISLE

5261, route de l'Isle

MOYON VILLAGES

✆ 02 33 50 30 91

www.confituredelait.eu

Du mardi au vendredi de 15h à 18h30. Sur le marché de Saint-Lô le vendredi et le samedi.

A l'origine, en 1981, les parents se sont installés à Moyon, et en 2012 les deux filles, Anne-Sophie et Émilie, décident de rejoindre l'entreprise. L'union faisant la force, la structure prenant de l'ampleur, la Ferme de l'Isle produit aujourd'hui près d'un million de litres de lait par an, et développe une bonne quinzaine de produit laitiers, du fromage frais, de la crème fraîche, de la confiture de lait. Vous pouvez même découvrir la traite pendant l'ouverture de la boutique. Régulièrement primés, les produits sont exceptionnels.

CHERBOURG-EN-COTENTIN ★★

C'est la capitale du Cotentin et, de loin, la plus importante ville de la Manche. Forte de ses 80 000 habitants, Cherbourg-en-Cotentin, mondialement connue pour son rôle dans la libération alliée et pour ses parapluies, mérite une découverte, et même davantage. Fille de la mer, très prisée depuis quelques années, la ville aux multiples ports vaut mieux que la réputation fraîche que certains lui collent. Les multiples ruelles commerçantes de son vieux centre, son patrimoine architectural et sa vie culturelle intense en font une destination de premier plan. Et puis d'ici, les ferries vous mènent chaque jour outre-Manche, au Royaume-Uni ou en Irlande.

BATTERIE DU ROULE ★★

Montée des Résistants

✆ 06 31 45 25 80

www.exspen.com

Horaires : se renseigner sur le site. Adulte : 12 €. Enfant : 6 €. - de 18 ans : 9 €. - de 10 ans : 6 €.

Depuis quelques années, l'association Exspen permet l'exploration des entrailles de la Batterie du Roule, un site classé aux Monuments historiques depuis 1995. Muni d'un casque et d'une lampe frontale, vous partirez à la découverte d'une partie des fortifications creusée pendant la Seconde Guerre mondiale, et vous découvrirez un patrimoine incroyable à la manière des explorateurs, sans muséologie particulière. Vous vous replongerez alors au temps où ces souterrains, équipés de canons, étaient destinés à la protection de la grande rade artificielle de Cherbourg.

CHALUTIER JACQUES-LOUISE - MUSEE DE LA PECHE ★

Quai de l'Entrepôt

✆ 02 33 93 32 29

Actuellement en cours de rénovation, réouverture prochaine.

Le *Jacques-Louise* est un ancien chalutier hauturier : son épopée s'inscrit dans la grande période de pêche au large de l'après-guerre, lorsque les forçats de la mer partaient plusieurs jours en mer. Désarmé en 1991, il est racheté par l'association les Amis du Jacques-Louise, avant que la ville ne s'en porte acquéreur en avril 2021. Inscrit à l'inventaire supplémentaire des monuments historiques, il est actuellement en restauration. Vous pouvez le voir dans le bassin du commerce.

LA CITÉ DE LA MER ★★★★

Gare maritime transatlantique
✆ 02 33 20 26 69
www.citedelamer.com
Tarifs : adulte 19 €, junior 14 € (5 à 17 ans), gratuit -5 ans. Horaires : 10h-18h et 9h30-19h en juillet et août.

Quelle reconnaissance ! Deux des éléments principaux de la Cité de la Mer, à savoir la Gare Maritime Transatlantique et le sous-marin *Le Redoutable* ont été désignés monuments préférés des Français ! Site familial, ludique, dédié à l'aventure de l'homme et de la mer, la Cité de la Mer est en effet logée dans l'ancienne gare maritime, chef-d'œuvre Art déco, et s'organise en plusieurs parcours consacrés à la vie sous-marine : tout d'abord une grande galerie des engins et des hommes et la visite du sous-marin *Le Redoutable* (à partir de 5 ans). Ce dernier, lancé en 1967 à Cherbourg par le Général de Gaulle, est le plus grand submersible visitable au monde. Totalement inédite, cette visite peut se faire avec l'aide d'un audioguide : guidés par le commandant de bord, appelé ici « Pacha », vous ne manquerez rien des arcanes de ce géant, qui mesure 128 mètres. Vous découvrez ensuite « L'Océan du Futur » avec ses 17 aquariums dont l'Abyssal de 10,70 m de haut : dans un bâtiment dédié, sur 3 étages, les espaces multimédias spectaculaires renforcent cette incroyable sensation d'immersion dans les profondeurs. Port d'escale du seul voyage du mythique Titanic, Cherbourg dispose d'une place bien particulière dans l'histoire du géant disparu en 1912. « Titanic, retour à Cherbourg » vous propose ainsi, dans un parcours scénographique incroyable, de revivre sa traversée tragique. Difficile, pour ne pas dire impossible, d'envisager une visite à Cherbourg sans venir à la Cité de la Mer, devenue en 20 ans l'incontournable de la ville.

PROMENADE EN MER À BORD DE L'ADÈLE-HAGUE A PART

✆ 02 33 93 52 02
www.hagueapart.com
Tarifs sur le site.

C'est une histoire incroyable qui vous sera contée, et montrée, depuis l'*Adèle* : celle de la rade de Cherbourg ! Lors de votre visite, vous approcherez des monuments situés en pleine mer dont la magie n'a d'égal que le gigantisme. En parallèle, des sorties vous sont aussi proposées au large de la Hague (de Cherbourg à la Hague, où le long des côtes à Omonville). Particuliers ou professionnels, voici une incroyable manière de surprendre vos invités, proches, clients, ou salariés.

CARENTAN LES MARAIS ★★

Elle est surnommée à juste titre la capitale des marais : située à quelques kilomètres des plages du débarquement, très bien desservie par voies autoroutières vers Cherourg, Caen ou Saint-Lô, elle mérite bien un détour. Ses arcades médiévales, qui abritent des commerces, les hôtels de Ponthergé et Hervieu-de-Pontlouis, son église Notre-Dame, dont le clocher est visible à des kilomètres et son vaste hôtel de ville sont autant de lieux à découvrir. En hiver, la ville, cernée par l'eau qui recouvre les marais, semble totalement coupée du monde. Reliée à la mer par un canal, elle dispose également d'un joli port de plaisance au coeur de la ville.

D-DAY EXPERIENCE ★★★

2, village de l'Amont
✆ 02 33 23 61 95
www.dday-experience.com
Ouvert tous les jours. Adulte : de 9 à 19,90 €. Enfant (6-17 ans) : de 7 à 15,90 €. Pass famille : entre 45 et 65 €.

Le musée D-Day Experience vous propose un formidable parcours immersif et interactif sur les traces des parachutistes. Votre visite se découpe en 3 étapes : tout d'abord le musée D-Day Experience avec ses 1 500 m² d'exposition sur les parachutistes américains ainsi que son briefing et son simulateur de vol unique au monde qui vous permet de revivre leur traversée de la Manche dans la nuit du 5 au 6 juin 1944 : émotions garanties tant au niveau des sensations, que de la perception incroyablement réaliste de ce qu'ont pu ressentir les libérateurs avant de sauter depuis leurs avions, au risque de leurs vies ! Ensuite, vous découvrez le cinéma 3D sur écran géant qui vous explique le Débarquement et la Bataille de Carentan. Ainsi, un documentaire de 36 minutes est projeté sur un écran de 15 mètres par 8, avec son spatialisé, décuplant vos sensations dans un espace incroyable. Et enfin la maison historique du Dead Man's Corner vous fait découvrir le point de vue des troupes allemandes. Une véritable plongée en famille dans la peau de ceux qui ont vécu le Jour-J ! Ici, les combats durèrent pas moins de 3 jours entiers, et la maison, et son exposition, vous invite à découvrir ces jours du point de vue des soldats allemands, avec une muséographie incroyable. Pour vous rendre sur ces lieux, en venant de Paris ou de Cherbourg, il vous faudra sortir de la RN13 au niveau de Carentan, puis suivre la direction de Saint-Côme du Mont. De là, D-Day Expérience est bien indiqué, et facile à trouver ! Assurément un immanquable dans votre circuit.

NORMANDY VICTORY MUSEUM

✆ 02 33 71 74 94

www.normandy-victory-museum.fr

Horaires variables selon la période : consulter le site internet.

Le Normandy Victory Museum raconte l'histoire de la bataille des haies qui eut lieu juste après le débarquement, dans la Manche. A travers une scénographie émouvante et axée sur le quotidien des soldats mais aussi des civils, le visiteur est invité à découvrir cette période parfois méconnue de l'histoire. Les décors, sons, images d'archives, la possibilité de toucher les objets, les témoignages, tout est là pour vous plonger dans l'univers de l'époque et comprendre leur vécu. Également, balades en véhicules d'époque. Visite d'environ 1h30 adaptée aux enfants.

L'ESCALE DES SENS €€

10, rue Jean Loret

✆ 02 33 42 08 87

www.escaledessens.wix.com/carentan

Ouvert du mercredi au samedi le midi et le soir ; dimanche midi. Menus de 28,50 € à 47 €. Plat du jour : 20 €.

C'est sous la houlette de Valentin Doraphé que L'Escale des Sens développe ici le concept de « bistrot chic ». Visuellement, c'est épuré, sobre, et les tables sont bien dressées. Mais c'est bien du côté des assiettes que l'on se penchera. Déclinées en plusieurs formules allant de 2 à 5 plats, elles sont excellentes, ces propositions étant renouvelées chaque mois. Des saveurs inattendues, parfois inconnues : la viande et le poisson sont réinventées au fil des saisons. On pensera à bien réserver en amont, surtout le week-end, tant le lieu est prisé.

CABOURG ★★

Cabourg, perle de la Côte Fleurie, s'illustre par un patrimoine exceptionnel. Pourtant, dans les années 1850, elle n'est qu'un petit village de pêcheurs. C'est en 1861, avec la construction d'un premier hôtel en bord de mer, le fameux Grand Hôtel, puis en 1892, avec l'acquisition par Charles Bertrand (maire pendant 31 ans !) des Grands Établissements, que la « Reine des Plages », ainsi baptisée à la Belle Époque, gagne ses lettres de noblesse. Cabourg mit du temps à se remettre de la Seconde Guerre mondiale. En 1971, Bruno Coquatrix, directeur de l'Olympia et maire, restructure la station qui revêt peu à peu ce charme attachant, toujours d'actualité.

PROMENADE MARCEL PROUST ★

Sur près de 4 km, elle est l'une des plus longues promenades d'Europe réservées aux piétons. La digue, qui s'étend jusqu'à Merville-Franceville, rend hommage au plus célèbre des pensionnaires de la station balnéaire. Construite en 1912, elle demeure par tous les temps, sous parasol ou parapluie, un haut lieu de bavardages et de discrètes déclarations d'amour. On y va pour admirer les magnifiques couchers de soleil sur la baie de Seine, respirer l'air iodé et s'imprégner, à toute heure de la journée, de couleurs uniques. Que serait Cabourg sans sa promenade ?

STATUE DE MARCEL PROUST

Jardins du Casino

Pour les inconditionnels, une statue en bronze, d'environ 40 cm, est en vente au Grand Hôtel et à l'office de tourisme.

Grandeur nature, la statue de Marcel Proust, posée dans les jardins du Casino, devant le Grand Hôtel, est le sujet de milliers de photos et selfies. Œuvre du musicien et sculpteur brésilien Edgar Duvivier, elle fut inaugurée en 2017 et marque l'incontestable intimité qui liait Proust et Cabourg (Marcel Proust a immortalisé Cabourg sous le nom de Balbec dans les 3 000 pages de *A la recherche du temps perdu*).

▸ Dans cet esprit, et pour rendre à l'écrivain le rang qui lui est dû, un musée, la Villa du Temps Retrouvé, a ouvert ses portes en 2021.

AU PIED DES MARAIS €€

26, avenue du Président-René-Coty - **VARAVILLE**

✆ 02 31 91 27 55

www.aupieddesmarais.fr

Du jeudi au lundi, midi et soir. Menus de 42 € à 62 €. Formule du midi 28 €. Réservation recommandée.

Ici, tout près de Cabourg, au sein de ce bel établissement qui joue dans la cour des grands, on prend le temps de manger. Soignée, la carte de Thierry Ramard, Maître Restaurateur, oscille entre terre et mer, entre tartare de langoustine à la truffe, Chateaubriand (de race normande) rôti à la braise et étouffée de blanc de turbot... La Tatin de pomme revisitée finira de vous emmener au paradis. Les vins sont de grande qualité à moins d'opter pour un cidre du pays d'Auge grand cru. Une excellente table où convivialité et sourire du patron vous attendent.

LE HAVRE ★★

Le Havre doit presque tout à deux hommes. L'un en a fait un port royal (François Ier), l'autre a redessiné ses axes et ses bâtiments (Auguste Perret). Entre les deux, cinq siècles d'histoire se sont écoulés, qui ont façonné cette ville aux mille visages, berceau de l'impressionnisme au XIXe siècle et véritable musée à ciel ouvert de nos jours, notamment grâce aux œuvres pérennes créées à l'occasion de la grande manifestation désormais culte : « Un Été au Havre ». Le Havre, ce n'est pas que du béton, c'est aussi la mer, son port gigantesque, sa plage hyper animée en plein cœur de la ville, de belles avenues et des kilomètres carrés de verdure.

ABBAYE DE GRAVILLE ✞ ★

53, rue de l'Abbaye
✆ 02 35 24 51 00

Avril à oct : 10h-12h30 et 13h45-18h. Nov à mars : groupes uniquement. Sauf mar et fériés. Adulte 5 €. Gratuit -26 ans.

Commune indépendante, Graville n'intègrera Le Havre qu'en 1919. Le fief appartenait à un compagnon de Guillaume le Conquérant. Récompensé par le nouveau roi d'Angleterre, Guillaume Malet fait construire une abbaye romane au XIIe siècle, sur le site d'un ancien ermitage. De style roman (la nef) et gothique (le chœur), l'église, nichée dans un coin de verdure, donne sur le cloître de l'abbaye, entourée de l'ancienne salle capitulaire et de quelques vestiges des bâtiments conventuels. Près du petit cimetière, la Vierge noire domine l'entrée de la ville.

CATHÉDRALE NOTRE-DAME ★

Rue de Paris
✆ 02 35 42 27 66

Ouvert toute l'année. Fermé pendant les offices. Tous les jours de 10h à 18h. Gratuit.

© FRANCK GODARD

Notre-Dame du Havre fut consacrée cathédrale en 1974, après la création du diocèse par le pape Paul VI. Aujourd'hui restaurée, elle fut une rescapée des bombardements de 1944, comme le Muséum. Elle y a perdu notamment les grandes orgues offertes par Richelieu. La première chapelle en bois de 1520 fut balayée par la marée. L'église qui lui succède fut détruite par les Anglais en 1563 : en subsiste la tour construite en 1539, en pierre blanche de Vernon. La nouvelle église, en pierre de Caen, date de 1610. Sa dernière restauration fut terminée en 2020.

MAISON DU PATRIMOINE ET DES CITÉS PROVISOIRES 📷

2, rue du 8-Mai-1945 - **GONFREVILLE-L'ORCHER**
✆ 02 35 13 16 53
www.musees-normandie.fr

Ouvert du mardi au samedi de 9h à 17h sur RDV. Visite sur réservation et lors des Journées du Patrimoine. Gratuit.

La Maison du Patrimoine et des Cités provisoires, inaugurée le 8 mai 2019, a pour but la préservation et la mise en valeur de deux baraquements du camp de transit « Philipp Morris » construit par l'armée américaine sur le plateau de Gonfreville en 1945. 35 000 militaires y furent stationnés. Après leur départ en 1947, les habitants les remplacèrent dans ces habitations. Aujourd'hui, l'un est dédié à l'histoire du camp et des cités provisoires, l'autre à la vie dans les années 1960.

MÉMORIAL DE LA BATAILLE DU HAVRE 📷

Route de Fréville CD 52
FONTAINE-LA-MALLET

Mémorial en plein air d'accès libre.

Opération « Astonia » : c'est le nom de code donné à la bataille du Havre prévue par l'état-major des Alliés, faisant suite à l'opération « Overlord », le débarquement en Normandie. Le Havre est l'un des ports majeurs à reprendre aux Allemands. Le 10 septembre, à 17h45, l'assaut final débute. Fontaine-la-Mallet étant proche du Havre, elle ne sera pas épargnée. Table rase en sera faite. Le 10 septembre 2000, un mémorial a été inauguré autour d'un char Churchill MK VII.

CRÊPERIE LES KORRIGANS €

54, quai Michel-Féré
✆ 02 35 42 70 59

Tous les jours midi et soir. Menu enfant : 8,70 €. Formule midi : 12,10 € (galette salée, crêpe sucée, café). Terrasse.

Ce sont les Korrigans, ces créatures légendaires originaires de Bretagne, qui ont inspiré le décor de cette charmante crêperie nichée dans le quartier Saint-François. Ce petit établissement familial, installé au bord du bassin du Roy, propose des galettes et des crêpes qui feront voyager vos papilles : l'Espagnole et ses poivrons, la Mexicaine et son chorizo ou l'Indienne au curry... Mais Isabelle et son équipe n'ont pas oublié d'inviter la Bretagne : vous vous régalerez de la crêpe au caramel beurre salé accompagnée de sa bolée de cidre.

ETRETAT ★★★

Autrefois un modeste village de pêcheurs, Etretat est aujourd'hui une station balnéaire incontournable de la côte d'albâtre. Qui ne connaît pas, ou n'a jamais entendu parler, de ses falaises de craie blanche et de ses arches de calcaire ? Elles séduisent toujours autant les locaux et les touristes, comme les artistes d'antan dont Claude Monet, Gustave Flaubert, Guy de Maupassant ou encore Maurice Leblanc... Le sentier piéton qui longe les falaises permet de profiter de l'air iodé et de s'imprégner des paysages de ce site qui contribue au rayonnement de la Normandie, au même titre que le Mont-Saint-Michel ou les planches de Deauville.

FALAISES D'ÉTRETAT ★★★★

Rue du Docteur-de-Miramont

La côte d'Albâtre, du Cap de La Hève à Dieppe, forme une muraille unique en son genre de ce côté de La Manche. Les ouvertures qui les sillonnent à partir de la mer s'appellent ici des valleuses, et la plus célèbre d'entre elles est ici, à Etretat. En montant sur la **falaise d'Aval**, à partir du front de mer puis en longeant le golf, on dépasse un premier escarpement, pour parvenir à la **Porte d'Aval**, fragile pont au-dessus de la mer, qui discute avec **l'Aiguille** et ses 51 mètres, bien moindres que les 130 m du Cap d'Antifer... Mais la poésie emplit l'espace, le ciel et le creux de l'Aiguille si l'on écoute Maurice Leblanc. En contrebas, on peut passer d'un côté à l'autre en empruntant le **Trou à l'homme**, tunnel creusé pour aller plus vite qu'en faisant le tour à marée basse. Cela n'empêche pas les touristes étourdis de s'y faire piéger, alors méfiance ! Le chemin des Douaniers, lui, mène à la **Manne Porte**, la grande arche, majestueuse et imposante, et plus loin, la **Pointe de la Courtine**, derrière laquelle se niche la plage d'Antifer, à laquelle on accède du Tilleul. De l'autre côté, sur la **falaise d'Amont**, les pêcheurs ont érigé une chapelle, afin que la Vierge les protège. Cela n'empêche pas la mer de se déchaîner sur Etretat lors de grandes tempêtes. Elle aussi a sa **Porte d'Amont**, d'où l'on pouvait autrefois descendre sur l'estran, c'est désormais déconseillé. Au loin, on distingue encore deux merveilles, le **Roc Vaudieu** et l'**Aiguille de Belval**, à Bénouville. De quoi regarder l'horizon durant des heures...

LES BALADES NORMANDES

DORMY HOUSE*** €€€

Route du Havre
✆ 02 35 27 07 88
www.dormy-house.com

Toute l'année. Chambre standard : 170 € à 275 €. Suite : 350 € à 599 €. Petit déj : 18,50 €. Parking. Animaux acceptés.

Pour avoir l'une des plus belles vues de la région, c'est ici qu'il faut s'arrêter. Dormy House domine la plage et surplombe la mer. À proximité du golf, l'établissement récemment restauré est de très belle qualité, les chambres délicieusement décorées et le service impeccable. Le restaurant à la cuisine fraiche et délicieuse ainsi que le nouveau bar, le Rayon Vert, vous promettent un excellent moment. Les plus : le jardin et la terrasse à l'anglaise où vous savourerez le soleil et la vue panoramique, d'où vous rejoindrez les falaises par un passage secret...

CRÊPERIE LANN-BIHOUÉ €

45, rue Notre-Dame ✆ 02 35 27 04 65
www.etretat-lannbihoue.fr

Du jeudi au lundi midi et soir. Juillet-août : lundi midi, mercredi au dimanche midi et soir. Réservation recommandée.

À la crêperie Lann-Bihoué, c'est la Bretagne qui s'invite en Normandie ! Derrière la porte aux carreaux colorés, ce sont de nombreuses crêpes et galettes qui vous attendent, plus généreuses et savoureuses les unes que les autres. Selon vos goûts, à vous de choisir les galettes classiques ou bien la galette à l'andouille de Guémené et à la moutarde à l'ancienne, ou celle au saumon fumé... Pour le dessert, les crêpes sucrées prennent le relais avec des garnitures gourmandes comme le chocolat chaud ou le caramel au beurre salé maison. Belle halte après promenade.

LA SALAMANDRE €€€

4, boulevard du Président-René-Coty
✆ 02 35 27 17 07
www.hotel-salamandre-etretat.com

Ouvert midi et soir. Service continu week-ends et vacances scolaires. Terrasse. Plateaux de fruits de mer à emporter.

S'arrêter dans cet établissement est une bonne occasion de profiter du cadre unique du manoir de la Salamandre, avec ses grandes tables en chêne et sa superbe cheminée. Côté cuisine, on travaille ici le poisson sauvage et les produits bio des petits producteurs locaux. Les plats sont savoureux et sains. Parmi les spécialités de la maison : plateaux de fruits de mer, foie gras maison, bar et saumon sauvage, morue à la cauchoise, trio de poissons grillés à l'huile d'olive. Pour végans et végétariens : curry de tofu à la crème végétale, bolognaise de soja...

LE TRÉPORT ★

Petit port de pêche et de commerce aux portes de la baie de Somme, Le Tréport est aussi une station balnéaire classée depuis 1960, qui offre à ses habitants et aux touristes des animations toute l'année. Très appréciée des Parisiens, qui viennent pratiquement en voisins – c'est la ville côtière la plus proche de la capitale –, la cité a vu ses premières villas de front de mer apparaître dès le milieu du XIXe siècle. De cette Belle Epoque, il ne reste que quelques villas, mais ses falaises et son funiculaire sont demeurés là pour offrir un spectacle grandiose à ses visiteurs. Avec son quartier des pêcheurs et sa plage, le lieu mérite un séjour estival.

ÉGLISE SAINT-JACQUES ✝ ★

4, place de l'Eglise
✆ 02 35 86 05 69

Basse saison : tous les jours de 10h à 18h. Haute saison : tous les jours de 10h à 19h. Fermeture à 17h en hiver.

Au début du XIe siècle, le comte d'Eu détourne la Bresle de son lit pour étendre le port et fragilise ainsi l'église de la ville, qui ne résista pas aux intempéries et s'effondra en 1360. Le bâtiment fut reconstruit, mais cette fois-ci, ce furent les Anglais et les Huguenots qui rasèrent l'édifice. La troisième fois fut la bonne : dans la deuxième moitié du XVIe siècle, l'église Saint-Jacques s'installait définitivement sur le coteau. Le monument est typique de la région avec ses façades en damiers de grès sombre et de silex. L'intérieur est aussi remarquable !

LE KAHLBURG

Rue du 8-Mai-1945
✆ 02 35 50 55 20
www.kahl-burg.fr

Visites sur rendez-vous et lors de journées programmées. Gratuit. Contributions bienvenues. Visites guidées.

Le Kahl-Burg est l'un des nombreux vestiges des affrontements qui se sont tenus lors de la Seconde Guerre mondiale le long de la côte normande. L'ouvrage fut construit par l'armée allemande en 1942 après le raid canadien sur Dieppe lors de l'opération « Jubilee ». Creusé à l'intérieur de la falaise de craie pour servir de poste de commandement des 245e et 348e divisions d'infanterie, il se constitue de 270 mètres de galeries qui desservent 32 pièces, le long de 225 marches. Ce travail de titan fut exécuté entre autres par des prisonnières ukrainiennes accompagnées de quelques habitants du Tréport réquisitionnés pour l'occasion. Quitté en catastrophe par les Allemands en 1944 lors du débarquement allié sur les plages de Normandie, le Kahl-burg, resté inachevé, fut laissé à l'abandon une soixantaine d'années, pillé, puis utilisé comme décharge. Ce site historique, aujourd'hui renforcé, a été sauvé en 2001 par les bénévoles de l'association « Le Mur de la Manche », qui propose des visites guidées. Vous découvrirez les différents espaces ouverts au public : un bloc d'accès, des salles techniques, des salles de casernement, des postes d'observation, un poste de tir avec son canon d'origine, un poste de combat. Les vitrines présentent des objets et vêtements savamment collectés, triés, nettoyés et mis en valeur, qui aident à comprendre la vie quotidienne et militaire de l'époque. A l'entrée du site, un aménagement avec des indications historiques permet d'appréhender les événements qui se sont déroulés sur place, face à la Manche.

LES MARAIS DE SAINTE-CROIX

Chemin de halage
✆ 02 35 86 05 69
www.ville-le-treport.fr

Ouvert toute l'année. Accès libre. Gratuit. Facile.

Les marais de Sainte-Croix sont l'un des lieux de biodiversité les plus importants de la région du Tréport. Des milliers d'animaux et d'espèces végétales y ont élu domicile, profitant de la localisation exceptionnelle du site. À mi-chemin entre le centre-ville et la rocade, sur la route qui permet de relier l'Oural au Sahara, les oiseaux migrateurs viennent faire une petite pause dans cet écrin de verdure. On peut notamment apercevoir des hérons, des aigrettes et des cigognes...

MUSÉE DU VIEUX TRÉPORT

1, rue de l'Anguainerie
✆ 02 35 86 13 36
musee-du-vieux-treport.wifeo.com
De Pâques jusqu'à fin septembre : WE et jours fériés de 10h à 12h et de 15h à 18h. Adulte : 3 €. Enfant : 1,50 €.

Ce petit musée s'est installé dans l'ancienne prison et l'ancienne mairie du Tréport. À proximité d'une porte voûtée de 1563, le lieu présente sur cinq niveaux d'exposition l'histoire de la ville. Vous y découvrirez la naissance des stations balnéaires aux XIXe et XXe siècles, des maquettes de bateaux, des costumes traditionnels et ustensiles de pêche, le ramassage du galet, la charpenterie de marine, mais aussi les naufrages et les sauvetages en mer. À travers objets, photos et peintures, c'est toute la vie maritime du Tréport qui se dévoile ici.

POINT DE VUE DES TERRASSES ★

Accès par le funiculaire (gratuit) ou par l'escalier qui aboutit près de l'Hôtel de Calais.
Ouvert toute l'année.

En haut des falaises, le panorama s'étend sur les « trois villes soeurs » que sont Le Tréport, Eu et Mers-les-Bains. De cet emplacement, toute la ville est à vos pieds et on identifie bien le quartier des Cordiers avec ses rues étroites, parfaitement rectilignes, et ses maisons resserrées. Une table d'orientation permet de se repérer pour le paysage plus lointain. C'est aussi le point de départ de la randonnée jusqu'à Criel-sur-Mer sur 11,7 km, le long de la mer.

QUARTIER DES CORDIERS

Rue Saint-Julien
✆ 02 35 86 05 69
www.destination-letreport-mers.fr
Accès libre.

Les cordiers, ce sont les marins qui pêchaient sans filet, juste avec une corde et des hameçons. Et ce quartier, entre mer et falaises, prit forme à partir du XVIIIe siècle. Il est constitué de ruelles étroites, de petites maisons à étages décorées de balcons en fer forgé et de bow-windows. Un dépliant est disponible à l'office de tourisme pour retrouver la vingtaine de motifs marins qui ornent ces maisons typiques. Le site a perdu un peu de son charme après la dernière guerre : une partie fut rasée pour la construction du mur de l'Atlantique par le IIIe Reich.

LE FUNICULAIRE

Rue de l'Amiral-Courbet
✆ 02 35 50 55 20
destination-letreport-mers.fr
Lundi au vendredi : 7h45-20h45. Samedi : 7h45-0h45. Dimanche : 7h45-23h. Mi-juin à mi-septembre : 7h45-0h45. Gratuit.

C'est une expérience unique que propose le funiculaire du Tréport : un superbe voyage à travers la falaise qui domine la station balnéaire, à partir du quartier des Cordiers. En haut, vous découvrirez la vue incroyable sur la mer et l'horizon. Ouvert en 1908, le tunnel permettait aux touristes du Grand Hôtel Trianon de gagner la plage facilement. Remis en service en 2006, il a été équipé de 4 nouvelles cabines qui fonctionnent sur le principe de l'ascenseur incliné. La traversée dure 1 minute et 55 secondes, assez pour se prendre pour Jules Verne. Incontournable !

RÉSIDENCE VOILES ET TERRASSES €€

11, quai Sadi-Carnot
✆ 06 07 09 81 44
www.voilesetterrassesletreport.com
Selon saison : de 400 € à 805 € la semaine. Nuit de 70 à 80 €. Week-end de 85 à 153 €. Wifi gratuit.

Cette résidence se compose d'un agréable studio de 25 m², d'une chambre située face au port et d'un appartement équipé d'une terrasse de 15 m². Ces trois hébergements proposés à la location sont dans un immeuble charmant et disposent de tout le confort. Vous y trouverez une petite cuisine entièrement équipée et une salle d'eau. La résidence est par ailleurs idéalement située à 30 mètres d'une boulangerie et tout près d'un parking gratuit. Le must pour visiter le Tréport à pied.

LE HOMARD BLEU €€

45, quai François-Ier
✆ 02 35 86 15 89
Tous les jours midi et soir. Réservation recommandée. Menus de 19,90 € à 29,90 €. Plateaux de fruits de mer.

Ce restaurant est une institution au Tréport. Le chef, Eric Bagnost, apporte tout son savoir-faire pour réinventer une cuisine de tradition à base de produits du terroir. Sur les ardoises, les poissons affichés ont été pêchés le matin même et préparés avec maestria pour satisfaire les gourmets. Quant aux fruits de mer, la spécialité du chef (le homard bleu) vous comblera forcément... N'hésitez pas à réserver, car les tables du premier étage avec vue sur la mer et la falaise sont très prisées... Même sans la vue, les assiettes sont toujours époustouflantes !

ETAPE DE MONTAGNE EN SUISSE NORMANDE

LIEUX	Km total	Km à faire	Routes
FLERS (CHÂTEAU)	0	106	D924
TINCHEBRAY	16	90	D911
SAINT-PIERRE-D'ENTREMONT	25	81	D911
CONDÉ-SUR-NOIREAU	35	71	D36, D105
PONTÉCOULANT	38	68	D298, D166
SAINT-PIERRE-LA-VIEILLE	50	56	D184
CLÉCY	59	47	D562, D1
PONT-D'OUILLY	74	32	D167, D320
LA ROCHE D'OËTRE	81	25	D301
MESNIL-HUBERT	86	20	D25
ATHIS-DE-L'ORNE	96	10	D25
FLERS (CHÂTEAU)	106	0	

FLERS ★

Le château du XVIe siècle, les halles, le square Delaunay, la place Paulette-Duhalde, l'église Saint-Germain et la rosace de Jean Chaudeurge, le château Duhazé et son style néogothique, de riches demeures du XIXe et de beaux balcons en fer forgé : Flers est une ville qui recèle des petits trésors. Ils ne sont pas en or, au désespoir des alchimistes venus dans la cité au XVIIe siècle avec l'espoir de transformer le minerai de fer, très présent dans la région. Si l'exploitation s'est terminée dans les années 1970, Flers est restée une ville très verte et commerçante, capitale de l'Ouest ornais très bien desservie par voies routières et ferroviaires.

LE CHÂTEAU ★

Avenue du Château

L'enceinte accueille l'Hôtel de ville et le musée d'histoire et d'œuvres d'art. Le parc est en libre accès. Animations.

© FRANCK GODARD

Edifié au XVIe siècle, l'édifice a été largement remanié durant les deux siècles suivants. La partie ancienne est encadrée par les douves, la façade datant du XVIIIe est plus élégante. Flers étant la capitale de la chouannerie normande, le château a été incendié en 1800, puis reconstruit. Il a échappé aux bombardements de 1944. Propriété de la commune depuis 1901, c'est dans l'ancienne orangerie qu'est installé aujourd'hui l'Hôtel de ville. Le lieu abrite également un musée, situé dans le château proprement dit. L'édifice est classé monument historique.

AUBERGE DE LA MINE €€€

8, route Champsecret - **LA FERRIÈRE-AUX-ETANGS**

✆ 02 33 66 91 10

www.aubergedelamine.com

Fermé lundi et mardi. Réservation impérative. Menus de 42 € à 73 € (menu dégustation 85 à 118 €). Accueil des groupes.

Coup de cœur : excentré à la lisière de la forêt d'Andaine, le restaurant occupe une ancienne cantine ouvrière. La décoration des lieux rend hommage à ce riche passé. Dans l'assiette, une cuisine gastronomique de haut vol, innovante et confectionnée à partir de produits locaux de qualité par le chef Hubert Nobis qui les travaille avec une grande délicatesse. Chaque jour, il fait une proposition selon l'arrivage et son inspiration en plus de sa carte. Le menu dégustation en 7 plats, pas moins, permet au chef de montrer l'étendue de son immense talent.

TINCHEBRAY-BOCAGE

A l'extrême ouest du département, cette commune située à la limite de l'Orne, de la Manche et du Calvados a vu naître deux orfèvres, l'un de l'écriture, l'autre de la vaisselle : André Breton, le fondateur du mouvement surréaliste, et Guy Degrenne, dont les couverts ornent les tables. C'est également la capitale française de la quincaillerie. Mais c'est d'abord et avant tout une bataille qui s'y déroula en 1106 qui fit la renommée de Tinchebray. La bataille a d'ailleurs laissé quelques traces dans la dénomination des lieux-dits. Tinchebray conserve de beaux monuments de son passé médiéval et moderne. La petite ville mérite bien un passage.

PRISON ROYALE ★

34, Grande-Rue

✆ 02 33 96 19 49

www.tinchebray.fr

Visite guidée en été mardi, mercredi, vendredi, dimanche à 14h30. Hors saison sur réservation groupe > 10 pers. Dès 4 €.

L'ancienne prison royale de Tinchebray est unique en Normandie. Le site, qui date des XVIIe et XVIIIe siècles, est doté d'anciennes geôles et d'une chapelle séparée par des barreaux qui permettait aux détenus d'assister à la messe. Au-dessus, dans son état d'origine, la salle du tribunal qui servait encore pour les audiences des Prud'hommes il y a une vingtaine d'années, et la « cohue », où les villageois attendaient les jugements. Sur les murs et les portes subsistent de nombreux graffitis laissés par les prisonniers. L'ensemble se visite aux beaux jours.

CLÉCY ★

Perchée sur une hauteur dominant les méandres de l'Orne, environnée de paysages à couper le souffle, la « capitale de la Suisse normande » possède un cachet particulier. Blottie à l'abri de son église du XVe siècle, celle qui a inspiré les peintres Moteley et Pissarro, avant d'être le sujet favori de l'artiste normand André Hardy, continue de susciter l'admiration. Clécy se niche dans un écrin de verdure, curieux mélange de campagne et de montagne, où les prairies et vergers cèdent brusquement la place à des escarpements rocheux et des monts boisés. Dès lors, Clécy est le point de départ idéal pour les randonnées et les activités sportives.

PAIN DE SUCRE ★

Au niveau de Saint-Omer.

Pour une vraie bouffée d'oxygène ! Sur le parcours qui mène au Pain de Sucre, vous croiserez la boucle du Hom, la route des Crêtes, les rochers des Parcs ou encore la roche d'Oëtre, traverserez des villages pittoresques jalonnés de manoirs, maisons normandes, églises, viaducs, anciennes tanneries, châteaux... et vous profiterez de superbes paysages ! C'est à Saint-Omer que commence la route des Crêtes qui domine les sommets du Pain de Sucre (171 m d'altitude), offrant ainsi des perspectives magnifiques. Décidément, la Suisse Normande est propice aux découvertes !

LE MONDE MINIATURE ★

25, d'Ermington ✆ 02 31 69 07 13

www.chemin-fer-miniature-clecy.com

Ouvert d'avril à début novembre. Horaires variables, en juillet-août tous les jours 10h30-18h. Adulte 9,50 €, enfant 7 €

Tchoutchou ! C'est tout bonnement grandiose ! Une maquette ferroviaire de 310 m², la seconde plus grande d'Europe, s'anime avec son et lumière sous les regards émerveillés. C'est l'œuvre d'Yves Crué, fou de modélisme. Aujourd'hui, c'est son fils Emmanuel qui a repris le flambeau. Une belle histoire de famille qui a soufflé ses 56 bougies en 2021 ! Structure gonflable qui permet aux petits de s'amuser entre deux visites (et pour les parents, une bolée de cidre dans le nouveau snack), tyrolienne, puis les anciens fours à chaux qu'on visite en... petit train.

OFFICE DE TOURISME DE LA SUISSE NORMANDE DE CLÉCY

Place du Tripot

✆ 02 31 69 79 95

www.suisse-normande-tourisme.com

Du mardi au samedi de 10h à 12h30 et de 14h à 18h. Dimanche et jours fériés de 10h à 12h30.

La Suisse normande, vous l'aurez compris, c'est le paradis des activités sportives et de nature. Aussi, toutes les informations concernant les parcours en canoë-kayak, les sites d'escalade, les sports aériens ou le vélo rail sont disponibles à l'office de tourisme, y compris les topoguides des randonnées pédestres. Parmi ces derniers, deux incontournables : « La Suisse normande et le pays de Falaise » et « Randonnées en Suisse normande » qui comportent 27 circuits de 4 à 16 km.

© WWW.CALVADOS-TOURISME.COM

Viaduc de Clécy.

AU SITE NORMAND €€

2, rue des Châtelets
✆ 02 31 69 71 05
www.hotel-clecy.com
Du mardi au samedi, midi et soir. Menu déjeuner en semaine 19,50 €. Le soir et samedi midi, à la carte. Sur réservation.

Maître Restaurateur, Arnaud Leconte figure parmi le cercle restreint des Tables Distinguées des restaurants Logis. La saison et l'instinct sont les seuls maîtres à bord. Le chef valorise les productions locales, simplement habillées de leurs arômes. Désormais, c'est un menu unique le midi en semaine, et à la carte le soir et le samedi. L'envie d'Arnaud et Claire de revenir à l'authentique, avec cuisson à la cheminée en soirée, plateau de fromages et chariot de desserts, apporte encore plus de convivialité. Une table qui donne de l'émotion.

BRASSERIE LA LIE

400, rue de l'Orne
SAINT-RÉMY
✆ 09 84 32 54 11
www.biere-lalie.com
Boutique : du lundi au vendredi de 9h à 12h et de 14h à 18h. Fermeture le mercredi d'octobre à avril.

La Lie a fêté ses 10 ans en 2021, une belle *success story* ! Cette bière locale à la réputation bien assise trône sur les meilleures tables. Erika, François et Pierre-Louis sont fiers, leur protégée fut la toute première bière brassée dans le Calvados. Elaborée à partir d'ingrédients biologiques et locaux (le houblon vient de Touffreville et de la Manche !), brassée à la main, La Lie est issue d'un processus de fabrication artisanal et biologique (la lie est le dépôt qui se forme au fond de la bouteille). Vous serez séduit par le talent de ces artisans passionnés !

BEAU RIVAGE

9, la Cambronnerie
✆ 02 31 69 79 73
www.beau-rivage-clecy.fr
Tous les jours 10h-18h. Tarif variable selon le nombre de km et l'embarcation : canoë à partir de 28 €, kayak 17 €...

Prêt à vous jeter à l'eau ? La base nautique Beau Rivage propose des balades en canoë-kayak pour tous, à partir de 8 ans, conseils personnalisés à l'appui. Selon le circuit choisi, d'une distance de 7 à 28 kilomètres, d'une durée allant de deux heures à une journée, vous traverserez à la seule force de vos bras les paysages magnifiques de la vallée de l'Orne et quelques fameux barrages. C'est rafraîchissant, sportif et merveilleusement revigorant. Des balades en bateau électrique, pédal'eau ou barque vous attendent également pour des croisières bucoliques.

VERTIG' - VIA FERRATA

La Cambronnerie
✆ 06 66 79 75 86
www.vertig.fr
D'avril à septembre, via ferrata de 10h à 17h. Accès et location équipement : 15,50 € (matin) et 17 € (après-midi).

A la sortie de Clécy, la spectaculaire via ferrata de la Cambronnerie attend les amateurs de sensations fortes ! Vous voulez prendre de la hauteur ? Vous allez être gâté ! « Vertig' » est là pour vous aider à franchir les escarpements rocheux d'une falaise le long d'un parcours de 250 mètres, soit 70 mètres de dénivelé à 50 mètres de hauteur. Vous n'êtes pas équipé ? Il y a tout sur place. Aussi, pour les plus courageux, une tyrolienne géante de 400 mètres (à partir de 8 ans) pour une descente à 70 km/h avec vue imprenable sur la vallée de l'Orne. Superbe !

PONT-D'OUILLY ★

Un joli bourg fleuri, au confluent de l'Orne et du Noireau, qui donne une impression de paix et de sérénité. Mais ne vous y trompez pas ! L'été, touristes et vacanciers ont vite fait de l'animer, et pour cause. A Pont-d'Ouilly, entre kayak, bateau à pédales, baignades, randonnées et parapente, on ne sait où dépenser son énergie ! Et pour recharger les batteries, d'excellents restaurants et guinguettes émaillent le bourg. Quant au fameux pont qui lui a donné son nom, il a été reconstruit en 1948, la guerre ayant eu raison de son vénérable prédécesseur, bâti au XIIe siècle, lorsque Pont-d'Ouilly était une ville étape vers le mont Saint-Michel.

CHAPELLE SAINT-ROCH ★

Située sur l'ancienne route de Bretagne, juste à l'entrée de Saint-Marc-d'Ouilly, cette chapelle, édifiée à la fin du XVIe siècle, a été entièrement restaurée en 1933. Au milieu de la verdure environnante ont été installées des tables de pique-nique pour profiter du calme de ce lieu de recueillement. A l'intérieur, huit fresques de Maurice Le Scouëzec, représentent la vie de saint Roch, que l'on priait notamment pour les malades. Les deux fresques du chevet et du fond datent, quant à elles, de 1984 et sont l'œuvre du Polonais Marek Sobczyk.

THERMES, BOIS ET FORÊTS DES ANDAINES

LIEUX	Km total	Km à faire	Routes
BAGNOLES-DE-L'ORNE (CASINO)	0	63	D335
L'ETOILE D'ANDAINES	8	55	D908
DOMFRONT	20	43	D21
DOMPIERRE	29	34	D21
LA FERRIÈRE-AUX-ETANGS	35	28	D266
LA COULONCHE	42	21	D266, D20
LA FERTÉ-MACÉ	54	9	D20
BAGNOLES-DE-L'ORNE (CASINO)	63	0	

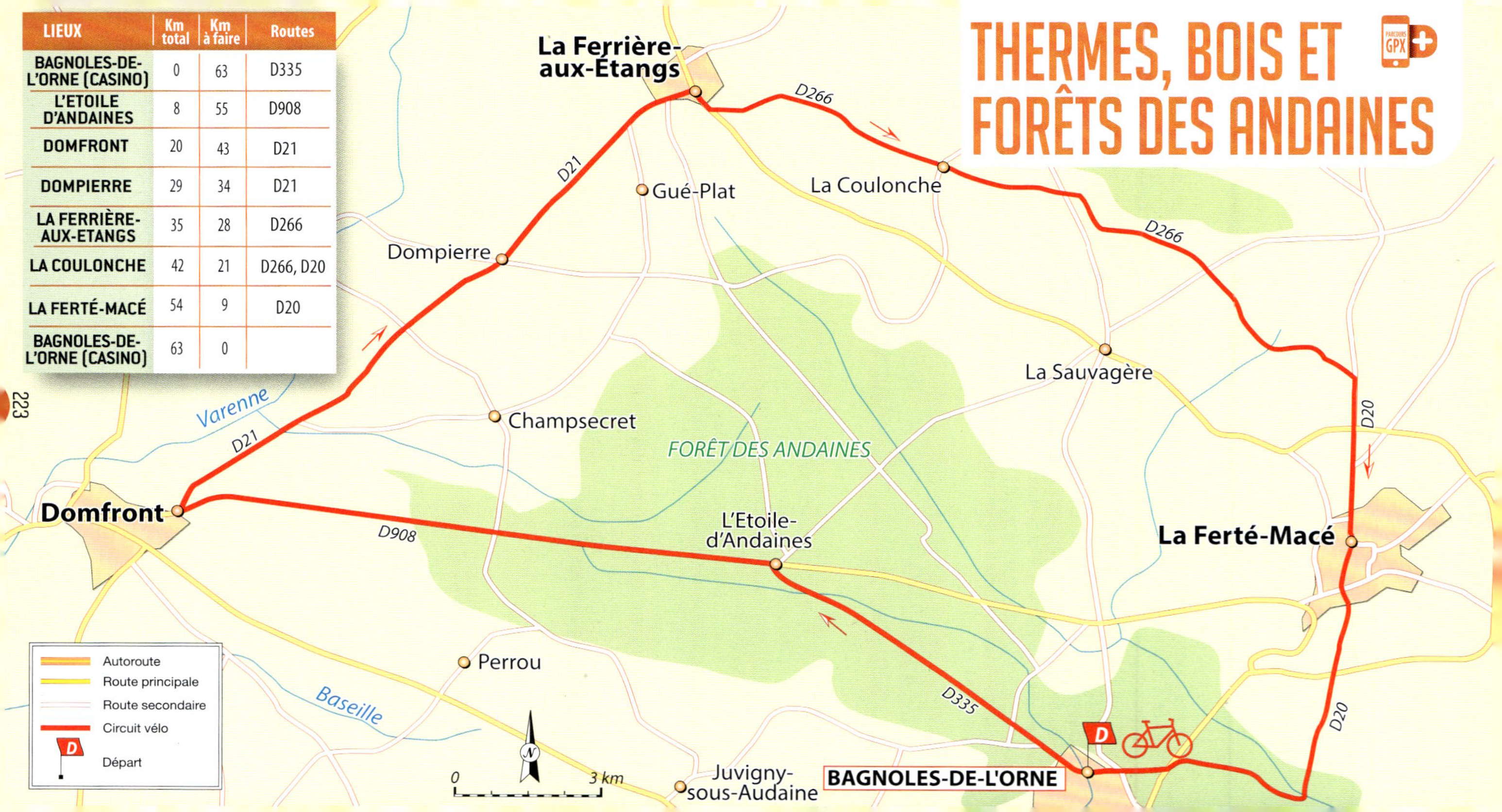

DOMFRONT EN POIRAIE ★★★

Labellisée Petite cité de caractère, Domfront est taillée dans la roche. Aux confins du Massif armoricain, la ville est bâtie sur un promontoire rocheux de grès à 215 mètres d'altitude. A l'époque du duché de Normandie, ce positionnement stratégique lui vaut d'être dotée d'un puissant donjon carré en pierre. Domfront a conservé d'importants vestiges de son passé, notamment ses remparts et un cœur de ville moyenâgeux. Allez-vous promener dans ses petites rues étroites, admirer ses belles maisons en pierre ou à pans de bois. Ne manquez pas le panorama depuis l'une des 11 tours de ses remparts encore visibles : vue imprenable sur la campagne environnante.

ÉGLISE NOTRE-DAME-SUR-L'EAU ★

✆ 02 33 38 53 97

www.ot-domfront.com

Ouvert tous les jours de 10h à 18h. Gratuit. Visites avec l'Office de Tourisme.

Edifiée par Guillaume de Bellême au début du XIe siècle, l'église de Notre-Dame-sur-l'Eau est un monument roman construit en forme de croix latine. L'édifice a conservé ses attraits, même si l'Histoire n'a pas épargné le lieu, très prisé par Guillaume le Conquérant. Pillages et saccages s'y sont déroulés pendant la guerre de Cent Ans. L'église échappe de peu à la démolition en 1826. Durant la Seconde Guerre mondiale, la nef et le clocher sont touchés par un bombardement aérien.

ÉGLISE SAINT-JULIEN ★

✆ 02 33 38 53 97

Ouvert toute l'année. Tous les jours de 9h à 19h. Gratuit. Visites commentées avec l'Office de Tourisme.

Au milieu de la ville médiévale, l'église Saint-Julien détonne. Sa haute silhouette moderne, dominée par son clocher octogonal interpelle les visiteurs. L'édifice a été construit entre 1924 et 1926... en béton armé ! Une technique révolutionnaire pour l'époque. Les 4 grands arcs qui se croisent ont permis la suppression des piliers intérieurs. La décoration de mosaïques Art déco lui confère un style néo-byzantin. Ce monument est vraiment original. A noter : si l'édifice est récent, des travaux de restauration ont néanmoins été nécessaires il y a quelques années.

MUSÉE CHARLES LÉANDRE

Hôtel de Ville

✆ 02 33 30 60 60

Ouvert chaque vendredi du 15 juin au 15 septembre et lors des vacances scolaires, de 10h à midi. Gratuit.

Plus qu'un musée, l'espace Charles-Léandre est d'abord un cabinet de curiosités installé dans les locaux de la mairie. Dédié à l'artiste né à Champsecret (tout près de Domfront) en 1862 et décédé à Montmartre en 1934, vous trouverez ici quelques-unes de ses œuvres : pastels, dessins au fusain, lithographies. De multiples objets, provenant de dons de notables domfrontais, sont également présentés : certains ont été ramenés suite à des voyages à l'étranger. Entièrement gratuit, il est ouvert le vendredi en saison estivale, les visites pour groupe sont possibles.

PARC DES FORGES DE VARENNE

Parc des Forges de Varenne - **CHAMPSECRET**

✆ 06 15 74 53 68

www.lesavoiretlefer.fr

Ouvert du 1er mai au 30 septembre, tous les jours de 10h à 18h. Gratuit jusqu'à 12 ans. Adulte : 5 €.

Dans le bocage ornais, les vestiges sidérurgiques sont nombreux. Les forges de Varenne constituent l'ensemble de sidérurgie au bois le plus complet et parmi les mieux conservés en Europe. Reconstruit en partie à la fin du XVIIe siècle et au début du XVIIIe, ce site a poursuivi son activité jusque sous le Second Empire. Autour du haut fourneau, de l'affinerie et de la fenderie, prend place un ensemble de bâtiments annexes. L'ensemble est classé Monument historique en 1987.

VESTIGES DU CHÂTEAU ★

Ancien château

✆ 02 33 38 53 97

www.ot-domfront.com

Entrée libre et gratuite du site du château. Visites guidées sur réservation.

Il ne reste que des ruines du château bâti par les ducs de Bellême car Sully, ministre d'Henri IV, ordonna son démantèlement en 1610. Les vestiges les plus anciens de cette vaste enceinte castrale sont : le prieuré Saint-Symphorien et ses contreforts-colonnes uniques dans le monde normand construit vers 1100, et la « aula » (grande salle de réception) qui date du début du XIIe siècle. Les vestiges comprennent : le donjon, 2 pans de murs existants, l'enceinte, les remparts, les tours et autres fortifications. Une table d'orientation détaille le panorama.

AUBERGE DU GRAND GOUSIER €€

1, place de la Liberté ✆ 02 33 38 37 25
www.restaurant-grandgousier.com

Ouvert du mardi au dimanche le midi ; le mardi, le mercredi, le vendredi et le samedi le soir. Carte : 40 € environ.

Dans cette belle auberge de style normand, qui dispose de deux salles de restaurant, le bonheur est sans aucun doute dans l'assiette. Vous avez le choix entre plusieurs menus, réalisés sous la houlette du chef Ludovic Juste. On met ici un point d'honneur à cuisiner sur place des produits de saison, permettant d'atteindre des propositions semi-gastronomiques pour lesquelles beaucoup font pas mal de kilomètres. Conseil : l'idéal est de réserver, surtout si votre venue se déroule en fin de semaine. Assurément l'un des meilleurs établissements de la ville.

LA FERRIÈRE-AUX-ETANGS ★

Du château médiéval de La Ferrière, il n'en reste rien ; en revanche, la bourgade compte de belles maisons en grès et en granit du XVIIIe siècle, et elle prit son essor au début du XXe siècle avec l'exploitation du minerai de fer. Deux parcours d'interprétation permettent de découvrir cette partie de son histoire : « le Fer » vous emmène sur 12 km à partir de l'étang, et « Entre terre et fer » vous fait parcourir 9 km à partir du point info de Dompierre. Le mont Brûlé, qui s'élève à 302 mètres en face du village, est un site naturel classé, avec son chemin de croix et sa grotte.

DOMPIERRE

C'est l'une des 23 communes de France portant le nom de Dompierre. Le Dompierre de l'Orne est situé entre Domfront et La Ferrière-aux-Étangs, et en bordure de la forêt domaniale des Andaines, c'est une commune rurale qui garde la mémoire de son passé sidérurgique. Il faut absolument visiter le Musée du Savoir et du Fer, relatant l'histoire des mines de fer du bocage ornais. Au patrimoine bâti l'église Saint-Pierre (XVIIe) avec sa tour porche et un château, sans oublier les deux tours de calcination des anciennes usines sidérurgiques.

PLAN D'EAU DE LA FERRIÈRE-AUX-ÉTANGS

✆ 02 33 66 92 18

Ouvert toute l'année.

Cet écrin de verdure tranquille est évidemment propice à la détente. Ce plan d'eau de 3 hectares compte une aire de jeux, un mini-golf et des tables de pique-nique bienvenues à la belle saison. Il est possible de pratiquer la pêche de mars à septembre. Asséché durant de nombreuses années, l'étang a été reconstruit dans les années 70, permettant à la ville de devenir une station verte et de développer son potentiel touristique. Idéal pour accueillir tous les publics.

MAISON DU FER

Le Bourg
✆ 02 33 38 03 25
www.lesavoiretlefer.fr

Ouvert de mai à septembre. Gratuit. Visites groupes à partir de 10 personnes : 3 €. Boutique.

Méconnu, le riche passé minier et métallurgique fait pourtant du patrimoine ornais. Jusqu'au milieu du XIXe siècle, le minerai de fer était extrait à ciel ouvert et transformé en métal dans des ateliers regroupant fourneaux et forges. De 1901 jusqu'à 1978, les 3 mines de fer de La Ferrière-aux-Étangs, Larchamp et Saint-Clair-de-Halouze ont alimenté en minerai les hauts-fourneaux du Nord-Pas-de-Calais. Vous découvrez ici une riche exposition composée de maquettes, photos, outils utilisés à l'époque, l'ensemble étant exposé dans un souci ludique et pédagogique.

AUBERGE DE LA MINE €€€

8, route Champsecret
✆ 02 33 66 91 10
www.aubergedelamine.com

Fermé lundi et mardi. Réservation impérative. Menus de 42 € à 73 € (menu dégustation 85 à 118 €). Accueil des groupes.

Coup de cœur : excentré à la lisière de la forêt d'Andaine, le restaurant occupe une ancienne cantine ouvrière. La décoration des lieux rend hommage à ce riche passé. Dans l'assiette, une cuisine gastronomique de haut vol, innovante et confectionnée à partir de produits locaux de qualité par le chef Hubert Nobis qui les travaille avec une grande délicatesse. Chaque jour, il fait une proposition selon l'arrivage et son inspiration en plus de sa carte. Le menu dégustation en 7 plats, pas moins, permet au chef de montrer l'étendue de son immense talent.

LE PAYS D'ALENÇON

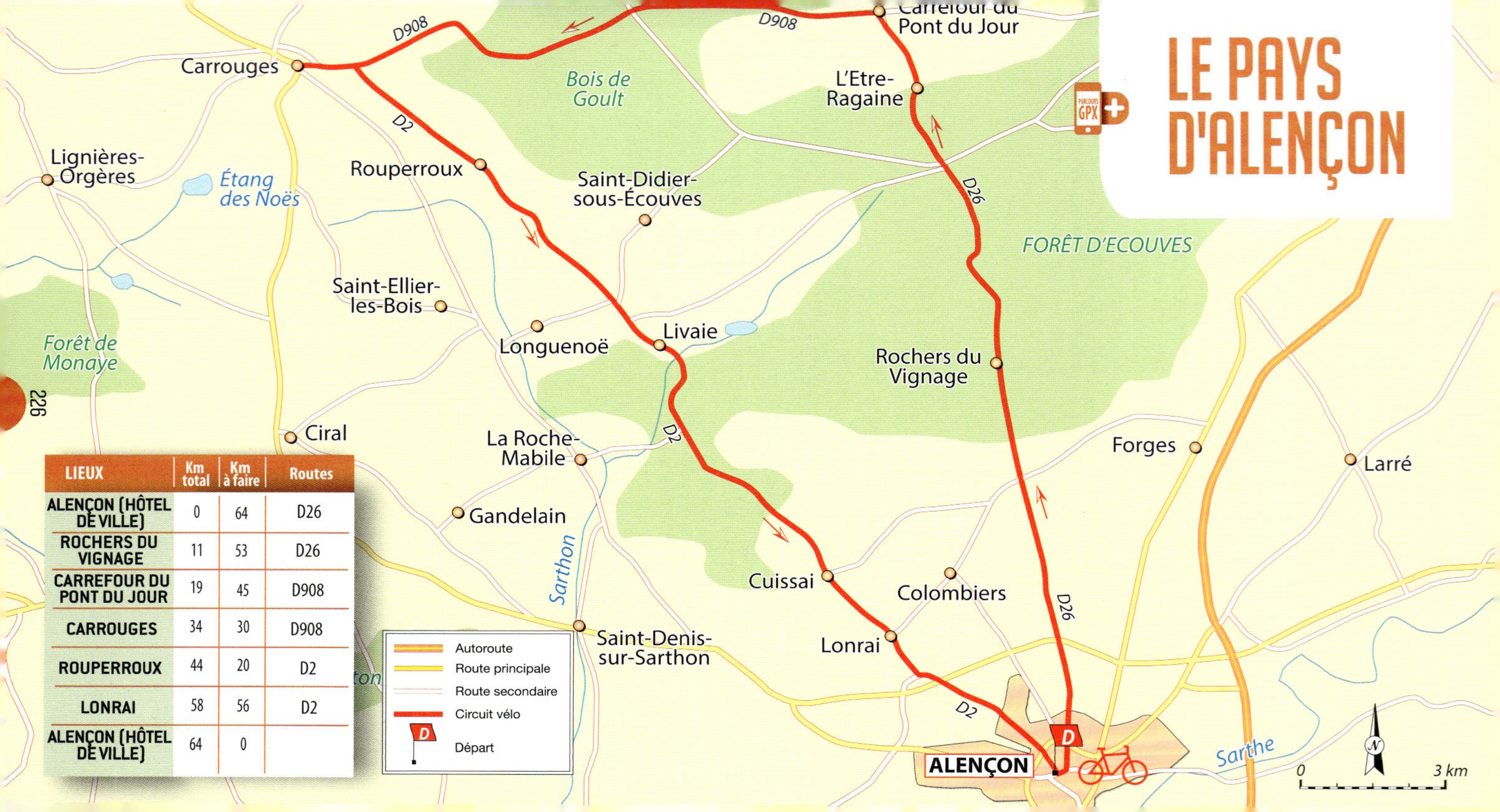

LIEUX	Km total	Km à faire	Routes
ALENÇON (HÔTEL DE VILLE)	0	64	D26
ROCHERS DU VIGNAGE	11	53	D26
CARREFOUR DU PONT DU JOUR	19	45	D908
CARROUGES	34	30	D908
ROUPERROUX	44	20	D2
LONRAI	58	56	D2
ALENÇON (HÔTEL DE VILLE)	64	0	

CARROUGES ★★

Carrouges est un joli village posé au cœur du bocage normand et de ses vallons. Siège de la Maison du parc Normandie-Maine, la cité abrite un château médiéval entouré de douves. Pour accéder à l'édifice, au départ de l'église située dans le bourg, il faut emprunter une ancienne voie pavée plus facile à descendre qu'à remonter si l'on est à pied ou à vélo ! Chapelles, maisons nobles, manoirs... Ses environs offrent de belles découvertes. C'est aussi le lieu de la légende de la fée de Carrouges : marqué dans sa chaire rouge – dite, car rouge –, Karl le rouge, fils de la dame du lieu, aurait subi la vengeance d'une fée en portant ce stigmate sur son front.

CHÂTEAU DE CARROUGES ★★

Rue du Chapitre - D16 ✆ 02 33 27 20 32
www.chateau-carrouges.fr

Haute saison : ouvert tous les jours de 10h à 12h30 et de 14h à 16h45. Parc ouvert librement de 10h à 17h. Adulte : 6 €.

Ensemble tout à fait remarquable de briques et de pierres, ce château témoigne de sept siècles d'histoire. Acquis par l'État en 1936, ce monument historique est habité durant 15 générations par la même famille : les Leveneur. Les lieux se visitent, des cuisines du rez-de-chaussée aux grands appartements à l'étage, salons, antichambres, chambres, escalier d'honneur confondus aux magnifiques boiseries. La galerie de portraits de famille est impressionnante. Un beau jardin à la française complète l'ensemble. Le site accueille de nombreuses manifestations culturelles.

LA FERME ORNÉE DE CARROUGES

La Boujardière
✆ 09 63 45 99 79
https://fermeornee.eu/

Mai, juin, sept, oct : dim au mer, visite guidée à 10h et 15h. Juillet, août : tous les jours sauf lundi de 10h à 18h.

A la ferme Ornée, il fait bon se promener. Dans ce lieu original et singulier, dans le paysage ornais, vous partez à la découverte de 7 jardins aux thématiques variées : labyrinthe, jardin d'eau, collection de courges, etc. La découverte est au bout de l'allée ! Chaque été, de nombreuses animations sont organisées pour le plaisir des petits et des grands. Vous êtes invités à venir mener l'enquête lors d'une « murder party » ou à vous affronter autour d'une chasse au trésor.

MAISON DU PARC ET DU GEOPARC ★

Le chapitre, CS 80005 ✆ 02 33 81 13 33
www.parc-naturel-normandie-maine.fr

Fermé de novembre à mars. Gratuit. Accessible aux personnes à mobilité réduite ; aménagements pour handicaps.

Au cœur du parc naturel régional Normandie-Maine, la Maison du Parc et également celle du Géoparc, puisque l'ensemble est désormais également labellisé par l'Unesco pour son patrimoine géologique remarquable. Située à quelques mètres du château, elle est un lieu incontournable qui vaut que l'on s'y attarde. Ici, vous pourrez faire une halte et déjeuner sur l'une des tables de pique-nique mises à votre disposition. Animations et expositions sont également nombreuses ici.

SAINT-PIERRE-DE-GOULT ★

Hameau de Goult
LA LANDE-DE-GOULT

Ce site, isolé, abrite la chapelle romane Saint-Pierre-de-Goult, un véritable joyau médiéval. Et pour cause : il s'agit de l'un des derniers vestiges de l'abbaye de Lonlay fondée par Guillaume de Bellême au XIe siècle. Son originalité réside dans son architecture particulière : 6 chapiteaux ont été disposés de chaque côté du porche. Les thématiques s'inspirent d'un bestiaire et de l'art de l'enluminure. A gauche, sur trois d'entre eux, vous découvrirez des oiseaux et, à droite, sur les trois autres, des scènes qui évoquent la chasse.

LA CAGE AUX OISEAUX €€

La Perdière
LA LANDE-DE-GOULT
✆ 06 86 80 61 84
www.cocoeugenelacroix.fr

Ouvert toute l'année. Chambre double à partir de 115 €. Petit déjeuner inclus. Table d'hôte.

Plénitude et bien-être. La cage aux oiseaux, ce sont 3 chambres d'hôtes aménagées avec goût dans un environnement artistique sans égal. Coco, artiste céramiste, a rénové ces demeures anciennes. « Larguez les amarres » porte bien son nom : à l'étage, les espaces de nuit sont séparés par de véritables portes de ferry japonais ! « Nuit insolite » met à disposition une terrasse extérieure dotée d'un bain bouillonnant privatif au pied de la rivière et la chambre est dotée d'une salle de bains rétro. « Suite familiale » est idéale pour les familles avec son dortoir.

ALENÇON ★★★

Préfecture de l'Orne, Alençon allie charme médiéval et modernité - les chantiers initiés ces dernières années ayant permis de renouer avec un certain dynamisme. La cité des ducs est réputée pour avoir été un centre dentellier majeur depuis le XVIIIe siècle, et cet art perdure encore de manière artisanale et à travers un musée, et le point d'Alençon est inscrit au patrimoine culturel immatériel de l'Unesco. Haut lieu de spiritualité, Alençon conserve également la mémoire de la famille Martin, les parents de Sainte-Thérèse, canonisés en 2015. Bien reliée aux métropoles de l'ouest par un réseau autoroutier efficace, Alençon mérite bien une visite.

MUSÉE DES BEAUX-ARTS ET DE LA DENTELLE ★★

Cour Carrée de la Dentelle
✆ 02 33 32 40 07
http://museedentelle.cu-alencon.fr/
De septembre à juin du mardi au dimanche. Juillet et août, ouvert également le lundi. Adulte : 4 €.

Ce musée dévoile l'histoire et le savoir-faire du fameux point d'Alençon. Agrémentée d'outils pédagogiques, la scénographie met en valeur les acquisitions du musée dont un voile de mariée datant du XIXe siècle entièrement réalisé avec la technique du point d'Alençon, inscrite sur la liste représentative du patrimoine culturel immatériel de l'humanité de l'Unesco. Le musée comprend également une section beaux-arts et une étonnante collection d'objets cambodgiens du siècle.

BASILIQUE NOTRE-DAME ★★

Place de La Magdelaine
Ouvert tous les jours de 8h30 à 19h.

D'architecture gothique, la construction de la basilique Notre-Dame d'Alençon a débuté en 1356 et s'est terminée au XIXe siècle. L'édifice possède l'un des plus beaux portails gothiques flamboyants de Normandie. Une véritable dentelle de pierre, peuplée de statues illustrant le thème de la Transfiguration, rarement représenté. Cette façade contraste avec le chœur et le clocher. Très massifs, ils ont été reconstruits au XVIIIe siècle après que le monument a été frappé par la foudre. C'est dans cette basilique que sainte Thérèse de Lisieux a été baptisée.

PARCOURS DANS L'ALENÇON MEDIEVAL

Difficile de faire l'impasse sur le riche passé médiéval de la ville : Pour le découvrir, vous pouvez commencer par le quartier Saint-Léonard. Ses ruelles pavées et ses bâtisses constituent un témoignage unique : outre l'église Saint-Léonard, la Maison des sept colonnes, la Maison à l'étal valent le détour. On ne manquera pas non plus la maison d'Ozé, qui abrite l'office de tourisme, et bien évidemment le château de la ville, que vous découvrez via le superbe jardin expérimental.

FORÊT D'ÉCOUVES ★

www.onf.fr
Www.onf.fr.

A pied, à vélo ou à cheval : peu importe ! Les près de 500 kilomètres de sentiers de l'un des plus grands massifs forestiers normands vont satisfaire votre envie de nature. Au cœur du Parc naturel régional Normandie-Maine, la forêt domaniale d'Écouves étend ses chênes et ses hêtres jusqu'au nord d'Alençon. Paradis des sportifs (cyclistes et amateurs de course à pied), il est également assez escarpé, son sommet étant le signal du même nom, point culminant de la Normandie. Le climat y diffère du reste de la Normandie, les hivers étant assez froids.

LES VOIES VERTES DU PAYS ALENÇONNAIS

Ces anciennes voies de chemin de fer réhabilitées permettent de sillonner la région à deux roues ou à pied, en toute sécurité. On peut ainsi relier Condé-sur-Huisne à Alençon, par exemple (et poursuivre ensuite jusqu'au Mont-Saint-Michel) mais aussi la préfecture et Rives d'Andaines (via le département voisin de la Mayenne). Au-delà, on peut également rejoindre Briouze et Bagnoles de l'Orne via La Ferté-Macé : le parcours peut parfois être escarpé.

LES 4 SENS €€

25, rue Cazault

✆ 02 33 28 06 97

Ouvert du mardi au samedi le midi et le soir. Réservation recommandée. Menus de 19 € à 39,50 €. Terrasse.

L'une des meilleures tables de la ville qui propose une cuisine traditionnelle revisitée en finesse et en légèreté : ce restaurant porte bien son nom. Le fait-maison et les produits frais de saison sont ici à l'honneur. L'ensemble se décline selon plusieurs formules : mention spéciale pour la bien nommée « gourmande » qui propose, notamment, son dos de cabillaud et son risotto de céleri, et en dessert son Paris-Brest revisité. Le cadre est chaleureux, l'ambiance tamisée, le service rapide et aimable : on peut venir ici les yeux fermés.

AU PETIT VATEL €€

72, place du Commandant-Desmeulles

✆ 02 33 28 47 67

www.aupetitvatel.fr

Ouvert du jeudi au lundi et jour fériés, fermé dimanche soir. Menus de 22 à 32 €. Prix moyen à la carte : 35 €.

C'est une véritable institution. Nappes et serviettes blanches prennent place dans une décoration moderne, aérée, dans laquelle on se sent bien. Côté cuisine, le chef mise sur des plats gastronomiques confectionnés à partir de produits de qualité faisant la part belle au poisson et à la viande. Un immanquable : le chariot de desserts, qui est aussi beau que son contenu est absolument hors pair. Notez enfin que vous pouvez commander et emporter vos plats. Assurément l'une des meilleures tables de la ville, pour laquelle la réservation est recommandée.

LE BISTROT €€

21, rue de Sarthe

✆ 02 33 26 51 69

www.lebistrotalencon.com

Ouvert du mardi au samedi, midi et soir. Prix moyen à la carte : 25 €.

Depuis un quart de siècle, c'est une institution de la ville ! Ici, les plats sont inscrits sur l'ardoise, des tables en bois sont revêtues d'une toile cirée motifs vichy rouge et blanc, un grand rideau couleur lie de vin vous accueille : on se sent bien tout de suite ! Les plats changent régulièrement pour le plus grand plaisir des habitués qui sont ici comme chez eux. Viande, poisson, crustacés : il y en a pour tous les goûts, et dans la tradition culinaire. Les desserts sont excellents, dont la fameuse madeleine façon pain perdu !

LA SUITE €€

19, place Poulet Malassis

✆ 02 33 29 70 85

www.lasuite.lafourchette.rest

Ouvert du lundi au vendredi le midi et le soir. Réservation recommandée. Carte : 35 € environ. Terrasse.

Cette adresse alençonnaise est l'une des plus prisées, à très juste titre. Les deux frères propriétaires de ce restaurant semi-gastronomique, Christophe et Frédéric, ont officié pendant des années dans un ancien établissement, très coté, du coin. La cuisine est délicate et raffinée. Le cadre magnifique fait la part belle au bois et au fer forgé, rendant l'ensemble très chaleureux. L'escalier central vaut le coup d'œil. Tout comme le mange-debout avec vue sur les cuisines. Les menus, qu'ils soient du midi ou du soir, offrent un très bon rapport qualité-prix.

La rivière la Sarthe et l'église Notre-Dame d'Alençon.

LA PERCHE AUTOUR DE MORTAGNE

LIEUX	Km total	Km à faire	Routes
MORTAGNE-AU-PERCHE	0	56	D8, D5
LA CHAPELLE-MONTLIGEON	12	44	D5
CORBON	16	40	D5, D9
MAUVES-SUR-HUISNE	18	38	D9, D5
SAINT-OUEN-DE-LA-COUR	22	34	D5
BELLÊME	28	28	D310
BELLAVILLIERS	37	19	D7, D931
SAINT-JOUIN-DE-BLAVOU	44	12	D931
PARFONDEVAL	49	7	D931
MORTAGNE-AU-PERCHE	56	0	

MORTAGNE-AU-PERCHE ★

Pour découvrir les charmes de Mortagne, il faut arpenter ses ruelles pavées et vallonnées (à l'image de la région), contempler ses murs de pierres et activer sa curiosité. Le patrimoine de l'ancienne capitale du Perche, désormais labellisée « Petite cité de caractère », témoigne de la richesse de son histoire : porte Saint-Denis, hôtels particuliers, crypte Saint-André, etc. Mortagne est aussi la ville qui a vu naître et grandir le philosophe Alain, dont une statue a été élevée à l'arrière de l'incontournable place du Tribunal. A la tombée de la nuit, l'éclairage des lanternes en fer forgé confère à la partie historique une atmosphère particulière.

HOTEL DE VILLE ET JARDIN PUBLIC

L'Hôtel de Ville ne se visite pas. Jardin public ouvert toute l'année jusqu'à 18h.

Construit au XVIIIe siècle, l'Hôtel de Ville conserve de belles boiseries mais n'est pas ouvert à la visite. Le jardin public en revanche, et la vue imprenable qu'il offre sur les vallons verdoyants de la région, est accessible tous les jours. Ce parterre à la française, organisé autour d'un bassin circulaire, compte une statue équestre en bronze du sculpteur Emmanuel Frémiet (XIXe siècle) et un buste de Jules Chaplain, figure mortagnaise. Tables de pique-nique et jeux pour enfants.

CRYPTE SAINT-ANDRÉ

Rue du Fort

Visite libre et gratuite : s'adresser à l'office de tourisme.

Dernier vestige de la Collégiale, la crypte Saint-André mérite que vous y fassiez une halte lors de votre promenade dans le vieux Mortagne. Cette belle salle gothique du XIIIe siècle est divisée, par des piliers massifs, en deux nefs et trois travées aux larges croisées d'ogives. Forcément, il y règne une atmosphère très particulière... Ce site, chargé d'histoire, est particulièrement apprécié par les artistes qui sont régulièrement invités à exposer leurs œuvres. De nombreux évènements sont organisés tout au long de l'année.

MUSÉE ALAIN ★

Rue du Portail-Saint-Denis

www.alainmortagne.fr

Ouvert de fin mai à fin septembre, du jeudi au samedi de 14h30 à 18h30. Gratuit sauf pour visite commentée (2,50 €).

Enfant du pays, le philosophe Alain – de son vrai nom Émile-Auguste Chartier – est né à Mortagne-au-Perche en 1868. Son cabinet de travail du Vésinet, dans les Yvelines, est reconstitué dans 3 pièces de la Maison des comtes du Perche (XVIIe siècle). Alain a dépeint le Perche, et la capitale du Perche ornais en particulier, dans un recueil de textes intitulé *Portraits de famille*. Agrégé de philosophie, il fut aussi journaliste, musicien, peintre et moraliste. Le fonds Alain est constitué d'un ensemble de livres, revues, photos, peintures, etc.

ÉGLISE NOTRE-DAME ★

4-14, rue Henri Chartier

✆ 02 33 83 34 37

www.ot-mortagneauperche.fr

Ouvert du lundi au samedi de 8h30 à 18h.

L'église Notre-Dame n'a pas été ménagée par les péripéties de l'Histoire et autres coups du sort. Situé à l'emplacement de l'ancienne chapelle du Fort Toussaint, enceinte édifiée du temps où la ville était une forteresse, l'édifice a été reconstruit et agrandi après la guerre de Cent Ans. Vers 1620, la Tour fut coiffée d'un dôme d'ardoises... qui brûla en 1887. Ce n'est pas là son seul préjudice : la Tour, probablement mal restaurée, s'effondra en 1890 ! Sa reconstruction, telle qu'on peut la voir aujourd'hui, se limite à abriter l'horloge et les cloches.

LE GROS CHÊNE €€

Le Gros Chêne

✆ 02 33 25 02 72

www.fermedugroschene.com

Prix par nuit : à partir de 80 € pour deux personnes. Label Tourisme & Handicap.

Offrant une vue imprenable sur la capitale du Perche ornais, la ferme du Gros Chêne propose plusieurs chambres d'hôtes et la possibilité d'un hébergement en roulotte ! Située au cœur de l'exploitation agricole de la famille Pasquert, ses chambres se situent dans une ancienne grange qui a été entièrement réhabilitée. Ici, petits et grands (re) découvriront le charme de la vie à la campagne. L'accueil est très bon, et le lieu est également une chouette table d'hôtes, que l'on recommande vivement ! Le rapport qualité-prix est très bon !

JEUX D'ENFANTS €€

4, ruelle de l'Hospice
✆ 06 89 87 39 05
www.gite-mortagne.e-monsite.com/
Ouvert de mars à décembre. Pour 5 personnes (2 chambres). 80 €.

Ce gîte est situé dans une maison mitoyenne confortable et chaleureuse qui permet d'accueillir 5 personnes. Non loin du centre de Mortagne, le lieu compte un jardin paysager et un atelier pour permettre aux visiteurs de s'adonner à tous types de loisirs créatifs : peinture, patchwork, etc. Une bibliothèque, qui compte de nombreuses revues, est également mise à disposition des hôtes. Les 2 chambres offrent tout le confort nécessaire et sont équipées de postes de télévision. Une bonne adresse pour un séjour reposant, avec un prix largement justifié.

HÔTEL - RESTAURANT LE TRIBUNAL €€

4, place du Palais ✆ 02 33 25 04 77
www.hotel-tribunal.fr
Logis. Menus de 36 € à 42 €. Menu enfant : 15 €. Formule du midi : 19,50 €. Chambre double à partir de 109 €.

C'est l'une des tables les plus renommées de la ville, le chef et son équipe proposent une cuisine inventive et gastronomique avec produits de qualité et de saison. Le nom des menus rappelle le nom du lieu : « Le Référé », le « Premier jugement » et le « Verdict ». Et le chef met un point d'honneur à revisiter la carte à chaque changement de saison. Grands classiques de la maison et spécialités locales sont proposés, c'est chic et excellent. Le lieu est également un très bel hôtel.

LES PIEDS DANS L'EAU €€

28, chemin de la Folle-Entreprise
SAINT-LANGIS-LÈS-MORTAGNE ✆ 02 33 25 31 44
www.restaurant-lespiedsdansleau.com
Ouvert mardi et du jeudi au samedi midi et soir, mercredi midi. Menu à 39 €. Carte : 40 € env. Menus midi : 19 à 29 €.

Gaspard Noury et Méline Viéra savent y faire. Dans ce restaurant sans égal dans le coin, dont la décoration de pierre à l'intérieur et la vue sur la campagne en font un ensemble dans lequel on se sent toujours bien, Le couple propose une cuisine généreuse réalisée avec des produits de qualité. Gaspard travaille ainsi le végétal comme personne, et les légumes sont cuisinés avec une maestria et un savoir-faire hors pair : le poireau accompagne l'huître, le topinambour la Saint-Jacques, et le reste est à l'avenant. On tutoie la gastronomie : un coup de cœur.

LA CHAPELLE-MONTLIGEON

À 12 kilomètres de Mortagne-au-Perche. La Chapelle-Montligeon est située non loin de la forêt domaniale de Réno-Vladieu. Les sportifs ne seront pas en reste avec plusieurs circuits VTT et des itinéraires de randonnée pédestre proposés par la commune. Ne pas manquer non plus la visite de son impressionnante basilique. De style néogothique, elle est dotée de jolis vitraux et mosaïques créées par Louis Barillet. Des visites guidées, gratuites, sont organisées tous les dimanches à 16h (avril à septembre). Voir aussi l'église Saint-Pierre, qui date du XVIe siècle. Elle dispose d'un autel en bois, d'un tabernacle et de fonts baptismaux.

BASILIQUE ET SANCTUAIRE NOTRE-DAME DE MONTLIGEON ★

26, rue Principale
✆ 02 33 85 17 00
montligeon.org
Ouvert toute l'année. Librairie religieuse. Boutique.

© OLIVIER LE QUEINEC - SHUTTERSTOCK.COM

Ce haut-lieu spirituel de l'Orne mérite bien une visite. Visible de très loin, la basilique possède 2 flèches qui s'élèvent à 60 m dans le ciel. De style néogothique, l'édifice est bâti entre 1894 et 1911. Le lieu est consacré à Notre-Dame Libératrice des âmes du Purgatoire et associé à Paul Buguet, son fondateur. Affecté par le décès de trois de ses proches, il décide de consacrer un sanctuaire aux « âmes délaissées du purgatoire ». Les lieux disposent également d'une boutique.

MAUVES-SUR-HUISNE

En plein cœur du Perche, la petite commune de Mauves-sur-Huisne, peuplée de quelques 500 habitants, possède deux monuments inscrits au titre des Monuments historiques : son église Saint-Pierre, construite au XIIIe siècle et classée depuis 1975, et son pont Catinat datant du XVIIe siècle, depuis 1939. Ce dernier a d'ailleurs fait l'objet de travaux de rénovation à la fin de l'année 2020. Pendant votre balade, vous pourrez aussi découvrir à Mauves-sur-Huisne le pigeonnier du Grand Cosnier, le Château de Landres, ainsi qu'un ancien lavoir, rue de la Huchette. La proximité de la forêt en fait un lieu de villégiature très apprécié des habitants.

BELLÊME ★

Village pittoresque, dont les vestiges médiévaux et les hôtels particuliers des XVIIe et XVIIIe siècles se découvrent au fil des rues, Bellême est (avec Mortagne-au-Perche) une ancienne capitale du Perche. Conservant son caractère authentique, ce sont aujourd'hui boutiques d'antiquités, salons de thé, galeries de peinture et autres ateliers d'artistes qui y ont élu domicile. Située au cœur du Parc naturel régional du Perche, la petite cité est environnée de manoirs, moulins, et villages en pierre nichés dans des paysages vallonnés dont les charmes varient au fil des saisons. Depuis la Beauce toute proche, la ville est la porte d'entrée de la Normandie.

FERME DES CABRIOLES

La Blanchardière de Landres
✆ 09 54 02 14 69
www.ferme-des-cabrioles.com

Fermé de novembre à mars. Ouvert vendredi et week-end de 17h à 19h. Traite des chèvres à 18h.

Sur un site préservé au cœur du Parc naturel régional du Perche, deux éleveurs d'une soixantaine de chèvres poitevines et alpines vous proposent de découvrir la fabrication de fromages fermiers bio. Au gré d'une balade sur le sentier pédagogique, vous apprendrez le fonctionnement de la ferme et le lien entre nature, paysage et agriculture. Parmi les spécialités : des fromages de chèvre fermiers en frais, demi-sec et affiné. Moulés à la louche, les traditionnels crottins, pyramides ou bûches côtoient 2 spécialités : le cœur frais miel lavande et le carré au cidre.

SAM AU VOLANT €€

12, rue Catinat
✆ 02 33 83 65 73
www.samauvolant.fr/

Ouvert le mercredi soir ; du jeudi au samedi le midi et le soir ; le dimanche midi. Carte : 25 € environ.

Ce bar-restaurant, rebaptisé Sam au volant – hommage à la passion du propriétaire pour les anciennes voitures – propose une très agréable cuisine. C'est un ancien restaurateur de Boston qui a décidé de s'installer dans ce petit village au cœur du Perche. Les plats sont élaborés sur place et s'inspirent de la cuisine française : il fait bon s'y restaurer. Sam au Volant, c'est aussi un piano-bar et un bar à vin, ce qui en fait un superbe endroit convivial pour se détendre à la campagne. Côté vin, une sommelière est à votre disposition pour vous conseiller.

ÉCOMUSÉE DU PERCHE ★

Prieuré de Sainte-Gauburge
SAINT-CYR-LA-ROSIÈRE ✆ 02 33 73 48 06
www.ecomuseeduperche.com

Basse saison : ouvert du lundi au vendredi 10h-12h30 et 14h-17h30. Haute saison : tous les jours 10h30-18h30.

Situé dans un bâtiment attenant à l'ancien prieuré de Sainte-Gauburge, l'écomusée est consacré à la vie rurale et aux arts et traditions populaires du Perche. Au fil de la visite, le public découvre les us et coutumes de la région : travaux agricoles, métiers de l'artisanat traditionnel, cheval percheron... Les salles d'exposition présentent objets et outils anciens, regroupés par corps de métier. Le rez-de-chaussée est consacré à la fabrication du cidre et du calvados, avec pressoirs, bouilles... De nombreuses activités pédagogiques et stages sont proposés.

FORÊT DE BELLÊME ★★

Connue pour ses futaies séculaires, la forêt domaniale de Bellême est l'une des plus belles du Perche. D'une surface de 2 400 hectares, son relief est vallonné, grâce aux petits ruisseaux qui y prennent leur source ou la traversent. Ce massif compte une cinquantaine de mares, ce qui en fait un important réseau de milieux humides. L'étang de la Herse, site classé, en est une belle représentation : la vision des arbres qui se reflètent dans l'eau constitue un magnifique spectacle, qui change au gré des saisons. La forêt offre de nombreuses possibilités de sorties.

© ARTHUR LEROY - ICONOTEC

La forêt de Bellême.

LE VIEUX BELLÊME ★

Accès libre toute l'année.

L'ancienne capitale du Perche ne manque pas d'attraits. Afin de les découvrir, il faut emprunter ses ruelles à pied ! Au départ de la rue Ville Close, ancienne artère médiévale aux façades colorées, découvrez des hôtels particuliers et de jolis balcons en fer forgé comme sur l'ancienne maison du gouverneur du Perche. Admirez le porche du XVe siècle et découvrez d'autres vestiges de l'ancienne forteresse : remparts et anciennes douves où cygnes et canards ont élu domicile. L'église Saint-Sauveur, qui date des XVe et XVIe siècles, a été reconstruite au XVIIe siècle.

LE MOULIN DE GÉMAGES €€

Lieu-dit Le Moulin
VAL-AU-PERCHE
✆ 02 33 25 15 72
www.lemoulindegemages.com

Chambre simple : 100 €. Chambre double : 110 €. Chambre triple 130 €.

Le Moulin de Gémages, c'est l'endroit idéal pour les amoureux de la pêche à la mouche ! Les passionnés trouveront ici 12 plans d'eau et 3 km de berges pour s'adonner à leur plaisir favori. Et ce ne sont pas les seules ressources du lieu ! Ce beau moulin ancien abrite également cinq chambres d'hôtes (dont une avec séjour et baignoire) et un grand gîte pour 6 personnes dans l'ancienne maison du meunier. L'ensemble est d'excellente facture, et la décoration est chic et traditionnelle, permettant de sentir ici comme dans un cocon hors du temps.

RELAIS SAINT-LOUIS*** €€

1, boulevard Bansard-des-Bois
✆ 02 33 73 12 21
www.relais-saint-louis.com

Tarif chambre double à 99,50 € en semaine et 109,50 € le week-end et les jours fériés.

Classé parmi les trésors patrimoniaux de la petite cité médiévale, cet ancien rendez-vous de diligences du XVIIIe siècle vous accueille pour un séjour de qualité. Repris il y a 10 ans par Claire et Olivier Philippon-Vallée, l'établissement offre de très belles prestations. Le chef saura vous régaler de mets déclinés autour de produits frais régionaux : salade de boudin noir avec pommes braisées au pommeau, coquilles Saint-Jacques, tripes du Perche, coq au vin... La maison, de toute évidence, porte haut l'étendard du label Logis de France, à table comme au lit !

MAISON MONTELOUP €€€

17, Grande Place - **BELFORÊT-EN-PERCHE**
✆ 02 33 25 42 85
www.monteloup.fr

Ouverte du mercredi au dimanche. 3 chambres. Chambre double à partir de 119 €. Petit déjeuner inclus. Wifi gratuit.

La Perrière, village millénaire à flanc de coteaux avec ses ruelles pittoresques et ses maisons colorées, cache bien des trésors. Parmi eux la Maison Monteloup, qui attire l'œil par sa façade en pierre de taille mais pas seulement… Il y a aussi la glycine qui serpente sur la devanture verte de cette échoppe charmante en rez-de-chaussée choyée par Jérôme, antiquaire et historien d'art, et Gil, fleuriste MOF. A l'étage, 3 chambres d'hôtes aux 3 univers distincts témoignent du raffinement de vos hôtes pour l'art en général et l'art de vivre en particulier.

5 CONSEILS POUR
VOTRE BALADE VÉLO EN FAMILLE

veloenfrance.fr
À vélo tout est plus beau !

Le vélo est une activité sportive qui se transmet de génération en génération. Rouler en famille, c'est partager un moment unique pour se ressourcer et se réunir autour d'une activité commune. La Fédération française de cyclotourisme vous apporte maints conseils pour quelques sorties sympas durant les vacances… Essayez : ça plaira à tous les âges !

1. Votre parcours

Pour une sortie vélo, si vos enfants sont sur un vélo autonome, assurez-vous qu'ils aient acquis certaines bases pour rouler : suivre une trajectoire, pédaler de façon constante, reconnaissance de la signalisation routière.

Ensuite, côté condition physique, nous vous conseillons des parcours de niveau très facile à facile (vert / bleu côté code couleur, comme au ski). Il s'agira d'une distance ne dépassant pas 40 kilomètres pour une journée avec des enfants à partir de 12 ans, et 30 kilomètres sur la journée pour des enfants plus jeunes. Vous pouvez toujours opter pour une roue additionnelle, voire une carriole pour les plus petits. Nous vous invitons également à choisir un parcours au cours duquel vous pourrez faire des haltes avec d'autres activités (visites, pique-nique, jeux, etc.), afin de varier les plaisirs et toujours avoir un objectif, la sortie vélo !

Trouvez des circuits de différents niveaux de difficulté sur le site ***veloenfrance.fr***

2. Respectez le Code de la route et les autres usagers

Avec les enfants vous privilégierez les pistes cyclables et autres Voies vertes, ou encore des routes à faible circulation. Cela n'empêche pas de respecter les autres usages et les réglementations : priorité aux piétons, rouler à droite, stops, feux rouges… Pensez à vous mettre en file indienne chaque fois que les conditions de circulation l'exigent. La route ne vous appartient pas, il faut la partager.

Révisez en famille ses bons réflexes à vélo sur ***ffvelo.abeilles-jeux.fr***

3. Votre matériel indispensable

N'oubliez pas le nécessaire de réparation et la pompe. Emportez vos papiers d'identité, de l'argent, de quoi vous orienter. Évidemment, à boire et à manger ! Le casque est obligatoire pour les enfants de moins de 12 ans, mais nous le conseillons aussi pour les adultes. Côté vêtements, vous opterez pour des tenues confortables de couleur claire. Vous pouvez par ailleurs mettre des gants (utiles pour le confort et en cas de petite chute), et des lunettes (pour le soleil et des branches éventuels sur les chemins forestiers).

4. L'échauffement est essentiel

En début de sortie, pensez à utiliser de petits développements (pédalage facile) et partir à allure modérée et constante. Cela permet de se familiariser à la route ou au chemin et d'être attentif à votre petit groupe. Si vous le pouvez, partez également face au vent afin que le retour soit moins pénible.

5. Les réflexes pour rouler en groupe

En groupe, votre progression doit donc être régulière afin de limiter les à-coups. Un adulte à l'avant donnera ce rythme et l'adulte à l'arrière alertera pour temporiser. Des changements brusque du rythme entraînent de la fatigue supplémentaire, mais peuvent aussi poser des problèmes de sécurité. Pensez à anticiper vos changements de direction, de route ou de chemin (« *à droite* » on met le bras), les arrêts éventuels (« *on s'arrête* »), avec des gestes et des paroles simples et compréhensibles par tout le monde.

INDEX

D

E

F

G

H

EDITION

Directeurs de collection et auteurs : Dominique AUZIAS et Jean-Paul LABOURDETTE
Auteurs : Camille KOESSLER, Jean-Paul LABOURDETTE, Dominique AUZIAS et alter
Directeur Editorial : Stéphan SZEREMETA
Rédaction France : Briséis CREAC'H-MENUT, Audrey VEDOVOTTO, Marie VIGNERON, Nicolas WODARCZAK, Mélanie PEILLET
Rédaction Monde : Laure CHATAIGNON, Morgane VESLIN, Pierre-Yves SOUCHET, Natalia COLLIER

FABRICATION

Maquette et Montage : Romain AUDREN, Julie BORDES, Delphine PAGANO
Iconographie et Cartographie : Anne DIOT, Julien DOUCET

WEB ET NUMERIQUE

Directeur Web : Louis GENEAU DE LAMARLIERE
Technical Project Manager : Hervé MARION
Développeurs : Guillaume BARBET, Adeline CAUX
Intégrateur Web : Mickael LATTES, Antoine DION
Webdesigner : Caroline LAFFAITEUR
Community Traffic Manager : Alice BARBIER, Noémie LE SAUX

DIRECTION COMMERCIALE

Directeur commercial : Guillaume VORBURGER
Coordinatrice des Régies commerciales : Manon GUERIN
Account Manager Marketplace : Leila ROUGEOT
Responsable Régies locales : Michel GRANSEIGNE
Responsables Développement régie inter : Jean-Marc FARAGUET et Guillaume LABOUREUR et Camille ESMIEU
Assistante commerciale Régie internationale : Leila ANTRI-BOUZAR
Chefs de Publicité Régie nationale : Caroline AUBRY, François BRIANCON-MARJOLLET, Perrine DE CARNE MARCEIN et Jonathan TOUTOUX

DIFFUSION ET PROMOTION

Directrice des Ventes : Bénédicte MOULET assistée d'Aissatou DIOP
Responsable des ventes : Jean-Pierre GHEZ assisté de Nelly BRION
Relations Presse-Partenariats : Jean-Mary MARCHAL

ADMINISTRATION

Président : Jean-Paul LABOURDETTE
Directrice des Ressources Humaines : Dina BOURDEAU assistée de Sandra DOS REIS et Eva BAELEN
Directrice Administrative et Financière : Valérie DECOTTIGNIES
Comptabilité : Guillaume PETIT, Aminata BAGAYOKO, Jeannine DEMIRDJIAN, Adama DIABY
Recouvrement : Fabien BONNAN assisté de Sandra BRIJLALL
Responsable informatique : Elie NZUZI-LEBA

PETIT FUTÉ BALADES À VÉLO NORMANDIE

LES NOUVELLES EDITIONS DE L'UNIVERSITE
18, rue des Volontaires - 75015 Paris.
✆ 01 53 69 70 00 - Fax 01 42 73 15 24
Internet : www.petitfute.com
SAS au capital de 1 000 000 € - RC PARIS B 309 769 966
Couverture : © Ardea-studio - Shutterstock.com
© Nadia Grapes - Shutterstock.com
© Guaxinim- Shutterstock.com
Impression : IMPRIMERIE CHIRAT - 42540 Saint-Just-la-Pendue
Achevé d'imprimer : février 2023
Dépôt légal : 27/03/2023
ISBN : 9782305091259

Pour nous contacter par email, indiquez le nom de famille en minuscule suivi de @petitfute.com
Pour le courrier des lecteurs : info@petitfute.com

IMPRIMÉ EN FRANCE